채권채무의
질의답변&서식
(채권채무 법대로 해결하기)

감수 박근영

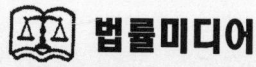 법률미디어

머리말

　법은 사람의 공동생활에 있어서 행위의 준칙으로서 국가에 의하여 강행되는 사회규범이다.

　사회가 복잡하여지고 신속 정확한 지식과 정보가 필요로 한 변화와 개혁이 일어나고 있는 이 때에도 우리는 주위에서 법률상식을 몰라서 막대한 손해를 입고 불이익을 당하는 사람과 반면에 법률을 잘 활용해서 어려운 일들을 해결해 나가는 사람을 두루 볼 수 있다.

　법은 많이 알수록 재산이 된다는 이야기를 많이 들었을 것이다. 알 때와 모를 때의 차이를 엄청나게 느낄 수 있는 것이 바로 법률이다.

　특히 경제가 급속도로 발전하고 점차 세분화하는 이 사회를 살아가려면 법률상식은 필수라 하겠다.

　시대의 흐름에 따라 사회·경제·문화의 여러 분야에서 급속한 변화와 개혁이 일어나고 있고 특히 법률은 새로 제정되고 개정되는 일이 많아 그 변화가 심하다고 할 수 있다.

　이처럼 하루가 다르게 변하는 법률을 따라가는 것은 쉬운 일이 아니다. 일일이 공부하며 법률지식을 넓힌다든가 법률 전문가라도 두어 자문을 받으면 되겠지만 현실이 그렇지 못하여 뜻하지 않게 손해를 보는 경우가 많을 것이다.

　법률 지식은 어느 정도만 알고 있어도 혼자서 해결할 수 있는 문제를 가지고 일일이 법률사무소나 법률전문가를 찾을 수도 없는 노릇이다. 또 법률전문가에게 찾아간다 해도 어느 정도 기초적인 지식을 알고 상담해야 많은 도움을 받을 수 있고 유익한 것이다.

　오늘날과 같은 법률문화와 법률적 분쟁이 증가하는 시대에서는 자기관리와 방어를 잘해야 경쟁에서 살아남을 수 있을 것인데 법률지식도 급변하는 사회에 적응하는 중요한 경쟁력이라 할 것이다.

이에 본사에서는 채권채무에 관한 길라잡이가 될 수 있는 책으로 분석 정리하며 확실하고 명쾌하게 해결할 수 있는 방법을 제시하였다.

끝까지 마무리할 것 이 책의 편찬은...

제1편 채권채무의 기초
   제1장 채권일반
   제2장 채권의 목적
   제3장 채권의 효력
   제4장 수인의 채권자 및 채무자
제2편 채권채무 질의답변
제3편 채권채무 관련서식

를 실어 체계적이고 일목요연하게 편집하였다.

이 책으로 각종 법률 문제들의 해결방법을 자세히 알아 법률상식을 알지 못해 당할 수 있는 피해를 예방하는데 도움이 되고 권익을 찾는데 보탬을 주려 한다. 이 책이 복잡한 사회를 살아가는 사람들의 반려자로서 자리매김할 것을 믿으며 신속 정확한 법률업무처리와 법률문화창달에 이바지 할 것을 기대한다.

마지막으로 이 채권채무총서가 출간되기까지 집필과 자료분석교정에 수고한 여러 편집진의 노고에 깊은 사의를 표하고 또 출판시장의 어려운 현실에서도 집필을 도와주시고 채권채무총서를 출간한 법문출판사 김현호 대표와 편집팀 여러분께도 감사드린다.

2005. 6

편저자 드림

참 고 문 헌

채권·채무의 법률지식   청림출판

법률구조공단법률상담사례

민법사전   법문출판사

민법(上)   법률미디어

채권총론   박영사

채권각론   박영사

민법2   법원사

채권총론   법원사

차 례

제1편 채권채무의 기초

제2편 채권채무 질의 답변

제3편 채권채무 관련서식

제1편. 채권채무의기초

제1장 채권일반

제1절 금전채권이란 무엇인가?

금전채권이란 일정액의 금전을 지급할 것을 목적으로 하는 채권. 매매대금이나 대금(貸金)·임금(賃金) 등의 채권을 말하는데 오늘날의 대부분의 채권은 금전채권입니다. 금전에 있어서는 어떤 돈으로 지급한다고 하는 것처럼 개성이 문제가 되는 일이 없으므로 금전채권의 이행에 대해서는 특수한 취급을 받습니다. 예를 들어서 금전채권에 대하여 이행불능이 생기지 않는 것이 그 하나인데, 채무자가 자력(資力)이 없어서 지급하지 못한다든가 또는 돈을 도난당하여 지급할 수 없다든가 하는 것은 이행불능이 되지 않습니다. 따라서 금전채권에 대해서는 이행지체(履行泰滯)가 문제가 되며, 이행기에 이행하지 못할 때는 언제나 이행지체의 책임이 생깁니다. 여기서 채무자의 과실이나 실손해(實損害)의 유무에 관계없이 손해배상은 법정이율에 의한 지연이자(遲延利子)라는 형태를 취하고 있습니다.

제2절 채권의 발생원인

채권의 발생원인은 ①계약, ②사무관리, ③부당이득, ④불법행위, ⑤개개의 규정에 의거한 것 등의 다섯 가지가 있습니다. 그 중에서 가장 중요한 것은 계약과 불법행위입니다. 개개의 규정에서 당연히 발생하는 것은 대체로 친족법·상속법상의 특정지위로부터 발생되는 것과 특별법에 규정되어 있는 것이기 때문에 여기에서는 이러한 것을 제외하고 상술한 네 가지 채권발생원인에 대해서 살펴보도록 하겠습니다.

(1) 계약은 채권발생원인 중 가장 중요한 지위를 차지하는 것으로서, 채권법각론의 대부분은 계약에 관한 규정으로 이루어져 있습니다. 채권에 있어서는 사적자치의 원칙이 지배하기 때문에 공서양속에 반하지 않는 한, 어떠한 내용의 계약이라도 체결할 수 있지만 민법전은 14개의 전형적인 계약에 대해서 규정하고 있습니다. ① 증여 ② 매매 ③ 교환 ④ 소비대차 ⑤ 사용대차 ⑥ 임대차 ⑦ 고용 ⑧ 도급 ⑨ 현상광고 ⑩ 위임 ⑪ 임치 ⑫ 조합 ⑬ 종신정기금 ⑭ 화해의 14개의 계약이 그것입니다.

(가) 계약은 법률행위의 하나의 태양이다. 법률행위에는 ① 단독행위 ② 합동행위 ③ 계약의 3종이 있으며, 계약은 법률행위로서는 가장 주요한 지위를 차지하고 있습니다. 민법은 당사자의 합의에 의해 성립하는 법률행위를 모두 계약으로 하고 있습니다. 즉, 채권계약 외에 물권변동을 일으키는 물권계약(예 : 지상권·저당권의 설정계약·소유권이전계약 등), 물권 이외의 권리의 변동을 일으키는 준물권계약(예 : 채권양도계약) 및 신분관계의 변동을 일으키는 신분적 계약이 있습니다.

계약은 법률행위이기 때문에 계약으로 인해 발생한 채권관계는 법률행위에 의거한 채권관계로서, 사무관리·부당이득·불법행위에 의하여 발생한 채권관계와 같이 직접 법률의 규정에 의거하여 발생하는 이른바 법정채권관계와 대립됩니다. 그러나 채권계약은 채권·채무관계를 발생시키는 계약으로서 특히 주요한 지위를 차지하고 있습니다. 채권계약은 하나의 법률행위이며, 법은 당사자가 의욕한 효과의사에 의거하여 법률행위의 효과로서 채권·채무관계를 발생시킵니다.

(나) 계약에는 쌍무계약과 편무계약, 유상계약과 무상계약, 유명

계약(전형계약)과 무명계약(비전형계약), 낙성계약과 요물계약, 본계약과 예약 기타의 구별이 있습니다.

(ㄱ) 쌍무계약이라 함은 계약의 효과로서 쌍방의 당사자가 대가적 의의를 갖는 채무를 부담하는 것을 말하고, 편무계약이란 그렇지 않은 것은 말합니다. 여기에서 대가적 의의를 갖는다는 것은 쌍방이 급부해야 하는 것을 상호의존하고 있는 관계를 말하는 것입니다. 매매·임대차·도급·유상임치·유상위임 등은 전자에 속하고, 증여·무상위임 등은 후자에 속합니다.

사용대차에 있어서도 대주는 사용하게 할 의무를 부담하지만, 차주의 반환의무와 대가적 의의를 갖는 것은 아니기 때문에 사용대차는 편무계약이 됩니다. 또, 이자부소비대차는 유상계약이지만 쌍무계약은 아닙니다. 양자를 구별하는 것은 동시이행의 항변권(민법 제536조)·위험부담(민법 제537조, 제538조)의 문제는 오직 쌍무계약에 대해서 발생하고, 해제(민법 제543조 이하)도 주로 쌍무계약에 적용되기 때문입니다.

(ㄴ) 유상계약이란 쌍방 당사자가 서로 대가적 의의를 갖는 재산상의 출연을 하는 계약을 말하고, 무상계약이란 당사자 일방만이 급부를 함에 그친다든가, 쌍방이 급부를 하더라도 그 급부사이에 대가적 의의가 없는 것을 말합니다. 쌍무계약은 언제나 유상계약이지만, 유상계약이 반드시 쌍무계약인 것은 아닙니다. 예컨대, 이자부소비대차는 상술한 바와 같이 유상계약이지만 편무계약입니다. 또, 부담부증여에 있어서는 쌍방 당사자가 함께 급부를 할 의무를 부담하지만, 그 급부 사이에는

대가적인 관계가 없기 때문에 부담부증여는 유상계약
은 아닙니다.

이 구별의 실익은, 유상계약에 대해서는 매매에 관한
규정이 준용되고(민법 제567조) 파산법상 부인권 행사
에 있어서도 특별취급된다(파산법 제64조)는 데에 있
습니다.

(ㄷ) 낙성계약이란 당사자의 의사표시의 합치 즉, 당사자의
합의만으로 성립하는 계약이며, 매매·증여·임대차 등
대부분의 전형계약이 이에 속합니다. 이에 반하여 요물
계약이란 당사자의 합의 외에 물건의 인도 기타의 급부
를 해야만 성립하는 계약으로서, 천성계약이라고도 합
니다. 소비대차·사용대차·임치 등은 이에 속합니다.

(ㄹ) 장래 일정한 계약을 체결할 채무를 성립시키는 계약을
예약이라 하고, 이 예약에 기하여 장래 체결될 계약을
본계약이라고 합니다.

본계약이 불능·불법 등을 이유로 하여 무효가 되는 때
에는 그 예약도 또한 무효가 됩니다. 본계약이 요식계약
인 경우 예약도 또한 방식을 요하는가에 대해서는 본계
약이 요식계약으로 된 이유여하에 따라서 달라집니다.
즉, 당사자로 하여금 신중하게 고려하게 할 취지에서라
면 예약도 본계약과 같은 방식을 필요로 하지만, 기타의
경우에는 이를 필요로 하지 않습니다.

예약에는 당사자 일방만이 채무를 부담하는 일방적 예약
(편무예약)과 당사자 쌍방이 채무를 부담하는 쌍방예약
(쌍무예약)이 있습니다. 다만, 민법은 매매의 일방적 예
약에 관하여 계약상의 권리자가 본계약인 매매의 성립을
의욕한다는 뜻의 의사표시를 한 때, 즉 매매완결권을 행

사할 때에는 상대방의 승낙없이 매매가 성립하는 것으로
하고(민법 제564조), 이 규정을 매매 이외의 유상계약
에 대해서도 준용합니다(민법 제567조).

(다) 계약에는 1회의 인도로 완료하는 채권을 발생시키는 것과,
계속적 채권관계를 발생시키는 것이 있습니다. 전자의 전형
적인 것은 물건의 매매입니다. 그러나 전력공급의 매매는
계속적 채권관계를 발생시킵니다. 후자의 전형적인 예는 고
용·임대차 등입니다.

(2) 채권의 발생원인으로서의 사무관리는 계약 또는 법규에 의거한
의무가 아니며, 타인을 위해 그의 사무를 관리하는 행위입니다
(민법 제734조 이하). 원래 의무 없는 자는 타인의 사무에 함부
로 간섭해서는 안되지만, 타인의 이익을 꾀하는 것은 사회생활에
있어서의 상호부조의 이상에서 보아 어느 정도 장려할 사항입니
다. 그런데도 이를 불법행위라 하여 처음부터 행위자에게 불법행
위에 의한 책임을 부담시키는 것은 사람으로 하여금 긴급한 사정
하에도 그 부조에 두려움을 갖게 하는 결과가 되므로, 상호부조
의 이상에 반합니다. 그러므로 민법에서는 사무관리를 적법한 행
위로 하여 본인과 관리인의 이익의 공평을 꾀하기 위해 본인과
관리인 사이에 일정한 채권관계를 발생시킨다고 규정했습니다.
즉, 관리자가 일단 타인을 위한 사무관리를 시작한 이상, 관리자
에게 그 관리를 적당하게 수행할 의무를 부담시킴과 동시에 본인
에게도 또한 관리자가 지출한 비용의 상환의무를 부과했습니다
(민법 제739조).

(3) 채권 발생원인으로서의 부당이득은 법률상의 원인없이 타인의 재
산 또는 노무에 의해 이익을 얻고 그로 말미암아 타인에게 손해

를 준 자에 대하여, 그 이득과 손해 사이에 상당인과관계가 있는 경우 그 이득의 반환의무를 부담시키는 제도입니다. 즉, 사회적으로 인정할 수 없이 부당하다고 판단되는 경우에 그 이득을 반환시키는 것으로 이득자가 선의인 때에는 현재이익의 반환의무만을 부담하고, 악의인 경우에는 받은 이익에 이자를 붙여 반환해야 합니다(민법 제748조). 그러나 채권이 존재하지 않음을 알면서 변제로서 급부한 비채변제 또는 불법원인급여에 의한 경우에는, 급부한 것의 반환을 청구할 수 없습니다(민법 제742조 내지 제746조).

(4) 채권발생원인으로서의 불법행위란 고의 또는 과실에 의한 위법으로 타인의 권리 또는 법익을 침해하고 타인에게 손해를 주는 행위로서, 채무불이행과 함께 하나의 위법행위입니다. 이러한 불법행위에 의거하여 피해자는 불법행위자에 대한 손해배상청구권을 취득합니다. 불법행위는 손해의 공평한 분담을 규정한 제도이기 때문에 불법행위가 성립하기 위해서는 가해행위에 의해 손해가 발생해야 합니다. 손해는 재산적 손해뿐 아니라 정신적 손해도 포함합니다(민법 제751조). 그리고 손해배상은 위법한 행위와 상당인과관계에 있는 손해의 범위에 한정됩니다.

제3절 채권과 채무

채무란 채권자에 대하여 일정한 급부를 해야 하는 채무자의 의무이고, 책임이란 일정한 재산이 이러한 채무의 담보로 되어 있는 것입니다. 즉, 채무가 이행되지 않는 경우 그 현실적인 만족을 얻기 위해서 일정한 재산을 담보로 하고 있는 것입니다. 채무는 일정한 급부를 해야 한다는 법률적 당위, 즉 법적으로 규정되어 있을 것을 본질로 하고 있으나 책임은 당위를 법적, 강제적으로 실현하는 수단에 해당하기 때문에 이 두 개념을 구별할 수가 있습니다. 채무와 책임은 인적 귀속을 달리하는 경우도 있고 책임 없는 채무나 책임이 제한되는 채무도 존재하여, 책임이 동시에 채무의 효력 혹은 작용으로 여겨질 수 있다 하더라도 채무의 성질 그 자체는 아니기 때문에 이 양자를 구별할 필요가 있으며, 판례와 통설도 오늘날에 와서는 이를 인정하고 있습니다.

현행법상 채무와 책임의 분리를 일으킨 것으로는 다음과 같은 것들이 있습니다.

1. 책임 없는 채무

당사자 사이에 강제집행을 하지 않는다는 특약을 한 때에는 책임 없는 채무가 발생하고, 만약 채권자가 그 특약에 반하여 강제집행을 하면 채무자는 집행의 방법에 관해 이의를 제기할 수 있습니다.

2. 유한책임

채무자는 그 채무전액에 관하여 전재산으로써 책임을 부담하는 것이 원칙이며, 이를 무한책임이라고 합니다. 그런데 예외적으로 책임이 채무자의 일정한 재산에 제한되는 일이 있어, 이를 유한책임이라 합니다.

(1) 책임의 대상에 관한 유한책임(물적 유한책임)

채무자의 특정재산에 대해서만 책임이 한정되어 있어서 채권자는 그 특정재산에 대해서만 강제집행을 할 수 있고, 이에 의해 채권의 만족을 얻지 못하더라도 다른 재산에 대해서는 강제집행을 할 수 없습니다. 예컨대, 상속의 한정승인에 있어서는 채무를 상속재산의 한도로 감축하는 것이 아니고 책임이 상속재산의 한도로 한정되는 것에 불과합니다. 따라서, 한정승인이 있더라도 상속으로 인해 승계한 채무에 관해 보증 또는 중첩적 인수를 한 자의 채무에는 영향을 미치지 않습니다. 기타 물적 유한책임에는 전당포영업자의 질권에 있어서의 전당물주의 책임, 수탁자의 수익자에 대한 책임, 선박소유자의 책임 등이 있습니다.

(2) 손해배상액에 관한 유한책임(양적 또는 금액 유한책임)

일정액을 한도로 한 유한책임은 주식회사 주주의 책임 및 합자회사 유한책임사원의 책임 등에서 볼 수 있습니다(상법 제279조, 제331조). 이 경우 책임뿐 아니라 채무도 제한됩니다. 그러나 이 제한은 책임을 제한하는 것을 주안으로 한 법제라고 할 수 있습니다. 한편 채무없이 책임만 존재하는 경우도 있습니다. 그 예로 물상보증인이나 담보부동산의 제3취득자 등의 경우를 들 수 있습니다. 이 경우에는 채무가 전혀 존재하지 않는다고 할 수는 없고 다른 자가 채무를 부담하고 있는 것으로서, 물상보증인이나 담보부동산의 제3취득자 등은 주로 책임만을 부담하기 때문에 독립한 제도로 보아도 좋습니다.

보증채무는 보증인도 채무를 부담하고는 있으나 책임을 부담할 것을 주된 목적으로 한 제도이고, 장래의 채무를 위한 담보물권은 채무 없는 동안에 설정된 책임으로서의 실질을 가지고 있고, 저당권은 일정한 상태에 있어서의 채무를 위한 책임이라는 실질을 가지고 있는데, 이러한 것들은 채무와 책임을 분리하는 주장하에서 성립된 제도입니다.

3. 자연채무

자연채무란 채무자가 임의로 급부하지 않는 경우라 하더라도, 채무자에 대하여 이를 소구할 수 없는 채무를 말합니다. 이와 같은 자연채무는 이른바 소권없는 채무로서 로마법에 있어서 널리 인정되어 있었습니다. 이와 같은 자연채무를 계약에 의해 발생시킬 수 있는가에는 의문이 없으나, 소멸시효를 원용한 채무(민법 제495조), 채권자가 승소판결을 받은 후에 소를 취하한 경우의 채무(민소 제240조 2항) 등은 거의 자연채무와 동일시해도 좋을 것입니다.

제4절 채권자 평등의 원칙

채권은 그 성립 순서에 관계없이 모두 평등한 효력을 가지며, 채무자의 총재산이 전채무를 변제하기에 불충분한 경우에는 채권액의 비율에 따라 분배할 것을 원칙으로 하는데 이것이 채권자 평등의 원칙입니다.

물권은 사람 대 물건의 직접지배권이기 때문에 동시에 동일내용의 물권이 동일물건 위에 성립할 수 없습니다. 저당권의 경우에 있어서 1번 저당권과 2번 저당권은 동일내용의 것은 아니며, 또 그 효력에도 순위가 있습니다. 그러나 채권은 동일내용의 채권이 동시 또는 순차적으로 동일 물건상에 성립할 수 있어서 물권에서와 같은 배타성이 없습니다. 그러므로 채권성립 시기의 전후에 따른 배타성은 일어나지 않습니다. 즉 모든 채권은 평등의 원칙 위에 서 있습니다. 채권자가 임의로 변제하지 않는 경우에는 채권자는 채무자의 일반재산에 대해 강제집행을 하여 강제적으로 채무의 변제를 받는 것이 원칙이므로, 채무자의 일반재산은 채권의 최후의 담보입니다. 따라서 채권의 경제적 가치는 궁극적으로 채무자의 일반재산의 다과에 존재하기 때문에, 민법은 그 부당한 감소를 방지하기 위해 채권자 대위권과 채권자 취소권의 두 가지 제도를 인정했습니다. 그러나 채무자의 일반재산은 모든 채권자가 그로부터 평등하게, 즉 채권액에 따른 비례로써 변제받을 수 있습니다.

그러나 채무자의 일반재산은 부단히 증감하는 것이므로, 특정채권의 담보로서는 극히 불충분합니다. 그리하여 채무자의 일반재산보다도 강력한 변제수단의 확보가 거래사회에 있어서 필요하게 되었는데 이것이 채권담보제도입니다. 채권의 담보제도에는 인적담보제도와 물적담보제도가 있으며 전자는 채권자가 채무자가 아닌 자의 일반재산으로부터도 변제를 받을 수 있는 것으로서, 보증채무·연대채무가 그 주된 것입니다.

물적담보제도는 채무자 또는 제3자의 일정한 재산에 대하여 우선적으로 변제를 받을 것을 인정한 것으로서, 질권·저당권 등의 담보물권 및 양도담보, 매도담보가 이에 속합니다. 인적담보제도가 담보하는 자의 일반재산상태에 따라 지배되기 때문에 담보로서의 효과가 불확실함에 반하여, 물적담보제도는 오직 담보목적물의 경제적 가치에 의존하고 있는 것이기 때문에 그 물건이 멸실되거나 그 가치가 하락하지 않는 이상 확실하게 그 목적을 달성할 수 있습니다.

질권, 저당권 등과 같은 물권은 특수한 물권이기 때문에 채무자의 일반산 또는 특정재산에서 다른 일반채권자에게 우선하여 변제를 받을 수 있는 효력이 인정됩니다. 그러므로 이것은 채권자 평등의 원칙에 대한 예외를 이루고 있습니다. 그러나 민법은 이 효력을 채권 자체의 효력으로 하지 않고 채권과는 별개의 존재를 갖는 담보물권으로서 구성했습니다. 이러한 예외가 인정된 이유는 반드시 동일한 것은 아니며 사회정책적 고려에서, 또는 당사자의 사상의 추측 등에서 찾을 수 있습니다.

채권은 채무자가 임의로 이행함으로써 그 내용을 실현합니다. 채무자가 임의로 이행하지 않는 때에는 채권자는 현실적으로 이행을 강제하고, 또 불이행으로 인한 손해배상을 청구할 수 있으나, 그 강제수단은 물건의 인도를 목적으로 하는 채무에 관한 직접강제를 별도로 하면 채무자에게 금전의 지불을 명할 수 있고, 또 손해배상은 그 손해를 금전으로 평가하여 전보할 수 있습니다. 그러므로 채권의 효력은 종국적으로 채무자에게 금전을 청구하는 것으로써 그 목적을 달성하는 것이라고 할 수 있습니다.

채무자가 임의로 그 채무에 따른 이행을 하지 않은 때 종국에 있어서 채무자에게 금전을 청구함으로써 목적을 달성하는 것은 모든 채권에 있어서도 동일합니다. 그런데 현행법상 채무자에게 금전을 지불시키기 위해서는 그 일반재산을 처분하여 금전으로 바꾸는 것 이외의 수단은 없습니다. 고대 또는 봉건시대에서와 같은 채무노예나 강제노동을 인정하지 않기 때문에, 최후의 보증은 채무자의 일반재산일 뿐입니다. 이와 같이 모든 채권자는 채무자의 일반재산으로써 그 담보를 하고 있으나, 이 채무자의 책임은 모든 채권을 동반하고 있으므로 채권은 평등한 입장에서 이를 집행하여 그 만족을 얻는 것입니다. 즉 채권자는 평등한 입장에 서는 것입니다.

이와 같이 저당권 등과 같은 물권은 우선변제를 받을 수 있으므로 배타성이 있지만, 채권은 모두 평등하게 채무자의 일반재산으로써 담보되고 있는 것이므로 물권과 같은 배타성을 갖지 않는 것입니다. 이미 기술한 바와 같이 책임 없는 채권, 책임이 제한된 채권도 존재하며 소권을 동반하지 않는 자연채무도 존재하지만, 일반적으로 모든 채권은 종국에 있어서 채무자의 일반재산으로써 평등한 입장에서 담보되고 있는 것입니다. 즉, 채권에는 채권자 평등의 원칙이 채택되어 있는 것입니다.

제2장 채권의 목적

제1절 채권의 목적

1. 채권의 목적과 그 요건

채권의 목적은 채무자의 행위, 즉 급부입니다. 예컨대 매매에 있어서 그 객체로 되어 있는 물건을 賣主가 買主에 대하여 인도하는 행위입니다. 급부의 목적이 되는 물건은 채권의 목적물이라고 칭하는 것이 적당하나 민법의 용어는 일관되어 있지 않고 목적물을 목적이라 하고 있습니다(민법 제376조, 제399조).

채권의 목적은 당사자의 의사에 따라 자유롭게 정할 수 있으나, 확정할 수 있을 것(확정성), 실현가능할 것(가능성), 적법할 것(적법성), 사회적 견지에서 보아 타당한 것일 것(사회적 타당성)의 요건을 구비하지 않으면 안됩니다. 채권은 계약을 매개로 하여 성립하는 것이므로 계약의 내용이 위 요건을 구비하고 있으면 충분하며 위 요건을 갖추지 않으면 채권으로서 성립하지 않습니다. 따라서 상기요건은 채권의 목적에서 빠뜨릴 수 없으나, 그렇다고 고유한 것은 아닙니다.

2. "채권은 금전으로 가액을 산정할 수 없는 것이라도 그 목적으로 할 수 있다"(민법 제373조) 라는 규정의 의미

채권의 목적은 금전적 가치를 갖는 것이 아니면 안되는가의 문제는 독일보통법시대의 학자들 사이에 다툼이 있었던 문제입니다. 민법은 "채권은 금전으로 가액을 산정할 수 없는 것이라도 그 목적으로 할 수 있다"(민법 제373조)라고 하는 규정을 두어 이 점을 명백히 했습니다. 독일

민법과 프랑스민법에서는 명문의 규정이 없어 이론이 있으나, 통설은 이와 같이 해석하고 있습니다.

근대법은 인격적 이익이 법의 보호를 받을 수 있도록 승인하고 있기 때문에 채권이 물질적 이익을 내용으로 한 경우뿐 아니라, 인격적 이익을 내용으로 한 경우에도 법에 의해 보호되지 않으면 안됩니다. 따라서 근대법에 있어서는 채권의 목적에 관한 요건으로서의 금전적 가치는 의미가 없는 것이라 할 것입니다. 그러므로 매일 책을 읽어 준다거나, 오후 9시 이후에는 레코드를 틀지 않는다거나 기도를 드리는 따위의 행위에 대해서도 법률적 효과를 발생시킬 수 있습니다. 다만, 이러한 행위를 할 의무가 과연 법률적 구속을 받는 것이냐에 대해서는 당사자의 의사, 기타의 사정에 따라 결정해야 할 것입니다.

3. 급부의 종류

급부는 여러 입장에서 분류할 수 있으며, 그 주된 것은 다음과 같습니다.

(1) 주는 급부와 하는 급부

프랑스민법이 사용하는 구별로서 주는 급부는 물건의 인도를 목적으로 하는 급부이며, 하는 급부는 그 외의 채무자의 행위입니다.

(2) 특정물급부와 불특정물급부

주는 급부에 있어서 인도의 목적물이 특정되어 있는가 그렇지 않은가에 의한 구별입니다.

(3) 작위급부와 부작위급부

급부의 내용이 적극적 행위(작위)인가 또는 소극적 행위(부작위)인가에 따른 구별입니다.

이 외에 가분급부와 불가분급부, 일시적 급부, 계속적 급부, 회귀적 급부 등이 있습니다.

민법은 "채권의 목적"으로 제목을 붙이고, 특정물의 인도를 목적으로 하는 채권, 종류채권, 금전채권, 이자채권, 선택채권의 5종에 관해서 규정하고 있습니다.

제2절 특정물채권

1. 채권의 목적인 특정물의 보관의무

채권의 목적인 특정물의 보관의무에 관해서 민법은 "채무자는 인도하기까지 선량한 관리자의 주의로써 그 물건을 보존해야 한다"(민법 제374조)고 규정하고 있습니다. 특정물이라 함은 당사자가 어디의 몇 번지의 토지라든가 이 책상과 같이 그 개성에 착안하여 거래의 목적으로 한 물건을 말합니다.

선량한 관리자의 주의란 채무자의 지위·직업에 의해 요구되는 일반적·객관적인 주의의 의미입니다. "자기재산과 동일한 주의"(민법 제695조), "자기의 재산에 관한 행위와 동일한 주의"(민법 제922조), "고유재산에 대하는 것과 동일한 주의"(민법 제1022조) 등과 같이 행위자의 능력에 따른 구체적인 주의의무에 대한 개념으로서 더 고도의 주의의무가 요구되고 있습니다. 이것은 예컨대 무상수치인에게 주관적인 주의의무가 요구되는데(민법 제695조) 대해, 유상수치인에게는 선량한 관리자의 주의의무가 요구됩니다(민법 제374조)는 점에서도 이해할 수 있습니다. 이 주의의무에 위반하여 목적물을 멸실·훼손한 때에는 손해배상의 책임을 집니다(민법 제390조). 선량한 관리자의 주의를 태만히 한 경우에는

抽象的 輕過失(객관적 경과실), 자기를 위해 하는 것과 동일한 주의를 게을리 한 경우에는 구체적 경과실(주관적 경과실)이라고 합니다.

선량한 관리자의 주의의무는 이행기까지가 아닌, 인도하기까지입니다. 그러나 이행기를 초과한 것이 채무자의 귀책사유에서 기인한 때에는 이행지체가 되고 채무자는 불가항력에 대해서도 책임을 부담하게 됩니다(민법 제392조 참조). 또 이행기에 채무자가 목적물을 제공했으나 채권자에 의해 수령지체가 된 경우에는 그 이후 채무자에게는 그 주의의무가 경감되므로 자기를 위해서 하는 것과 동일한 주의의무를 하면 됩니다(민법 제401조 참조). 따라서, 이행기 이후에도 채무자가 선량한 관리자의 주의의무를 부담하는 것은 이행지체도 수령지체도 아닌 경우입니다. 채무자는 선량한 관리자의 주의로써 보존한 후 그 목적물을 이행기에 인도할 때에는 현상 그대로 인도해야 하며, 그것만으로 충분합니다(민법 제462조).

이행기까지에 생긴 과실은 채무자가 취득할 수 있습니다. 이행기 이후의 과실은 채권자에게 인도해야 하지만 매매에 관해서는 예외를 규정하고 있습니다. 목적물을 인도하지 않고 있는 동안에 생긴 과실은 매주에게 속합니다(민법 제587조).

2. 채무의 이행장소

채무의 목적을 급부할 장소에 관해서는 명시 또는 묵시의 의사표시에 의해 정해지는 일이 많으나, 당사자의 특별한 의사표시가 없는 경우에 대해서는 민법에서 규정하고 있습니다. 즉, 특정물의 인도를 목적으로 한 채무는 채권성립당시에 그 물건이 있었던 장소를, 특정물 이외의 급부를 목적으로 한 채무는 채권자의 현재의 주소를 이행장소로 하고 있습니다(민법 제467조). 그리고 특정물의 인도를 목적으로 한 채무에 있어서도 이행불능으로 인해 손해배상채무로 변경된 경우에는 특정물 이외의 급부를 목적으로 한 채무와 마찬가지로 채권자의 현주소가 변제장소로 됩니다.

채권자의 현주소에서 급부하는 채무를 지참채무라고 하는데, 채권자의 현주소는 실제로 급부할 때의 주소를 의미하며, 이행기의 주소는 아니므로 급부를 하기 전에 채권자가 주소를 이전한 경우에는 신주소에서 급부해야 합니다(민법 제473조 참조). 그리고 채무가 영업에 관한 것인 경우에는 채권자의 현영업소가 변제의 장소가 됩니다(민법 제467조 2항 단서).

민법은 종래의 관습에 따라서 금전채무와 그 이외의 채무를 구별하지 않고 지참채무의 원칙을 채용하고 있으나, 매매목적물의 인도와 동시에 대금을 지불해야 할 때에는 그 인도장소에서 지불하는 것으로 하고 있습니다(민법 제586조).

제3절 금전채권의 특질

1. 금전채권의 의의

금전채권은 일정액의 금전의 급부를 목적으로 하는 채권입니다. 매매와 같은 유상의 쌍무계약에 있어서는 일방이 물건을 인도할 채무를 부담하고 다른 일방은 대가를 지불해야 하는데, 이 대가의 지불이 금전채권입니다. 금전채권은 종류채권의 일종으로 볼 수도 있으나, 수량으로 표시된 일정한 추상적인 화폐가치를 목적으로 하며 이를 실현하는 구체적인 물건(화폐)에 대한 관계가 희박합니다. 이 점에서 금전채권은 금전 이외의 급부를 목적으로 한 채권과 다른 여러 가지 특질을 가지고 있습니다.

2. 금전채권의 민법상의 특질

민법에 규정되어 있는 특질로서 다음과 같은 것을 들 수 있습니다.

(1) 특약이 없으면 채무자의 선택에 따라 각종통화로 변제해도 좋습니다. 통화라 함은 화폐법에 의해 강제통용력이 있는 화폐를 말합니다. 그러나 특약으로 특정통화(예 : 금화)로써 지급하도록 정한 때에는 채무자는 그 특약에 좇아 변제할 의무가 있습니다. 다만, 이 경우에도 그 특수통화가 변제기에 이르러 강제통용력을 잃은 때에는 채무자는 이행불능으로 지급의무를 면하게 되는 것이 아니라 다른 통화로써 변제해야 합니다(민법 제376조). 금전채권은 일정액의 화폐가치를 목적으로 하는 것이므로, 당사자가 화폐의 종류를 특정하더라도 그것은 어디까지나 2차적인 의미를 갖는데 지나지 않는 것이기 때문입니다.

외국의 통화로 지급하도록 정한 경우에도 상기의 표준에 따릅니다. 즉, 특약이 없으면 채무자는 그의 선택에 따라 당해 외국의 각종 화폐로써 변제하고(민법 제377조 1항), 특종의 통화를 지급하는 경우에 그 특종통화가 변제기에 강제통용력을 잃은 때에는 그 나라의 다른 통화로 변제해야 합니다(동조 제2항). 그 뿐 아니라 지급할 때의 이행지의 환금시가에 의해 환산한 우리나라 통화를 지급해도 유효합니다(민법 제378조).

(2) 금전채권에는 특정이 없습니다. 따라서 안전하게 이행을 종료할 때까지는 채무자의 책임없는 사유로 인해 이행불능상태를 발생시키는 일이 없으며, 다만 이행지체가 될 뿐입니다. 민법이 "채무자는 과실없음을 항변하지 못한다"(민법 제397조 2항 후단 참조)라고 규정하고 있는 것은 바로 이러한 취지에서입니다.

금전채권의 이행지체에 대한 손해배상액은 특약이 없고 법률에 특별한 규정(민법 제705조 참조)도 없으면, 법정이율-민사 연 5분(민법 제379조), 상사 연6분(상법 제54조)-에 의해 결정하도록 되어 있습니다(민법 제397조 1항 본문).

(3) 채권자는 이행지체에 의한 손해의 발생을 증명할 필요가 없습니다(민법 제397조 2항 전단).

제4절 이자채권

1. 이자채권의 의의

(1) 이자채권의 제한

이자채권이라 함은 이자의 지급을 목적으로 하는 채권입니다. 이자란 원본사용의 대가로서 그 액과 존속기간에 비례하여 지급되는 금전 기타의 대체물입니다. 이자는 원본사용의 대가로서 지급되는 것이므로 원본채권과 밀접한 관계를 가지고 있습니다. 여기에서 말하는 원본채권은 특정물의 반환을 목적으로 하는 것이 아니며, 동일종류의 물건을 반환시킬 것을 요합니다. 따라서, 이자는 소비대차 및 소비임치에 의한 것이 가장 많으나 매매대금을 유예함으로써 부과하는 것도 있습니다. 이에 대하여 토지·가옥의 사용에 따라 발생한 지대·가임 또는 할부상환금은 이자가 아닙니다.

이자채권은 당사자의 계약 또는 법률의 규정에 의해 발생합니다(민법 제598조, 제600조, 제612조 참조). 전자를 약정이자, 후자를 법정이자라 합니다. 법정이자의 이율은 법정이율(민사 연5분·상사 연6분)에 의합니다. 이자채권은 원본채권에 부종하는 것을 그 성질로 하고 있습니다. 이자채권은 기본적인 이자채권과 지분적인 이자채권으로 나뉘며, 각각 다른 성질을 가지고 있습니다.

(2) 기본적인 이자채권

기본적인 이자채권은 원본에 대하여 일정률의 이자를 발생시키는 것을 목적으로 하며, 그 발생에 관해서는 원본채권의 존재를 전제로 합니다. 따라서, 원본채권이 무효인 때에는 이자채권은 발생하지 않습니다. 또, 원본채권이 소멸하는 경우에는 이자채권도 그와 함께 소멸하고 그 후에는 이자가 발생하지 않습니다. 원본채권의 처분은 이자채권의 처분을 수반하는 것이 원칙입니다.

장래 발생할 이자채권은 이미 발생한 이자채권과는 달리 원본채권에 종속하여 그것과 운명을 같이하는 것을 원칙으로 하고 있기 때문에, 원본채권에 수반하여 전부명령이 있는 경우에는 그 효력이 이자채권에도 미칩니다. 이 때 그 이자가 특정되어 있는가 법정이자인가를 불문하고 이자채권도 압류채권자에게 이전합니다. 또 이미 발생한 지연이자채권도 원본채권에 부수하여 발생된 권리에 지나지 않기 때문에 원본채권이 양도되면 반대증거가 없는 한, 그 이전에 발생한 지연이자채권도 동시에 양도되는 것으로 인정해야 합니다.

(3) 지분적인 이자채권

지분적인 이자채권은 변제기에 도달한 各期의 이자를 목적으로 합니다. 그 발생에 대해서는 원본채권 및 기본적인 이자채권을 전제로 하지만 이미 발생한 후에는 독립하여 존재합니다. 민법 제479조에서는 채무자가 이자 및 원본으로 볼 수 없는 변제를 한 경우에는 먼저 이자에 충당할 것을 규정하고 있고, 이자만의 변제를 할 수 있다고 규정하고 있는 것은 변제기에 도달한 이자채권이 원본채권과 독립한 것임을 나타내고 있다고 할 수 있습니다. 따라서 원본채권과 분리하여 양도되고 별개로 변제할 수 있으며, 또 별개로 시효에 의해 소멸한다. 원본채권이 변제·시효 등으로 인해 소멸하더라도 이미 발생한 이자는 존속합니다.

원본채권의 양도는 특별한 의사표시가 없는 한, 이자채권의 양도를 동반하지 않습니다. 이자를 발생시키는 채권은 그 채권의 교환가치에 영향을 받지만 이미 변제기에 도달한 지연이자채권이 있다는 것은 고려되지 않는 것이 통례이기 때문입니다. 그러나 채권자가 만족을 얻을 수 있다는 입장에서 본다면 이 지분적 이자채권은 원본채권의 확장으로서의 성질을 가지는 것으로 보아야 하므로, 원본채권의 담보는 당연히 이 지분적 이자채권까지도 담보하고(민법 제334조, 제360조, 제429조 참조), 이자를 제외한 원본만의 제공은 채권의 내용에 좇은 변제의 제공이 되지 않습니다.

2. 복리(중리) (複利〈重利〉)

복리라 함은 기한이 도래한 이자를 원금에 산입하여 이를 원금의 일부로 하고 그에 대해 다시 이자를 붙이는 것을 말하며 중리라고도 합니다. 복리특약(특정복리)은 일반적으로 유효합니다. 장기대부의 경우, 이자와 원본의 일부를 합산하여 각기마다 균일한 금액을 지불하도록 하는 연부상환계약에 있어서 각기의 상환금지불을 지연한 때에는 여기에 지연이자를 지불한다는 특약 등은 무효로 해야 할 이유가 없습니다.

법률의 규정에 의해 직접적으로 인정되는 복리를 법정복리라 합니다. 이자의 지급이 연체되면 그 연체이자에 관해 연체이자를 지급해야 할 의무가 생기는 것은 당연합니다(민법 제397조 1항 참조). 그러나 이는 엄밀한 의미에서 이자가 아니라 손해배상에 해당되고, 지연이자를 원금에 산입하는 특약이 없는 이상 연체이자를 복리로 볼 수는 없습니다.

제3장 채권의 효력

제1절 채권의 효력

1. 서 설

채권이란 채권자가 채무자에 대하여 특정한 행위(급부)를 하도록 하는 것을 내용으로 하고 그 작용으로서 채무자에 대해 급부를 청구할 수 있는 권리를 말합니다. 이 권리는 채무의 본지에 따른 채무자의 이행이 있어야 비로소 그 실효를 거둘 수 있습니다. 따라서 채무자로부터의 급부가 있을 때 채권자는 적어도 이 급부를 수령할 수 있는 권한을 가지고 있어야 하는데, 이것을 채권이 갖는 최소한도의 효력이라고 할 수 있을 것입니다. 또한 채무자로부터의 임의의 급부가 없거나 채권의 실현을 방해하는 장해가 있는 때에는 원칙적으로 그 장해를 제거할 수 있는 적극적인 법률적 보호까지도 주어져야 합니다. 그런데 채권의 실현을 방해하는 장해에는 채무자만이 관계하는 것과 채무자 이외의 제3자도 관계하는 것이 있습니다. 그에 따라 채권자에게 주어진 보호의 태양도 채무자에게만 효력을 미치는 것과, 채무자 이외의 제3자에 대해서도 효력을 미치는 것의 두가지로 나눌 수 있습니다. 전자가 이른바 채권의 대내적 효력이고, 후자가 이른바 채권의 대외적 효력입니다.

2. 채권의 효력

(1) 채권의 대내적 효력

민법은 채권의 대내적 효력으로서 채권의 현실적 이행의 청구권과 손해배상청구권을 채권자에게 인정하고 있습니다. 즉 채권은 본래 채무자의 자유로운 의사에 의해 만족되어야 할 것이지만 채무자로부터 임의의 급부가 없을 때, 채권자는 우선 채무자에 대해 그 이행을 청구하고 다음에는 국가 권력의 조력에 의해 채무자를 강제하여 급부하게 할 수 있는 것입니다. 강제집행은 채무자의 의사에 반하더라도 이행을 강제하는 것이기 때문에, 이것이 허용되기 위해서는 강제에 의해 채권내용이 실현될 수 있어야 합니다. 예컨대 연주를 목적으로 하는 채무와 같이 그 실현이 채무자의 자유로운 의사에 의해서만 가능한 경우에는 강제이행을 할 수 없는 것이라고 해야 합니다. 즉, 현실적 이행의 강제에는 한계가 있습니다. 이 때에는 현실적 이행에 갈음하여 손해배상으로써 채권을 만족시키는 방법 외에 채권자를 보호할 수 있는 방법이 없습니다.

강제이행의 경우까지 포함하여, 채무자로부터의 급부가 있더라도 그것이 기한에 늦었다거나, 또는 하자있는 급부이기 때문에 追完을 필요로 하는 것과 같은 경우에는 채권자에게는 통상적으로 손해가 발생하고 이러한 손해도 보상되어야 합니다. 이리하여 채권자는 채무자에 대하여, 채무자가 채권의 내용에 좇은 이행을 하지 않은 때에는 본래의 급부를 청구할 수 있으며 이것은 국가권력에 의한 강제라는 보장에 의해 보증됩니다.

강제이행이 불능한 경우, 혹은 이행이 있더라도 채권의 목적을 달성할 수 없는 때에는 급부에 갈음한 손해배상(塡補賠償)을, 그리고 이행을 지체한 때에는 본래의 급부와 함께 배상(지연배상)을 청구할 수 있습니다. 손해는 금전으로 평가하여 배상해야 하고, 채무자의 일반재산이 그 담보가 됩니다. 즉 채권은 강제집행에 의해 채무자의 일반재산을 금전으로 바꾸어 그로부터 만족을 얻는 것으로써 최후의 보장을 한 것입니다.

(2) 채권의 대외적 효력

채권이 권리로서 보호되는 이상, 제3자가 이를 침해한 때에는 채무자에게 구제의 방법을 주는 것은 다른 권리의 일반과 마찬가지입니다. 그러나 채권은 배타성을 가지고 있지 않고 또 자유경쟁이 인정되고 있으므로 채권을 침해한 제3자의 행위에 대해 언제나 그 책임을 물을 수 있는 것은 아니며, 제3자의 행위가 위법성을 띨 때, 즉 제3자가 불법하게 채권을 침해한 경우에만 불법행위(민법 제750조 이하)로서 채권자는 그에 대해 손해배상을 청구할 수 있는 것입니다. 그러나 제3자의 침해를 배제하는 청구권을 채권자에게 당연히 인정할 수는 없습니다. 만약 이것을 인정한다고 하면 물권적 청구권과 동일한 효력이 채권에 주어지게 됩니다.

물권과 채권이 현행법상 구별되어 있는 이상, 이것은 곤란한 문제라고 하지 않을 수 없으나 판례는 배타성 있는 임차권에 대해서는 방해배제청구를 인정하고 배타성이 없는 때에는 임차권에 기한 점유를 하고 있다 하더라도 방해배제청구권은 없다고 하고 있습니다. 물론 이것은 임차권 그 자체에 의해 청구하는 경우이며, 방해배제청구권은 점유권 자체에 의해 인정되는 것이다. 학설은 전자의 판례에는 찬성하나 후자의 판례에는 반대하는 견해가 적지 않습니다.

제2절 제3자에 의한 채권침해

채권침해는 채권의 귀속자체를 침해하는 경우와 채권의 목적인 급부를 침해하는 경우의 두 가지로 구별할 수 있습니다.

(1) 채권의 귀속 자체를 침해한 경우

예컨대 변제를 수령할 정당한 권한 없는 제3자가 영수증소지자로서 채무자로부터 변제를 받은 때(민법 제471조)나, 상품권을 습득하여 그 것을 선의의 제3자에게 양도한 경우와 같이 직접 채권을 행사하거나 처분하여 진실한 채권자로 하여금 그 채권 자체를 상실케 한 경우입니다.

이 때, 불법행위성립의 일반적 요건을 충족시키는 것에는 의문이 없습니다. 이러한 경우 채권자는 부당이득(민법 제741조)을 이유로 하여(경우에 따라서는 채무불이행을 이유로 하여) 그 손실에 대한 변제를 받을 수도 있겠지만, 청구권이 경합한다는 입장을 시인할 때에도 불법행위의 성립을 인정하는 데는 지장이 없습니다.

(2) 채권의 목적인 급부를 침해한 경우

특정물의 인도를 목적으로 하는 채권에 대해서 제3자가 그 목적물을 멸실 또는 훼손한 때에는 채무자는 자기의 책임 없는 이행불능을 이유로 하여 그 책임에서 벗어나지만(민법 제390조 참조), 그것이 쌍무계약에 의한 채권인 때에는 채권자는 자기의 채권을 행사할 수 없음에도 불구하고 반대채무의 이행을 면할 수 없습니다(민법 제537조). 이러한 경우 채권자는 제3자에 의한 채권침해(불법행위)로써 구제받을 수 있습니다. 채무자가 제3자에 대하여 불법행위를 이유로 손해배상을 청구할 수 있는가 하는 문제와는 관계없이 채권자는 자기의 채권침해로써 구제받을 수 있는 것입니다. 이것은 채무자에 대한 채권이 소멸하지 않고 존속하는 경우 예컨대 제3자가 채무자와 공모하여 급부의 목적물을 멸실케 한 경우와 마찬가지입니다. 이 경우에 채무자는 그 책임을 면할 수 없으므로 채무불이행의 책임을 부담해야 하고 채권은 손해배상청구권으로 전화하여 존속합니다.

제3절 채권의 의거한 방해배제청구권

1. 의 의

채권에 있어서 제3자에 의한 채권침해가 있으면 그 배제를 청구할 수 있다고 해도 좋지 않을까 하는 문제가 제기됩니다. 이것이 채권에 의거한 방해배제청구라고 일컬어지는 문제로서 물권에 있어서의 물권적 청구권에 대응하는 것이 채권에 대해서도 인정되는가 하는 문제입니다. 종래 주로 부동산임차권에 대해 논의되어 온 것이라고 할 수 있습니다.

2. 방해배제청구권의 내용

등기를 갖춘 임차권과 같이 어떤 형식에 의해 공시방법을 갖추어 물권화되어 있는 경우에는 방해배제의 청구 또는 방해예방의 청구가 인정되어야 한다는 점에는 학설이 일치되어 있습니다. 그러나 어떠한 형식으로도 공시방법을 갖추지 않은 채권이라고 해서 일률적으로 방해배제청구권을 부정하는 태도는 바람직하지 못합니다. 따라서 사실상 물건의 지배가 채권이라 하더라도 고용계약상 사용자의 채권과 같은 물권자체로서 제3자의 침해를 배제할 수 있는 청구권을 인정하는 것이 타당하다고 합니다. 또한 특정물채권에 있어서 제3자가 채권의 목적물을 침탈한 경우에 그 목적물의 반환을 청구할 수 있는가에 관해서도 부정설과 긍정설이 나뉘어 있습니다.

제4절 강제집행

1. 총 설

채무자가 임의로 채무를 이행하지 않은 때 채권자가 국가권력(소구와 강제집행)의 조력을 받아 강제적으로 채권내용을 실현하는 것을 강제이행(현실적 이행의 강제)이라고 합니다. 현행법이 인정한 강제이행의 방법에는 직접강제·대체강제·간접강제의 3종이 있습니다. 구체적 사안에서 이 3종의 강제방법 중 어느 것을 어떻게 적용할 것인가는 채권자의 보호와 채무자의 인격존중과의 조화를 염두에 두면서 정하지 않으면 안 된다고 할 수 있습니다.

강제이행은 채무자의 의사에 반하더라도 이행을 강제하는 것이기 때문에 강제이행이 허용되기 위해서는 강제에 의해 채무내용을 실현할 수 있는 것이 아니면 안됩니다. 그리하여 그 실현이 채무자가 임의로 이행해야만 가능한 경우, 예컨대 演奏를 목적으로 하는 채무는 외부에서 강제하더라도 채무자가 임의로 연주하지 않는 이상 실현될 수 없는 것이기 때문에 강제이행을 처음부터 적용할 수 없는 성질의 것입니다. 이와 같은 채권에 대해서는 그 내용자체의 실현을 강제하는 방법이 없으므로 채권자는 채무불이행을 이유로 한 손해배상에 의해 만족하지 않으면 안됩니다.

3종의 강제이행의 방법에 대해서는 채무를 "주는 채무"와 "하는 채무"로 나누어 생각하는 것이 편리합니다. "주는 채무"라 함은 금전 기타의 물건의 인도를 목적으로 하는 채무이고, "하는 채무"란 주는 채무 이외의 채무자의 행위 또는 부작위를 목적으로 하는 채무입니다.

2. 직접강제

동산이나 부동산의 인도를 목적으로 하는 채무에 대한 불이행이 있을 때 국가권력으로써 채무자의 점유를 이전하는 것과 같이, 국가권력에 의해 채무자의 의사에 관계없이 직접 채권의 내용을 실현하는 것이 직접강제입니다. 민법 제389조 1항은 채무의 성질이 허용하는 한 강제이행을 법원에 청구할 수 있다고 규정하고 있으나, 여기에서 말하는 강제이행은 직접강제를 가리키는 것이고, 대체집행이나 간접강제는 포함하지 않습니다. 만약 민법 제389조 1항에서 말하는 강제이행에 대체집행이 포함된다고 하면, 제2항이 대체집행을 법원에 청구할 수 있다고 한 규정은 대체집행을 허용하지 않는 경우에 대체집행을 법원에 청구할 수 있다는 이 상한 논리가 되어 그 의미를 알 수 없게 되어 버리고, 간접강제를 포함 한다고 하면, 원래 채무자의 심리를 압박하기 위한 최후의 수단이 되어 야 할 간접강제가 원칙적으로 허용되는 것이 되어 버리므로 근대법의 경 향에 크게 어긋나기 때문입니다.

직접강제는 "채권의 성질이 그것을 허용하지 않는 경우"(민법 제389조 1항 단서)를 제외하고 허용된다. 채권내용의 실현을 위해 채무자 스스로 의 적극적인 행위가 필요하지 않은 경우에는 직접강제로써 목적을 실현 할 수 있지만 채무자의 적극적인 행위가 필요하지 않은 때에는 직접강제 로써 채무내용을 실현하는 것은 곤란할 뿐만 아니라, 채무자의 인격존중 의 면에서 보더라도 바람직하지 않습니다. 즉 "채무의 성질이 강제이행 을 하지 못할 것인 때"라 함은 채무가 이른바 하는 채무일 때에는 직접 강제는 허용되지 않고, 주는 채무에 한해 허용된다는 의미인 것입니다.

그리고 직접강제는 주는 채무에 관해서는 채권의 보호를 위해 가장 효 과적인 것일 뿐만 아니라 채무자의 인격존중의 이상에도 합치하는 것이 기 때문에 직접강제가 가능한 때에는 다른 강제이행의 방법을 인정할 필 요가 없습니다. 결국 직접강제는 주는 채무에 대해서만 인정되고, 주는 채무에 관해서는 직접강제밖에 허용되지 않는다고 할 수 있습니다.

직접강제의 방법에 관해서는 민사소송법에서 금전채무에 대한 직접강 제(민법 제525조 내지 제688조)와 동산의 인도 및 부동산의 명도에 대 한 직접강제(민법 제689조 내지 제691조)로 나누어 각각 규정하고 있 습니다.

3. 대체집행

건물을 철거해야 할 의무를 채무자가 이행하지 않은 때, 채무자의 비 용으로 채권자 또는 제3자가 채무자에 갈음하여 채권내용을 실현시키는 강제이행의 방법이 대체집행입니다. 대체집행은 직접강제가 허용되지 않는 채무 중에서도 제3자가 대신하더라도 채권의 목적을 달성할 수 있는 것에 대해서만(그리고 이 종류에 한해) 허용됩니다(민법 제389조 2항). 민법 제389조 2항에서 말하는 "법률행위를 목적으로"라 함은 1항과 마찬가지로 직접강제를 허용하지 않는 경우를 의미합니다.

대체집행의 방법도 민사소송법에 규정되어 있습니다(민소법 제692조, 제694조). 그런데 채무자의 법률행위를 목적으로 하는 채무는 채무자가 법률행위를 한 것과 동일한 법률효과를 발생시키면 그 목적을 달성하는 것이기 때문에 민법 제389조 2항 본문은 채무자에게 의사표시를 명하는 판결이 있으면 그것으로써 채무자의 의사표시에 갈음함으로써 채무의 이행이 있었던 것과 동일한 효과를 발생시키게 된다고 하는 간략한 강제이행의 방법을 인정하고 있습니다.

그리고 민법 제389조 3항에서는 부작위채무 가운데 그 채무의 불이행이 유형적인 결과를 일으키고 타인이 이를 제거함으로써 목적을 달성할 수 있는 것에 대해 일종의 대체집행을 인정하고 있습니다. 즉, 부작위채무의 강제집행방법으로 "채무자의 비용으로써 그 위반한 것을 제거하고, 또한 장래를 위해 적당한 처분을 하도록 청구하는 것"이 가능합니다. 그러나 채무의 불이행이 무형의 상태에서 존재하는 때에는 이 방법에 의할 수 없습니다. 불이행이 유형적인 상태로 계속해서 이 방법으로 구제가 주어질 때에는 다른 강제이행의 방법은 허용되지 않습니다.

4. 간접강제

간접강제는 법원이 채무자에 대하여 일정기간내에 채무를 이행하지 않을 때에는 손해배상 등의 불이익을 과할 것을 명하여 채무자에게 심리적인 압박을 가함으로써 이행을 간접적으로 강제하여 채권의 실현을 꾀하는 제도입니다. 이른바 하는 채무에 대하여 대체집행이 허용된다는 것은 전술했으나, 그것은 하는 채무 가운데에서도 대체적 급부를 목적으로 할 때에 한해 허용되는 것으로서, 제3자에 의해서는 성립될 수 없는 행위, 즉 부대체적 작위를 목적으로 하는 때에는 대체집행도 또한 성립되지 않습니다. 이 때에 허용되는 것이 간접강제입니다.

간접강제에 관해서는 민법에는 아무런 규정도 없습니다. 민사소송법 제693조는 "채무의 성질이 강제이행을 할 수 있는 경우에 제1번 受訴法院은 채권자의 신청에 의해 결정으로 상당한 기간을 정하고 채무자가 그 기간내에 이행을 하지 않은 때에는 그 지연기간에 응하여 일정한 배상을 할 것을 명하거나 또는 즉시 손해의 배상을 할 것을 명할 수 있다"고 간접강제를 규정하고 있습니다.

5. 강제이행과 손해배상의 청구

전술한 강제이행을 하고 나서도 여전히 이행이 지연됨으로써 손해가 발생한 경우에는 채권자는 손해배상을 청구할 수 있습니다(민법 제389조 4항). 물론 채권자는 강제이행의 수단을 동원하지 않고 손해배상을 청구할 수도 있습니다.

제5절 이행보조자

1. 의 의

이행보조자라 함은 채무자가 채무이행을 위해 사용하는 자를 말합니다. 채권자는 채무자를 신뢰하여 채권관계를 체결하는 것이기 때문에 채무의 이행에 있어서도 채무자 자신이 직접 그에 임하는 것이 가장 바람직합니다. 그러나 채무자 자신의 능력에 한계가 있을 뿐만 아니라 현대의 거래관계는 복잡하여 광범위하게 미치기 때문에 채무자는 타인을 사용해 채무의 이행에 임하게 해야 할 필요가 생겼습니다. 뿐만 아니라 일반적으로 채무의 내용에 따른 이행이 있기만 하면 채권은 만족되는 것이기 때문에 반드시 채무자 자신이 이행에 직접 임할 필요는 없습니다. 이와 같은 경우에 채무자를 도와 이행에 임하는 것이 이행보조자이며 그 보조는 일시적이든 계속적이든 상관없습니다.

채무자는 자기 또는 사용인이 채무의 불이행에 대해 고의 또는 과실이 없다는 것을 증명하지 않는 한, 그 불이행에 관한 책임을 면할 수 없으며, 사용인의 고의·과실에 대해서도 채무자 자신의 고의·과실과 동일하게 책임을 부담해야 하는 것으로 되어 있습니다.

2. 2종의 이행보조자

(1) 협의의 이행보조자

진실한 의미의 이행보조자로써 채무자의 손발이 되어 채무의 이행에 임하는 자를 협의의 이행보조자라고 합니다. 이는 채무의 이행에 대해 독립한 지위를 갖지 않으며 그 행위는 당연히 채무자 자신의 행위로 간주되어야 할 것이기 때문에, 채무자는 일신전속인 급부를 함에 있어서도 이를 사용할 수 있습니다. 운송인이 물건을 운반함에 있어서 사용하는 인부와 같은 것이 이 종류의 이행보조자이고, 채무자가 이행보조자의 고의 또는 과실로 인해 채권자에게 손해를 준 경우에는 자기의 고의·과실과 동일하게 책임을 부담해야 하는 것입니다.

(2) 광의의 이행보조자

채무자와는 독립한 지위를 가지고 채무자에 갈음하여 이행하는 자로서, 이행대용자 또는 이행대행자라고도 불립니다. 예컨대 수치인에 갈음하여 임치물을 보관하는 자입니다. 채무자에게 이행대행자의 사용이 허용되어 있는 경우와 허용되어 있지 않은 경우가 있고, 그에 따라 채무자의 책임도 또한 달라집니다.

첫째, 이행대행자의 사용이 명문상(민법 제120조, 제682조, 제701조, 제1103조 2항 등), 급부의 성질상 또는 특약에 의해 금지되어 있는데도 불구하고 사용한 경우에는 그것만으로 곧 채무불이행이 되므로 채무자는 대행자의 행위일체에 대해서 책임을 부담하지 않으면 안됩니다.

둘째, 특약으로써 사용이 허용된 경우와 법정대리인에게 부득이한 사유가 있고(민법 제122조) 또 노무자가 사용자의 승낙을 얻은 때(민법 제657조)와 같이 명문상 사용이 인정되어 있는 경우에는 대행자를 선임·감독함에 있어서 과실이 있는 때에만 채무자는 책임을 부담합니다.

셋째, 특약이 별도로 있는 것도 아니고, 또 명문상 대행자를 사용하는 것이 금지되어 있는 것도 아니지만 급부의 성질로 보아 대행자의 사용을 인정해도 상관없다고 해석하여 대행자를 사용한 경우에는 채무자는 대행자의 책임을 자기의 책임과 동일하게 보아야 합니다(민법 제391조 참조).

3. 물건의 이용

이상에서 기술한 것은, 권리자가 어떤 권리에 의거하여 타인의 물건을 이용하는 경우에도 적합합니다. 예컨대 임차인의 처가 과실로 임차가옥을 소실케 한 경우에는 임차인은 처의 과실을 자기의 과실과 동시하여 책임을 부담하지 않으면 안됩니다. 채무자가 책임을 부담해야 할 이행보조자의 과실의 정도는 채무자 자신의 과실과 같고, 채무자의 주의의무가 경감되고 있는 경우(예 : 민법 제682조)에는 이행보조자의 주의의무도 경감됩니다. 또 특약에 의해 이행보조자의 과실에 관해 채무자가 책임을 부담하지 않는다고 정하는 것도 가능합니다.

제6절 채무불이행에 의한 손해배상

1. 채무불이행에 의한 손해배상제도의 의의

채무불이행이란 채무자가 정당한 사유없이 채무의 내용에 좇은 급부를 하지 않는 것을 말합니다. 그리고 채무의 내용에 좇은 급부를 하지 않는다는 것은 단순히 어떤 채무에 관해 정해져 있는 이행의 시기, 이행의 장소, 그 내용 등을 형식적으로 관찰하여 그에 따른 급부를 하지 않는다고 하는 정도에 그치지 않고, 그 채무를 성립시킨 종국의 목적을 고려함과 동시에 일반거래의 관행을 고려하고 아울러 신의성실의 원칙에 따른 급부를 하지 않는 것까지도 의미합니다.

채무불이행이란 채무자가 정당한 사유없이 채무의 내용에 따른 급부를 하지 않는 것을 말하는 것이지만 그 가운데에는 ① 이행기에 이행이 가능함에도 불구하고 채무자가 이행을 하지 않음으로써 이행기를 넘긴 경우, 즉 이행지체 ② 이행이 불가능하기 때문에 채무자가 이행을 하지 않은 경우, 즉 이행불능 ③ 채무자가 불완전한 급부를 한 경우, 즉 불완전이행의 세 가지의 태양이 포함되어 있습니다.

2. 손해배상청구권발생의 요건

상기한 바와 같이 채무불이행의 3개의 태양에 기하여 채권자는 손해배상청구를 할 수 있으나, 이와 같은 채무불이행에 의한 손해배상청구권이 발생되기 위해서는 단순히 채무의 내용에 좇은 이행이 행해지지 않았다는 객관적 상태의 존재만으로는 불충분합니다. 따라서 객관적 상태의 존재 외에, 각각의 태양에 대해 ① 그 채무불이행을 원인으로 하여 손해가 발생했을 것, ② 채무불이행이 채무자의 귀책사유에 의해 발생했을 것, ③ 책임원인인 채무불이행과 손해와의 사이에 인과관계가 존재할 것을 필요로 합니다. 그리고 ②에서 채무자의 귀책사유란 무엇을 의미하는 가? ③에서 배상시켜야 할 손해의 범위는 어떻게 되는가? 하는 것은 중 요한 문제이기 때문에 다음과 같이 항을 바꾸어 설명하겠습니다.

3. 채무자의 귀책사유

채무불이행에 의거한 손해배상청구권의 발생은 채무의 불이행에 대해 채무자의 귀책사유가 있을 것까지도 그 요건의 하나로 하고 있습니다. 이를 연혁적으로 보면 먼저 게르만법에 있어서는 채무자는 원래 절대적 책임을 부담했으나 나중에 외부적인 사고에 관해서는 책임을 지지 않는 것으로 하였습니다. 이에 반하여 로마법에서는 채무자에게 고의 또는 과 실이 있는 경우에 한해 불이행의 책임을 부담하는 것으로 하였습니다.

여기에서 고의란 채무불이행을 일으킬 것을 알고 있으면서 아무 것도 하지 않거나 또 어떠한 일을 하지 않았기 때문에 채무불이행을 발생하게 한 경우이고, 과실이란 채무불이행을 일으킨다는 것을 알 수 있었음에도 불구하고 부주의하여 알지 못했기 때문에 채무불이행을 일으킨 경우를 말합니다.

이것은 또한 구체적으로는 ① 책임요건인 과실은 중과실(Culpa lata) 및 경과실(Culpa levis)에 한하고 최경과실(Culpa levissima) 에 기한 책임을 부담시키려는 것은 아니라고 하는 것을 의미함과 동시 에, ② 경과실은 일반원칙으로는 독일민법 제276조에서 볼 수 있는 것 과 같이 "거래상 요구되는 주의"를 결하고 있을 것, 다시 말해서 추상적 경과실을 의미하고, 특정한 경우에 있어서는 독일민법 제690조, 제708 조 등에서 볼 수 있는 것과 같이 "자기의 사무에서 사람이 할 수 있는 것을 보통으로 하는 주의"를 결하고 있을 것, 즉 구체적 경과실을 의미 합니다.

민법에서는 특정물의 인도를 목적으로 하는 채무에 대해서는 "선량한 관리자의 주의"-채무자의 직업, 또는 그가 속하는 사회적·경제적 지위 등에 있는 자에게 일반적으로 요구되는 정도의 주의-즉 추상적 경과실 (민법 제374조)을, 또 무상임치에 관해서는 "자기재산과 동일한 주의" 즉 구체적 경과실(민법 제695조)을 각각 규정하고 있다. 한편 불가항력 으로 인해 발생된 결과에 대해 책임을 부담할 것인가에 관해서는 민법 제397조 2항 후단에 의하면 금전채무 이외의 불이행에 대해서는 채무자 는 불가항력으로써 항변할 수 있다고 해석할 수 있고, 또 제390조에 의 하면 이행불능에 대하여 채무자에게 책임을 부담시키는 것에 관해서는 "채무자의 귀책사유"가 있을 것을 요하고 있습니다. 이 양자를 비교하면 양자의 균형상, 제390조에서의 이른바 "채무자의 귀책사유"란 불가항력 이외의 원인을 의미하는 것으로 해석하지 않으면 안됩니다. 그리하여 민 법상 채무불이행에 의한 책임은 고의·경과실이 있는 경우에 발생하고, 그것은 다시 불이행이 불가항력에 의하지 않은 경우라고 이해해도 지장 이 없습니다.

그러나 순수한 개인주의적인 책임관념에 의하면 고의·과실의 유무는 완전히 채무자 자신만을 중심으로 하여 결정해야 하는 것이지만, 경제발 전에 따라 채무자가 다수의 타인을 사용하여 이행하는 것이 오늘날의 현 실이라고 본다면 "고의·과실"에 관해 상기한 바와 같은 개인주의적인 한정을 초과하여 그 범위를 확대할 필요가 생깁니다. 이른바 이행보조자 의 고의·과실에 대해서도 신의성실의 원칙상 채무자 개인의 고의·과실 과 동시하여 "채무자의 귀책사유"에 포함시켜야 한다는 것이 일반적인 견해입니다.

채무불이행에 의한 손해배상청구의 소에 있어서는 별도의 규정은 없으 나, 해석상 채무자의 고의·과실이 추정되고 있습니다. 따라서 피고인 채무자는 고의·과실이 없다는 것, 또는 불가항력에 의한 것이라는 것을 입증하지 않으면 책임을 면할 수 없습니다.

4. 배상해야 할 손해의 범위

채무불이행과 손해와의 사이에 인과관계가 존재해야 한다는 것은 상술한 바이지만 이러한 인과관계는 그 사례를 끝까지 더듬어 가면 범위가 한없이 넓어집니다. 그러므로 이 끝없는 인과관계의 사례 중에 있는 전손해 가운데 공평의 이념에 비추어 배상해야 할 손해의 범위를 어떻게 정하면 좋은가 하는 문제가 제기됩니다. 최근의 통설은 손해의 범위를 채무불이행과 상당인과관계에 있는 전손해로 합니다.

이에 대해 민법 제393조가 이 이론을 선언한 것이라고 해석되고 있습니다. 즉 동조 1항에서 손해배상의 범위를 채무불이행에 의한 통상의 손해에 한정한 것은 상당인과관계의 원칙을 규정한 것이고, 동조 2항은 그 전제가 되어야 할 특별한 사정의 범위를 정한 것, 다시 말해서 채무자가 예견한 특별한 사정 또는 선량한 관리자의 주의를 하면 예견할 수 있었던 특별한 사정에 의해 발생된 손해까지도 배상의 범위에 포함되는 것으로 해석하고 있는 것입니다.

그러나 이 원칙에 대해서는 다음과 같은 3가지의 예외가 있는 점에 주의해야 합니다.

첫째, 금전채무에 관계됩니다. 현대에는 금전의 만능적 작용과 극도의 융통성에 의거하여 금전채무의 불이행에 대해서는 이행불능이 인정되지 않고 언제나 이행지체가 되나, 그 배상액은 채무자가 실제로 입은 손해에 의하지 않고 원칙적으로 일정률에 의할 것이 정해져 있습니다(민법 제397조 1항 참조).

둘째, 이른바 과실상계 제도에 의해 채무자의 책임이 경감되는 경우가 있을 수 있습니다. 즉 이 제도에 의하면 채무의 불이행에 관하여 채권자에게도 과실이 있는 때에는 법원은 손해배상의 책임 및 그 금액을 정함에 있어서 이를 참작하도록 규정하고 있는 것입니다(민법 제396조).

셋째, 배상액의 예정이 있는 경우에 당사자가 사전에 채무불이행의 경우를 대비하여 배상할 액을 정한 때에는 당사자가 약속한 배상액이 과다한 경우에는 적당히 감액할 수 있습니다(민법 제398조 2항). 그리고 이른바 위약금이라는 것은 배상액의 예정으로 추정하고 있습니다(민법 제398조 4항).

5. 배상해야 할 손해의 종류

배상해야 할 손해의 종류는 제한되어 있지 않아 적극적 손해 즉 기존 재산의 감소인가, 소극적 손해 즉 얻을 수 있는 이익의 상실인가를 묻지 않습니다. 단, 후자에 있어서 그 채무의 불이행이 없었다면 과연 그만큼의 이익을 얻을 수 있었는가 여부는 결국 상당인과관계의 범위내에 있는가 하는 문제이므로 충분히 검토를 해야 한다. 또 물질적 손해 즉 재산적 손해에 그치지 않고 정신적 손해가 발생했다면, 그에 대해서도 역시 배상하지 않으면 안됩니다.

정신적 손해에 대해서는 독일민법 제253조와 같이 원칙적으로 그 배상을 인정하지 않는 입법례도 있으나, 민법은 불법행위에 의한 재산 이외의 손해배상에 대해서 명시하고(민법 제751조 1항, 제752조) 있고, 채무불이행에 관해서는 규정이 없다. 그러나 일반적으로 정신적 손해에 대한 배상을 인정하고 있습니다.

6. 손해배상의 방법

손해배상의 방법에는 두 가지가 있습니다. 그 하나는 손해가 발생하지 않았던 원상을 회복하는 것 즉 원상회복이고, 다른 하나는 손해를 금전으로 평가하여 그 액을 지불하는 것 즉 금전배상입니다. 민법은 당사자 사이에 특별한 의사표시가 없는 한 금전배상을 원칙으로 합니다(민법 제394조). 정신적 손해도 금전으로 배상하며, 이 점에 있어서는 다른 종류의 손해와 구별되지 않습니다.

7. 본래의 채권과 손해배상채권과의 관계

채무불이행에 기한 손해배상의 경우에 있어서는 불이행으로 인하여 급부가 행해지지 않은 본래의 채권과 손해배상청구권과의 관계가 문제됩니다. 그리고 일반적으로 채무불이행으로 인한 손해배상청구권은 본래의 채권의 확장(지연배상의 경우) 또는 내용의 변경(전보배상의 경우)으로서 본래의 채권과 동일성을 갖는 것이라고 생각할 수 있습니다. 따라서,

(1) 본래의 채권의 담보는 이 손해배상청구권에도 미치는 것을 원칙으로 합니다(민법 제334조, 제360조, 제429조 참조).

(2) 시효기간은 본래의 채권의 성질이 상행위로 인해 발생할 것인가 아닌가에 따라 정해집니다(상법 제64조 참조). 또, 본래의 채권을 행사할 수 있는 때로부터 그 소멸시효기간의 진행이 개시됩니다.

(3) 본래의 채권이 시효로 소멸한 후에 그 채권에 관한 채무불이행으로 인해 손해배상청구권을 발생시키는 일은 없습니다. 또 본래의 채권이 시효로 소멸하기 전에 목적물의 멸실에 의해 손해배상청구권으로 변하더라도 시효기간은 이로 인해 경신되지 않습니다.

(4) 본래의 채권이 양도되는 경우에는 이미 발생하고 있는 지연배상채권도 동시에 이전하는가에 관한 문제에 대해 원칙적으로 이전하는 것으로 해석하고 있습니다.

8. 채무불이행에 의한 손해배상액의 산정기준

(1) 상당인과관계의 존재

채무자에게 배상책임을 부담시키기 위해서는 채무불이행과 손해와의 사이에 인과관계가 존재해야 하지만, 인과관계의 연쇄는 물리적으로 무한히 연속하므로 만일 인과관계 있는 손해를 모두 배상하지 않으면 안된다고 한다면 채무자의 책임이 가혹해지고, 일방이 입은 손해를 타방으로 하여금 전보시킴으로써 당사자 사이의 공평을 꾀하려는 손해배상제도의 취지에 반하는 것이 됩니다.

따라서 배상책임의 문제는 자연적 인과관계를 사회적으로 타당한 범위로 한정할 필요가 있게 되었습니다. 이러한 한정에 대해서는 채무자의 주관적 조건과 당해 채권관계로부터 생길 것으로 예측되는 경제적 가치를 고려해야 하는 것입니다. 이러한 한정하에서의 인과관계를 상당인과관계라고 합니다. 근대법은 일반적으로 채무자는 채무불이행과 상당인과관계에 있는 손해를 배상할 책임이 있다는 원칙을 정립하고 있습니다.

(2) 민법 제393조의 의의

민법에서 채무불이행에 의한 손해배상의 범위를 규정한 것이 제393조입니다. 동조는 배상해야 할 손해의 범위로서 (가) 그 계약불이행으로 발생하는 통상의 손해와 (나) 채무자가 알았거나 알 수 있었을 특별한 사정으로부터 일어난 손해를 규정합니다.

(가) 그 채무의 불이행으로 인하여 생긴 손해 가운데, 그 경우에 특유한 손해를 제외하고 그 거래사회에서 일반적으로 일어날 것으로 기대되는 객관적인 평가로서, 그에 관한 채무자의 인식의 유무는 전혀 묻지 않습니다. 현실의 손해배상책임의 내용은 상기의 범위 내에서 현실적으로 발생한 손해액입니다. 손해배상은 일방 당사자가 입은 손해를 타방 당사자에게 전보시켜 당사자간의 공평을

꾀하는 제도이기 때문에 통상의 경우에 발생할 손해를 전보시키는 것이 그 목적에 가장 적합합니다. 예컨대 채권의 내용이 물건의 인도를 청구하는 것인 경우에 있어서 통상 발생할 손해란, 이행지체의 경우에는 지체기간 동안의 사용가치(지연배상)이고, 이행불능의 경우에는 목적물의 교환가치(전보배상)이며, 불완전이행의 경우에는 추완의 가능성이 있는가 없는가에 따라 지연배상 또는 전보배상에 준하는 것이 된다고 할 수 있습니다.

(나) 당해 당사자에 관한 개별적·구체적인 사정에 따라 발생한 손해로서 그 개별적·구체적 사정에 대해서는 채무자의 예견 또는 과실에 의한 부지를 조건으로 하고 있습니다. 즉 "특별한 사정으로 인해 발생한 손해"라 함은 "통상 발생되는 손해"에 대한 개념으로서 채권자가 이익을 얻고 개인에게 전매계약을 한 것과 같은 채권자 개인사정으로 인한 손해와 채무불이행 이후의 경제사정의 격변과 같은 객관적 사정으로 인한 손해를 포함합니다. 원래 이러한 손해는 상당인과관계의 범위에 포함되어야 할 손해는 아니지만 채권자가 예견 또는 예견할 수 있었던 사정을 특별한 것으로서 상당인과관계의 범위에 포함시킨 것이라 할 수 있습니다. 그리고 이 예견 혹은 과실에 의한 부지는 계약불이행의 때를 기준으로 하여 결정되고 그 입증책임은 채권자에게 있다고 하는 것이 일반적으로 학설·판례상 인정되고 있습니다.

(3) 산정기준

민법 제393조의 해석상 곤란한 점은 통상적으로 발생하는 손해와 특별한 사정으로 인해 발생하는 손해와의 구별과 한계에 관한 것일 것입니다. 당해 거래사회에 있어서 일반적 제사정과 개별적 구체적 제사정이라 하더라도 물론 그 한계에 있어서는 정도차의 문제가 되고 실제에 있어서는 해석상 곤란한 문제를 야기시킵니다. 결국 신의칙과 공평의 원칙을 표준으로 하여 결정하는 수밖에 없다고 생각됩니다.

채무불이행의 결과 채권자가 재산권의 처분(대다수의 경우에는 매매목적물의 전매)을 방해당했다고 하는 경우에 있어서 불이행 이후에 경제사정의 변동이 있는 때에는 얻을 수 있는 이윤의 계산은 대단히 복잡하게 되고, 채권자는 어떠한 시기의 가격을 기준으로 하여 손해를 산정해야 하는지가 문제됩니다. 이점에 관해, 구법시대에는 손해배상청구시를 기준으로 하는 견해, 판결시를 기준으로 하는 견해, 이행기로부터 판결시 사이의 중간최고가격을 기준으로 하는 견해, 손해배상채권발생시를 기준으로 하고 그 이후의 손해는 상당인과관계의 범위 내의 손해를 가산하는 견해(지배적인 견해) 등이 있었습니다. 또 판례도 일정하지 않았습니다. 현행 민법 하에서의 해석론은 판결시 즉 사실심에서의 구두변론종결시의 시가에 따라 산정해야 한다는 것이 다수설입니다. 그러나 판례는 이행불능에 의한 전보배상의 경우에는 이행불능 발생시를 기준으로 삼고, 이행지체 중의 전보배상의 경우에는 최고후 상당기간이 경과한 당시의 시가를 기준으로 삼거나 사실심의 구두변론종결시의 시가를 표준으로 하고 있습니다.

9. 과실상계

(1) 과실상계의 의의

채무불이행에 관하여 채권자에게도 과실이 있는 경우 법원은 손해배상 책임의 유무 및 그 배상액을 정함에 있어서 채권자의 과실도 참작해야 한다(민법 제396조)는 것이 과실상계입니다.

법률관계를 순수하게 개인적 관계로 구성하고 다시 법률관계를 모두 개인의 의사적 관계에 한정하려고 하는 근대법 하에서는 책임이란 것은 행위자의 주관적인 의사를 매개로 하여 행위자와 행위의 결과를 결합시

키는 것이기 때문에 그것은 우선 고의를, 다음에 과실을 요건으로 하게
됩니다. 따라서 불법행위책임에 대해서도 원칙적으로 고의와 과실의 존
재를 요건으로 하는 것은 당연한 것이지만 이러한 원리를 전제로 할 때,
채무불이행의 발생에 대해 채권자의 주관적인 의사가 개재한 경우에 있
어서는 당연히 채무자의 책임에 영향을 초래하게 되는데, 과실상계란 바
로 이러한 경우를 말하는 것입니다.

이것을 구체적으로 말하면 채무불이행의 경우에 대한 배상의무자인 채
무자는 원칙적으로 자기고유의 과실 또는 자기의 귀책사유로 생긴 결과
이상의 손해에 대해 책임을 져야 할 이유가 없습니다. 또한 배상권리자
인 채권자도 자기의 행위로 생긴 결과를 타인에게 전가할 권리가 없기
때문에 손해배상책임의 원인, 또는 그 결과인 손해의 발생에 관해 배상
권리자의 행위도 가담한 때에는 손해배상책임의 유무 및 배상액의 산정
에 있어서 이 점을 참작하지 않으면 안되는 것으로 하고 있는 것입니다.

과실상계제도는 공평의 원칙에서 보더라도 당연하고 불법행위에 의한
손해배상에도 준용됩니다(민법 제763조).

(2) 과실상계의 요건

우선 채무불이행에 의한 손해배상청구권이 성립하기 위해 통상의 요
건, 즉 채무불이행·손해의 발생·상당인과관계가 구비되어 있어야 합니
다. 또한 "채무의 불이행에 관해" 채권자에게 과실이 있어야 합니다. 그
리고 이것은 채무불이행행위 그 자체에 관하여 채권자에게 과실이 있는
경우뿐만 아니라 손해의 발생 혹은 손해의 확대에 관해 채권자에게 과실
이 있는 경우를 포함한다고 해석하고 있습니다(대판 1957. 6. 29
4290민상238, 대판 1959. 11. 19 4292민상530).

여기에서 과실은 법률상의 주의의무 등 특정의 법적 주의를 게을리함
에 한하지 않고, 널리 일반사회통념에 의해 당해 사정 하에서 요구되는

주의의무에 위반하여 채권자가 채무불이행행위 또는 손해의 발생에 대한 원인을 제공한 경우를 가리킨다고 해석하는 것이 타당합니다.

채무불이행행위 또는 손해의 발생에 관한 원인을 제공했다 함은 반드시 적극적인 행위만에 한하지 않고, 일정한 경우에는 손해의 방지를 위한 조치를 게을리한 경우도 포함합니다. 또 채권자 자신의 고의·과실 외에 수령보조자의 고의·과실까지도 포함한다고 해석합니다. 채권자에게 고의·과실이 있다고 하기 위해서는 채권자에게 책임능력이 있어야 함은 말할 필요도 없습니다. 채무자의 고의·과실에 대해서도 마찬가지입니다.

(3) 과실상계의 효과

법원은 채무자의 배상액을 경감할 수 있을 뿐만 아니라 책임 자체를 부정할 수도 있습니다. 그러나 법원은 채권자에게 과실이 있다고 인정한 이상 반드시 이를 참작해야 하며, 만일 참작하지 않으면 위법한 판결로서 상고의 이유가 됩니다(대판 1966. 7. 26 66다937). 어느 정도 참작해야 하는가는 법원의 자유재량에 맡겨져 있으나 과실의 대소, 그 원인의 강약 기타 제반사정을 고려하여 결정하는 것이 타당합니다.

10. 손해배상액의 예정

(1) 손해배상액 예정의 의의

(가) 손해배상액의 예정이란 채무불이행의 경우에 채무자가 지급해야 할 손해배상액을 미리 정해 둘 것을 내용으로 하는 채권자·채무자 사이의 계약을 말합니다(민법 제398조 1항). 당사자는 법률의 규정 또는 선량한 풍속 기타 사회질서에 위반하지 않는 한, 자유롭게 배상액예정계약을 체결할 수 있습니다(민법 제398조 1항).

배상액의 예정은 일정액의 금전으로써 하는 것이 보통이지
만 금전 이외의 것으로 한 경우에도 민법 제398조 1항 내
지 4항에 관한 규정이 준용됩니다(민법 제398조 5항). 또
위약금이라 불리우는 것은 배상액의 예정으로 추정되는 것
입니다(민법 제398조 4항).

(나) 배상액예정계약은 그 성질상 채무불이행을 정지조건으로 하
는 정지부계약이며, 원채권관계에 종된 계약이라고 할 수
있습니다. 따라서 원채권관계와 법률상의 운명을 같이하며
원채권의 담보는 배상예정액까지도 담보한다고 해석합니다.

(2) 손해배상액 예정의 요건

(가) 배상액의 예정은 채권이 존재할 것, 또는 존재하게 될 것을
전제로 합니다. 배상액을 예정할 수 있는 채권에 관해서는
특별한 제한은 없으나 금전소비대차에 기한 채권에 관한 배
상액에 있어서는 이자제한법 제4조의 규정에 의한 제한이
있는 것을 주의해야 합니다.

(나) 배상액을 예정하는 계약은 손해가 발생하기 전에 체결해야
합니다. 불이행 후에 체결한 계약도 계약자유의 원칙에서
보아 계약으로서의 효력이 부정되는 것은 아니나, 그것을
배상액의 예정이라고 할 수는 없습니다.

(다) 배상액의 예정은 배상액에 관한 합의가 있으면 그것으로 충
분합니다. 단, 단순하게 배상액만을 예정한 때에는 손해의
발생에 관한 추정을 포함하여 채무자의 귀책사유로 인한 불
이행에 관한 것으로 해석합니다.

(라) 배상액은 금전가액으로써 표시되고 금전으로 배상해야 합니
다. 당사자가 금전이 아닌 것으로 손해의 배상에 충당할 것

을 예정한 경우에도 위와 같은 제398조의 규정이 준용됩니
다(민법 제398조 5항).

(마) 어떤 종류의 계약, 예컨대 근로계약에 있어서 사용자는 노
동자의 근로계약 불이행에 대한 위약금 또는 손해배상액을
예정하는 계약을 체결할 수 없고(勤基法 제27조, 船員法
제31조), 이에 위반하면 처벌됩니다(근기법 제115조, 선
원법 제139조 1호).

(3) 손해배상액의 예정의 효과

(가) 채권자는 채무불이행의 사실을 증명하면 손해의 발생 및 그
액을 증명할 필요없이 배상액예정의 특약 자체에 기하여 예
정배상액을 청구할 수 있습니다(대판 1975. 3. 25 74다
296). 현실적으로 발생한 손해의 액이 예정배상액보다 많
거나 적은 경우 모두 채권자는 예정배상액만을 청구할 수가
있습니다.

법률은 "손해배상액"만을 규정하고 있으나(민법 제398조),
일반적으로 학설은 "손해발생"의 예정까지도 포함하는 것이
라고 해석합니다. 따라서 채무자는 채무불이행이 자기의 책
임 없는 사유로 발생한 사실, 손해가 전혀 없다는 사실, 또
는 실제의 손해액이 예정액보다 적다는 사실 등을 입증하더
라도 책임을 면하거나 감액을 청구할 수는 없습니다. 마찬
가지로 채권자는 실제의 손해액이 예정액보다 크다는 것을
입증하더라도 증액을 청구할 수 없습니다.

판례도 위약금의 약정은 손해배상액의 예정으로 추정되는
것이고 당사자 사이에 손해배상액을 예정하는 약정이 있었
을 때에는 실제발생된 손해액이 예정액을 초과하고 있다 하

더라도 그 초과액은 청구할 수 없고 예정액만을 청구할 수
있는 것이다(대판 1965. 6. 22 65다737)라고 하고 있습
니다.

(나) 손해배상의 예정액이 부당히 과다한 경우에는 법원은 적당
히 감액할 수 있습니다(민법 제398조 2항). 주의할 점은
민법 제398조 2항이 인정하는 것은 배상예정액이 부당히
과다한 경우 뿐으로, 부당히 감소한다고 해서 증액하지는
못한다는 점입니다. 그리고 배상예정액 계약도 일반적인 계
약과 마찬가지로 민법 제104조의 제한을 받는 것은 당연합
니다.

(다) 손해배상액의 예정은 이행의 청구나 계약의 해제에 영향을
미치지 않습니다(민법 제398조 3항). 배상액의 예정은 손
해배상청구권의 내용을 특정함에 그치고 그 손해배상청구
권과는 별도의 권리인 본래 급부의 이행청구권이나 계약해
제권 등과 서로 관련하는 바가 없기 때문입니다. 그러나 손
해배상청구권에는 구체적으로 볼 때 여러 가지 성질의 것
이 있기 때문에 실제에 있어서 예정배상액의 청구와 이러
한 권리와의 관계가 반드시 같은 것은 아닙니다.

(ㄱ) 지연배상액이 예정되어 있는 경우 이행지체가 있게 되
면 본래 급부의 청구도 당연히 해제할 수 있습니다.
단, 해약의 경우 배상액의 범위는 지연배상액의 예정
에 의해 구속되지 않고 별도로 계산됩니다. 이행불능
이 된 때에도 지연배상액 예정이 당사자를 구속하지
않는 것은 당연합니다.

(ㄴ) 전보배상액을 예정한 경우 이행지체가 있게 된 때에는
이 예정배상액과 함께 본래 급부의 이행을 청구할 수

없는 것은 당연합니다. 이행지체 또는 이행불능을 이
유로 하여 해제한 때, 이 예정배상액을 청구할 수 있
는가는 계약해제의 효과로서 어떠한 성질의 손해배상
을 청구할 수 있는가에 관련한 문제입니다.

(ㄷ) 채무불이행이 있는 경우 예정배상액을 지급함으로써
계약관계를 청산할 수 있는 경우가 있습니다. 이러한
경우에는 채무불이행이 있으면 채권자는 계약을 해제
하지 않고 즉시 예정액을 청구할 수 있습니다. 그리
고 청구로 인해 당사자 쌍방의 본래의 채무는 소멸하
게 됩니다.

11. 손해배상자의 대위

(1) 손해배상자 대위의 의의

채권자가 손해배상으로서 그 채권의 목적인 물건 또는 권리의 가액 전
부를 받은 때에는 채무자는 그 물건 또는 권리에 관해 당연히 채권자를
대위합니다(민법 제399조). 이것을 손해배상자의 대위 또는 배상자의
대위라고 합니다. 예컨대 위임계약에 의거하여 임치물을 보관할 의무를
부담하고 있는 수치인이 그의 과실로 인해 임치물을 도난당한 경우에 채
권자인 임치인에게 목적물의 가액을 전부 배상한 때에는 임치인은 그것
으로서 완전하게 그 손실을 전보받는 것이 됩니다. 이 경우 만약 임치인
이 여전히 그 임치물의 소유권을 보유한다고 하면, 임치인은 수치인의
채무불이행으로 인해 부당이득을 얻는 결과가 되어 이러한 이득은 실손
해를 배상케 한다는 손해배상제도의 목적에 반하게 됨과 동시에 공평의
이념에 비추어서도 타당하다고 할 수 없을 것입니다. 민법 제399조는
이러한 문제를 해결하기 위한 것으로서 이것을 상기례에 적용시켜 보면
수치인이 임치인에 대해 보전배상 즉 임치물의 가액을 전부 지급함으로

써 임치물의 소유권을 취득하는 것이 됩니다.

이 제도는 채무불이행이 아닌 전보배상에 그 실질적인 기초를 두고 있는 것이기 때문에 불법행위로 인한 손해배상의 경우에도 같은 결과가 승인될 것이 요청됩니다. 따라서 불법행위에 관해서도 규정은 없으나 같은 결과를 승인해야 하는 것으로 해석되고 있는 것입니다.

(2) 손해배상자의 대위의 요건

(가) 채권자가 채권의 목적인 물건 또는 권리의 가액의 전부에 대해 배상을 받을 것, 즉 전보배상의 전부를 받았어야 합니다. 일부의 배상이 행해졌다 하더라도 물건 또는 권리에 대하여 일부 대위를 일으키는 것은 아닙니다(상법 제682조). 이 제도는 이행불능인 경우를 주로 하지만 이행지체로 인해 전보배상을 하는 경우도 포함합니다.

(나) 여기에서 받았다고 하는 것은 변제 기타 이와 동일시할 수 있는 사유(공탁·대물변제·상계 등)로써 채권의 만족을 얻은 것을 말합니다.

(3) 손해배상자의 대위의 효과

민법 제399조는 채무자는 배상한 이익인 물건 또는 권리에 관하여 당연히 채권자를 대위한다고 규정하고 있습니다. 당연히 대위한다는 것은 양도행위도, 양도에 필요한 대항요건(예컨대 동산의 인도, 채권양도의 통지 또는 승인)도 요하지 않고(대판 1977. 9. 13 76다1699) 채권의 목적인 물건 또는 권리가 법률상 당연히 채무자에게 이전하는 것을 의미합니다. 다시 말해서 이 경우에는 법률의 규정에 의해 권리이전의 효과를 일으키는 것입니다. 또 동조에서 물건 또는 권리라고 하는 것은 채권의 객체인 물건 또는 기타의 권리 혹은 그 과실, 기타 거래상 그에 갈음하는 경제적 대위물을 의미하는 것으로 해석합니다.

제7절 이행지체

1. 이행지체의 의의

이행지체라 함은 채무가 이행기에 있고, 동시에 이행이 가능함에도 불구하고 채무자가 자기의 귀책사유로 인해 이행하지 않고 이행기를 도과한 것을 말합니다. 채무자 지체라고도 하며 지연배상을 발생시키는 원인이 됩니다.

2. 요 건

이행지체가 성립하기 위해서는 다음과 같은 요건을 필요로 합니다.

(1) 이행기에 있어서 이행이 가능할 것

이행기를 도과한 후에 이행이 불능하게 되면 그 때부터 이행불능을 일으킵니다. 여기에서 가능하다는 것은 물리적으로 가능할 뿐만 아니라, 사회통념상으로도 가능한 것을 의미합니다.

(2) 이행기가 도래했을 것

그러나 이행기가 도래한 것만으로 언제나 반드시 이행지체를 발생시키는 것은 아니므로, 이행기의 종류가 다름에 따라 다음과 같이 구별됩니다.

(가) 확정기한부채무는 기한이 도래한 때로부터 당연히 지체가 됩니다 (민법 제387조 1항 본문). 그러나 (ㄱ) 추심채무와 같이 채무의

이행에 있어서 먼저 채권자의 협력을 필요로 하는 경우에는 채권자가 먼저 필요한 협력행위를 하고 이행을 최고하지 않으면 확정기한이 도래한 것만으로 지체가 되지 않습니다. (ㄴ) 유가증권에 관해서는 상법에 특칙이 있습니다(상법 제65조).

(나) 불확정기한부채무에 관해서는 채무자가 기한의 도래를 안 때로부터 이행지체가 됩니다(민법 제387조 1항 후단).

(다) 기한의 정함이 없는 채무에 관해서는 채권자의 최고를 받은 때로부터 지체가 됩니다(민법 제387조 2항). 기한의 정함이 없는 채무는 그 채무가 발생함과 동시에 이행기에 있는 것이 되므로, 채권자는 언제든지 이행을 청구할 수가 있습니다. 그러나 채무자지체가 되기 위해서는 채권자의 최고가 있어야 합니다.

최고란 채권자가 채무자에 대해 그 채무의 이행을 요구하는 의사의 통지이므로, 그 채권의 동일성을 인식할 수 있는 것으로 충분하고 또 어떠한 방법에 의하든 그 의의가 채무자에게 도달하기만 하면 됩니다. 즉 최고의 방법은 불문합니다. 그런데 반환시기의 약정이 없는 소비대차의 반환채무에 있어서는 대주는 상당한 기간을 정하여 반환의 최고를 해야 합니다(민법 제603조 2항). 또 불법행위에 의한 손해배상채무에 관해서는 최고 없이 불법행위시부터 지체가 된다고 하는 것이 일반적인 해석이며 판례의 태도입니다.

(라) 채무자가 담보를 손상·감소 또는 멸실하게 한 때, 혹은 채무자가 담보제공의 의무를 이행하지 않은 때에는 채무자는 기한의 이익을 상실합니다(민법 제388조). 이러한 경우에 채권자는 곧 이행을 청구할 수도 있고 또는 채무자의 이행을 거절하여 기한까지의 이자를 청구할 수도 있습니다. 따라서 채권자의 청구가 있은 때로부터 채무자는 지연책임을 집니다.

(3) 채무자의 귀책사유에 의할 것

(가) 민법은 이행불능에 관해서만 채무자의 "귀책사유"에 의할
　　 것을 요건으로 하고 있으며(민법 제390조, 제546조), 이
　　 행지체에 관해서는 명언하고 있지 않습니다. 금전채무의
　　 지체에 관해서는 특히 "과실 없음을 항변하지 못한다"고 규
　　 정하고 있기 때문에(민법 제397조 2항), 금전채무 이외의
　　 일반채무의 이행지체에 대해서는 불가항력에 기하지 않은
　　 이상, 귀책사유가 없더라도 배상책임을 인정해야 하는 것
　　 처럼 생각될 수 있으나, 민법은 과실책임주의의 원칙을 채
　　 택하고 있으므로 이행지체에 관해서만 특별히 무과실책임
　　 을 인정할 근거가 없으므로 이행지체에 대해서도 채무자의
　　 귀책사유에 기할 것을 요건으로 한다고 해석합니다.

(나) "채무자의 귀책사유"는 무엇을 의미하는가? 제397조 2항
　　 후단은 금전채무 불이행의 손해배상에 관해 채무자는 불가
　　 항력으로써 항변할 수 없다고 규정하고 있기 때문에 그 반
　　 대해석으로서 금전채무 이외의 일반채무에 대해서는 불가
　　 항력의 항변을 허용하는 것으로 해석합니다. 따라서 제390
　　 조와의 균형상 동조에서 이른바 "채무자의 책임있는 사유"
　　 란 불가항력 이외의 원인을 의미하는 것으로 해석합니다.
　　 그리고 불가항력 이외의 원인은 채무자의 고의 · 과실을 포
　　 함할 뿐 아니라 더 넓게 이행보조자의 고의 · 과실과 채무
　　 자가 지체한 이후에 대한 급부불능까지도 포함합니다.

(다) 채무자의 책임있는 사유(귀책사유)에 기한 것인가에 대한
　　 입증책임은 채무자에게 있습니다. 즉, 채권자는 이행지체가
　　 채무자의 귀책사유에 기인한 것임을 입증할 필요가 없고,
　　 채무자가 배상책임을 면하려면 이행지체가 자기의 귀책사

유에 기인한 것이 아니라는 것, 다시 말해서 불가항력에 기한 것임을 입증해야 합니다.

(4) 이행하지 않는 것이 위법일 것

채무자가 유치권(민법 제320조), 동시이행의 항변권(민법 제536조) 등을 가지는 경우와 같이 이행이 지연되더라도 그 이행을 하지 않은 것이 권리의 효과로서 법률상 그것을 정당하게 하는 사유가 있는 때에는 이행지체의 책임이 생기지 않습니다.

3. 이행지체의 효과

(1) 지연배상

이행지체의 효과로서는 먼저 지연배상청구권을 들 수 있습니다(민법 제390조). 금전채무의 경우에 있어서 이른바 지연이자는 그 전형적인 것이라 할 수 있습니다(민법 제397조 1항).

이행지체의 경우에는 이행이 가능하며 채무는 소멸하지 않기 때문에 채권자는 지연배상의 청구와 함께 본래 급부의 이행을 청구할 수 있음은 물론입니다. 이 경우에는 본래의 급부에 손해배상이 부가되어 확대된 것으로 해석합니다. 따라서 채무자가 본래의 급부에 손해배상까지도 아울러 제공하지 않으면 채무의 내용에 좋은 이행이라고 할 수 없습니다(민법 제460조).

(2) 전보배상

이행지체의 효과로서 채권자가 계약을 해제하지 않고 즉시 본래의 급부의 수령을 거절하고 이행에 갈음한 손해배상, 즉 전보배상을 청구할 수 있는가가 문제됩니다. 현행민법에 의하면 지체 후의 이행이 채권자에게 이익이 없게 되는 특별한 사정이 있거나, 또는 채권자가 상당한 기간을 정하여 이행을 최고했음에도 불구하고 그 기간내에 이행이 없으면 채권자는 계약을 해제함이 없이 곧 늦어진 이행의 수령을 거절하고 전보배상을 청구할 수 있습니다(제395조).

(3) 책임가중

채무자는 이행지체에 의한 손해가 자신의 귀책사유로 인해 발생된 경우에만 책임을 지는 것을 원칙으로 하고 있지만, 지체 후에는 채권자의 책임없는 사유에 의한 손해(예를 들면 지체 후에 채무자의 책임없는 사유에 의해 급부불능을 일으킨 경우에 있어서의 손해)에 대해서도 그 책임을 집니다(민법 제392조 본문). 이행기에 이행을 했더라도 생겼을 손해인 경우에 있어서는 그 손해와 지체 사이에 인과관계가 없으므로 채무자는 책임을 면합니다(동조 단서). 그리고 채무자가 특히 고의 또는 중과실에 대해서만 책임을 지는 경우이더라도 지체 후에는 경과실에 대해서도 책임을 져야 합니다. 왜냐하면 이것도 지체의 결과이기 때문입니다.

(4) 계약해제권

계약에서 생긴 채무에 대해 이행지체를 일으킨 때에는 그 효과로서 채권자는 상당한 기간을 정하여 이행을 최고하고, 채무자가 그 기간내에 이행하지 않으면 계약을 해제할 수 있습니다(민법 제544조 본문). 또 채무자가 미리 불이행의 의사를 표시했거나, 혹은 정기행위인 경우에 있어서는 최고없이 곧 계약을 해제할 수 있습니다(민법 제545조). 한편 계약을 해제하고 난 이후에 여전히 손해가 있는 때에는 그 손해까지 청구할 수 있는 것으로 하고 있습니다(민법 제551조).

(5) 이행의 강제

이행지체의 경우에는 원칙적으로 이행이 가능하기 때문에 이행지체의 효과로서 현실적 이행을 강제할 수 있습니다. 채권을 위해 강제담보가 인정되어 있는 때에는 이행지체의 효과로서 그 담보권을 실행할 수 있는 것은 물론입니다. 또한 위약금의 계약이 있는 때에는 그 효력이 발생하게 됩니다.

4. 금전채무의 이행지체에 관한 특칙

금전채무의 이행지체에 관해서는 채무자는 과실 없음을 항변하지 못합니다(민법 제397조 2항 후단). 또한 채권자는 손해의 발생을 증명할 필요가 없습니다(민법 제397조 2항 전단). 지연배상액은 항상 지연기간에 따른 이자액과 같은 것으로 되어 있습니다. 즉 그 금전채권이 무이자이든가 혹은 연5분의 법정이율(민법 제379조) 이하의 특정이자부인 경우에는 특정이율에 의하고, 법정이율보다 고율의 특정이율이 약속되어 있는 경우에는 그 법정이율에 의하도록 하고 있는데 이것을 지연이자라 합니다(민법 제397조 1항). 그리고 그 이상의 손해가 발생한 경우에도 채권자는 그 배상을 청구할 수 없습니다. 법률에 특별한 규정이 있는 경우 당사자가 법정이율에 의하지 않고 실제의 손해를 배상한다는 특약을 한 경우, 손해배상액의 예정 또는 위약금의 특약이 있는 경우(민법 제398조 4항)에는 그에 따릅니다.

5. 이행지체의 종료

이행지체는 ① 채권이 어떠한 원인에 의해 소멸한 때, ② 채권자가 지체의 책임을 면제한 때, ③ 채무자가 지연배상과 함께 채무의 내용에 좇은 이행의 제공을 한 때, ④ 지체 후의 이행불능을 불능책임으로 하는 경우에는 각각 종료합니다.

제8절 이행불능

1. 이행불능의 의의

이행불능이라 함은 채무불이행의 한 종류로서 채권성립 후에 채무자의 귀책사유에 의해 채무를 이행할 수 없게 된 경우를 말합니다.

2. 이행불능의 요건

(1) 채권성립 후에 이행이 불능으로 되었을 것

여기에서 불능이라 함은 채권성립 후에 이행이 불능으로 된 것을 말합니다.

(가) 성립당시에 이행이 불가능한 채권은 성립하지 않습니다(원시적 불능). 따라서 여기에서 문제가 되는 것은 채권성립시(법률행위에 의거한 채권에 있어서는 법률행위 성립시)에는 이행이 가능했으나 그 후에 불능으로 된 경우(후발적 불능)만입니다.

(나) 불능이란 것은 사회생활에 있어서의 경험법칙, 즉 사회생활상의 거래통념에 의해 결정되며 물리적 불능만을 말하는 것은 아닙니다. 설령 물리적으로 가능하더라도 채무자에게 급부의 실현을 강제하는 것이 사회적으로 인정되지 않는 경우도 불능이라 하지 않을 수 없습니다.

(다) 이행불능은 이행기에 급부하는 것이 가능한가를 표준으로 하여 판단하는 것이지만 이행기가 되기 전에도 이행기에 급부하는 것이 불능으로 확정되면 이행기의 도래를 기다리지 않고 이행불능의 효과가 발생합니다. 또 이행기 도과 후에 불능으로 된 때에는 그 때부터 이행불능이 됩니다.

(2) 채무자의 귀책사유에 기할 것

이행불능은 채무자의 책임 있는 사유에 의거한 것이어야 합니다.

(가) 이 점에 관해서는 민법에 명문의 규정이 있다(민법 제39조 단
　　서). 그리고 그 의미하는 바가 무엇인가 및 입증책임에 관해서
　　는 이행지체의 설명에서 기술한 바와 같습니다.

(나) 이행지체 후에 채무자의 책임 없는 사유에 의해 불능이 된 경우
　　가 문제됩니다. 만약 이행기에 이행되었다면 불능이 일어나지 않
　　았을 것이라고 한다면 결국 채무자의 책임 있는 사유로 인해 그
　　불능을 발생시킨 것이 되므로 채무자는 그 불능에 의한 손해배
　　상을 부담해야 하는 것이 됩니다(민법 제392조 본문). 그러나
　　만약 이행기에 이행되었다 하더라도 여전히 불능을 일으켰을 것
　　이 확실한 경우에는 채무자는 배상책임을 부담하지 않습니다(동
　　조 단서).

(다) 채무자의 책임 없는 사유로 이행불능이 된 때에는 그 급부를 목
　　적으로 하는 채권은 소멸하고 채무자는 채무를 면하게 되는 것
　　은 재론의 여지가 없습니다. 그리고 그것이 쌍무계약상의 채무인
　　경우에는 이른바 위험부담의 문제를 야기시킵니다(민법 제537
　　조).

(3) 위법한 것일 것

이행불능이 위법성을 가질 것을 요건으로 하는 것은 당연하며 이는 이
행지체에 관해 기술한 바와 동일합니다. 다만 이것은 이론상 그렇게 하
지 않으면 안된다고 하는 데에 그치고 실제 적용되는 것은 긴급피난으로
써 채무의 목적물을 멸실·훼손하는 경우 외에는 극히 드뭅니다.

3. 이행불능의 효과

(1) 보전배상

이행불능의 효과로서는 먼저 전보배상청구권을 말할 수 있습니다. 그것은 본래 급부의 내용 실현이 불능하게 된 결과로서 그 본래의 급부에 갈음하여 성립한 것입니다. 따라서 전보배상청구권은 본래의 이행청구권의 내용이 변경된 것이므로 이것과 경제상 법률상 동일성을 갖습니다.

급부의 일부가 불능으로 된 경우에 그 때문에 채권의 목적을 달성할수 없는 때에는 채권자는 잔존부분의 수령을 거절하고 전부에 해당하는 전보배상을 청구할 수 있습니다. 그러나 그 외의 경우에는 불능부분에 상당하는 전보배상을 청구할 수 있는 데 그칩니다.

(2) 계약해제권

계약으로 발생된 채권에 대해 전부 또는 일부가 불능하게 된 때에는 채권자는 계약을 해제하고(민법 제546조) 동시에 손해가 있으면 그 배상을 청구할 수 있습니다(민법 제551조).

(3) 배상되어야 할 손해의 범위와 손해배상의 방법

이행불능으로 인한 손해를 배상해야 하는 경우에 있어서도 배상되어야 할 손해의 범위와 손해배상의 방법이 문제가 되나, 이것도 또한 일반원칙에 따릅니다.

(4) 대상(代償)청구권과 배상자의 대위

이행불능에 의한 손해배상에 관해서는 다음과 같은 특별한 법률관계가 성립한다는 점에 주의해야 합니다.

(가) 대상청구권

이행불능을 발생케 한 것과 동일한 원인에 의해 채무자가 이익을 취득한 경우(예컨대 채권의 목적물을 제3자가 불법행위로써 멸실한 경우에는 채무자는 채권자에 대해서는 채무를 면하고 제3자에 대해서는 불법행위에 의거한 손해배상청구권을 취득한다)에는 채권자는 이 본래의 급부의 목적물에 갈음한 이익, 이른바 대상을 청구할 수 있는 권리를 가진다고 해석하는 것이 공평합니다.

(나) 배상자의 대위

채무자가 채권의 목적인 물건 또는 권리의 가액 전부를 손해배상으로서 채권자에게 지불한 때에는 채무자는 그 물건 또는 권리에 대해 법률상 당연히 채권자를 대위합니다(민법 제399조). 예컨대 수치인(채무자)이 자기의 과실로 임치물을 도난당해 임치인(채권자)에게 전보배상을 지불한 때에는 그 임치물에 대한 소유권을 취득합니다. 임치인이 전과 다름없이 그 임치물의 소유권을 보유하는 것으로 하면 임치인은 수치인이 채무불이행으로 인해 부당한 이익을 받는 결과가 되기 때문입니다. 이것을 손해배상자의 대위라고 합니다. 이 제도는 채무불이행이라는 면보다도 전보배상에 그 실질적 기초를 둔 것이라 하겠습니다. 따라서 불법행위에 의한 손해배상에 대해서도 준용되어야 할 것으로 해석하고 있습니다.

배상자대위의 요건은 채권자가 손해배상으로서 그 채권의 목적인 물건 또는 권리의 가액 전부 즉 전보배상의 전부를 받는 것이고, 그 효과는 채무자가 배상된 이익인 물건 또는 권리에 관해서 법률상 당연히 특별한 의사표시도 대항요건도 필요없이 채권자를 대위하는 것입니다. 요컨대 이 경우에는 법률의 규정에 의한 권리이전의 효과가 생기는 것입니다. 그리고 여기에서 이른바 물건 또는 권리는 채권의 목적물 자체 및 거래상 그에 갈음하는 것을 포함한다고 해석하고 있습니다.

제9절 불완전이행

1. 불완전이행의 개념

불완전이행이란 채무자가 완전한 이행을 할 의사로써 한 이행임에도 불구하고 그 이행이 채무의 내용에 좇은 완전한 이행이 되지 못한 것을 말합니다. 종래 채무불이행의 전통적인 유형으로서 이행지체와 이행불능이 인정되어 왔으나, 경제거래가 복잡해지고 계약법이 발전됨에 따라 이러한 유형 이외에 배상책임에 관한 제3의 유형을 인정할 필요가 생겨났습니다. 그리하여 제3의 배상책임의 발생원인이 된 새로운 채무불이행의 유형으로서 불완전이행이라는 개념이 구상된 것입니다.

2. 불완전이행의 요건

(1) 불완전이행의 요건으로 먼저 "불완전한 이행"이 있었어야 합니다. 이것을 분석하면 다음과 같이 생각할 수 있을 것입니다.

(가) 이행이 있었을 것

어떠한 이행도 없었다고 하면 이는 이행지체 또는 이행불능이 됩니다. 불완전이행이라고 하기 위해서는 이행으로서 무엇인가 급부가 행해졌어야 합니다.

(나) 급부가 불완전할 것

불완전이라 함은 채무의 내용에 좇은 것이 되지 못한 것을 말합니다. 이행의 목적물에 하자가 있거나 이행의 방법에 결함이 있는 것 등이 그 예입니다. 여기에서 이행의 목적물에 하자가 있는 경우에 그것이 불특정물의 급부를 목적으로 하는 채무인 때에는 하자담보책임만이 문제되며

(민법 제81조), 특정물의 급부를 목적으로 하는 채무에 있어서는 그 특정물의 급부만이 채무의 내용이기 때문에 설령 그 목적물에 당사자가 예상할 수 없었던 하자가 있다 하더라도 채무의 내용에 좇지 않은 이행이라고 할 수 없습니다. 이 경우도 불완전이행의 문제가 되지 않고 하자담보책임의 문제(민법 제580조)가 될 뿐입니다.

(다) 이행기와의 관계에 따를 것

(ㄱ) 최종이행기가 도래하기 전에 불완전한 급부를 불완전이행이 되는 것은 말할 필요도 없습니다. 그러나 채무자가 최종이행기가 도래할 때까지 그 하자를 추완한 때에는 지체의 책임을 부담하지 않습니다. 이에 반해 추완하기 위해 이행기를 도과한 때에는 지체의 책임을 부담하게 됩니다. (ㄴ) 이행기에 불완전한 이행이 있는 때에는 그 이행 자체에 대해서는 지체를 일으킨 것이 되지 않으나 추완하기 위해 이행기를 도과한 때에는 결국 이행지체와 불완전이행이 경합하게 됩니다. (ㄷ) 이행기를 도과한 후 불완전한 이행을 한 경우는 이행지체와 불완전이행의 경합을 일으킵니다. 도과에 의해 지체가 되고 이행에 의해서 불완전이행이 되는 것입니다.

(2) 불완전이행을 채무불이행의 한 경우라고 한다면 그 불완전한 이행이 채무자의 귀책사유에 기할 것을 요하고, 또 불이행이 위법한 것일 것을 요하는 것은 채무불이행의 다른 유형 즉 이행지체 및 이행불능에 있어서와 같습니다.

3. 불완전이행의 효과

(1) 불완전이행이 있는 때에는 이로 인해 발생된 손해의 배상을 청구할 수 있습니다.

(가) 이 경우에는 채권자에게 수령의 의무가 없으며, 일단 수령하더라도 불완전한 급부로 인해 발생한 손해에 대해서는 그 배상을 청구할 수 있습니다(민법 제390조 참조).

(나) 배상의 범위는 급부가 불완전했던 것과 상당인과관계에 있는 전 손해입니다(민법 제393조 참조). 즉 배상해야 할 범위는 불완전이행으로 인해 현실적으로 생긴 손해 중에서 당해 경우에 특유한 손해를 제외하고, 그러한 불완전이행에서 일반적으로 발생될 것이라고 인정되는 손해만을 의미합니다.

(2) 불완전이행이 있는 경우 채권자가 본래의 완전이행의 청구권을 가지는가에 대해서는 다음과 같이 경우에 따라 나눌 수 있습니다.

(가) 채무자가 하자없는 급부를 다시 하더라도 채권의 목적을 달성할 수 없는 경우, 다시 말해서 완전이행의 청구가 불가능한 경우에는 본래의 완전이행을 청구하는 것은 무의미하고, 채무자의 책임 있는 사유로 인한 이행불능이 성립한 것으로 간주되므로 불완전이행으로 인해 생긴 손해의 배상만을 청구할 수 있게 됩니다.

그러나 이 손해배상에는 불완전이행이 있었음으로 해서 생긴 손해의 배상 외에 경우에 따라서는 이행에 갈음한 손해배상 즉 전보배상도 포함되어 있다고 해야 할 것입니다. 예컨대 불완전한 기계를 급부했기 때문에 그 기계를 사용하여 생산한 제품에 불량품이 속출하여 영업상의 손해를 입은 경우 등이 이에 해당된다고 할 수 있으나, 이 경우에는 전보배상의 지불과 불완전한 기계의 반환은 동시이행 또는 유치권이 성립하는 관계에 있는 것으로 해석됩니다.

급부에 갈음한 손해배상을 청구할 수 있는가에 대해서는 잔존한 일부의 급부로써 채권의 목적을 달성할 수 있는가에 따라 결정하게 됩니다.

(나) 완전이행의 청구가 가능한 경우, 즉 채무자가 다시 완전한 이행을 함으로써 채권의 목적을 달성할 수 있는 경우에는 채권자는 불완전한 이행을 반환하고 완전한 이행을 청구할 수 있음과 동시에(양자는 동시이행의 관계에 있는 것으로 생각된다) 이미 행해진 불완전이행으로 인해 발생된 손해의 배상도 아울러 청구할 수 있습니다. 따라서 이 경우의 손해배상청구권의 내용에는 전보배상은 포함되지 않고 불완전이행에 의한 손해배상과 완전이행이 있을 때까지의 지연배상이 그 내용이 됩니다.

그러나 이 원칙이 채권자가 하자있는 급부를 수령하여 장기간 사용한 후 그 하자를 발견한 경우에도 적용된다고 한다면 채권이 시효로 인해 소멸할 때까지 완전이행을 청구할 수 있게 되므로 신의의 원칙에 반하며, 불공평한 결과를 일으키게 됩니다. 그리하여 채권자는 손해배상 또는 계약을 해제할 수 있음에 그치고, 하자 없는 급부를 청구할 수 없다고 한 특정물을 목적으로 한 채무에 관한 하자담보책임규정을(민법 제580조) 불완전이행에 적용하려는 설도 있으나 이것은 이론상으로도, 또 하자없는 급부를 청구할 수 없다고 한 실제의 문제에 있어서도 타당하지 않습니다.

결국 신의성실의 원칙에 따라 손해배상청구권과 완전이행청구권의 관계를 처리함에 있어서 첫째, 채권자는 급부에 하자 있음을 발견한 때에는 상당기간 내에 이를 채무자에게 통지하는 등 적당한 조치를 취하지 않으면 완전이행을 청구할 수 없고 둘째, 하자 있는 목적물을 사용한 후에 하자 없는 새로운 것을 청구하는 것이 신의의 원칙에 반한다고 인정되는 경우에는 하자의 보수 또는 손해배상을 청구할 수 있을 뿐이라고 해석하는 것이 타당합니다.

(다) 불완전이행의 효과의 하나로서 이행의 인용이라는 것을 생각할
필요가 있습니다.

상기한 바와 같이 손해배상청구권과 완전이행청구권과의 관계는
신의의 원칙에 따라 조정되어야 합니다. 채권자가 하자를 발견했
음에도 불구하고 고의 또는 중대한 과실로 채무자에게 그 사실을
고지할 시기를 경과하거나, 채권자가 수령한 하자있는 목적물을
악의로 소비함으로써 채무자에게 적당한 기회에 완전한 급부의
추완을 할 수 없도록 한 경우에도 여전히 채권자가 이행의 불완
전함을 주장하는 것은 권리의 남용이라고 하지 않을 수 없습니
다. 따라서 이러한 경우에 있어서는 채권자에 대해 완전이행의
청구권은 물론이고, 하자의 보수나 손해배상청구권도 발생하지
않는 것으로 해석함이 타당합니다.

이와 같은 경우를 이행의 인용이라고 하여, 이로써 불완전한 변
제를 하고 완전한 변제와 동일한 효과를 발생하게 하여 불완전이
행의 효과를 소멸시키려 하는 것입니다. 그러나 이와 같이 이행
의 인용을 인정하면 채권자에게 가혹한 결과가 되기 때문에 되도
록 그 요건은 엄격하게 해석하고 신의성실·형평의 원칙에 따라
타당하게 처리해야 할 것입니다.

(라) 불완전이행이 있는 경우에 계약을 해제할 수 있는 것은 이행지체
및 이행불능의 경우와 동일합니다. 즉 추완이 가능한 경우에는
채권자는 상당한 기간을 정하여 완전이행을 청구하고 그 기간내
에 이행이 없는 경우에 비로소 계약을 해제할 수 있습니다. 또
추완이 불가능한 경우에는 최고를 하지 않고 계약을 해제할 수
있는 것입니다.

제10절 채권자 지체

1. 채권자지체의 의의

채권자지체라 함은 채무자로부터 채무의 내용에 좇은 이행의 제공이 있었음에도 불구하고 채권자가 이행의 완료에 필요한 협력을 하지 않는 것을 말하며, 이는 수령지체라고도 일컬어지고 있습니다.

채무자가 일방적으로 이행의 제공에 관해 할 수 있는 범위의 것을 하고, 채권자의 수령협력을 촉구했음에도 불구하고 채권자가 채무자의 제공을 수령하지 않거나 변제에 협력하지 않는 때에는, 채무자의 책임을 면제하고, 채권자의 책임을 인정하지 않으면 공평의 이념에 반합니다. 여기에 채권자지체제도의 존재이유가 있는 것으로서 채권자의 협력없이 채무자의 행위만으로 이행을 완료할 수 있는 경우(예컨대 부작위채권의 경우)에는 채권자지체는 존재하지 않습니다.

민법에 있어서 채권자지체에 관한 규정은 제400조로서, 동조에 의하면 "채권자가 이행을 받을 수 없거나 받지 않은 때에는 이행의 제공이 있는 때로부터 지체책임이 있다"고 규정하고 있습니다.

현재의 다수설은 채권·채무의 관계는 양당사자간의 신뢰를 바탕으로 한 것이며, 양당사자는 공동의 목적을 향해 협력해야 할 일종의 협력체를 구성한 것이기 때문에 채권자에게도 신의칙이 요구하는 정도에서 급부의 실현에 협력해야 할 법률상의 의무가 있다고 합니다. 따라서 채권자는 급부를 수령해야 할 법률상의 의무를 부담하는 것이므로 급부를 수령하지 않는 것은 채무불이행이 된다고 해석하는 것입니다.

2. 채권자지체의 요건

(1) 채무자가 채무의 내용에 좇은 이행의 제공을 해야 합니다.

(2) 채무자가 이행해야 할, 또는 이행할 수 있는 시기에 있어야 합니다. 이행기가 채무자의 이익을 위해 인정되고 기한전에 변제할 수 있는 때에는(민법 제153조), 이러한 시기에 행해진 이행을 수령하지 않더라도 채권자지체를 발생시킵니다.

(3) 채권자가 채무자의 제공을 수령할 것을 거부하거나 수령이 불능이어야 합니다. 수령거절 또는 수령불능의 이유는 묻지 않습니다. 예컨대 사용자가 공장을 폐쇄하여 노동자의 취업을 거절하거나 의사가 수술을 해야 할 채무에 있어서 환자에게 가지 않은 것과 같은 경우에는 채권자지체가 됨에 의문이 없으나, 공장이 소실했거나 환자가 사망한 경우에는 이행불능이 되느냐, 채권자지체가 되느냐에 있어 판단하기 곤란한 문제를 일으킵니다.

(4) 채권자의 수령거절 또는 수령불능이 그의 귀책사유에 기해야 합니다. 이 요건은 채권자지체를 채무불이행으로 보는 견해를 전제로 하는 것입니다. 채권자지체를 채무불이행으로 보지 않는 학설은 채권자의 책임있는 사유에 기할 것을 요건으로 하지 않으며, 채무자의 손해배상청구권 및 계약해제권도 인정하지 않습니다.

제11절 채권자대위권

1. 채권자대위권의 의의

채권자는 자기의 채권을 보전하기 위해 그의 채무자에게 속하는 권리를 행사할 수 있는데, 이것이 채권자대위권입니다(민법 제404조 1항 본문). 예컨대 자력이 없는 채무자가 제3자(제3채무자)에 대해 채권을 가지고 있음에도 불구하고 이를 행사하지 않는 때에는 채무자의 금전채권자가 이 권리를 행사하고 채무자에 갈음하여 제3자로부터 그 급부를 추심해서 이것을 채무자의 일반재산에 보탤 수 있습니다.

강제집행을 하려면 채무명의가 필요할 뿐 아니라 그 절차가 복잡하기 때문에 급속을 요하는 경우에 적합하지 않은 데 반해, 채권자대위권의 행사는 채무명의의 존재를 필요로 하지 않으므로 요건·절차 등이 비교적 간단한 점에 그 행사이유가 있습니다. 따라서 채권자는 우선 채권자대위권을 행사하여 채무자의 재산을 보전하고, 그 후에 강제집행을 하는 것이 편리할 것입니다. 또한 강제집행은 순수한 청구권이 아니면 할 수 없지만 대위에 의해 행사할 수 있는 권리는 반드시 청구권에 한하지 않고, 예컨대 취소권·해제권·환매권 등의 권리도 그 대상으로 할 수 있는 것입니다.

또 채무자의 권리에 대한 보존행위에 관해서는 강제집행은 전혀 그 적용이 없기 때문에 채권자대위권에 의하지 않으면 목적을 달성할 수 없는 것으로 생각됩니다. 그리고 채무자의 권리가 채무자에 의해 행사되지 않음으로써 시효로 인해 소멸하려고 하는 경우에 채권자대위권은 가장 그 효용을 발휘할 수 있을 것입니다. 이러한 점에 의하면 채권자대위권은 채무자의 일반재산을 보전해 둠으로써 이것으로 강제집행을 하기 위한 준비행위를 하는 효용이 있다고 하겠습니다.

2. 채권자대위권의 성질

채권자대위권은 간접소권 또는 대위소권이라고 불리우고 있으나 소송상의 권리가 아닌 실제법상의 권리로 이해되고 있습니다. 그리고 그것은 일종의 채권의 효력이라든가 혹은 채권에 종된 특별한 권리라고 설명됩니다.

채권자대위권의 법적 성질에 관하여 과거에는 대리권설 또는 자기를 위한 위임설이 논의되었지만 오늘날에 이르러서는 학설·판례 모두 고유권설을 취하고 있습니다. 즉 채권자대위권은 채권자가 자기의 명의로 행사하는 권리이므로 타인의 명의로써 행사하는 대리권과는 다른 채권자 고유의 권리라고 해석하는 것입니다. 또 종전에는 이것이 형성권에 속하는 것인가, 관리권에 속하는 것인가가 불명확했으나 오늘날에는 일반적으로 광의의 관리권에 속하는 것이라고 이해하는 견해가 많습니다.

3. 채권자대위권의 요건

이상과 같은 의의를 가진 채권자대위를 행사함에 있어서는 다음과 같은 요건이 필요합니다.

(1) 채권자가 "자기의 채권을 보전할" 필요가 있을 것 (민법 제404조 1항 본문)

(가) 채권자대위권은 채권자취소권과 더불어 총채권자를 위해 그 공동담보를 유지하는 것을 목적으로 하는 제도이므로 채권자가 대위권을 행사할 수 있기 위해서는 채무자의 자력이 불충분하여 만약 대위권을 행사하지 않으면 총채권자의 공동담보가 부족하게 될 우려가 있는 경우이어야 합니다. 다만, 그 손해는 채권자가 현실적으로 변제받을 수 없다는 것은 요하지 않고 그 위험이 있으면 충분합니다.

(나) "채권을 보전하기 위해"의 본래의 의미는 채권자의 특정채권 자체를 직접보전한다는 것이 아니고 채무자의 일반재산을 유지하고 충실하게 함으로써, 간접적으로 채권의 경제적 가치를 보전하는 것을 말합니다. 판례도 일찍이 이러한 견해를 취하여 금전채권자는 채무자의 자력이 문제의 채권을 변제함에 충분하지 않은 경우에 한하여 당해 채무자에게 속하는 권리를 대위행사할 수 있다고 하였습니다. 이것을 확장해석하면 민법 제404조는 채권자가 보전하려고 하는 채권에 대해 별도의 제한을 두고 있지 않기 때문에, 본조가 적용되어야 할 채권은 채무자의 권리행

사로서 보전해야 할 성질을 가지고 있으면 충분하고 채무자의 자력의 유무는 불문한다고 해석합니다.

이와 같은 전제 하에서 (ㄱ) 甲에게서 乙에게, 乙에게서 丙에게 부동산이 이전된 경우, 乙의 무자력 여부에 관계없이 丙이 乙을 대위하여 甲에 대해 등기청구권을 행사하는 것, (ㄴ) 丙이 임차한 토지를 불법으로 점유하는 甲에 대하여 丙이 토지소유자인 乙을 대위하여 乙의 무자력 여부와 관계없이 乙이 가진 물권적 방해배제청구권을 행사하는 것을 인정하고 있습니다. 요컨대 판례는 보전하려고 하는 채권의 목적을 채무자의 자력의 유무에 따라 구별하여, 예컨대 금전채권과 같이 자력에 관계가 있는 경우에는 채무자의 무자력을 요건으로 하지만 이에 반해 등기청구권·임차권·묘지사용권과 같이 채무자의 자력의 유무에 관계없이 특정의 채권을 보전하려는 경우에는 채무자의 무자력을 필요로 하지 않는다고 해석합니다.

다수설은 판례에 찬성하고 있지만, 판례가 취한 이론이 등기청구권이나 임차권의 본질에 관한 번잡한 의의에 부딪히는 일이 없다 하더라도 이러한 권리에 관하여 곤란한 문제해결에 중요한 작용을 하고 있는 것을 인정하면서 동시에 위와 같은 판례의 태도는 채권자대위권제도의 본래의 정신을 일탈한 해석이라고 하지 않을 수 없다고 하여 이를 비난하는 학자도 있다는 점을 주의해야 합니다.

(2) 채권자의 채권이 이행기에 있을 것

원래 채권자대위권은 강제집행의 1단계로서 채권자의 재산을 행사하는 것을 내용으로 하는 것이므로 대위권을 행사하는 채권자의 채권이 강제집행이 가능한 상태, 즉 이행기에 달하여 있어야 합니다(민법 제404조 2항). 그러나 이 원칙에 대해서는 다음과 같은 두 개의 예외가 있습니다.

(가) 재판상의 대위

채권의 기한이 도래하기 전이라도 법원의 허가를 얻으면 대위권을 행사할 수 있습니다(민법 제404조 2항 본문). 즉 채권자는 "채권의 기한 전에 채무자의 권리를 행사하지 않으면 그 채권을 보전할 수 없거나 이를 보전하기에 곤란이 생길 우려가 있는 때"에는 법원의 허가를 얻어 대위할 수 있는 것으로 합니다(非訟法 제80조 내지 제87조).

(나) 보전행위

채무자의 권리의 변경 또는 소멸을 방지하는 보존행위(예컨대 시효의 중단, 보전등기, 제3채무자가 파산한 경우의 채무자의 채권의 신고 등)는 채무자에게 불이익이 되는 것이 아닐 뿐만 아니라 급속을 요하는 것이 대부분이므로 채권자는 채권의 이행기가 도래하지 않았다 하더라도 법원의 허가 없이 단독으로 채무자의 권리를 대위행사할 수가 있습니다(민법 제404조 2항 단서).

(3) 채무자가 대위행사하려고 하는 권리를 스스로 행사하지 않을 것

채무자가 스스로 그 권리를 행사한 때에는 설령 그 행사의 방법이 부적당하다고 해도 채권자는 대위권을 행사할 수 없습니다. 만약 이를 허용한다면 채무자에 대한 부당한 간섭이 되며, 제3자의 이익도 부당하게 침해되기 때문입니다.

(4) 대위권행사의 객체가 되는 권리가 채권자대위제도의 목적에 비추어 먼저 채무자의 일반재산을 구성하는 권리일 것

그것은 재산권이며 동시에 강제집행이 가능한 권리이어야 한다. 재산적 영향을 발생시키는 권리라 하더라도 친권이나 배우자의 동거청구권과 같은 비재산적 권리는 대위권행사의 객체가 될 수 없는 것입니다.

또한 "채무자의 일신에 전속한 권리"도 마찬가지로 대위의 목적이 되지 않는다(민법 제404조 1항 단서). 여기에서 말하는 "채무자의 일신에 전속한 권리"란 그 권리를 행사하거나 부정하거나를 권리자의 개인적 의사에 맡기지 않으면 안되는 것, 즉 그 성질상 타인에 의한 대위행사가 허용되지 않는 권리(예컨대 인격권침해에 기한 위자료청구권)를 이르는 것입니다.

4. 채권자대위권의 행사

(1) 대위권행사의 방법

채권자대위의 요건이 구비된 때에는 채권자는 채무자에게 속하는 권리를 행사하는 권한을 갖게 됩니다. 행사하는 권한이란 채무자의 재산권을 관리하는 권한에 지나지 않습니다. 따라서 ① 채권자는 자기의 명의로 채무자의 권리를 행사하는 것이며 대리인으로서 채무자의 이름으로 행사하는 것이 아닙니다. ② 채권자취소권과 달라서 반드시 재판상 행사해야 할 필요는 없다. 다만, 채권자의 채권의 이행기가 도래하지 않은 때에는 법원의 대위허가를 필요로 합니다(민법 제404조 2항).

그러나 채권자대위권에 기하여 채무자의 권리를 행사하는 것은 재판 외에서뿐만 아니라 재판상으로도 물론 가능합니다. 특히 상대방이 응하지 않을 때 소를 제기하지 않을 수 없는 것에는 재론의 여지가 없습니다. 이리하여 채권자는 구체적으로 채무자를 대위하여 채권의 추심·등기의 신청·담보권의 실행·소송의 제기·강제집행 등을 할 수 있게 됩니다. ③ 대위권의 행사로서 상대방에게 물건의 인도를 요구하는 경우에 채권자는 채무자에게 인도할 것을 청구할 수 있음은 물론이고, 직접 자기에게 인도할 것을 청구할 수도 있습니다(대판 1962. 1. 11 4294민상195, 대판 1966. 9. 27 66다1149). 그러나 채무자를 대위하여 제3

자에게 등기의 이전을 청구하는 경우에는 채무자의 명의로 이전을 청구할 수 있음에 그치는 것은 당연합니다.

(2) 상대방의 지위

채권자가 대위권을 행사한 경우에 있어서 상대방의 입장은 채무자 자신이 그 권리를 행사한 때의 입장과 동일합니다. 즉 상대방은 채무자에게 대하여 가지고 있는 모든 항변, 예컨대 권리소멸의 항변·상계의 항변·동시이행의 항변·허위표시에 의한 무효의 항변 등으로써 채권자에게 대항할 수 있습니다. 대위권을 행사하는 채권자는 제3자인 지위로서 향수하는 이익을 상대방에 대해 주장할 수 없습니다.

(3) 대위권행사의 범위

채권자대위권은 채권의 보전을 위해 채무자의 권리를 행사하는 것이므로 그 행사는 채권보전에 필요한 범위에 한정됩니다. 따라서 채무자의 재산을 관리하는 행위는 허용되지만 그것을 처분하는 행위는 허용되지 않는 것이 원칙입니다. 그러나 채무자의 재산 전체에서 보아 그 재산을 보전하는 것이 되는 경우라면 처분행위를 할 수도 있다고 해석해도 무방할 것입니다.

5. 채권자대위권 행사의 효과

(1) 채권자가 대위권에 의거하여 채무자의 권리행사에 착수한 경우에는 그 권리주체자인 채무자는 자유롭게 자기의 권리를 지배할 수 없습니다. 재판상 대위의 경우, 채무자가 대위신청허가의 고지를 받은 때에는 채무자는 향후 그 권리를 스스로 처분할 수 없다는 규정이 있습니다(비송법 제84조 2항). 재판외의 대위의 경우 채권자가 채권의 이행기가 도

래한 후에 채무자의 보존행위 이외의 권리를 행사한 때에는 채무자에게 대위의 통지를 해야 합니다(민법 제405조 1항). 이 통지를 받은 후에는 그 권리에 관하여 처분행위를 하지 못합니다(동조 2항).

(2) 채권자대위권의 행사는 채무자의 권리를 행사하는 것이므로 그 행사의 효과는 직접 채무자에게 귀속하고, 총채권자를 위한 공동담보가 됩니다. 채권자가 채무자의 채권을 대위청구하고 그 변제로서 스스로 채권의 목적물의 인도를 받은 경우에도 그것은 직접 채권자의 채권의 변제가 되는 것이 아니고, 채권자가 채무자의 재산을 보관하고 있는 것에 불과하므로 만일 채권자가 자기책임의 변제를 받으려면 다시 채무자로부터 임의의 변제를 받거나 다시 강제집행절차를 취할 필요가 있습니다. 그러나 그 변제의 목적물이 금전인 경우에는 채권자는 상계의 의사표시로써 변제에 충당해도 상관없다고 해석합니다.

(3) 채권자가 대위권의 행사로써 스스로 소송당사자가 되어 소송을 제기한 경우, 채무자도 스스로 당사자로서 그 소송에 참가했거나(민소법 제72조) 채무자에게 소송고지가 있었던 때에는(민소법 제77조 내지 제79조) 그 판결의 효력은 채무자에게도 미치게 됩니다(민소법 제71조). 그러나 채무자가 소송참가(민소법 제72조)를 하지 않았고 또한 소송고지(민소법 제77조~제79조)를 받지 않은 경우에 그 판결의 효력이 채무자에게 미치는가에 관해서는 학설·판례가 대립하고 있습니다. 판례는 소송이 제기된 사실을 어떤 사유에 의해서든지 채무자가 알았을 때에는 그 대위소송의 판결의 기판력은 채무자에게도 미친다고 합니다(대판 〈전원합의부〉 1975. 5. 13 74다1664 반대의 소수의견 있음).

채권자대위권에 의해 채무자의 권리에 대한 관리권을 채권자에게 승인한 이상 대위하여 소송을 하는 채권자에게도 채무자를 위하여 소송을 관리하는 권한이 있는 것으로 이해하는 것이 타당하다는 견지에서 그 소송에서 얻은 판결의 기판력은 채무자에게도 미친다고 해석하는 것이 정당하다고 생각됩니다. 그리하여 다수설은 채권자에 의한 대위소송을 채무자가 알든 모르든 이를 불문하고 기판력은 언제나 채무자에게 미친다고 보고 있습니다.

제12절 채권자취소권

1. 채권자취소권의 의의 및 성질

(1) 채권자취소권은 채무자의 법률행위에 의해 총채권자를 위한 공동담보인 일반재산이 감소된 경우, 채권자가 그 법률행위의 효력을 부인(취소)하고 감소된 재산을 원상으로 회복할 것을 법원에 청구할 수 있는 권리로서(민법 제406조) 폐파소권 또는 사해행위취소권이라고 불립니다. 채권자취소권은 채권자대위권과 더불어 채권의 공동담보의 보전을 목적으로 합니다. 따라서 이 권리의 행사는 채권에 의거하여 강제집행을 하기 위한 전단계에서 준비적 행위를 하는 것을 의미한다고 해도 무방할 것입니다.

채권자취소권과 같은 목적을 가진 제도로서 파산법상의 "부인권"제도가 있습니다. 부인권은 채무자가 파산선고를 받은 경우에 파산관재인이 채권자를 위해 행사할 수 있는 권리로서 파산법에 상세히 규정되어 있습니다(파산법 제68조 이하).

(2) 채권자취소권은 어디까지나 실체법상의 권리이지 소송법상의 권리는 아니다. 민법 제406조 1항은 "법원에 청구할 수 있다"고 규정하고 있으나 이것은 단순히 권리행사의 방법을 규정한 것에 지나지 않습니다. 채권자취소권은 채권자대위권과 달리, 이미 성립한 법률행위의 효과를 부인하고 제3자로부터 담보재산을 회수하는 것이므로 채무자 및 제3자에게 미치는 영향이 대단히 큽니다. 따라서 이것을 행사함에 있어서는

거래의 안전을 해하는 일이 없도록 하지 않으면 안된다는 점에서 채권자 대위권의 경우에 있어서보다도 문제가 복잡해진다고 하겠습니다.

(3) 사해행위의 본질적 내용을 어떻게 이해할 것이냐에 관해 구법에서는 학설의 대립이 심했으나 현행민법 제406조 2항은 "…그 취소 및 원상회복을 법원에 청구할 수 있다"고 규정함으로써 채권자취소권은 취소와 재산의 회복 양자를 그 본질적 내용으로 하는 권리임을 선언하여 이 문제를 어느 정도 입법적으로 해결하였습니다.

채권자취소권의 본질적 내용에 관해 학설은 형성권설, 청구권설 및 절충설로 나뉘고 있으나, 판례 및 다수설은 채권자취소권을 취소와 재산의 반환청구를 합일한 것, 즉 사해행위를 취소하고 아울러 일탈한 재산의 회복을 청구하는 권리라고 해석하는데 이것이 절충설입니다. 판례에 의하면 채권자는 사해행위의 취소를 청구하는 동시에 일탈한 재산의 반환을 청구할 수 있습니다. 이 경우에는 판결주문에서 취소와 반환을 명해야 하지만, 재산의 반환을 청구하지 않고서 단순히 사해행위의 취소만을 청구하는 것도 가능합니다. 그리고 사해행위의 취소는 채권자가 수익자 또는 전득자로부터 재산의 반환을 청구하는데 필요한 범위에서, 즉 그들 수익자 또는 전득자에 대한 관계에 있어서만 상대적으로 효력이 생길 뿐이라고 합니다(대판 1961. 11. 9 4293민상263, 대판 1962. 2. 15 4294민상378, 대판 1963. 8. 22 63다299, 대판 1967. 12. 26 67다1839 등 참조).

현행법의 규정은 바로 이러한 판례의 절충설을 명문화한 것이라 할 수 있으며, 판례·학설도 또한 이 판례이론을 지지하는 것이 지금의 실정이라 하겠습니다.

2. 채권자취소권의 요건

채무자가 법률행위에 의하여 그 일반재산을 감소시켜 채권자를 해하였을 것 즉 사해행위의 존재라는 객관적 요건과, 채무자 및 수익자 또는 전득자가 채권자사해의 사실을 알고 있을 것 즉 악의라는 주관적 요건을 필요로 합니다. 객관적 요건은 권리주체 이외의 자인 채권자가 채권자취소권을 행사함으로써 채무자·수익자·전득자에게 간섭하는 데 대한 제한을 목적으로 하고, 주관적 요건은 선의자가 이 권리의 행사로 인해 이익을 빼앗기는 일이 없도록 하여 거래의 안전을 보호하는 것을 목적으로 하고 있습니다.

(1) 객관적 요건(사해행위의 존재)

사해행위란 채무자가 채권자를 해함을 알면서 행한 일반재산 감소행위로서 채권자취소권의 행사대상이 되는 것을 말합니다. 채권자가 채권자취소권을 행사하기 위한 객관적 요건으로서는 이 사해행위가 존재해야 하며, 채무자가 한 일반재산 감소행위가 사해행위이기 위해서는 다음과 같은 요건이 있어야 합니다.

(가) 재산권을 목적으로 하는 법률행위일 것(민법 제406조 1항).

(ㄱ) 채권자취소권은 책임재산, 즉 강제집행의 객체인 채무자의 일반재산의 유지회복을 목적으로 하는 것이므로 법률행위의 객체인 권리는 직접 채무자의 일반재산을 구성하는 권리에 관한 것이어야 합니다.

(ㄴ) 법률행위일 것을 요하고 단순한 부작위 또는 순수한 소송행위는 포함하지 않는다. 단 그 종류는 묻지 않습니다.

(ㄷ) 법률행위가 성립하지 않는 경우는 물론 무효인 법률행위에 있어서도 취소의 대상이 되지 않습니다. 그러나 판례는 무효인 법률행위도 취소의 대상이 된다고 합니다(대판 1975. 2. 25 74다2114).

(나) 채권자를 해하는 법률행위일 것

(ㄱ) 채권자를 해한다 함은 책임재산인 채무자의 일반재산이 감소

하여 채권의 공동담보에 부족이 생기고 채권자에게 완전한 변제를 할 수 없게 되는 것(대판 1962. 1. 15 62다634), 즉 무자력으로 되는 것을 말합니다. 채권자취소권의 효과에 대하여 채권자대위권에 있어서와는 달리 민법에서 특히 "모든 채권자의 이익을 위해 그 효력이 있다"(민법 제407조)고 규정하고 있기 때문에 채권자취소권은 채권의 공동담보를 해하는 경우 즉 채권자가 무자력으로 된 경우에만 작용되며, 특정 채권의 보전을 위해 채권자취소권을 행사하는 것은 허용되지 않습니다(대판 1965. 1. 26 64다848, 대판 1967. 11. 14 67다2007).

(ㄴ) 채권자의 채권은 사해행위가 있기 이전에 발생한 것이어야 합니다(대판 1962. 2. 15 4294민378). 그러나 채권은 주체의 변경으로 그 동일성을 상실하는 일이 없기 때문에 사해행위 이전에 성립한 채권을 사해행위 이후에 양수한 자도 취소권을 행사할 수 있습니다.

(ㄷ) 사해의 사실은 사해행위시에 존재해야 하며, 아울러 채권자취소권 행사시에도 존재해야 합니다.

(ㄹ) 사해행위는 재산을 증여 또는 염가로 매각하는 등의 적극재산을 감소케 하는 처분행위뿐만 아니라 채무인수 또는 보증인이 되는 것과 같은 소극재산을 증가케 하는 채무부담행위도 포함합니다.

(2) 주관적 요건(악의)

채권자취소권을 행사하기 위해서는

(가) 먼저 채무자의 악의, 즉 채무자가 사해행위 당시에 그 법률행위에 의해 채권자를 해하게 됨을 알고 있었어야 합니다

(민법 제406조 1항 본문). 이것을 일반적으로 "사해의 의사"라고 하는데, 이 사해의 의사는 적극적으로 의욕할 것을 요하지 않고 소극적인 인식으로서 충분하다고 해석하고 있습니다. 그리고 이 인식은 일반적으로 채권자를 해한다는 것이 있으면 되고, 특정채권자를 해한다는 것을 인식할 필요는 없습니다.

또 채무자는 그 행위로써 채권자를 해한다는 것을 사해행위 당시, 즉 사해행위가 성립한 때에 인식하고 있어야 하며(대판 1960. 8. 18 4293민상86), 그 당시에 현실적으로 인식하고 있지 않는 한 그것이 과실에 의한 경우라 하더라도 채권자취소권은 성립하지 않습니다. 채무자의 악의의 입증책임은 채권자에게 있습니다.

(나) 채무자의 사해행위로 인해 이익을 받은 자(수익자)나 전득한 자가 그 행위 또는 취득당시에 채권자를 해함을 알고 있어야 합니다(민법 제406조 1항 단서). 채권자는 수익자 또는 전득자 가운데 악의의 자에 대하여 취소권을 행사할 수 있습니다. 이 경우 선의에 관한 입증책임은 수익자 또는 전득자에게 있으며, 채권자가 수익자나 전득자의 악의를 입증할 필요는 없습니다.

3. 채권자취소권의 행사

  (1) 채권자취소권은 채권자가 자기의 명의로 재판상 행사하는 권리이며, 채무자의 대리인으로서 행사하는 것은 아닙니다.

  (2) 채권자취소권은 반드시 재판상 행사해야 합니다(민법 제406조 1항 본문). 그 소는 취소만을 구하는 경우에는 형성의 소의 성질을 가지며, 취소하고 아울러 재산의 반환까지도 청구하는 때에는 형성의 소와

이행의 소의 성질을 함께 갖습니다. 그리고 어느 경우에나 판결주문에서 사해행위의 취소를 명해야 합니다.

(3) 채권자취소권의 상대방 즉 피고는 언제나 이득반환청구의 상대방인 수익자 또는 전득자이며(대판 1965. 9. 7 65다1481), 채무자는 피고에 포함시키지 못합니다(대판 1961. 11. 9 4293민상263, 대판 1962. 1. 25 4294민상529, 대판 1965. 2. 24 64다1541, 대판 1967. 12. 26 67다1389 : 절충설에 의함).

(4) 사해행위는 사해행위로 생긴 채무자의 일반재산의 감소를 막고 채권의 만족을 얻을 것을 목적으로 하는 것이므로 그 취소의 범위도 그러한 목적에 필요한 한도를 넘지 못합니다. 즉 취소는 취소권을 행사하려는 채권자의 채권액의 한도에 있어서만 허용되고, 상대방으로부터 사해행위의 목적인 재산자체의 반환을 청구할 수 있는 경우에는 원칙적으로 그 목적물을 청구해야 하며 특별한 사유가 없는 한 그 목적물 평가액의 반환을 청구할 수 없다고 해석합니다.

4. 채권자취소권행사의 효과

(1) 취소권행사의 효과는 "모든 채권자의 이익을 위해 그 효력이 있습니다"(민법 제407조). 즉 회복된 재산 또는 그에 갈음한 손해배상은 채무자의 일반재산이 되고, 책임재산의 증가라는 결과를 가져오므로 총채권자를 위해 공동담보가 됩니다. 총채권자는 이것으로부터 평등한 비율로써 변제를 청구할 수 있게 되고, 취소권을 행사한 채권자가 그것으로부터 우선변제를 받는 권리를 취득하는 것은 아닙니다. 따라서 취소권자는 취소권에 의해 회복된 재산권에 대하여 다시 강제집행의 절차를 밟지 않으면 그것을 자기의 채권의 변제에 충당할 수 없는 것입니다.

(2) 취소의 효과는 상대적입니다. 즉 취소판결의 기판력은 소송에 참가하지 않은 채무자에게는 미치지 않고, 또한 채무자와 수익자, 수익자

와 전득자 사이의 법률관계에도 영향을 미치지 않습니다. 따라서 취소의 효과로서의 원상회복도 채권자와 수익자 또는 전득자와의 상대적 관계에 있어서만 발생할 뿐이고, 채무자가 직접 권리를 취득하는 것은 아닙니다.

(3) 채무자와 수익자 사이의 법률행위 및 수익자와 전득자 사이의 법률행위의 효과는 채권자취소권의 행사에 의해 영향을 받지 않습니다. 따라서 취소로 재산을 반환하거나 또는 그에 갈음하는 손해배상을 지급한 수익자 또는 전득자는 채무자가 이익한 한도 내에서 채무자에 대해 부당이득의 반환을 청구할 수가 있습니다.

5. 채권자취소권의 소멸

채권자취소권은 "채무자가 취소원인을 안 날로부터 1년, 법률행위 있은 날로부터 5년내에 행사해야 합니다"(민법 제406조 2항). 채권자취소권의 행사는 일단 효력을 완성한 법률관계를 일정한 범위에서 번복하는 것이기 때문에 그 행사의 기간을 제한하여 법률관계의 불안정한 상태를 영속할 수 없도록 할 필요가 있습니다. 따라서 민법은 단기소멸기간을 두어 법률관계를 빨리 확정하려고 한 것입니다. 한편 1년, 5년의 기간은 이른바 제척기간입니다(대판 1975. 4. 8 74다1700, 대판 1980. 7. 22 80다7953). "채무자가 취소원인을 안 날"이란 채무자가 채권자를 해하게 됨을 알면서 법률행위를 한 사실을 채권자가 알게 된 때를 말합니다.

제4장 수인의 채권자 및 채무자

제1절 분할채권관계

1. 분할채권관계의 원칙

민법 제408조는 다수당사자의 채권 또는 채무는 채권자간 또는 채무자간에 평등하게 분할된다고 하는 원칙을 규정하고 있습니다. 요컨대 다수당사자의 채권관계(혹은 채무관계)는 원칙적으로 분할된다는 점 및 원칙적으로 평등하다는 점을 규정하고 있습니다. 이와 같은 원칙은 급부가 1개의 가분급부인 경우에만 적용되는 것이고, 급부가 불가분인 때에는 제409조 내지 제411조의 예외규정이 적용됩니다.

2. 분할채권원칙의 제한

분할채권에 있어서는 채무자는 각 채권자에게 분할하여 급부한다는 번잡함이 있고, 분할채무에 있어서는 채권자는 채무자의 일부에 무자력자가 있더라도 그 자의 부담채무를 다른 채무자에게 청구할 수 없다는 불합리함이 있습니다. 이에 따라 우리민법은 수인이 공동하여 물건을 차용한 때에는 연대하여 그 의무를 부담한다고 하고 있으며(민법 제616조), 이를 임대차에 준용하고 있습니다(민법 제654조). 또, 공동불법행위로 손해배상채무를 부담하는 경우(민법 제760조), 가사에 관하여 부부의 일방이 채무를 부담하는 경우(민법 제832조)에 각각 연대채무가 발생합니다. 채권·채무의 합유적 귀속과 총유적 귀속이 인정됨으로써 이 한도에서 분할채권관계의 발생이 제한됩니다. 상법이 상행위로 인하여 생긴 채무에 대해서는 연대하여 변제할 책임이 있다(상법 제57조)고 규정하고 있습니다.

3. 실제상의 사례

(1) 분할채권을 발생시키는 실제상의 사례는 많지 않습니다. 공유물을 매각한 때, 공동으로 금전을 급부한 때, 공유물을 수용당하여 보상금청구권을 발생시켰을 때, 공동으로 타인의 사무를 관리하고 비용상환청구권을 발생시켰을 때 등입니다.

또 민법상의 조합이 제3자에 대하여 채권을 가진 경우에는 채권의 합유적 귀속으로 됩니다. 공동상속인이 채권을 상속한 경우는 다수설에 의한 분할채권으로 되나 소수설에 의하면 채권의 합유적 귀속으로 해석됩니다.

(2) 분할채무를 발생시키는 사례는 실제상 상당히 많습니다. 공동으로 재산을 빌린 때, 공동으로 물건을 구입한 때, 공유물의 보관료채무를 발생시킨 때, 공동임차인의 임차료채무, 타인의 사무관리에 의해 수인이 이익을 얻고 비용상환채무를 부담한 때, 수인이 공동으로 타인의 재산 또는 노무에 의해 부당이득을 한 때 등입니다. 다만, 이러한 경우에도 불가분채무(또는 연대채무)의 성립을 인정하는 것이 적당한 경우도 많이 있습니다. 최근의 판례는 연대 기타 채무의 특약을 넓게 인정하는 경향이 보입니다.

4. 분할채권관계의 효력

(1) 대외적 효력

각 채권자 또는 각 채무자는 특별한 의사표시가 없으면 균등한 비율로 분할된 채권을 가지고 채무를 부담합니다(민법 제408조). 각채권자의 권리 및 각채무자의 채무는 각각 독립한 것으로서, 그 청구·이행은 다른 채권자 또는 채무자의 존재와 관계가 없습니다. 그러나 1개의 계약에서 분할채권관계가 발생한 경우에는 해제권불가분의 적용을 받으므로 계약의 해제는 전원으로부터 또는 전원에 대하여 행사해야 합니다(민법 제547조).

(2) 당사자의 1인에 대하여 발생한 사유

1인의 채권자 또는 1인의 채무자에 대해서 발생한 이행불능·이행지체·면제·혼동 등은 다른 채권자 또는 채무자에게 하등의 영향을 미치지 않습니다.

(3) 대내관계

민법 제408조는 분할채권자 또는 분할채무자와 그 상대방인 채무자 또는 채권자 사이의 효력에 대해서만 규정한 것이고, 분할채권자 또는 분할채무자 상호간의 내부관계까지 규정한 것은 아닙니다. 그러나 일반적으로는 대외관계와 마찬가지로 대내관계에 있어서도 평등을 원칙으로 합니다. 그러나 양자가 일치하지 않는 경우에는 외부적으로는 평등하게 취급되더라도 내부적으로는 자기가 취득할 채권·채무의 비율에 따라 청산되게 됩니다.

(4) 평등분할의 이론은 소송관계에도 적용된다.

수인의 공동피고에 대해 일정금액을 청구하는 소는 연대채무 내지 불가분채무로서 평등하게 분할된 금액을 청구하는 것으로 볼 수 있습니다. 공동피고에 대하여 일정액의 지불을 명하는 판결은 각자에게 대해 인원수의 비율에 따라 분할된 금액의 지불을 명한다는 내용을 갖습니다. 따라서 그것을 집행함에 있어서 1인에 대한 금액을 압류하는 것은 위법이 되므로, 이의의 소(민소법 제505조)로써 저지할 수 있습니다.

제2절 불가분채권관계

1. 의 의

불가분급부를 목적으로 하여 성립한 다수당사자의 채권관계를 불가분채권관계라 하고, 채권자가 다수인 경우를 불가분채권, 채무자가 다수인 경우를 불가분채무라 합니다. 그러나 불가분채권과 불가분채무를 합해서 광의로 불가분채권이라고도 합니다. 민법전 제3편 제1장 제3절 제2관은 불가분채권과 불가분채무, 그 중 민법 제409조, 제410조는 불가분채권을, 민법 제411조는 불가분채무를 규정하고, 민법 제412조는 양자에 관해서 규정하고 있습니다.

2. 불가분급부

불가분급부에는 두 가지 종류 즉 성질상의 불가분급부와 의사표시에 의한 불가분급부가 있습니다(민법 제409조).

(1) 성질상의 불가분급부란 급부의 목적물이 성질상 불가분인 것입니다. 예컨대 공유지상에 지역권을 설정하는 것, 강연을 하는 것, 공동임차인의 임차물 반환, 입목공유자의 입목인도 등과 같은 것입니다.

(2) 의사표시에 의한 불가분급부는 성질상 가분인 것을 당사자의 합의로써 분할할 것을 허용하지 않는 급부입니다. 예컨대 甲·乙·丙 3인이 20ton의 석탄을 구입함에 있어서, 수송상의 편의에서 분할급부를 하지 않는다는 특약을 한 경우와 같은 것입니다.

3. 가분채무(可分債務)로의 변화

불가분채권관계는 그 주체에 따른 독립 및 복수의 채권·채무이며, 단순히 급부가 불가분이기 때문에 각채권·채무가 구속을 받는 것에 불과합니다. 따라서 급부가 불가분에서 가분으로 변경되면, 채권·채무로 당연히 분할됩니다(민법 제412조).

4. 불가분채권

(1) 각 채권자는 모든 채권자를 위해 이행을 청구할 수 있고, 또 채무자는 모든 채권자를 위해 각 채권자에게 이행할 수 있습니다(민법 제409조). 그 결과, 1인의 채권자가 이행을 청구하면 이행지체 혹은 시효중단의 효과는 다른 모든 채권자를 위해 발생합니다. 또 1인의 채권자에 대한 이행 또는 변제제공이 있으면, 채권의 소멸 또는 수령지체의 효과는 모든 채권자에 대해서 일어납니다.

(2) 상술한 바와 같이 청구와 이행(또는 변제의 제공)은 절대적 효력을 발생시키지만, 그 이외에 불가분채권자 1인에 대하여 발생한 사유는 다른 채권자에게 영향을 미치지 않습니다(상대방 효력 : 민법 제410조 1항). 그러므로 1인의 채권자(甲)와 채무자(丙)와의 사이에 면제 또는 경개(更改)가 행해진 경우에도 다른 채권자(乙)은 채무 전부의 이행을 청구할 수 있습니다(민법 제410조 2항).

다만 이러한 경우에 乙이 이행을 받으면, 乙은 甲에게 그 이익을 분급하고, 甲은 면제 또는 경개에 의해 받은 丙의 이익을 丙에게 반환해야겠지만, 민법은 이 순환적 관계를 간이하게 결제하기 위해, 乙이 丙에게 직접 丙의 이익분을 반환하는 것을 인정하고 있습니다(민법 제410조 2항).

(3) 단독으로 이행을 받은 채권자는 다른 채권자에게 내부관계의 비율에 따라 분급해야 하며, 특별한 사정이 없는 한 이 내부적 비율은 평등합니다.

5. 불가분채무

불가분채무에서는 대외적 효력과 내부관계는 연대채무의 규정에 따르고, 불가분채무자의 1인에 대해 발생한 사유의 효력만이 불가분채권과 같이 취급됩니다.

(1) **대외적 효력** : 채권자는 1인의 채무자에 대해, 또는 모든 채무자에 대해 동시나 순차로 전부의 이행을 청구할 수 있습니다(민법 제411조에 의한 제414조의 준용).

(2) 불가분채무자의 1인에 대해 발생한 사유 중 이행은 절대적 효력을 일으키지만 그 이외의 사유는 상대적 효력을 발생시킴에 그칩니다(민법 제411조에 의한 제422조의 준용). 면제 또는 경개가 있었던 경우의 순환적 관계의 간이결제도 마찬가지로 인정되어 있습니다(민법 제411조에 의한 제410조 2항의 준용).

(3) 이행한 불가분채무자의 1인은 다른 채무자에 대한 내부관계 즉 부담부분에 따라 구상할 수 있습니다(민법 제411조에 의한 제424조 내지 제427조의 준용).

6. 연대채무와의 비교

(1) 양자 모두 수인의 채무자가 채권자에 대해 각기 독립하여 전부의 급부를 부담하는 점에서는 동일합니다. 그러나 불가분채무에서는 급부가 가분되면 당연히 분할채무관계로 변경되는데 반해, 연대채무는 급부가 가분됨에 의해 차이가 일어나지 않고 각 채무는 주관적 공동관계에 의해 결합되어 있습니다.

(2) 대외적 관계에 관하여 본다면 양자는 완전히 동일합니다. 채무자의 1인에 대해 발생한 사유에 대해서 보면, 양자의 본질적 차이가 현저

하게 나타납니다. 절대적 효력을 갖는 것은 불가분채무에 있어서는 이행만이지만, 연대채무에 있어서는 대물변제·상계는 물론, 이행의 청구·경개·면제·혼동·시효의 완성 등도 절대적 효력을 일으킵니다.

(3) 내부관계에 대해서 보면 양자 모두 공동의 면책을 받은 채무자는 부담부분에 따라 다른 채무자에게 구상할 수 있습니다.

(4) 그러면 불가분채무와 부진정연대채무의 상위는 어떠한가? 다수의 채무자가 동일한 내용의 급부에 대해 전부를 이행할 의무를 부담하고, 채무자 중 1인이 변제하면 전부의 채무자가 채무를 면하게 되는 점에서 양자는 동일합니다. 즉 양자는 모두 객관적으로 단일한 목적을 달성하는 수단인 점에서 같습니다. 그리고 채무자 상호간에 하등의 주관적 관계가 없는 점도 동일합니다. 이점에서 양자는 연대채무와는 다른 성질의 것입니다. 따라서 이행 이외에 채무자의 1인에 대해서 발생한 사유가 다른 채무자에게 영향을 미치지 않는 점에서도, 양자는 동일한 효력을 갖는 것이며 그 점에서 양자는 연대채무와 다른 것입니다.

그러나 부진정연대채무에 있어서는 채무자의 내부관계에서 구상관계를 일으키지 않는데, 이 점 불가분채무와 다릅니다(불가분채무는 그 점에서는 연대채무와 동일).

대외적 효력, 즉 각채무자에 대한 채권자의 청구권 문제는 불가분채무·부진정연대채무·연대채무에 있어서 모두 동일합니다.

제3절 연대채무

1. 연대채무의 의의와 성질

연대채무란 수인의 채무자가 동일한 내용의 급부에 관해 각각 독립해서 전부의 급부를 할 채무를 부담하고, 그 중 1인이 전부에 대한 급부를

하면 채권이 소멸하고 그 결과 다른 채무자도 채무에서 벗어나는 다수당
사자의 채무입니다.

(1) 연대채무는 채무자의 수만큼 다수의 채무가 있고, 각 채무자의
채무는 보증채무의 경우와 달리 주종의 관계에 있지 않고 각각 독립한
것입니다. 그러므로 채무자의 1인에 대한 채권만을 양도할 수도 있고 채
무자의 1인에 대해서만 보증인을 세울 수도 있습니다.

각 채무자의 채무가 태양을 달리하는 것은 상관없습니다. 예컨대 상인
과 상인이 아닌 자가 연대하여 금전을 차용한 경우, 상인인 자의 채무와
상인 아닌 자의 채무는 소멸시효의 기간이 다릅니다. 그리고 각 채무자
의 채무에 관해서 기한 또는 조건을 달리할 수도 있고, 채무액이 같지
않더라도 상관없으며, 1개의 계약으로 연대채무를 부담한 경우에도 채무
자 1인에 대한 법률행위의 무효 또는 취소의 원인이 있더라도 다른 채
무자의 채무에는 영향을 미치지 않습니다.

(2) 각 채무자의 채무는 전부의 급부를 할 것을 그 본래의 내용으로
합니다. 불가분채무에 있어서와 같이, 급부가 불가분이기 때문에 부득이
전부의 급부를 하는 것이 아니라 급부는 가분이더라도 전부의 급부를 하
는 것입니다.

(3) 채무자의 급부가 있으면 전부의 채무가 소멸합니다. 각 채무자의
채무는 객관적으로 단일한 목적을 달성하기 위한 수개의 수단으로 볼 수
있기 때문입니다.

(4) 각 채무자의 채무는 주관적으로도 공동의 목적에 의해 서로 관련
되어 있습니다. 따라서 채무자의 1인에 관해 발생한 사유는 일정한 범위
에서 다른 채무자에게도 그 효력을 발생시킵니다. 또 채무자의 대내관계
에 있어서는 언제나 부담부분이 있고, 1인의 채무자가 공동의 면책을 받
은 경우에는 구상의 문제를 일으킵니다.

2. 연대채무의 성립

연대채무는 의사표시 또는 법률의 규정에 의해 성립합니다.

(1) 의사표시에 의한 경우 연대채무의 발생원인인 의사표시는 채권자와 수인의 채무자 사이의 계약인 것이 보통이지만, 1개의 계약일 필요는 없습니다. 예컨대 乙이 甲에 대해 채무를 부담한 후, 丙이 甲과의 별개의 계약으로 乙과 연대채무를 부담하더라도 상관없습니다. 그리고 채권자와 수인의 채무자 사이에 채무부담의 계약이 있는 경우, 민법은 분할채무를 원칙으로 하기 때문에(민법 제408조), 판례는 연대는 추정되지 않으므로 명시이든 묵시이든 연대채무란 의미의 의사표시가 없으면 연대채무는 되지 않는다고 합니다(대판 大正 4.9.21 民錄 21집 424항). 그러나 통설이 반대하는 바와 같이 이러한 태도는 채권의 실효성을 약화시키므로 거래의 실무에 적합하지 않습니다.

어떤 자가 채무자의 측에 참여하는 경우에 연대채무자가 되는가 연대보증인이 되는가가 불분명한 경우가 있으나, 이는 채무자의 내부적 협정에 의할 것이 아니라 채권자에 대한 의사표시 여하에 따라서 합니다(의사주의에서 표시주의로). 다만 연대하여 채무를 부담한다는 표현은 연대보증을 의미하는 수도 있기 때문에, 의문이 있을 때에는 밝히도록 할 수도 있습니다.

채무자의 1인에 관한 무효 또는 취소의 원인이 있더라도 다른 채무자의 채무의 효력에는 영향을 미치지 않습니다(민법 제415조). 당사자가 특정한 자에 대하여 연대채무의 유효한 성립을 조건으로 한 경우에는 그자의 채무에 관한 무효 또는 취소를 조건으로 한 자의 채무를 성립시키지 않습니다. 그러나 실질상의 보증인이 백지에 날인하여 인도하고 주된 채무자가 대리하여 연대채무를 성립시킨 경우 상기 연대채무의 유효성이 문제됩니다. 실질적 보증인은 착오 또는 금전을 수령하지 않은 것(소비대차의 요약성)을 이유로 하여, 연대채무의 성립을 부정하는 것이 보통이었으나 판례는 요소의 착오라고 할 수 없습니다고 하고 연대채무의 경우에는 연대채무자 1인과 금전의 수수가 있으면 충분하다고 합니다.

(2) 법률의 규정에 의해 연대채무가 발생하는 예는 민법에도 있지만(제35조 2항, 제760조, 제832조 등), 상법(제81조, 제138조, 제212조, 제321조, 제323조, 제333조, 제399조, 제567조 등), 기타의 법률에도 많이 있습니다. 이들 규정은 공동불법행위 또는 공동의 사업 내지 사무에 관여한 채무자에게 공동의 책임을 부담시킴으로써 그 행동에 신중을 기하게 함과 동시에 채무자의 보호에 만전을 기하려는 취지에 따른 것입니다.

3. 연대채무의 효력

(1) 연대채무의 대외적 효력

채권자는 그 선택에 따라 채무자의 1인에 대하여, 또는 동시 혹은 순차적으로 모든 채무자에 대해 전부 또는 일부의 이행을 청구할 수 있습니다(민법 제414조). 이미 1인에 대하여 전부를 소구한 후에 그것이 소송관계 중인가의 여부를 불문하고, 다른 채무자에 대해서도 소송을 제기할 수 있습니다. 연대채무는 채권자 수만큼의 다수의 채무이고 각 채무는 독립한 것이기 때문에 재차 소송을 제기해도 무방한 것입니다.

이것은 채무자의 전부 또는 일부에게 파산이 발생해도 마찬가지입니다. 채권자는 채권의 전액에 대해 각 파산재단의 배당에 참가할 수 있습니다. 다만 하나의 파산재단에서 배당을 받은 후에 다른 파산재단의 배당에 참가하는 경우에는 잔액에 대해 배당에 참가하는가, 전액에 대해 참가하는가에 대해서 학설이 나뉘어 있었으나, 파산법 제19조는 "파산선고시에 가진 채권의 전액"에 관하여 배당에 참가할 수 있다고 명문화했습니다.

(2) 연대채무자의 1인에 관해 생긴 사유의 효력

원래 연대채무는 상술한 바와 같이 내용을 같이하지만 각각 별개의 독립한 채무이기 때문에 채무자의 1인에 관해 발생한 사유는 다른 채무자에게 효력을 미치지 않는 것을 원칙으로 합니다(상대적 효력). 그러나 각 채무는 객관적인 단일목적에 의해 결합되어 있기 때문에 연대채무의 목적을 달성시키는 사유에는 절대적 효력을 인정하지 않을 수 없습니다. 따라서 이와 같이 연대채무의 목적을 달성시키는 사유에만 절대적 효력을 인정하고, 그 이외의 사유에는 상대적 효력을 인정하는 것이 논리적입니다.

연대채무는 연대채무자 사이에 긴밀한 주관적 공동관계가 있으므로 목적의 도달 이외의 사유에도 어느 정도의 절대적 효력을 특별히 인정하는 것이 각국의 입법례입니다. 민법은 이행의 청구(민법 제416조), 경개(민법 제417조), 상계(민법 제418조 1항), 면제(민법 제419조), 혼동(민법 제420조), 시효의 완성(민법 제421조) 채권자지체(민법 제422조)에 대해 특별히 절대적 효력을 인정하고 있습니다. 계약의 해지·해제권불가분의 원칙으로 해지권·해제권은 전원으로부터 또는 전원에 대하여 행사해야 하고 1인에 관해 소멸하면 다른 자에 관해서도 절대적으로 소멸합니다(민법 제547조 참조). 변제·대물변제·공탁에는 명문의 규정은 없어도 절대적 효력을 인정해야 합니다. 이행의 청구는 채권의 효력을 강화하기 위한 것이고 그 이외의 사유는 연대채무자 사이의 구상관계를 간략하게 처리하기 위한 것입니다.

상대적 효력을 발생시키는 사유는 위에서 열거한 절대적 효력을 발생시키는 사유 이외의 사유이나, 특히 문제되는 것은 시효의 중단·정지·포기, 채무자의 과실·이행지체·이해불능, 연대채무자의 일부의 자에 대한 채무의 양도·전부, 채권자와 연대채무자 중의 1인과의 사이의 확정판결의 효력 등입니다.

(3) 연대채무의 내부관계

연대채무는 채권자에 대한 관계에서는 각 채무자가 채무의 전액을 변제할 의무를 부담하는 것이지만, 연대채무의 내부관계에서는 부담할 비율(부담부분)이 정해져 있습니다. 이것이 연대채무의 하나의 특색으로든 주관적 관계에 있어서 부진정연대채무와 다른 점입니다. 따라서 연대채무자가 그 부담부분 이상의 변제를 하는 것은 채권자 상호간의 내부관계에서는 흡사 위탁을 받고 보증인이 된 자가 한 변제와 마찬가지로 타인의 채무에 대한 변제가 되므로, 다른 채무자에 대하여 구상권을 발생시키며(민법 제425조 1항), 이 구상권에 대해서도 법정대위권을 발생시키는 것입니다(민법 제481조). 구상권에 의한 경우와 대위에 의한 청구권자로서의 청구권은 청구권경합의 관계에 있는 것으로 해석되고 있습니다.

부담부분을 결정하는 표준에 관해서는 특약이 있으면 특약에, 특약이 없더라도 받은 이익이 다르면 그 비율에 따르지만, 특약도 이익비율도 없는 경우에는 평등한 비율로 추정(민법 제424조)하는 것으로 하고 있습니다. 그러므로 구상권이 성립하기 위해서는 채무자 중 1인이 자기의 출연으로 모든 채무자를 공동면책케 해야 합니다(민법 제425조 1항). 그러나 면책을 받은 액이 채무전액에 대한 자기의 부담부분을 초과할 필요가 있는가가 문제되는데 반대설이 있으나, 다수설은 자기의 부담부분을 초과할 필요는 없다고 합니다. 예컨대 乙·丙·丁 3인이 평등한 부담부분으로 10만원의 연대채무를 부담한 경우에 을이 6만원을 변제하면, 병·정에게 각각 2만원씩 구상할 수 있는 것입니다. 따라서 결국 부담부분은 일정한 금액이 아닌, 어디까지나 일정한 비율을 나타내는 것입니다.

각 채무자는 공동의 면책을 위해 출연하는 경우, 출연의 전후에 다른 채무자에 대하여 통지하지 않으면 구상권에 대한 제한을 받게 됩니다.

연대채무자의 1인이 변제 기타의 면책행위를 하는 것은 다른 채권자에게도 중대한 영향이 있기 때문입니다. 따라서 사전의 통지를 게을리하면 다른 채무자가 채권자에게 대항할 수 있는 사유를 가지고 있는 한, 그 채무자는 자기의 부담부분에 대하여 채권자에게 대항할 수 있는 사유로써 구상권자에게 대항할 수 있고 그 대항사유가 상계이면 상계로 소멸할 채권은 면책행위를 한 채무자에게 이전됩니다(민법 제426조 1항). 사후의 통지를 게을리하면 선의로 공동면책행위를 한 다른 채무자는 자기의 면책행위의 유효를 주장할 수 있습니다(민법 제426조 2항). 그러나 그 효과로서 제2의 면책행위가 모든 자에 대한 관계에서 유효한가, 그렇지 않으면 과실있는 제1의 면책행위와 제2의 면책행위자와의 사이에 있어서만 유효한가에 대한 다툼이 있었습니다. 구민법 하의 학설은 전설을 지지하고, 판례는 후설을 취했으나 오늘날은 후설이 다수설입니다.

채무자 중에 상환의 자력이 없는 자가 있었던 경우에는 그 부분은 구상권자 및 다른 자력 있는 자 사이에서 각자의 부담부분에 비례하여 부담합니다(민법 제427조 1항 본문). 이것을 구상권의 확장이라 합니다. 다만, 구상권자에게 과실이 있는 경우에는 다른 채무자에 대해 분담을 청구할 수는 없습니다(동조 동항 단서).

4. 연대의 면제

(1) 의 의

연대채무에 있어서의 채무자는 채권자에 대하여 각자 전부의 급부를 할 의무를 부담하는 것이지만, 내부관계에 있어서는 부담부분이 있으므로 자기의 출연으로 공동의 면책을 얻은 채무자는 다른 채무자에 대해 부담부분에 따라 구상권을 행사할 수 있습니다. 그리하여 채권자는 연대채무자가 부담하는 이러한 전부급부의 의무를 그 부담부분에 상당하는 범위에서 제한하는 행위를 할 수 있는데, 채권자의 이러한 행위를 연대

의 면제라 합니다. 연대의 면제는 전부급부의무를 부담부분 상당의 급부
의무로 감축하는 것이기 때문에 일종의 채무면제입니다. 따라서 연대의
면제는 채권자의 단독행위로 할 수 있습니다(민법 제506조).

(2) 종 류

연대의 면제는 두 가지 경우가 있습니다. 그 하나는 모든 채무자에 대
하여 연대의 면제를 하는 것인데 이를 절대적 연대의 면제라고 합니다.
이 경우에 연대채무는 부담부분에 비례한 분할채무가 되고, 부담부분이
없어진 채무자가 있으면 그는 완전히 채무를 면하게 됩니다. 다른 하나
는 연대채무자의 일부의 자에 대해서만 연대의 면제를 하는 것으로서 상
대적 연대면제라 합니다. 이 경우에는 면제를 받은 채권자만이 분할채무
를 부담하고, 다른 채무자는 전과 다름없이 전부급부를 부담하는 연대채
무로 잔존합니다.

주의할 것은 연대의 면제는 연대채무 그 자체를 면제하는 연대채무의
면제와는 다르다는 것입니다. 예컨대 甲에 대해 乙·丙·丁 3인이 90만
원의 연대채무를 부담한 경우에, 甲이 乙의 채무를 면제한 때에는 丙과
丁도 乙의 부담부분인 30만원(부담부분평등으로 가정)에 대해서 채무를
면합니다. 결국, 丙·丁 양인은 60만원의 연대채무를 부담하는 것이 됩
니다. 이에 반하여 甲이 乙에 대하여 연대의 면제를 하면, 乙은 甲에 대
하여 30만원의 보통 채무를, 丙·丁은 甲에 대하여 90만원의 연대채무
를 부담하는 것이 됩니다.

(3) 효 과

상대적 연대면제의 효과로서, 제427조 2항은 상환무자력자의 부담부
분에 대해 채권자가 연대의 면제를 받은 자를 갈음하여 부담한다는 의미
를 규정합니다. 예컨대 乙·丙·丁 3인이 甲에 대해 300만원의 연대채

무를 부담하는 경우에(부담부분 평등으로 가정), 甲이 乙에 대하여 연대의 면제를 했다고 가정하면, 丙이 전액의 변제를 하고 乙과 丁에게 구상한 경우에 丁이 무자력인 것이 판명되었다고 하면, 丁의 무자력 때문에 乙이 새롭게 부담할 50만원은 채권자 甲의 부담부분이 됩니다(결국 乙이 100만원, 甲이 50만원, 丙이 150만원을 부담). 원래 연대채무자 중 무자력자가 있으면 무자력자의 상환불능부분은 다른 자력 있는 연대채무자가 그 부담부분에 따라 부담해야 하고, 따라서 乙은 150만원을, 丙은 150만원을 부담(민법 제427조 1항 본문)하지만 이 원칙을 관철하면 연대의 면제를 받은 乙은 실질적으로 실익이 없게 됩니다. 이 때문에 민법은 제427조 2항의 특별한 규정을 둔 것입니다.

그러나 연대의 면제를 한 甲의 의사는 보통 자기로부터 乙에 대해서는 100만원 밖에 청구하지 않는다고 할 뿐이므로, 그 이상의 내부관계에 대해서도 책임을 부담하는 것은 아니라고 할 수 있습니다. 따라서 통설은 입법론상 제427조 2항의 당부는 커다란 의문으로 하고 있고, 해석론으로서도 범위를 좁혀 이해해야 할 것으로 하고 있습니다. 그리하여 본조는 임의규정으로 해석되고 있고, 또 시효완성 등의 경우에 준용되어야 하는 것은 아니라고 하는 것입니다.

제4절 연대채무와 보증채무

1. 연대채무와 보증채무의 의의

연대채무는 수인의 채무자가 동일한 내용의 급부에 관해 각각 독립하여 전부를 급부할 채무를 부담하고, 수인의 채무자 중 1인의 급부가 있으면 다른 채무자도 채무를 면하는 다수당사자의 채권관계입니다. 이것은 의사표시 또는 법률규정에 의해 성립하고, 오로지 채권의 효력을 강화하는 작용을 합니다. 법률의 규정에 의하는 경우에는 분할채무의 원칙을 타파하고 채권의 공동관련을 강화하는 점에 의미가 있고, 또 의사표시 특히 계약에 의하여 발생하는 경우에는 대부분 채권담보로서의 중대한 기능을 담당하고 있습니다.

보증채무는 주된 채무가 이행되지 않는 경우에 있어서 이를 이행할 책임을 지고, 주된 채무가 이행된 것과 동일한 이익을 채권자에게 확보시키는 것입니다. 보증계약에 의해 성립하여 오직 채권담보로서의 기능을 수행합니다.

2. 종 속 성

양자 모두 수인의 채무자가 동일한 내용의 채무를 각각 독립하여 부담하고, 1인이 이행하면 다른 자의 채무도 소멸하는 다수당사자의 채권관계입니다. 그러나 연대채무는 단일한 목적을 달성하기 위하여 병존적인 구성을 취한 복수의 채무자 사이에 주종의 구별이 없는 데 반하여, 보증채무는 오직 주된 채무의 이행을 담보하는 수단에 지나지 않는 것이므로 주된 채무의 종된 지위에 서 있는 것입니다.

물론 연대채무가 인적 담보의 의미에서 설정된 경우, 내부적으로 보아서 각 채무는 반드시 병존적인 것은 아니며, 주종의 구별을 가지고 있는 것도 많이 있습니다. 부담부분의 비율은 이것을 나타내는 것일 것입니다. 그런데 연대채무에 있어서는 이러한 관계는 내부적인 것에 그치고, 채권자에 대한 외부적 관계에 영향을 미치지 않으므로 외부관계는 어디까지나 독립된 병존적 채무로서 나타납니다. 이에 비하여 보증채무의 종된 성질은 보증채무의 특색이며, 보증채무의 담보력을 강화하는 의미에서 나타난 연대보증에 있어서도 이 성질은 관철되고 있는 것입니다.

3. 부종성과 보충성

보증채무의 종된 성질은 구체적으로는 보증채무의 부종성과 보충성의 형태로 나타납니다. 따라서 연대채무와 보증채무의 비교는 부종성과 보충성과의 관련에서 연대채무가 얼마나 다른 성질을 가지고 있는가를 명확하게 구별해야 합니다.

(1) 부종성이라 함은 보증채무가 주된 채무의 존재를 전제로 하여 존재하고, 주된 채무와 운명을 같이 하는 성질을 말합니다. 보증채무는 성립·내용·이전·소멸 등에 있어서 주된 채무에 따릅니다. 즉 주된 채무가 무효 또는 소멸된 경우 보증채무도 처음부터 또는 소급하여 무효가 됩니다. 주된 채무가 동일성을 잃지 않고 그 목적·태양·범위에 변경을 일으키면 그에 따라 보증채무도 또한 그 내용을 변경합니다. 보증채무는 범위 및 태양에 있어서 주된 채무보다 가중될 수 없습니다.

또 보증인은 주된 채무자가 가지는 항변권·소멸시효의 채용권·상계권·취소권·동시이행의 항변권 등을 원용할 수 있습니다. 채권자는 주채무자에 대한 채권을 양도하면 보증채무도 그에 수반합니다. 그리고 주된 채무가 소멸하면 보증채무도 또한 소멸합니다. 이상과 같은 부종성이 인정된 결과, 주된 채무자에 관해서 발생된 사유는 물론 그 보증인에게도 효력을 미치지만 보증인에 관해서 발생한 사유는 주된 채무자에게 영향을 미치지 않습니다. 그러나 연대채무는 부종성을 갖지 않아 각 채무자는 독립성을 갖기 때문에 상호간에 하등의 영향을 주지 않는 것을 원칙으로 합니다. 다른 연대채무가 무효 또는 취소되더라도 무효·취소는 다른 연대채무자에게 영향을 미치지 않습니다. 각 채무 모두 범위는 동일하나, 태양에 있어서는 다른 것도 있을 수 있습니다(예 : 연대채무자 중 1인은 상인이기 때문에 상사채무를, 다른 1인은 상인이 아니기 때문에 민법상의 채무를 부담하는 경우 소멸시효의 차이가 있을 수 있음).

채권자가 연대채무자의 1인에 대한 채권을 양도하더라도 다른 연대채무자에 대한 채권을 수반하는 것은 아닙니다. 이 경우는 채권자·채무자가 각각 분리한 결과가 되지만, 어느쪽인가의 채무자가 변제하면 변제의 절대적 효력 내지 목적달성으로 인해 다른 채무자도 의무를 면하게 됩니다. 1인의 연대채무자가 부담한 채무의 소멸이 다른 연대채무자의 채무에 영향을 주는가의 여부는 소멸사유에 따라 다릅니다. 즉 변제·대물변제·공탁·상계·경개의 경우에는 다른 연대채무자의 채무도 소멸합니다. 그러나 면제 및 혼동·시효완성의 경우는 면제된 또는 혼동·시효완성한 채무자의 부담부분에 대해서 다른 채무자도 채무를 면하게 되지만 그 외의 부담부분에 대해서는 채무는 소멸하지 않습니다.

이외에 연대채무자 중 1인에 관해서 발생한 사유가 다른 채무자에게 영향을 미치는가의 여부에 대해서는 주된 채무에 관해서 발생한 사유가 보증채무에 미치는 영향과는 달리 효력을 미치지 않는 것을 원칙으로 합니다(상대적 효력). 그러나 민법은 상기한 바와 같이 연대채무자 사이의 긴밀한 주관적 공동관계를 인정함으로써 상당히 넓은 범위에 걸쳐서 절대적 효력을 인정했기 때문에 그 한도에서는 상대적 원칙이 약해져 보증채무에 대한 관계에 접근하고 있다고 할 수 있습니다.

(2) 보증채무는 보충성을 가지고 있습니다. 즉 보증채무는 주된 채무가 이행되지 않은 경우에만 이행하는 것입니다. 그러나 이것은 보증채무를 청구함에 있어서 주된 채무의 불이행을 적극적 요건으로 하는 것은 아닙니다. 채권자가 보증인에 대하여 갑자기 청구한 까닭에 최고 및 검색의 항변권으로써 대항할 수 있음에 그칩니다. 최고의 항변권이란 채권자가 보증인에게 청구한 경우에는 먼저 주된 채무자에게 최고할 것을 청구할 수 있는 항변권을 말합니다.

모두 일종의 연기적 항변권에 그치지만 특히 검색의 항변권은 채권자의 보증인에 대한 권리를 현저하게 제한합니다. 그러나 연대보증에는 이 동종류의 항변권이 없기 때문에 그 범위에서는 연대보증의 효력은 강화되고 있습니다. 이에 반하여 연대채무에는 보충성이 없기 때문에 최고의 항변권도 검색의 항변권도 발생될 여지가 없으며, 갑자기 채권자가 어느 채무자에 대하여 청구하는 데에는 지장이 없습니다.

4. 구상관계

연대채무자 중 1인이 자기의 출연으로 총채무자의 공동면책을 초래한 경우에 다른 채무자에 대해 갖는 구상권과, 보증인이 보증채무를 이행한 경우에 주된 채권자에 대해 갖는 구상권을 비교해 보겠습니다. 연대채무에 있어서는 내부관계로서 연대채무자 사이에 부담부분이 존재하므로 구상범위는 결국 부담부분의 관계여하에 따라 정해집니다. 이에 반하여 보증채무에 있어서 보증인의 변제는 실질적으로는 전혀 타인(주된 채무자)의 채무를 변제한 것으로서 부담부분이라는 개념이 개입할 여지가 없습니다.

보증인의 구상권의 기초는 타인의 채무의 변제란 점에서 찾을 수 있으며, 부탁을 받은 보증인이면 위임사무처리비용의 상환에 준하여 규율하고, 부탁을 받지 않은 보증인이면 사무관리의 비용의 상환에 준하여 구상관계를 규율하고 있습니다. 다만, 공동보증의 경우는 공동보증인의 1인이 변제 기타의 출연행위에 의해 주된 채무를 소멸시킨 때의 구상권에 관해서는 상술한 단독보증의 경우와 전혀 차이가 없지만 다른 공동보증인에 대해서도 구상할 수 있는가에 대해서는 주의를 요합니다. 즉 공동보증에 있어서는 공동보증인간에는 부담부분이 있고, 만약 공동보증인의 1인이 자기의 부담부분을 넘는 액을 변제한 때에는 다른 보증인에 대해 부탁 없는 보증인에 준하고(분별의 이익을 가지는 경우), 또는 연대채무의 규정에 준하여(분별의 이익이 없는 경우) 구상할 수 있습니다.

제5절 연대채무와 연대보증

1. 성질상의 상위

연대채무는 수인의 채무자가 동일한 내용의 급부에 대해 각각 독립하여 전부를 급부할 채무를 부담하고, 그 중 1인의 급부가 있으면 다른 채무자도 채무를 면하는 다수당사자의 채무관계입니다. 연대보증은 주된 채무자와 연대하는 점에 있어서 보증채무의 공통성인 보충성을 결하고 있으나, 바로 이 점에서 연대채무에 접근하고 있습니다. 그러나 보증의 일종임에는 변함이 없기 때문에 보증채무의 기본적 성질인 부종성을 구비하고 있다는 점에서는 주종의 관계가 없는 연대채무와 근본적으로 성질을 달리합니다.

연대채무자 사이에는 주종의 구별이 없는 대신에 부담부분이라는 것이 존재하지만, 연대보증에 있어서는 주된 채무자와의 사이에 부담부분이 존재하지 않습니다. 따라서 구상관계에 있어서도 통상의 보증과 다를 바가 없으므로 원칙적으로 연대보증인이 출연한 전액에 대해 구상할 수 있습니다.

2. 효력상의 상위

이상과 같은 연대채무와 연대보증의 성질의 同異는 다시 다음과 같은 효력상의 차이로 나타납니다.

첫째, 대외적 효력, 다시 말해 채권자에 대한 관계에 있어서는 양자가 다름이 없습니다. 연대보증은 보충성이 없고 채권자의 청구에 대하여 최고 및 검색의 항변권을 가지지 않기(민법 제437조 단서) 때문에, 연대보증에 있어서는 연대채무에 있어서와 마찬가지로 채권자가 어느 채무자에게 구상하여 강제집행을 하든 자유입니다. 또 보증인이 수인인 경우에도 연대보증인은 분별의 이익이 없기 때문에 채권자는 전액에 대하여 즉시 연대보증인의 1인에 대해 청구할 수 있다는 점도 연대채무자가 수인 있는 경우와 다르지 않습니다. 단, 채무의 존재·범위 등에 대하여 부종성의 적용을 받는 점에 있어서 연대채무와 다릅니다.

둘째, 연대보증도 보증이므로 주채무자 또는 연대보증에 대하여 발생한 사유의 효력에 관해서는 보통의 보증채무와 같습니다. 이점은 연대채무와 다릅니다.

셋째, 채무자 사이의 내부관계에 대해서 보면 연대보증은 보통의 보증과 전혀 다르지 않습니다. 따라서 이 점에서는 연대채무와 연대보증의 차이는 명백합니다.

3. 담보적 기능

연대채무는 의사표시 또는 법률의 규정에 의해서 발생하고 반드시 인적담보의 설정에만 봉사하는 것은 아니지만, 결국 담보적 기능이 특히 중요합니다. 연대보증은 연대보증계약으로 성립하고 오직 채권의 담보를 목적으로 합니다. 그리하여 이 채권의 담보라는 기능에서 보면 연대채무도 연대보증도 모두 보통의 보증채무보다 강력한 효력이 있어서 채권자의 만족에 이바지하고 있습니다. 그러나 부종성이 없는 점에서 연대채무는 채권자에게 유리하기 때문에 연대보증은 연대채무와 보통의 보증채무의 중간에 위치한다 하겠습니다.

제6절 부진정 연대채무

1. 의의 및 성질

부진정연대채무는 수인의 채무자가 동일한 내용의 급부에 관하여 전부를 이행할 의무를 부담하고 한 사람의 채무자가 변제하면 전채무자가 채무를 면하는 점에 있어서는 연대채무와 동일하지만, 각 채무자의 채무는 주관적으로 공동의 목적을 가지고 있지 않기 때문에 그 사이에 관련이 없다는 점에서 연대채무와 다릅니다.

따라서 첫째, 채무자의 1인에 관하여 생긴 사유는 다른 채무자에 대해 영향을 미치지 않습니다. 둘째, 각 채무자 사이에 부담부분이 없으므로 그에 의거한 구상권도 발생하지 않습니다. 다만, 부진정연대채무와 연대채무의 차이를 성립원인이 단일한가의 여부에서 찾으려는 설도 있고 부진정연대채무를 인정하지 않고 보통의 연대채무와 동일하게 취급하는 것이 적당하다고 하는 설도 소수이기는 하지만 존재합니다.

2. 구체적 사례

부진정연대채무는 주로 동일한 손해에 관하여 다수인이 각각의 입장에서 보전할 의무를 부담하는 경우에 성립합니다. 예컨대 타인의 가옥을 소실케 한 자의 불법행위에 의거한 배상의무와 보험회사의 보험계약에 의거한 손해전보의무, 부주의로 인해 제3자로 하여금 임치물을 훼손케 한 수치인의 채무불이행에 의거한 배상의무와 훼손한 자의 불법행위에 의거한 배상의무, 피용자의 가해행위에 대한 피용자 자신의 배상의무(민법 제750조)와 사용자 또는 감독의무자의 배상의무(민법 제756조), 책임무능력자의 가해행위에 대한 법정감독의무자의 배상의무와 대리감독자의 배상의무(민법 제755조), 동물의 가해행위에 대한 점유자의 배상의무와 보관자의 배상의무(민법 제759조), 법인의 불법행위에 의한 배상책임과 대표자 개인의 배상책임(민법 제35조) 등이 그 주요한 예입니다.

공동불법행위에 관해서는 민법은 이를 연대채무라고 명언하고 있으나(민법 제760조), 1인에 관하여 생긴 사유의 절대적 효력에 관한 민법의 규정을 적용하는 점에 대해서는 의문이 많습니다. 따라서 최근에 이르러 이것을 부진정연대채무라고 해석해야 한다는 설이 유력하게 대두되고 있습니다. 또, 병존적 채무인수에 대한 인수인과 종래의 채무자의 관계는 부진정연대채무라고 하는 설이 최근 유력해지고 있습니다.

3. 효 력

이상의 사례의 경우에도 채무자 중 1인이 변제하면 채권자는 만족할 수 있기 때문에 다른 채무자도 그 채무를 면합니다. 그러나 채무자의 1인에 관해 생긴 사유는 다른 채무자에게 영향을 미치지 않습니다. 예컨대 피용자에 대한 손해배상청구권이 소멸시효에 걸리더라도 사용자의 책임에는 영향이 없습니다.

부진정연대채무에 있어서도 변제한 채무자가 다른 채무자에 대하여 구상권을 행사할 수 있는 경우가 적지 않습니다. 그러나 그것은 부진정연대채무자 사이에 존재하는 특별한 법률관계(고용·위탁 기타) 또는 각자의 채무가 가진 특별한 성질(예컨대 보험회사의 채무)에 기하여 발생한 것으로서, 부진정연대채무를 부담하는 것 자체를 이유로 한 것은 아닙니다. 따라서 이 구상권에 관해서는 연대채무자간의 구상권에 대한 규정(민법 제425조 내지 제427조)을 적용해서는 안됩니다.

제7절 보증채무

1. 의의 및 성질

(1) 보증채무는 주된 채무와 동일한 내용의 급부를 목적으로 하는 종된 채무로서, 주된 채무가 이행되지 않는 경우에 있어서 그 이행의 책임을 지고 그럼으로써 주된 채무를 담보하는 것입니다. 민법은 그 법적 구

성에 관해서는 보증채무를 다수당사자 채권관계의 하나로 받아들이고 있으나, 그 기능은 오로지 채권의 담보이며 가장 전형적인 인적 담보의 설정으로서 주된 채무의 이행으로 실현되어야 할 채권의 가치를 별개의 채무에 의해 외부에서 보장하는 작용을 합니다.

(2) 보증채무의 법률적 성질에 관해서는 오래전부터 다툼이 있었던 바이나, 민법에서는 일반적으로 다음과 같이 해석하고 있습니다.

첫째, 보증인은 주된 채무자의 채무(주된 채무)와 별개의 채무(보증채무)를 부담합니다. 이것을 보증채무의 독립성이라고 합니다. 주된 채무는 민사채무, 보증채무는 상사채무이기 때문에 소멸시효의 기간이 다른 것도 있을 수 있고, 보증채무에 대해 재차 보증하는 것(부보증)도 있을 수 있습니다.

둘째, 보증채무는 주된 채무와 동일한 내용을 가집니다. 따라서 주된 채무는 대체적 급부를 내용으로 하는 것이 보통입니다. 그러나 특정물을 급부하는 채무와 같이 보통으로는 주된 채무자만이 실현할 수 있는 것이라 하더라도 다른 자도 실현할 가능성이 있는 것이면 그것에 대해 보통의 보증의 성립을 인정하여 보증인은 본래의 급부를 실현해야 하나, 그것이 불가능한 경우에는 채무불이행에 의한 손해배상을 해야 할 것입니다.

셋째, 보증채무는 주채무에 부종합니다. 따라서 보증채무는 주채무의 존재를 전제로 하고 주된 채무와 운명을 같이합니다. 따라서 주된 채무가 무효 또는 취소된 경우에는 보증채무도 무효가 되고, 주된 채무가 소멸하면 보증채무도 소멸합니다. 주된 채무가 동일성을 잃지 않고 그 목적·범위·태양에 변경을 일으키면 보증채무도 또한 그에 따라 변경됩니다. 단, 보증채무의 내용을 주된 채무의 내용보다 가중할 수 없고, 또 주된 채무자와 채권자의 계약으로서 주된 채무의 내용을 가중하더라도 보증채무에 영향을 미치지 않습니다. 한편 보증인은 주된 채무자의 항변권을 채용할 수 있습니다. 즉 동시이행의 항변권·주된 채무가 소멸시효에 걸렸을 때의 원용권·상계권·취소권·해제권 등을 행사할 수 있습니다.

넷째, 보증채무는 주된 채무에 대하여 수반성을 가집니다.

다섯째, 보증채무는 보충성을 가집니다. 즉 주된 채무가 이행되지 않는 경우에만 이행됩니다. 주된 채무의 불이행이 보증채무의 청구에 대한 적극적 요건이 되어 있는 것은 아니지만, 보증인에 대한 청구는 최고 및 검색의 항변권에 의해 대항됩니다. 따라서 연대보증에는 이러한 항변권이 없습니다.

2. 보증채무의 성립(보증계약)

(1) 보증채무는 대부분의 경우, 보증인과 채권자 사이의 계약(보증계약)에 의해 성립합니다.

(2) 보증계약이라 함은 보증채무를 성립시키기 위한 계약으로서 주된 채무를 담보하기 위한 채권자와 보증인 사이에 체결되는 諾成·不要式의 계약입니다. 제3자가 채무자에 대하여 보증을 한다는 취지를 약속하더라도 민법상의 이른바 보증채무를 발생시키지 않습니다.

보증인은 보증계약을 체결함에 있어서 채무자의 부탁을 받고 하는 것이 보통이지만 그것이 보증계약의 요건은 아닙니다. 부탁이 무효라 하더라도 보증계약의 효력에는 영향을 미치지 않습니다. 보증계약의 당사자는 채권자와 보증인이기 때문입니다. 따라서 가령 보증인이 계약서에 날인하여 채무자에게 교부하고, 채무자를 통하여 채권자에게 전달한 경우에도 보증인·채무자 사이에서의 보증의 범위제한에 관한 특약은 보증채무의 효력에 영향을 미치지 않습니다. 보증계약서가 채권자에게 제출되기 전에 채무자에 대하여 보증의 의사를 철회하더라도 채권자가 선의로써 증서를 수령한 이상, 철회는 효력을 발생시키지 않습니다. 또 채무자의 사기에 의해 보증인이 된 경우라 하더라도 그것은 제3자의 사기에 그칠 뿐입니다.

보증계약은 채무자의 부탁이 없는 때뿐 아니라, 채무자의 의사에 반하더라도 체결할 수 있습니다. 다만 보증인의 구상권은 부탁의 유무에 따라 그 범위를 달리합니다.

보증인이 될 수 있는 자격에는 원칙적으로 제한이 없습니다. 다만 채무자가 보증인을 세울 의무를 부담하는 경우에는 보증인은 능력자이며, 동시에 변제의 자력이 있어야 합니다(민법 제431조 1항). 보증인이 변제자력이 없게 된 때에는 채권자는 그 요건을 갖춘 자로 보증인을 변경할 것을 청구할 수 있습니다(동조 2항). 보증계약 후에 보증인이 능력을 상실해도 계약의 효력에는 영향이 없습니다. 그러나 이것은 채권자 보호의 규정이므로, 채권자가 보증인을 지명한 경우에는 적용되지 않습니다(동조 3항).

(3) 보증계약이 유효하게 성립하기 위해서는 보증될 채무(주채무)가 존재해야 합니다. 보증채무는 주된 채무에 엄격하게 부종하는 것이기 때문입니다. 그러나 주된 채무는 장래의 채무 또는 조건부채무라도 상관없습니다(민법 제428조 2항). 다만 이 경우에는 보증채무도 또한 장래의 채무 또는 조건부채무가 되며 근보증에 대해서도 마찬가지입니다.

주된 채무의 목적은 보증인이 대신하여 급부할 수 있는 것이어야 합니다. 따라서 부대체적 급부 및 일신전속급부를 목적으로 한 채무의 보증은 성립할 수 없습니다. 그러나 이러한 급부를 목적으로 한 채무에 관한 보증이 완전히 무효가 되는 것은 아니다. 다만 주된 채무가 불이행으로 인한 손해배상채무로 변경될 것을 조건으로 한 보증채무에 그치는 것입니다.

주된 채무가 전혀 존재하지 않는 경우에는 보증채무는 무효이고, 또 주된 채무가 취소되면 보증계약도 소급하여 무효가 됩니다. 그러나 취소의 원인 있는 채무를 보증한 자는 보증계약당시 그 취소의 원인을 알고 있었던 이상, 주채무의 불이행 또는 취소가 있는 때에는 주된 채무와 동일한 목적의 독립채무를 부담한 것으로 간주됩니다(민법 제436조).

(4) 보증계약은 당사자간의 강한 신용관계를 기초로 하기 때문에, 그 사이의 구체적인 사정은 보증계약의 내용에 중요한 영향을 미칩니다. 이것은 특히 계속적이며 불확정적인 채무를 보증하는 경우에 현저하게 나타납니다. 거래관행 및 신의칙에 따라 일정한 경우 보증인에게 보증계약의 해지권이 주어진다는 것, 주된 채무가 거래관행과 신의칙에 위반하여 확대된 경우 그 부분에 관하여 보증채무의 효력을 저지하는 것, 또는 신원보증 등의 특수한 보증에 상속성을 부정하는 것 등의 이론은 그 대표적인 예입니다.

3. 보증채무의 효력

(1) 채권자의 보증인에 대한 권리(보증채무의 대외적 효력 Ⅰ)

채권자의 보증인에 대한 권리, 즉 보증채무의 내용은 보증채무의 부종성 및 보증계약에 의해 정해집니다. 민법은 내용에 관한 부종성의 입장에서 보증채무의 목적과 태양이 주된 채무보다 중한 때에는 이것을 주된 채무의 한도로 감축한다는 취지를 규정하고 있습니다(민법 제430조). 그러므로 주된 채무가 조건부인데도 불구하고 보증채무를 무조건으로 한다거나, 주된 채무보다 보증채무의 기한이 빠른 것은 무방합니다.

보증채무는 주채무의 이자·위약금·손해배상 기타 주채무에 종속한 채무를 포함합니다(민법 제429조 1항). 문제는 주된 채무자가 계약해제에 의한 원상회복의무 및 손해배상의무를 부담하는 경우에 보증인도 그 양쪽 의무를 부담하는가 하는 것입니다. 다수설은, 일반적으로 당사자의 보통의 의사는 원칙적으로 계약이 완료할 때까지의 책임을 보증하는 것이고 또 해제에 의한 손해배상의 성질은 본래의 채무의 불이행으로 인한 손해배상청구권이라고 보는 견해에 따르면 보증인이 이것을 보증하는 것은 당연하다고 합니다. 현재의 판례는 다수설의 견해를 취하고 있습니다 (대판 1972. 5. 9 71다1474).

(2) 보증인의 항변권(보증채무의 대외적 효력 Ⅱ)

보증채무는 주된 채무와는 별개의 채무이지만, 주된 채무를 보충하는 것으로서 주된 채무가 이행되지 않는 경우에만 이행됩니다. 따라서 보증인에 대한 청구는 최고 및 검색의 항변권인 일종의 연기적 항변권으로 대항할 수 있습니다. 그러므로 이러한 항변권이 없는 연대채무에 비하여 인적 담보로서의 강도에 있어서 약간 약한 것이며, 이 점에서 또한 이러한 항변권이 없는 특수한 보증 요컨대 연대보증제도가 성립된 근거가 있습니다.

또 보증채무는 주된 채무에 부종합니다. 그러므로 보증인은 주된 채무자가 갖는 항변권을 원용할 수 있습니다. 물론 이것은 타인의 항변권이며, 보증인에게 고유한 항변권은 아니지만 어쨌든 보증인은 보충성에 기한 항변권과 부종성에서 유래한 항변권을 행사할 수 있는 것입니다. 보충성에 의거한 항변권의 하나는 채권자가 보증인에게 청구한 경우, 우선 주된 채무자에게 최고하도록 하는 이른바 최고의 항변권입니다.

최고의 항변을 받은 채권자는 주된 채무자에 대해 최고하지 않는 한 다시 보증인에게 청구하지 못합니다. 그러나 최고는 재판상의 청구일 것을 요하지 않고 재판 외에서도 할 수 있으며, 또 최고의 효과여하를 입증할 필요도 없기 때문에 항변의 효과는 대단히 약한 것입니다. 따라서 최고의 항변권을 독립하여 인정할 실익이 없습니다. 최고의 항변을 받은 채권자가 주된 채무자에게 최고하는 것을 게을리했기 때문에 그 후에 주된 채무자로부터 전부의 변제를 받을 수 없게 된 경우에는, 보증인은 채권자가 즉시 최고를 했더라면 변제를 받았을 한도에서 그 의무를 면하니다(민법 제438조).

보증인은 주된 채무자가 파산한 경우 및 행방불명된 경우, 보증인이 최고의 항변권을 포기한 경우, 보증인이 연대보증인인 경우에는 이 항변권을 갖지 못합니다. 그리고 보증인은 그 최고의 항변권만을 포기할 수 있습니다.

보충성에 의거한 두번째 항변권은 먼저 주된 채무자의 재산에서 집행하게 되는 이른바 검색의 항변권입니다(민법 제437조). 최고의 항변권과 마찬가지로 일종의 연기적 항변권이지만, 보증인에 대한 채권자의 권리에 중대한 제한을 가하는 것이므로 그 실제상의 작용은 대단히 큽니다. 보증인이 이 검색의 항변권을 행사하기 위해서는 주된 채무자에게 변제의 자력이 있다는 것과 집행이 용이하다는 것을 증명해야 합니다.

변제의 자력은 채무액에 비추어 거래상 상당하다고 인정할 수 있는 정도의 자력이면 되고, 반드시 채무금액을 완제할 수 있는 자력일 것을 요하지는 않습니다. 집행이 용이하다는 것은 집행에 대한 특별한 시일·비용을 요하지 않는다는 것이며 구체적으로는 각 경우에 따라 판단해야 합니다. 다만 일반적으로는 채무자의 주소에 있는 재산은 집행이 용이하고, 부동산은 소재지 여하를 불문하고 특별한 사정이 없는 한 집행이 용이하지 않습니다.

보증인은 전술한 바와 같이 주된 채무자가 갖는 항변권을 행사할 수 있습니다. 보증채무는 주된 채무에 종속하는 것이므로 그 범위에서 보증인도 또한 주된 채무의 효력을 제한하는 항변권을 원용하여 스스로의 보증채무를 제한할 수 있다고 하지 않으면 부종성에 위배되는 결과가 되기 때문입니다. 따라서 보증인은 주된 채무자가 가진 동시이행의 항변권을 행사할 수 있음은 물론 주된 채무에 대한 시효의 원용도 할 수 있습니다.

주된 채무자가 시효의 이익을 포기한 경우에도 마찬가지입니다. 또 주된 채무자가 가진 반대채권으로써 상계할 수도 있습니다(민법 제434조). 이 상계권은 보증채무의 부종성에서 당연히 파생되는 것은 아니지만, 보증인의 보호와 법률관계의 간략한 결제를 위해 인정된 것입니다.

(3) 주된 채무자 또는 보증인에 관하여 생긴 사유가 타인에 미치는 효력

주된 채무자에 관하여 생긴 사유는 모두 보증인에게 그 효력을 미칩니다. 보증채무는 주된 채무에 부종하기 때문입니다. 다만 주된 채무의 성립 후에 채권자와 주된 채무자와의 합의로써 변경을 가하게 하는 경우, 주된 채무의 목적 또는 태양을 가볍게 하는 것은 보증인에게 효력을 미치므로 그 책임을 가볍게 하지만, 보증채무를 가중하는 것은 보증인에게 효력을 미치지 않습니다. 이 점에서는 보증채무의 부종성도 제한되는 것입니다. 이에 반하여 보증인에 관해 생긴 사유는 이행 기타 이에 동시할 수 있는 것을 제외하고는 주된 채무자에 대해 효력을 미치지 않습니다.

(4) 보증인의 구상권

자기의 출연으로 주된 채무자를 면책한 보증인은 주된 채무자에 대하여 구상권을 취득합니다. 물론 보증인은 자기의 채무를 변제한 것이지만 주된 채무자에 대한 관계에서는 타인의 채무를 변제한 성질을 갖기 때문입니다. 그러나 구상권의 성질 및 범위는 주된 채무자와 보증인 사이의 관계에 따라 다릅니다. 보증인이 채무자의 부탁을 받고 보증인이 된 경우에는 양자의 관계가 위임관계이므로 구상권은 위임사무처리비용의 상환청구에 해당하고, 또 부탁 없이 보증인이 된 경우에는 사무관리비용의 상환청구로서의 성질을 갖기 때문이다.

민법은 이와 같은 성질의 차이에 의거하여 각각에 관한 특칙을 규정하고 있습니다. 즉 그에 의하면 부탁을 받은 경우의 구상권의 범위는 연대채무의 규정이 준용되므로(민법 제441조 2항, 제425조 2항) 출연액, 면책이 있었던 때 이후의 법정이자 및 피할 수 없었던 비용, 기타의 손해배상 등 수임자의 비용상환청구권의 범위와 거의 일치합니다. 부탁을 받지 않았던 경우에 관해서는, 사무관리의 경우와 마찬가지로 보증인이 된 것이 채무자의 의사에 반하지 않은 때에는 주된 채무자가 보증인의 면책행위시에 받은 이익의 한도에(민법 제444조 1항), 의사에 반한 경우에는 현존하는 이익의 한도에 그칩니다(민법 제444조 2항).

제8절 장래의 채무의 보증

1. 장래 채무의 보증의 유효성

보증채무는 주된 채무의 담보를 목적으로 하는 종된 채무이므로 주된 채무에 부종합니다. 따라서 주된 채무의 존재를 전제하지 않는 보증채무는 있을 수 없고, 주된 채무가 전혀 존재하지 않는 경우의 보증채무는 무효가 됩니다. 그러나 주된 채무가 아직 현존하지 않는다 하더라도 장래에 성립할 가능성이 있으면 이러한 장래의 특정채무를 담보하기 위한 보증계약자체를 무효로 할 필요는 없습니다. 보증채무의 부종성이 설사 불확정한 것이라 하더라도 담보목적이 존재하는 한 보증계약자체까지도 부정하는 것은 아니기 때문이고, 또한 그것이 거래계의 요청에 부합하는 것이기 때문입니다.

2. 근보증(根保證)과의 차이

장래 채무의 보증은 장래 발생할 특정채권을 담보하는 것으로서, 계속적 거래관계에서 생긴 일단의 채권을 일정한 결산기에서 보증하는 근보증과는 성질을 달리하지만 양자를 일괄하여 논하는 일도 많습니다. 모두 주된 채무의 현존을 필요로 하지 않기 때문입니다. 조건부채무의 보증도 장래의 채무의 보증과 마찬가지로 취급되고 있습니다.

제9절 손해담보계약

1. 의 의

손해담보계약이란 계약의 일방 당사자가 타방의 당사자에 대하여 일정한 사항에 관한 위험을 인수하고, 그로부터 생기는 손해를 전보하는 것을 목적으로 하는 계약입니다. 이와 같은 경우 손해담보계약은 그 효용에 있어서 보증채무와 유사한 점을 가지고 있으나 그 성질은 전혀 다릅니다. 이것은 보증에 있어서는 주된 채무의 보충적 의미에서 담보책임을 지는 것이지만 손해담보계약에 있어서는 주된 채무에 해당하는 것이 없고, 담보책임은 완전히 독립하고 있기 때문입니다.

2. 신원인수계약

일정한 채권관계에 있는 구체적 당사자가 있는 경우, 제3자가 그 채권자에 대하여 그 채무관계에서 생길 일절의 손해를 담보한다는 손해담보계약에 있어서는 주된 채무자에 대비될 채무자가 존재할 수 있는 것이므로 성질상 보증채무와 전혀 다른 것이면서도 실제상 커다란 유사점을 가지고 있습니다. 예컨대 고용계약에서 그에 동반하는 신원보증인의 채무내용은 피용자의 그것(일정한 노무를 제공하는 것)과 동일한 것은 아니므로 통상의 보증이 아닙니다. 그러나 그 내용이 고용계약에 관련하여 (계약의 내용에 좋은 일을 하지 않는 경우, 고용주의 소유물을 훼손하는 경우, 소비해서는 안될 금전을 써버리는 경우 등) 피용자가 부담해야 할 손해배상채무를 부담함에 그칠 때에는 일종의 정지조건부 보증계약으로서 보증의 일종을 구성할 것입니다(협의의 신원보증계약).

이에 반하여 그 내용이 피용자로서 배상의무를 부담하는가의 여부에 관계없이, 고용주가 받을 일절의 손해(예컨대 피용자의 질병 등으로부터 생기는 손해까지도 포함)를 담보하는 것이면 보증 아닌 손해담보계약에 속하는 것이다. 이 경우는 주된 채무가 없기 때문입니다. 그리하여 학자들은 이것을 신원인수계약이라 하여(협의), 신원보증계약과 구별합니다.

3. 내 용 (효력)

이상과 같이 손해담보계약은 완전히 독립적인 손해전보의무를 발생시키는 것이므로, 가령 주된 채무와 유사한 채무가 있다고 하더라도 그 사이에 부종적 관계는 없습니다. 최고·검색의 항변권도 물론 존재하지 않습니다. 손해담보계약은 불요식·무상·편무계약이지만, 담보자는 피담보자의 출연 혹은 반대급부를 대가로 하여 손해전보의무를 부담하는 것도 물론 가능합니다. 이러한 의미에서 손해담보계약도 일종의 담보계약을 구성한다고 할 수 있을 것입니다.

담보자가 어떠한 손해를 담보하는가는 물론 당사자의 합의로써 정해지지만, 불가항력에 의해 발생할 손해를 담보하는 계약도 유효합니다. 그러나 피담보자의 고의·과실에 의한 손해가 있는 경우, 담보책임을 발생시킬 것인가에 관해서는 문제가 있습니다.

4. 보증계약과의 구별

손해담보계약과 보증계약과의 근본적인 차이는 전자에는 부종성이 없다는 점입니다. 실제의 경우에 어느 쪽의 계약이 성립하는가는 해석상의 문제이나, 민법 제436조는 이 점이 일종의 추정규정임과 동시에 여기에서 성립하는 채무부담은 일종의 손해담보계약에 의거한 것이라고 합니다. 즉 취소의 원인 있는 채무를 보증한 자가 보증계약당시 그 취소원인을 알고 있었던 경우에 주채무의 불이행 또는 취소가 있는 때에는 주채무와 동일한 목적의 독립채무를 부담한 것으로 간주되는 것입니다.

제10절 근보증

1. 근보증의 의의와 종류

근보증이란 계속적인 계약관계에서 발생하는 불확정적 채무를 담보하는 것을 목적으로 하는 보증입니다. 근보증으로는 세가지 종류를 생각할 수 있습니다. 첫째 당좌대월계약·어음할인계약·계속적 공급계약에서 발생하는 채무의 보증 요컨대 신용보증, 둘째 임대차계약에 의한 임차인의 채무보증, 셋째 고용계약에 의한 피용자의 채무보증 요컨대 신원보증이 그것입니다.

학설·판례는 신원보증과 신용보증에 관해서 특히 현저한 발전을 보였으며, 신원보증에 대해서는 특별법이 제정되었습니다. 여기서는 신용보증과 임대차계약에 의한 임차인의 채무보증에 대하여 기술하고자 합니다.

2. 신용보증

신용보증은 근보증의 대표적인 예입니다. 신용보증계약에서는 주된 채무의 범위를 확정할 수 있는 약간의 기준이 나타나 있으면 충분하며, 그 기준은 근저당에 있어서보다 여유가 있어도 무방합니다. 즉 보증할 금액을 정하는 것도 성립요건은 아닙니다. 저당권에서는 물적 담보가치의 배타적 파악을 위해 이 요건을 필요로 하지만, 보증은 배타성이 없기 때문에 이 요건을 필요로 하지 않고 다만 보증인의 책임이 부당하게 과대해지는 경우의 폐해를 제거하기 위해 계약내용에 합리적 제한을 가하여 보증채무의 범위를 경우에 따라 적당하게 하면 충분하다고 할 것입니다. 그리고 채무의 확정기준에 구체적으로 없는 부분은 거래관행과 당사자의 거래상태가 고려되나 특히 당좌대월계약 등의 은행거래인 경우에는 거의 일정한 내용을 가지고 있다고 하겠습니다.

보증할 거래관계에 관한 기간이 보증계약으로 정해진 때에는 채권자와 주된 채무자사이의 계약에서 기간이 연장되더라도, 연장기간 중에 발생한 채무에 대해서는 보증인의 책임은 없습니다. 이에 반해 보증할 거래관계에 대한 기간이 보증계약에서 정해져 있지 않은 때에는 보증인은 보증계약체결 후 상당기간경과 후에 보증계약을 고지할 수 있고, 상당기간을 경과하지 않더라도 채무자의 자산상태가 급격히 악화하거나 채무자의 지위나 채무자에 대한 신뢰관계에 중대한 변화가 일어나는 등 계약시에 예측할 수 없었던 특별한 사정이 발생하면 즉시 고지할 수가 있습니다.

보증할 금액의 한도가 정해져 있는 때에는 최초금원의 수수에 의해 생긴 것인가, 최초수된 금원은 이미 변제되고 그 후의 수수에 의해 생긴 것인가를 불문하고 한도 내의 채무가 존재하는 이상 보증인에게 책임이 있습니다. 보증할 금액이 정해져 있지 않은 경우에는 보증인의 책임은 무한하다고 해석할 수는 없으므로 계약성립시의 사정과 거래의 실상 등에 따라 상당하다고 인정할 수 있는 범위에 한정된다고 해석해야 할 것입니다.

신용보증계약은 원칙적으로 상속성이 없습니다. 즉 보증의 한도액과 기간에 관한 정함이 없는 경우에는 상속인은 상속 후에 생긴 채무에 대한 보증책임을 부담하지 않습니다.

3. 임대차계약에 의한 임차인의 채무의 보증

이러한 보증도 장래에 계속하여 생길 채무의 보증인 점은 신용보증과 동일하지만, 채무액은 거의 일정한 금액이 누적되어 갈 뿐이므로 보증인이 예측할 수 없는 사정의 변경이 거의 없다는 점에서 다릅니다. 여기에서 학설·판례는 신용보증의 경우와 약간 다른 이론전개를 보입니다. 보증기간과 금액의 정함이 없더라도 보증계약은 유효하게 성립합니다. 임대차의 보증인이 경신전의 채무에 대한 책임을 면할 수 없는 것은 재론의 여지가 없지만, 경신후에 관해서는 보증인의 승낙이 없는 한 보증인은 책임을 부담하지 않습니다. 보증인에 상의하지 않고 임료를 인상한 경우 인상후의 임료에 대해서도 보증인은 원칙적으로 책임을 부담한다고 해석해야 할 것입니다.

보증인의 해지(고지)에 관해서는 상당기간 경과후에 고지권을 발생케 하는 원칙은 인정되지 않지만 특별한 사정이 있는 경우, 다시 말해서 임차인이 여러번 임료지불을 태만히 했음에도 불구하고 보증인에게 통지하지 않고, 장래 지불할 가망이 없는데도 해제도 하지 않고 방치해 둠으로써 일시에 다액의 임료를 청구할 우려가 있는 때에는 보증인은 해지할 수 있습니다. 신원보증과 같이 인적 신뢰관계를 기초로 하여 광범한 범위에서 책임을 부담하는 것이 아니라는 이유에 의한 것이지만, 신원보증이나 신용보증의 경우의 이론으로 일관할 수 없는 난점도 있다 할 것입니다.

제11절 공동보증

1. 의 의

공동보증이라 함은 동일한 주된 채무에 관해 수인이 보증채무를 부담하는 것을 말합니다. 수인이 1개의 계약으로 인해 보증인이 되는 경우도 있고, 각각 별개의 계약으로 보증인이 되는 경우도 있습니다. 공동보증은 원칙적으로 보증채무에 관한 규정의 적용을 받지만, 대외관계에 대한 분별의 이익과 대내관계에 대한 구상권에 있어서는 특수한 효력이 있습니다.

2. 분별의 이익

대외관계에 있어서 공동보증인은 원칙적으로 분별의 이익을 가집니다. 즉 공동보증인은 채권자에 대한 관계에 있어서는 주된 채무를 원칙으로 하고 평등의 비율로써 분할한 그 일부에 관해서만 보증채무를 부담합니다(민법 제408조, 제439조). 일정한 경우에는 예외적으로 공동보증인이 분별의 이익을 갖지 않는 경우가 있습니다(민법 제448조 2항). 첫째, 주된 채무가 불가분급부를 목적으로 하는 경우 둘째, 보증인사이에 연대의 특약이 있는, 이른바 보증연대로서 각자 전액변제의 책임을 부담하는 경우 셋째, 공동보증인 각자가 주된 채무자와 연대하여 보증채무까지도 부담하는 이른바 연대보증의 경우입니다.

3. 구상관계

공동보증인이 분별의 이익을 가지는 경우, 각 공동보증인은 자기가 부담하는 분할보증채무액에 관해서만 변제하면 충분하고, 또 그것을 변제하더라도 주된 채무자에 대해서만 구상권을 취득하며 다른 보증인에 대한 구상관계는 발생하지 않습니다. 단, 보증인의 1인이 이러한 이익을 가지고 있음에도 불구하고 부담부분을 넘는 액을 변제한 경우에는 당연히 주된 채무자에게 구상할 수 있지만, 민법은 이 초과부분에 대해 다른 보증인에 대해서도 부탁없는 보증인의 규정에 준하여 구상할 수 있는 것으로 규정하였습니다(민법 제448조 1항). 이 변제가 다른 보증인에 대해서도 책임을 면하게 하여 사무관리의 관계를 발생시키므로 그 범위내에서는 부탁 없는 보증인의 변제와 유사하기 때문입니다.

공동보증인이 분별의 이익을 갖지 않는 경우, 각 공동보증인은 전액변제의 의무를 부담합니다. 따라서 1인의 보증인이 전액 또는 자기의 부담부분을 넘는 액을 변제한 때에는 주된 채무자에 대해 보증인으로서의 구상권을 갖는 것은 당연하나, 민법은 다시 다른 공동보증인에 대해서도 연대채무의 규정에 준용하여 구상할 수 있는 것으로 규정했습니다(민법 제448조 2항). 이러한 공동보증인은 채권자에 대한 관계에 있어서는 전액변제의 의무를 부담하며, 그 변제는 다른 보증인을 위하여 하는 변제는 아니지만 이와 같은 관계가 일종의 연대채무관계를 형성하기 때문입니다. 따라서 이 경우에 있어서의 공동보증인의 구상관계는 각각이 보증채무이고, 주된 채무자에 대하여 구상할 수 있는 점을 제외하면 연대채무자 상호간의 관계와 대단히 유사합니다. 다만 주의할 것은, 연대채무에 있어서는 판례 및 통설이 구상권을 성립시키기 위한 요건으로서 부담부분을 넘는 변제를 요건으로 하고 있지 않은 것에 대하여, 공동보증의 경우에는 부담부분을 넘는 변제가 명문으로 규정되어 있다는 점입니다. 공동보증인은 분별의 이익을 갖지 않는 경우에도 내부관계에 있어서는 분할된 일정액의 보증채무를 부담하는 것으로 볼 수 있고, 연대채무와 같은 밀접한 공동관계는 없기 때문입니다.

이상과 같은 경우, 변제를 한 공동보증인은 주된 채무자에 대한 구상권과 다른 공동보증인에 대한 구상권을 모두 갖추고 있는 것이지만, 양 구상권의 관계는 이른바 선택적 채권관계는 아닙니다. 즉, 당해보증인은 주된 채무자에 대하여 구상의 소를 제기하여 승소판결이 확정되어도 현실의 변제를 받기까지는 다른 보증인에 대한 구상권을 상실하게 되는 것이 아니므로 일종의 부진정연대의 관계라고 할 수 있습니다.

제12절 연대보증

1. 연대보증의 의의와 성질

연대보증은 보증인이 주된 채무자와 연대하여 채무를 부담하는 특수한 보증입니다. 보통의 보증과 다른 점을 추려내면 연대보증의 성질은 명확해집니다.

첫째, 연대보증은 보통의 보증이 가지고 있는 보충성(구체적으로는 최고의 항변권·검색의 항변권)이 없습니다.

둘째, 연대보증인에 관해서 생긴 사유가 주된 채무자에 대하여 가지는 효력은 보통의 보증채무와 같습니다. 그러나 연대보증도 보증채무의 일종임에 틀림없기 때문에 보증채무의 기본적 성질인 부종성이 있는 것은 당연합니다. 이 점에서는 연대보증과 연대채무가 다른 것입니다. 그러므로 주된 채무자와 채권자 사이의 법률관계의 무효 또는 취소로써 주된 채무가 효력을 발생하지 않게 된 때에는 연대보증도 성립하지 않습니다. 그밖에 내용·소멸상의 부종성도 다르지 않습니다.

끝으로 연대보증인이 수인인 경우에 이른바 분별의 이익을 인정하지 않는 점도 보통의 보증과 다릅니다.

2. 연대보증의 성립

연대보증이 성립하기 위해서는 보증계약에서 연대의 특약을 해야 합니다. 어떤 계약이 보통의 보증계약인가 연대보증계약인가, 혹은 연대채무를 성립시키는 계약인가는 계약당사자의 의사해석의 문제이고, 반드시 증서상의 문언을 절대적인 것으로 해석해야 하는 것은 아닙니다.

3. 연대보증의 효력

이것은 다수당사자의 채권관계의 통례에 따라 다음의 세 측면에서 검토할 수 있습니다. 그러나 그 중에서 대외적 효력은 연대보증인에게 최고·검색의 항변권이 없는 점에 주의하면 충분하고, 주된 채무자에 대한 구상관계는 보통의 보증과 다르지 않습니다. 주된 채무자 또는 연대보증인에 관해 생긴 사유의 효력은 보통의 보증채무와 같습니다.

제13절 신원보증

1. 의 의

신원보증이라 함은 노무자가 고용계약상의 손해배상채무(채무불이행에 의한 것 뿐만 아니라 노무급부에 관련한 불법행위에 의한 것도 포함)를 부담하는 경우에 이것을 보증하는 것을 말합니다. 넓은 의미에서는 노무자가 질병으로 노무에 종사할 수 없는 경우에 그 신원을 인수하는 책임을 부담하는 채무까지도 포함하여 사용되는 일이 있으나, 이것은 정확하게 말하면 일종의 손해담보계약으로, 신원보증과는 구별해야 하는 것입니다(이것은 신원인수라고 하는 것이 정확하지만 실제에서는 구별없이 사용되고 있습니다).

2. 요 건

신원보증은 신원보증계약에 의해 성립하나, 그 계약의 내용은 일반적으로 보증하는 책임의 범위가 극히 넓고 기한의 정함이 없기 때문에 신원보증인이 괴로움을 당하는 일이 많았습니다. 신원보증인의 책임을 완화하기 위해 우리나라는 법률 제449호로 신원보증법(1957.10.5)을 제정하여 시행하고 있습니다.

3. 신원보증계약의 기간

기간을 정하지 않은 신원보증계약은 원칙적으로 그 성립일로부터 3년간 효력을 가집니다(身保法 제2조). 단, 기능습득자의 신원보증계약은 5년입니다(신보법 제2조 단서).

기간을 정하고 있는 경우에도 5년을 넘지 못하며 이보다 긴 기간을 정한 때에는 5년으로 단축됩니다(신보법 제3조 1항). 신원보증계약은 경신할 수 있으나, 경신시로부터 5년을 초과할 수 없습니다(신보법 제3조 2항).

4. 신원보증인의 책임의 범위

신원보증인의 책임의 범위는 피용자(노무자)의 행위에 의해 사용자가 받은 손해입니다. 물론 이 손해는 피용자의 귀책사유로 인해 발생한 것에 한정됩니다. 피용자의 행위는 직접·간접으로 노무에 관련한 것에 한하며, 그 노무는 고용계약에서 합리적으로 예상되는 종류의 노무이어야 합니다.

사용자와 피용자 사이에 위약금 또는 손해배상의 예정의 특약이 있다 하더라도 신원보증인에게는 그 효력이 미치지 않는다고 해석됩니다. 한편 이미 고용관계에 있는 피용자를 위해 신원보증을 하는 자는 특별한 사정이 없는 한, 그 때까지 발생한 피용자의 배상책임에 관해서는 책임을 부담하지 않는다고 해석해야 합니다.

5. 사용자의 통지의무

사용자는 ① 피용자가 업무상 부적임이거나 불성실한 事跡이 있어 이로 말미암아 신원보증인의 책임을 야기할 염려가 있음을 안 때와, ② 피용자의 임무 또는 임지를 변경함으로써 신원보증인의 책임을 가중하거나 또는 그 감독이 곤란하게 될 때에는 지체없이 이를 신원보증인에게 통지해야 합니다(신보법 제4조).

사용자가 이 통지의무를 게을리 한 경우의 효과에 관해서 판례는 "사용자가 신원보증인에 대한 통지의무를 이행하지 않았다 하여 그 신원보증계약이 당연히 실효되거나 신원보증인의 책임이 면제되는 것은 아니다"(대판 1962. 5. 27 68다2482)고 하였습니다. 통지의 해태로 신원보증인이 계약을 해지할 수 있는 기회를 빼앗겼다고 볼 수 있는 경우에만 배상책임이 부정된다고 합니다(대판 1971. 3. 31 71다122, 대판 1974. 6. 11 73다42, 대판 1976. 6. 8 75다1682). 판례는 또 통지의무의 발생시기에 관해 "신원보증법 제4조의 통지의무는 피용자(신원본인)에게 업무상 부적임 또는 불성실한 사적이 있다는 사실만으로는 발생하지 않고 그와 같은 불성실한 사적이 있어 신원보증인의 책임을 야기할 염려가 있음을 사용자가 안 때에 비로소 발생한다"(대판 1963. 3. 28)고 하였습니다.

6. 신원보증인의 계약해지권

신원보증인은 ① 신원보증법 제4조의 통지를 받았거나 스스로 통지사유가 되는 사실이 있음을 안 때, ② 피용자의 고의과실이 있는 행위로 발생한 손해를 배상한 때에는 신원보증계약을 해지할 수 있습니다(신보법 제5조). 그러나 이러한 해지권의 행사로 신원보증인의 손해배상책임이 당연히 면제되는 것은 아닙니다(대판 1962. 11. 15). 신원보증인이 사용자로부터 피용자의 부적임 사실의 통지를 받았더라면 그 보증계약을 해지했을 것이란 특수한 사정이 있는 때에는 신원보증인에게 배상책임을 물을 수 없습니다(대판 1966. 3. 22).

7. 신원보증인의 책임의 내용

신원보증인의 손해배상책임의 유무 및 금액은 법원이 일절의 사정을 참작해 결정합니다(신보법 제6조). 현실적으로 발생한 배상채무가 상속되는 것은 당연하지만 신원보증인으로서의 지위는 원칙적으로 상속되지 않습니다. 현실적으로 일어난 신원보증인의 배상책임에는 보증채무의 규정이 적용됩니다. 다른 담보 또는 담보적 제도와의 관계에서는 다음과 같은 두가지 경우가 문제됩니다.

첫째, 피용자의 신용에 관해 사용자가 보험계약을 체결한 경우의 보험금과의 관계입니다. 이 경우에는 당해 신용보험제도의 피보험이익의 내용 및 보증계약의 내용(보증인은 보험과는 관계없이 보증한다는 의미인가, 보험으로 전보할 수 없는 부분을 보증하는가)을 비교·고려하여 결정하는 수밖에 없습니다.

둘째, 사전에 노무자로부터 사용자에게 금전이나 유가증권을 신원보증금으로서 교부하고 있는 경우의 신원보증금과의 관계입니다. 이 경우에는 각각의 계약에 의해 정하는 것이지만, 일반적으로 먼저 신원보증금으로써 충당하고, 그래도 부족한 부분에 대해서 신원보증인이 책임을 진다는 의미로 해석해야 합니다.

신원보증계약은 신원보증인의 사망으로 그 효력을 상실합니다(신보법 제7조).

제2편. 채권채무
질의답변

제2편 채권채무 질의 답변

◎ 위약금특약 없는 경우 매매계약해제와 손해배상의 범위

> **【질의】 ➡** 저는 甲으로부터 대지 70평을 5,000만원에 매수하기로 하는 계약을 체결하고 계약금 500만원을 지급하였는데, 甲은 중도금지급기일 이전에 위 대지를 너무 싼값에 계약하였다고 하면서 위 계약을 해제하겠다고 합니다. 계약서에는 위약시 위약금 등에 관한 약정이 전혀 없는데, 이러한 경우 저는 甲으로부터 계약금의 배액을 받을 수 없는지요?

【답변】 ➡ 받을 수 있습니다.

계약금은 ①단순한 계약성립증거인 증약금, ②해제권유보로서의 해약금, ③채무불이행시 교부자는 그것을 몰수당하고, 교부받은 자는 그 배액을 상환하여야 하는 것처럼 손해배상액예정인 위약금(민법 제398조 제4항은 위약금약정은 손해배상예정으로 추정)으로서의 성질을 가지는 경우 등이 있습니다.

그런데 민법은 해약금에 관하여 매매의 당사자일방이 계약당시 금전 기타 물건을 계약금, 보증금 등의 명목으로 상대방에게 교부한 때에는 당사자간에 다른 약정이 없는 한, 당사자일방이 이행에 착수할 때까지 교부자는 계약금을 포기하고, 수령자는 그 배액을 상환하여 매매계약을 해제할 수 있다고 하면서, 이 경우 별도의 손해배상청구권은 발생하지 않도록 규정하고 있습니다(민법 제565조 제1항, 제2항).

여기서 계약시 계약금이 수수되고 계약금교부자가 위약하였을 경우는 계약금을 포기하고 계약금을 교부받은 자가 위약하였을 경우는 그 배액을 상환한다는 특약이 있는 경우와 없는 경우를 비교해볼 필요가 있습니다.

첫째, 특약이 없는 경우에도 계약금은 민법 제565조의 해약금으

로서의 성질은 가지게 되므로(대법원 1994. 8. 23. 선고 93다
46742 판결), 당사자일방이 계약이행에 착수할 때까지 교부자는
계약금을 포기하고, 수령자는 그 배액을 상환하고 계약을 해제할
수 있습니다. 이 경우에 별도의 손해배상청구권은 발생하지 않습
니다. 그러나 당사자 일방이 계약이행에 착수한 후에는 비록 계약
금이 교부되었다고 하더라도 계약금이나 계약금 배액의 지급으로
당연히 계약을 해제할 수 없고(대법원 1994. 11. 11. 선고 94다
17659 판결), 여기에서 말하는 '당사자의 일방'이라는 것은 '매매
쌍방 중 어느 일방'을 지칭하는 것이고 상대방이라 국한하여 해석
할 것이 아니므로, 비록 상대방인 매도인이 매매계약의 이행에는
전혀 착수한 바가 없다 하더라도 매수인이 중도금을 지급하여 이
미 이행에 착수한 이상 매수인은 민법 제565조에 의하여 계약금
을 포기하고 매매계약을 해제할 수 없으며(대법원 2000. 2. 11.
선고 99다62074 판결), 계약내용대로 이행하지 않는 자는 계약내
용대로의 이행을 청구 당하거나, 실제로 발생된 손해배상 및 계약
금반환 등의 원상회복을 청구당하게 되며, 또한 계약금이나 계약
금배액이 당연히 상대방에게 귀속되는 것도 아닙니다.

　판례도 "유상계약을 체결함에 있어서 계약금 등 금원이 수수(授
受)되었다고 하더라도 이를 위약금으로 하기로 하는 특약이 있는
경우에 한하여 민법 제398조 제4항에 의하여 손해배상액의 예정
으로서의 성질을 가진 것으로 볼 수 있을 뿐이고, 그와 같은 특약
이 없는 경우에는 그 계약금 등을 손해배상액의 예정으로 볼 수
없다."라고 하였고(대법원 1996. 6. 14. 선고 95다11429 판결), "
유상계약을 체결함에 있어서 계약금이 수수된 경우 계약금은 해약
금의 성질을 가지고 있어서, 이를 위약금으로 하기로 하는 특약이
없는 이상, 계약이 당사자일방의 귀책사유로 인하여 해제되었다
하더라도 상대방은 계약불이행으로 입은 실제손해만을 배상 받을
수 있을 뿐, 계약금이 위약금으로서 상대방에게 당연히 귀속되는
것은 아니다."라고 하였습니다(대법원 1996. 6. 14. 선고 95다

54693 판결).

둘째, 특약이 있는 경우에는 계약금이 해약금, 손해배상액의 예정인 위약금의 성질을 겸하여 가지게 되므로(대법원 1992. 5. 12. 선고 91다2151 판결), 당사자일방이 계약이행에 착수하기 전에는 위와 마찬가지이지만, 당사자일방이 계약이행에 착수한 후 당사자일방이 계약불이행으로 위약 하였을 경우에도 교부자는 계약금을 포기하고 수령자는 그 배액을 상환함으로써 계약불이행에 대한 책임을 면할 수 있습니다. 따라서 이 경우 계약불이행이 있게 되면 손해배상예정액은 당연히 상대방에게 귀속되고 특약이 없는 한 통상손해는 물론 특별손해까지도 예정액에 포함되며, 손해가 예정액을 초과하여도 그 초과부분을 따로 청구할 수는 없으나(대법원 1993. 4. 23. 선고 92다41719 판결), 손해배상예정액이 부당히 과다한 경우는 법원은 적당히 감액할 수 있습니다(민법 제398조 제2항).

그리고 손해배상액예정은 이행의 청구나 계약의 해제에 영향을 미치지 아니하므로(민법 제398조 제3항), 계약당사자일방의 위약이 있을 경우 상대방은 손해배상예정액을 자기에게 귀속시킴은 물론이고, 그와는 별도로 계약이행청구가 가능할 뿐만 아니라 계약을 해제할 수도 있습니다.

그런데 귀하의 경우에는 계약금을 위약금으로 한다는 특약이 없는 경우이며, 민법 제565조에 의하여 그 계약금을 해약금으로 볼 수 있기 때문에, 甲은 귀하가 계약이행에 착수하기 전까지는 계약금 배액을 상환하고 계약을 해제할 수 있으나, 甲이 계약금만 반환하고 계약을 해제하겠다고 할 경우에는 계약금 배액의 이행제공이 있다고 볼 수 없으므로 계약은 해제되지 않은 상태이며(대법원 1966. 7. 5. 선고 66다736 판결, 1973.1.30. 선고 72다2243 판결), 이 경우 귀하는 계약내용대로의 이행을 청구할 수 있을 뿐만 아니라, 상대방이 계약을 계속 이행하지 않으면 채무불이행책임을 물어 계약해제와 함께 실질적으로 발생된 손해배상을 청구할 수도 있을 것입니다.

◎ 승소판결 받은 채권을 양도받아 강제집행 하는 방법

【질의】 ➡ 저의 형님 甲은 乙을 상대로 대여금반환청구의 소를 제기하여 5,000만원에 대한 승소판결을 받아 확정되었습니다. 그런데 형님 甲이 해외로 이민가게 되어 동생인 저에게 위 채권을 양도하겠다고 하는데, 제가 위 채권을 양도받아 乙의 재산을 강제집행 하려면 어떻게 하여야 되는지요?

【답변】 ➡ 법원에서 승계집행문을 받아야 합니다.

일반적으로 채무자의 재산에 강제집행을 하려면 강제집행의 근거가 되는 이른바 집행권원(확정된 승소판결 등)과 집행권원에 강제집행을 실시하기 위하여 부여한다는 취지가 기재된 집행문 등이 필요합니다.

그런데 귀하의 경우에는 이미 甲명의의 승소판결이 확정되었으므로 판결에 표시된 채권을 양수한 귀하가 집행에 나아가기 위해서는 법원으로부터의 이른바 '승계집행문'을 부여받아야 합니다.

민사집행법 제31조 제1항에 의하면 "집행문은 판결에 표시된 채권자의 승계인을 위하여 내어 주거나 판결에 표시된 채무자의 승계인에 대한 집행을 위하여 내어 줄 수 있다. 다만, 그 승계가 법원에 명백한 사실이거나, 증명서로 승계를 증명한 때에 한한다."라고 규정하고 있습니다.

그러므로 승소한 원고로부터 판결에 표시된 채권을 양수 받은 귀하가 승계인으로서 집행문부여를 신청하는 경우에는 양도증서라든가 계약서 및 채무자인 乙에 대한 대항요건을 증명하는 서면, 즉 채무자인 乙의 승낙서 또는 양도인인 甲이 채무자인 乙에게 통지한 내용증명우편을 법원에 제출하여야 합니다(민법 제450조 제1항).

◎ 은행대출금에 대한 보증채무의 소멸시효기간

【질의】 ➡ 저는 甲이 乙은행으로부터 사업자금을 대출 받을 때 연대보증을 서준 적이 있습니다. 저의 보증채무의 소멸시효와 관련하여 乙은행의 보증채무금청구권의 소멸시효기간은 민법 제162조가 적용되어 10년이 되는지 아니면 상법 제64조가 적용되어 5년이 되는지요?

【답변】 ➡ 5년이 된다고 보여집니다.

상행위로 인한 채권은 상법에 다른 규정이 있는 경우(상법 제121조, 제147조, 제154조, 제167조, 제662조, 제870조) 또는 다른 법령에서 이보다 단기시효규정이 있는 경우(민법 제163조, 제164조)를 제외하고 그 소멸시효기간은 5년입니다(상법 제64조).

위 사안에서 은행의 대출업무는 상법 제46조 제8호에 의한 '기본적 상행위'에 해당되며, 상행위로 인한 채권의 소멸시효에 관하여 판례는"당사자 쌍방에 대하여 모두 상행위가 되는 행위로 인한 채권뿐만 아니라 당사자 일방에 대하여만 상행위에 해당하는 행위로 인한 채권도 상법 제64조 소정의 5년의 소멸시효기간이 적용되는 상사채권에 해당하는 것이고, 그 상행위에는 상법 제46조 각 호에 해당하는 기본적 상행위뿐만 아니라 상인이 영업을 위하여 하는 보조적 상행위도 포함되며, 상인이 영업을 위하여 하는 행위는 상행위로 보되 상인의 행위는 영업을 위하여 하는 것으로 추정되는 것이다."라고 하였습니다(2002. 9. 24. 선고 2002다6760, 6777 판결).

또한 상사시효가 적용되는 채권은 직접 상행위로 인하여 생긴 채권뿐만 아니라 상행위로 인하여 생긴 채무의 불이행에 기하여 성립한 손해배상채권도 포함한다고 하였습니다(대법원 1997. 8. 26. 선고 97다9260 판결, 1979. 11. 13. 선고 79다1453 판결).

따라서 귀하의 보증채무 및 그 지연손해금(지연이자)의 소멸시효기간은 5년이라고 보아야 할 것입니다.

◎ 새마을금고가 상인회원에게 대여한 대출금채권의 소멸시효기간

【질의】 ➡ 甲새마을금고는 회원이면서 상인인 乙에게 3,000만원을 대출해주었습니다. 그런데 乙은 이자 및 대출원금을 변제하지 않고 벌써 5년이 다 되어 갑니다. 이 경우 乙의 채무의 소멸시효기간은 어떻게 되는지요?

【답변】 ➡ 소멸시효기간은 5년입니다.

'상사시효'에 관하여 상법 제64조에 의하면 "상행위로 인한 채권은 본법에 다른 규정이 없는 때에는 5년간 행사하지 아니하면 소멸시효가 완성한다. 그러나 다른 법령에 이보다 단기의 시효의 규정이 있는 때에는 그 규정에 의한다."라고 규정하고 있습니다.

이에 관하여 판례는 "당사자 쌍방에 대하여 모두 상행위가 되는 행위로 인한 채권뿐만 아니라 당사자 일방에 대하여만 상행위에 해당하는 행위로 인한 채권도 상법 제64조 소정의 5년의 소멸시효기간이 적용되는 상사채권에 해당하는 것이고, 그 상행위에는 상법 제46조 각 호에 해당하는 기본적 상행위뿐만 아니라 상인이 영업을 위하여 하는 보조적 상행위도 포함되며, 상인이 영업을 위하여 하는 행위는 상행위로 보되 상인의 행위는 영업을 위하여 하는 것으로 추정되는 것이다."라고 하였습니다(2002. 9. 24. 선고 2002다6760, 6777 판결).

그리고 '기본적 상행위'에 관하여 상법 제46조에서 "영업으로 하는 (1)동산, 부동산, 유가증권 기타의 재산의 매매, (2)동산, 부동산, 유가증권 기타의 재산의 임대차, (3)제조, 가공 또는 수선에 관한 행위, (4)전기, 전파, 가스 또는 물의 공급에 관한 행위, (5)작업 또는 노무의 도급의 인수, (6)출판, 인쇄 또는 촬영에 관한 행위, (7)광고, 통신 또는 정보에 관한 행위, (8)수신·여신·환 기타의 금융거래, (9)객의 집래(集來)를 위한 시설에 의한 거래, (10)상행위의 대리의 인수, (11)중개에 관한 행위, (12)위탁매매 기타의 주선에 관한 행위, (13)운송의 인수, (14)임치(任置)의 인수, (15)신탁의 인수,

(16)상호부금 기타 이와 유사한 행위, (17)보험, (18)광물 또는 토석의 채취에 관한 행위, (19)기계·시설 기타 재산의 물융(物融)에 관한 행위, (20)상호·상표 등의 사용허락에 의한 영업에 관한 행위, (21)영업상 채권의 매입·회수 등에 관한 행위를 상행위라 한다. 그러나 오로지 임금을 받을 목적으로 물건을 제조하거나 노무에 종사하는 자의 행위는 그러하지 아니하다."라고 규정하고 있으며, '보조적 상행위'에 관하여 상법 제47조에 의하면 "①상인이 영업을 위하여 하는 행위는 상행위로 본다. ②상인의 행위는 영업을 위하여 하는 것으로 추정한다."라고 규정하고 있습니다.

그리고 어느 행위가 상법 제46조 소정의 기본적 상행위에 해당하기 위해서는 영업으로 상법 제46조 각호 소정의 행위를 하는 경우이어야 하고, 여기서 영업으로 한다고 함은 영리를 목적으로 동종의 행위를 계속 반복적으로 하는 것을 의미합니다.

그런데 새마을금고가 회원에게 자금을 대출하는 행위가 상행위인지에 관하여 판례를 보면, "새마을금고법의 제반규정에 의하면 새마을금고는 우리나라 고유의 상부상조정신에 입각하여 자금의 조성 및 이용과 회원의 경제적·사회적·문화적 지위의 향상 및 지역사회개발을 통한 건전한 국민정신의 함양과 국가경제발전에 기여함을 목적으로 하는 비영리법인이므로, 새마을금고가 금고의 회원에게 자금을 대출하는 행위는 일반적으로는 영리를 목적으로 하는 행위라고 보기 어렵다."라고 하였습니다(대법원 1998. 7. 10. 선고 98다10793 판결). 따라서 위 사안에서도 甲새마을금고가 일반회원에게 금전을 대출한 경우에 그 채권의 소멸시효기간은 상사시효가 아니므로 10년이 될 것입니다.

그러나 새마을금고가 상인인 회원에게 자금을 대출한 경우 그 대출금채권의 소멸시효에 관하여 위 판례는 "새마을금고가 상인인 회원에게 자금을 대출한 경우 상인의 행위는 특별한 사정이 없는 한 영업을 위하여 하는 것으로 추정되므로, 그 대출금채권은 상사채권으로서 5년의 소멸시효기간이 적용된다."라고 하였습니다.

그러므로 위 사안에서 甲새마을금고에 대한 乙의 채무는 그 소멸시효기간이 5년이라고 하여야 할 것으로 보입니다.

◎ 상사채무를 면책적으로 인수한 경우 그 채무의 소멸시효기간

【질의】 ➡ 甲은 상인인 동생 乙이 영업자금으로 상인이 아닌 丙으로부터 빌린 채무에 대하여 丙의 승낙을 받아 乙은 채무자의 지위를 완전히 벗어나면서 甲이 그 채무를 인수하기로 하였습니다. 그런데 상인 乙이 丙에 대하여 부담하던 채무는 상행위로 인한 채무로서 상사시효의 적용을 받아 그 소멸시효기간이 5년이었는데, 甲은 상인이 아니므로 이러한 경우 甲이 인수한 위 채무의 소멸시효기간은 민법과 상법 중 어떤 법을 적용받게 되는지요?

【답변】 ➡ 상법의 적용을 받게됩니다.

상법 제64조에 의하면 "상행위로 인한 채권은 본법에 다른 규정이 없는 때에는 5년간 행사하지 아니하면 소멸시효가 완성한다.

그러나 다른 법령에 이보다 단기의 시효의 규정이 있는 때에는 그 규정에 의한다."라고 규정하고 있습니다. 그리고 상법 제64조 소정의 상사채권에는 당사자 쌍방에 대하여 모두 상행위가 되는 행위로 인한 채권뿐만 아니라, 당사자 일방에 대하여만 상행위에 해당하는 행위로 인한 채권도 포함되고, 그 상행위에는 상법 제46조 각호에 해당하는 기본적 상행위뿐만 아니라 상인이 영업을 위하여 하는 보조적 상행위도 포함됩니다(대법원 2002. 9. 24. 선고 2002다6760, 6777 판결, 2000. 5. 12. 선고 98다23195 판결).

그러므로 위 사안에서 상인 乙이 상인이 아닌 丙으로부터 금전을 차용한 채무는 당사자 일방에 대하여만 상행위로 인한 채권이지만 상법상 시효규정의 적용을 받게 됩니다.

그러나 상인이 아닌 甲이 상인이 아닌 丙에 대한 상인 乙의 채무를 면책적으로 인수한 경우 그 인수채무에도 상사시효가 적용될 수 있는지 문제됩니다.

그런데 상인이 아닌 개인이 상사시효의 적용을 받는 채무를 면책적으로 인수한 경우에도 그 인수채무의 소멸시효기간은 상사시효의 적용을 받는지에 관하여 판례를 보면, "면책적 채무인수라 함은 채무의 동일성을 유지하면서 이를 종래의 채무자로부터 제3자인 인수인에게 이전하는 것을 목적으로 하는 계약으로서, 채무인수로 인하여 인수인은 종래의 채무자와 지위를 교체하여 새로이 당사자로서 채무관계에 들어서서 종래의 채무자와 동일한 채무를 부담하고 동시에 종래의 채무자는 채무관계에서 탈퇴하여 면책되는 것일 뿐이므로, 인수채무가 원래 5년의 상사시효의 적용을 받던 채무라면 그 후 면책적 채무인수에 따라 그 채무자의 지위가 인수인으로 교체되었다고 하더라도 그 소멸시효의 기간은 여전히 5년의 상사시효의 적용을 받는다 할 것이고, 이는 채무인수행위가 상행위나 보조적 상행위에 해당하지 아니한다고 하여 달리 볼 것이 아니다."라고 하였습니다(대법원 1999. 7. 9. 선고 99다12376 판결).

　그러므로 甲의 丙에 대한 인수채무 역시 상사시효의 적용을 받아 그 소멸시효기간은 5년이 될 것으로 보입니다. 그리고 면책적 채무인수에 있어서 유의할 점은 채무인수와 동시에 소멸시효중단 사유인 채무승인에도 해당되는 것이므로, 그 인수채무의 소멸시효기간은 채무인수일로부터 새로이 진행하게 될 것입니다.

◘ 이자채권의 소멸시효기간

> **【질의】 ➡** 저는 4년 전 甲에게 500만원을 빌려주면서 지급기일은 1년으로 하되 그 이자는 월 2푼으로 하여 매월 말일에 지급 받기로 약정하였습니다. 그러나 甲은 차일피일 미루기만 하면서 약정한 이자는 물론 원금마저 단 한 푼도 갚지 않고 있습니다. 그런데 소멸시효기간이 지나면 청구권을 행사할 수 없다고 하는데 지금이라도 제가 甲에 대하여 원금과 그 동안의 이자를 청구할 수는 있는지요?

【답변】 ➡ 청구할 수 있습니다.

　　귀하가 甲에게 빌려준 원금 500만원의 채권은 이미 지급기일이 지났고, 그 소멸시효기간이 10년이므로 이를 청구할 수 있음은 물론입니다. 그런데 위 사안에서 지급기일을 1년으로 하면서 매월 이자를 정기적으로 받기로 한 귀하의 이자채권은 소멸시효에 관하여 문제될 수 있습니다.

　　이에 관하여 민법 제163조 제1호에서는 '1년 이내의 기간으로 정한 금전채권'은 3년간 행사하지 않으면 소멸한다고 규정하고 있으며, 판례는 민법 제163조 제1호 규정에서 '1년 이내의 기간으로 정한 금전채권'이란 '1년 이내의 기간으로 정기에 지급되는 채권'을 의미하는 것이지, 변제기가 1년 이내의 채권을 말하는 것이 아니므로 변제기가 1년 이내라도 1회의 변제로써 소멸되는 소비대차의 원리금채권은 이에 포함되지 않으며, 또한 이자채권이라고 하더라도 1년 이내의 정기에 지급하기로 한 것이 아닌 이상 위 규정의 3년의 단기소멸시효에 걸리는 것이 아니라고 하였습니다 (대법원 1996. 9. 20. 선고 96다25302 판결, 1965. 2. 16. 선고 64다1731 판결).

　　따라서 귀하의 약정이자채권은 변제기까지 매월 정기적으로 지급 받기로 하였으므로, 3년의 단기소멸시효기간이 적용되어 4년이 지난 현재로서는 이미 이자채권의 소멸시효가 완성되었으므로 청구할 수 없다 할 것입니다.

다만, 변제기 이후의 원금 500만원이 미지급되어 발생하는 지연이자(지연손해금)는 이자가 아니고 위 대여금채무의 이행지체에 따른 손해배상금의 성질이고, 지연이자는 민법 제163조 제1호 소정의 1년 이내의 기간으로 정한 이자에 해당되지 않으므로, 원금이 10년의 경과로 시효소멸하지 않는 한 지연이자채권 역시 독립하여 소멸하지는 않는다 할 것입니다(대법원 1991. 5. 14. 선고 91다7156 판결, 1998. 11. 10. 선고 98다42141 판결).

○ 주채무자에 대한 판결확정시 보증채무의 소멸시효기간 변동여부

【질의】 ➡ 甲은 乙회사가 丙은행으로부터 8,000만원을 빌리는데 丁과 함께 연대보증을 서주었습니다. 그런데 乙회사가 변제기인 1990년 4월 30일이 지나도 채무를 이행하지 않자 丙은행은 1991년 5월 7일 乙회사와 丁을 상대로 제기한 대여금청구소송에서 승소판결을 받아 확정되었습니다. 그런데 丙은행은 위 채무의 일부만을 변제 받은 후, 2001년 4월 16일 乙회사와 甲을 상대로 다시 대여금청구소송을 제기해왔습니다. 이 경우 甲이 연대보증인으로서의 책임을 져야 하는지요?

【답변】 ➡ 책임을 지지 않아도 됩니다.

민법 제165조에 의하면 판결에 의하여 확정된 채권 및 판결과 동일한 효력이 있는 것에 의하여 확정된 채권은 단기의 소멸시효에 해당되는 것이라도 그 소멸시효는 10년으로 한다고 규정하고 있습니다.

그러나 이 규정은 당해 판결 등의 당사자 사이에 한하여 발생하는 효력에 관한 것이므로, 채권자와 주채무자 사이의 채권이 판결 등에 의하여 확정되어 그 소멸시효기간이 10년으로 되었다고 할지라도, 그 판결의 당사자 이외의 연대보증인에 대해서는 위 확정판결 등은 아무런 영향이 없고, 채권자의 연대보증인에 대한 연대보증채권의 소멸시효기간은 여전히 종전의 소멸시효기간에 따른다고 보아야 할 것입니다.

또한, 보증채무가 주채무에 부종(附從)한다고 할지라도 보증채무는 주채무와는 별개의 독립된 채무의 성질이 있고, 민법 제440조가 주채무자에 대한 시효중단은 보증인에 대하여 그 효력이 있다고 규정하고 있으나, 이는 보증채무의 부종성에 기한 것이라기보다는 채권자보호 내지 채권담보의 확보를 위한 특별규정으로서,

이 규정은 주채무자에 대한 시효중단의 사유가 발생하였을 때는 보증인에 대한 별도의 중단조치가 이루어지지 아니하여도 동시에 시효중단의 효력이 생기도록 한 것에 불과하고, 중단된 이후의 시효기간까지가 당연히 보증인에게도 효력이 미친다고 하는 취지는 아닌 것입니다(대법원 1998. 11. 10. 선고 98다42141 판결, 1986. 11. 25. 선고 86다카1569 판결).

따라서 위 사안의 경우 丙은행의 채권은 상사채권으로서 5년의 상사시효가 적용되는 것이므로 丙은행의 최초의 대여금청구소송의 제기로 인하여 소멸시효가 중단되었다고 하더라도 甲의 보증채무는 그 승소판결이 확정된 때로부터 다시 5년의 상사시효기간이 경과한 1996년 5월 7일자로 소멸되었다고 할 것이어서, 丙은행이 甲을 상대로 제기한 위 소송에서는 소멸시효기간의 경과를 들어 책임 없음을 항변하면 될 것으로 보입니다.

참고로 판례는 "보증채무에 대한 소멸시효가 중단되었다고 하더라도 이로써 주채무에 대한 소멸시효가 중단되는 것은 아니고, 주채무가 소멸시효 완성으로 소멸된 경우에는 보증채무도 그 채무 자체의 시효중단에 불구하고 부종성에 따라 당연히 소멸된다."라고 하였습니다(2002. 5. 14. 선고 2000다62476 판결).

◎ 계속적거래로 발생한 외상대금채권의 소멸시효기간 기산점

【질의】 ➡ 저는 甲에게 건축자재를 계속적으로 공급하여 왔으나 甲은 외상대금 700만원을 자기의 건축공사가 적자였다는 이유로 갚지 않고 있습니다. 위 건축자재 판매의 최종거래가 있었던 것은 2년 6개월 전이지만 3년 전에 공급한 건축자재도 있는데, 소송을 제기할 경우 외상대금청구권의 소멸시효기간의 기산점은 어느 시점으로 보아야 하는지요?

【답변】 ➡ 발생일을 기준으로 봅니다.

상법 제64조에 의하면 상행위로 인한 채권은 상법에 다른 규정이 없는 때에는 5년간 행사하지 아니하면 소멸시효가 완성하나 다른 법령에 이보다 단기의 시효의 규정이 있는 때에는 그 규정에 의하도록 규정하고 있고, 민법 제163조 제6호에 의하면 생산자 및 상인이 판매한 생산물 및 상품의 대가에 대한 채권은 3년의 소멸시효에 해당되도록 규정하고 있으며, 민법 제166조 제1항에 의하면 소멸시효는 권리를 행사할 수 있는 때로부터 진행한다고 규정하고 있습니다.

그러므로 상거래관계에서 발생한 물품대금채권은 권리를 행사할 수 있는 때인 채권발생일로부터 3년의 소멸시효가 경과되면 채권이 소멸되어 물품대금청구를 할 수 없게 되는 것입니다. 다만, 위 사안과 같은 계속적 물품공급계약에 기하여 발생한 외상대금채권의 경우에 관하여 판례는 특별한 사정이 없는 한(변제기에 관한 특약이 없는 한) 발생한 때로부터 3년이 경과함으로써 소멸시효가 완성된다고 볼 것이지 거래종료일로부터 기산하여야 한다고 할 수 없다고 하였습니다(대법원 1992. 1. 21. 선고 91다10152 판결, 1978. 3. 28. 선고 77다2463 판결).

따라서 위 사안의 경우에도 甲의 건축공사가 끝난 시점에서 외상대금 모두를 정산하여 지급 받는다는 등의 특약이 없었다면, 3년이 경과된 외상대금채권은 소멸시효기간이 경과된 것으로 보입니다.

◙ 동시이행항변권 있는 토지매매대금청구권의 소멸시효기간의 기산점

【질의】 ➡ 甲은 12년 전 乙에게 토지를 매도하기로 계약을 체결하고 계약금 및 중도금은 받았으나, 乙이 매매잔금을 지급하지 않으므로 위 토지의 소유권을 이전해주지 않고 있다가 잔금지급기일로부터 3년이 지난 후 乙은 甲이 먼저 위 토지의 소유권을 이전해 주면 매매잔금을 지급하겠다고 하여 위 토지의 소유권을 이전해주었으나 乙은 현재까지 매매잔금을 지급하지 않고 있습니다. 그런데 위 매매계약상의 매매잔금지급기일로부터는 10년이 지났지만, 위 토지의 소유권이전등기와 매매잔금의 지급이 동시이행관계에 있다가 위 토지의 소유권을 이전해준 때로부터는 10년이 지나지 않았으므로 지금 甲이 매매잔금의 지급을 청구하여도 소멸시효가 완성되지 않아서 매매잔금을 받을 수 있는지요?

【답변】 ➡ 받을수 없습니다.

민법은 채권의 종류별로 그 소멸시효기간을 각기 달리 규정하고 있으며, 민법 제162조에서 채권은 10년간 행사하지 아니하면 소멸시효가 완성되고, 채권 및 소유권 이외의 재산권은 20년간 행사하지 아니하면 소멸시효가 완성된다고 규정하고 있습니다.

위 사안에서 매매대금청구권은 민법 제162조에 의한 채권으로서 지급기일로부터 10년의 소멸시효기간이 적용됩니다.

판례는 "부동산에 대한 매매대금 채권이 소유권이전등기청구권과 동시이행의 관계에 있다고 할지라도 매도인은 매매대금의 지급기일 이후 언제라도 그 대금의 지급을 청구할 수 있는 것이며, 다만 매수인은 매도인으로부터 그 이전등기에 관한 이행의 제공을 받기까지 그 지급을 거절할 수 있는데 지나지 아니하므로 매매대금 청구권은 그 지급기일 이후 시효의 진행에 걸린다."라고 하였고(대법원 1991. 3. 22. 선고 90다9797 판결), 또한 "점포의 임대차 청약을 하면서 청약금을 지급하고 점포에 입주하여 점유하였으나 임대차계약의 체결이 거절된 경우 점포임대차 청약금반환채권이 점포명도의무와 동시이행 관계에 있다 하더라도 청약금반환의무자는 청약자로부터 점포명도의무의 이행제공을 받을 때까지 청약금의 지급을 거절할 수 있는데 지나지 아니하므로 청약금반환채권은 청약에 대한 거절이 확정된 때 이후부터 소멸시효가 진행한다."라고 하였습니다(대법원 1993.12.14. 선고 93다27314 판결).

따라서 甲의 위 토지매매잔금의 청구권은 잔금지급기일로부터 소멸시효가 진행되는 것이고 위 토지의 소유권을 이전해준 때로부터 소멸시효가 진행되는 것이 아니므로, 10년이 경과되도록 시효중단조치를 취하지 않은 이상 그 매매잔금채권은 소멸시효의 완성으로 권리가 소멸되어 그 매매잔금에 대한 청구권을 행사할 수 없다고 하겠습니다.

✿ 채권자가 채권자대위권에 기하여 소멸시효주장을 할 수 있는지

【질의】 ➡ 저는 甲에 대한 물품대금채권 2,000만원이 있어 甲의 유일한 재산인 토지에 가압류를 한 후 소송을 제기하여 승소확정판결을 받았습니다. 그런데 위 부동산은 제1순위 근저당권자의 경매신청으로 제3자에게 매각되었고, 저는 위 근저당권의 채권액이 소액이어서 제가 제2순위로 배당을 받아 위 물품대금채권을 전부 받을 수 있었습니다. 그러나 甲의 다른 채권자 乙이 물품대금을 원인채권으로 하면서 지급기일로부터 4년이 지난 즉, 소멸시효가 완성된 약속어음공정증서에 기하여 배당요구를 하는 바람에 저와 乙이 안분배당을 받게 되어 저는 채권의 일부에 해당하는 배당금만을 받게 되었습니다. 이와 같이 甲은 乙의 채권이 소멸된 것임에도 소멸시효항변을 하지 않고 있으므로, 채권자인 제가 乙의 채권은 시효로 인하여 소멸되었음을 주장할 방법은 없는지요?

【답변】 ➡ 배당이의의 소를 제기하시면 됩니다.

민법 제404조 제1항에 의하면 "채권자는 자기의 채권을 보전하기 위하여 채무자의 권리를 행사할 수 있다. 그러나 일신(一身)에 전속한 권리는 그러하지 아니하다."라고 규정하고 있습니다. 이와 같이 채권자는 자기의 채권을 보전하기 위하여 채무자의 권리를 행사할 수 있는 바, 이것을 '채권자대위권'이라고 합니다.

이러한 채권자대위권의 행사요건으로는 ①채권자가 자기의 채권을 보전할 필요가 있을 것, ②채무자가 스스로 그의 권리를 행사하지 않을 것, ③채권자의 채권이 이행기에 있을 것 등이 요구되며, 위 요건 중 '채권을 보전할 필요'라 함은 채권자가 채무자의 권리를 행사하지 않으면 자기의 채권이 완전한 만족을 얻지 못하게 될 위험이 있는 것, 즉 채무자의 무자력을 말합니다.

그런데 소멸시효의 주장이 위와 같은 채권자대위권의 목적이 될 것인지에 관하여 판례를 살펴보면, "소멸시효가 완성된 경우 이를 주장할 수 있는 사람은 시효로 인하여 채무가 소멸되는 결과 직접적인 이익을 받는 사람에 한정되므로, 채무자에 대한 일반 채권자는 자기의 채권을 보전하기 위하여 필요한 한도 내에서 채무자를 대위하여 소멸시효주장을 할 수 있을 뿐 채권자의 지위에서 독자적으로 소멸시효의 주장을 할 수 없다."라고 하였습니다(대법원 1998. 12. 8. 선고 97다31472 판결, 1997. 12. 26. 선고 97다22676 판결, 1979. 6. 26. 선고 79다407 판결, 1991. 3. 27. 선고 90다17552 판결, 1995. 7. 11. 선고 95다12446 판결 등).

따라서 귀하의 경우에도 귀하가 甲의 채권자로서 독자적으로 乙의 甲에 대한 위 채권이 시효로 인하여 소멸되었음을 주장할 수는 없을 것이지만, 甲의 무자력이 인정되는 경우라면 귀하의 채권을 보전하기 위하여 필요한 한도 내에서 甲을 대위하여 소멸시효주장을 할 수 있을 것이므로, 배당기일에 이의를 제기한 후 배당이의의 소를 제기하고 그 소송에서 甲을 대위하여 乙의 채권이 시효로 인하여 소멸되었음을 다투어 볼 수 있을 것으로 보입니다.

◎ 시효완성 전에 채무의 일부를 변제시 소멸시효중단효력 있는지

> 【질의】 ➡ 저는 11년 전 5월 甲에게 500만원을 이자 없이 빌려주
> 고 같은 해 12월말일 완제받기로 하였는데, 변제기로부터 3년 된
> 시점에서 300만원은 지급 받았으나 그 후 甲은 행방을 감추고 말
> 았습니다. 그러나 최근 甲의 소재를 우연히 알게 되어 잔액 200
> 만원에 대한 재판을 청구하려고 합니다. 만일, 甲이 저의 채권이
> 민법상 소멸시효기간인 10년이 경과되어 소멸되었음을 주장한다면
> 더 이상 받을 수 없는 것인지요?

【답변】 ➡ 받을 수 있습니다.

민법상 채권은 10년간 행사하지 않으면 소멸시효가 완성되므로, 귀하의 甲에 대한 대여금채권의 소멸시효기간도 10년으로 보아야 할 것입니다(민법 제162조 제1항).

그러나 민법은 소멸시효기간과 함께 소멸시효의 중단사유에 대하여도 규정하고 있는데, 이에는 '채무의 승인(承認)'이 있습니다(민법 제168조 제3호). 이는 소멸시효의 완성 전에 채무자가 자기의 채무를 승인하게 되면 시효가 중단되며, 시효가 중단된 때에는 중단까지에 경과한 소멸시효기간은 이를 산입하지 아니하고 중단사유가 종료한 때로부터 새로이 진행합니다(민법 제178조 제1항).

그런데 위 사안에서와 같이 甲이 변제기일 후 3년이 경과된 시점에서 300만원을 변제한 행위는 채무의 일부변제이며, 채무의 일부변제도 소멸시효중단사유에 해당하느냐 문제됩니다. 이에 관하여 판례는 시효완성 전에 채무의 일부를 변제한 경우에는 그 수액에 관하여 다툼이 없는 한 채무승인으로서의 효력이 있어 시효중단의 효과가 발생한다고 한 바 있으며(대법원 1996. 1. 23. 선고 95다39854 판결), 소멸시효가 중단된 때에는 중단까지에 경과한 시효기간은 이를 산입하지 아니하고 중단사유가 종료된 때로부터 새로이 진행하므로, 특별한 사정이 없는 한, 귀하의 甲에 대한 잔

액 200만원의 대여금채권은 300만원을 변제 받은 때로부터 10년
이 경과되어야 소멸시효가 완성되는 것으로 보아야 할 것입니다.

따라서 귀하는 지금이라도 甲을 상대로 대여금청구소송을 제기
하여 승소한 후 강제집행을 할 수 있을 것으로 보입니다.

◙ 채권자의 회사정리절차참가로 인한 시효중단이 보증채무에도 미치는지

【질의】 ➡ 甲은 乙주식회사에 대하여 물품대금 5,000만원의 채권을 갖고 있으나, 乙주식회사의 회사정리절차가 개시되었으므로 정리채권신고를 하면서 그 절차에 참가하였습니다. 그런데 乙주식회사의 甲에 대한 위 채무에 관하여 연대보증을 한 乙주식회사의 이사 丙이 있고, 위 물품대금채권은 그 변제기로부터 3년이 다 되어갑니다. 회사정리절차참가는 시효중단의 효력이 있다고 하는데, 丙의 보증채무의 소멸시효도 甲의 회사정리절차참가로 중단되는 것인지요?

【답변】 ➡ 그렇습니다.

회사정리법 제5조에 의하면 "정리절차참가는 시효중단의 효력이 있다. 그러나 정리채권자 또는 정리담보권자가 그 신고를 취하하거나 그 신고가 각하된 때에는 그러하지 아니하다."라고 규정하고 있으며, 회사정리법 제240조 제2항에 의하면 "정리계획은 정리채권자 또는 정리담보권자가 회사의 보증인 기타 회사와 함께 채무를 부담하는 자에 대하여 가진 권리와 회사 이외의 자가 정리채권자 또는 정리담보권자를 위하여 제공한 담보에 영향을 미치지 아니한다."라고 규정하고 있습니다.

질의와 같이 채권자의 회사정리절차참가로 인한 시효중단의 효력이 보증채무에도 미치는지에 관하여 판례를 보면, "회사정리법 제240조 제2항에 의하면 정리채권자는 정리계획과 관계없이 보증인에 대하여 언제든지 본래의 채권을 청구할 수 있고, 정리계획에 의하여 정리채권의 수액이나 변제기가 변경되더라도 보증인의 책임범위에는 아무런 영향이 없으나, 시효중단의 보증인에 대한 효력을 규정한 민법 제440조에 의하면 보증채무의 부종성에서 비롯된 당연한 규정이 아니라 채권자의 보호를 위하여 보증채무만이 따로 시효소멸하는 결과를 방지하기 위한 정책적 규정이므로, 회사정리법 제240조 제2항이 회사정리계획의 효력범위에 관하여 보증채무의 부종성을 배제하고 있다 하더라도 회사정리법 제5조가 규정한 정리절차참가로 인한 시효중단의 효력에 관하여 민법 제440조의 적용이 배제되지 아니하고, 따라서 정리절차참가로 인한 시효중단의 효력은 정리회사의 채무를 주채무로 하는 보증채무에도 미치고 그 효력은 정리절차참가라는 권리행사가 지속되는 한 그대로 유지된다."라고 하였습니다(대법원 1998. 11. 10. 선고 98다42141 판결).

그러므로 위 판례의 취지에 의한다면 채권자 甲의 정리절차참가라는 권리행사가 지속되는 한 연대보증인 丙에 대한 보증채권도 소멸시효중단의 효력이 미친다고 보아야 할 것입니다.

◎ 임금채권담보로 받은 어음채권 행사시 임금채권의 소멸시효중 단 여부

【질의】 ➡ 甲은 3년 전 乙로부터 체불임금의 지급확보방법으로 약속 어음을 교부받았으나 乙이 체불임금을 지급하지 않으므로, 1년 전 위 약속어음채권을 피보전권리로 하여 乙의 부동산에 가압류를 해 두었습니다. 그런데 최근에 본안소송을 제기하면서 임금채권으로 우선변제를 받기 위하여 어음금청구를 하지 않고 임금청구의 소를 제기하였습니다. 이 경우 원인채권인 임금채권에 대하여는 3년의 소멸시효기간이 경과되었지만, 약속어음채권을 피보전권리로 乙의 부동산에 가압류해 둠으로써 임금채권의 소멸시효도 중단되었다고 주장할 수는 없는지요?

【답변】 ➡ **주장할 수 있습니다.**

채권자가 동일한 목적을 달성하기 위하여 복수의 채권을 갖고 있는 경우, 어느 하나의 청구권을 행사하는 것이 다른 채권에 대한 소멸시효중단의 효력이 있는지에 관하여 판례를 보면, "채권자가 동일한 목적을 달성하기 위하여 복수의 채권을 갖고 있는 경우, 채권자로서는 그 선택에 따라 권리를 행사할 수 있되, 그 중 어느 하나의 청구를 한 것만으로는 다른 채권 그 자체를 행사한 것으로 볼 수는 없으므로, 특별한 사정이 없는 한 그 다른 채권에 대한 소멸시효중단의 효력은 없는 것이고, 채권자가 채무자를 상대로 공동불법행위자에 대한 구상금청구의 소를 제기하였다고 하여 이로써 채권자의 사무관리로 인한 비용상환청구권의 소멸시효가 중단될 수는 없다."라고 하였습니다(대법원 2001. 3. 23. 선고 2001다6145 판결).

또한, 원인채권의 지급을 확보하기 위한 방법으로 어음이 수수된 경우 원인채권의 행사가 어음채권의 소멸시효를 중단시키는 효력이 있는지에 관하여 판례를 보면, "원인채권의 지급을 확보하기 위한 방법으로 어음이 수수된 경우에 원인채권과 어음채권은 별개로서 채권자는 그 선택에 따라 권리를 행사할 수 있고, 원인채권에 기하여 청구를 한 것만으로는 어음채권 그 자체를 행사한 것으로 볼 수 없어 어음채권의 소멸시효를 중단시키지 못한다."라고 하였습니다(대법원 1999. 6. 11. 선고 99다16378 판결, 1994. 12. 2. 선고 93다59922 판결).

그러나 원인채권의 지급을 확보하기 위한 방법으로 어음이 수수된 경우, 어음채권의 행사가 원인채권의 소멸시효를 중단시키는 효력이 있는지에 관하여는 "원인채권의 지급을 확보하기 위한 방법으로 어음이 수수된 경우, 이러한 어음은 경제적으로 동일한 급부를 위하여 원인채권의 지급수단으로 수수된 것으로서 그 어음채권의 행사는 원인채권을 실현하기 위한 것일 뿐만 아니라, 원인채권의 소멸시효는 어음금청구소송에 있어서 채무자의 인적항변사유에 해당하는 관계로 채권자가 어음채권의 소멸시효를 중단하여 두어도 채무자의 인적항변에 따라 그 권리를 실현할 수 없게 되는 불합리한 결과가 발생하게 되므로, 채권자가 원인채권에 기하여 청구를 한 것이 아니라 어음채권에 기하여 청구를 하는 반대의 경우에는 원인채권의 소멸시효를 중단시키는 효력이 있다고 봄이 상당하고, 이러한 법리는 채권자가 어음채권을 피보전권리로 하여 채무자의 재산을 가압류함으로써 그 권리를 행사한 경우에도 마찬가지로 적용된다."라고 하였습니다(대법원 1999. 6. 11. 선고 99다16378 판결, 2002. 2. 26. 선고 2000다25484 판결).

그러므로 위 사안에서 甲의 임금채권도 그 확보방법으로 수수된 어음채권을 피보전권리로 하여 행하여진 부동산가압류로 인하여 소멸시효가 중단되었다고 볼 수 있을 것입니다.

◎ 소멸시효기간이 경과 후 채무자로부터 새로 받은 지불각서의 효력

【질의】➡ 저는 甲에게 1,000만원을 빌려주면서 이자는 월 2푼, 변제기일은 1년 후로 하는 차용증을 받았으나, 甲은 재산상태가 악화되면서 행방을 감추었습니다. 그런데 10년이 지난 최근에서야 甲의 소재를 알게 되어 甲으로부터 위 금원을 2년 뒤 연말까지 전액 변제하겠다는 지불각서를 새로이 받았는바, 주변에서 소멸시효기간이 경과된 이후에는 위와 같은 지불각서를 받아 두어도 효력이 없다고 하는데, 제가 받은 지불각서가 과연 유효한 것인지요?

【답변】➡ 유효합니다.

　　민법 제162조 제1항에 의하여 귀하의 대여금채권은 변제기일(지급기일)로부터 10년이 지나면 시효로 인하여 소멸될 것이지만, 그 소멸시효의 완성 전 즉, 10년이 지나기 전에 甲으로부터 지불각서를 다시 받았다면 민법 제168조 제3호의 채무승인으로 보아 소멸시효가 중단될 수 있었을 것입니다.

　　그런데 귀하의 경우는 소멸시효기간이 경과된 후 위와 같은 지불각서를 받았으므로 소멸시효의 중단이라는 문제는 발생될 여지가 없는 것이고, 소멸시효가 완성된 후의 시효이익의 포기문제로서 이에 관하여 민법 제184조 제1항에 의하면 "소멸시효의 이익은 미리 포기하지 못한다."라고 규정하고 있으므로 소멸시효완성 후 시효이익의 포기가 가능한지 문제됩니다.

　　관련 판례를 보면 "甲의 乙에 대한 대여금채무의 시효기간이 도과하였으나, 甲이 乙의 甲에 대한 채권을 丙에게 양도한다는 내용의 채권양도서에 입회인으로 서명날인까지 하였다면 甲은 소멸시효완성 후에 乙에 대한 채무를 승인한 것이고, 시효완성 후 채무를 승인한 채무자는 시효완성의 사실을 알고 그 이익을 포기한 것이라 추정할 수 있다."라고 하였으며(대법원 1992.5.22. 선고

92다4796 판결, 대법원 2002. 2. 26. 선고 2000다25484 판결), "
채권의 소멸시효가 완성된 후에 채무자가 그 기한의 유예를 요청
하였다면 그 때에 소멸시효이익을 포기한 것으로 보아야 한다."라
고 하였습니다(대법원 1965. 12. 28. 선고 65다2133 판결).

그러므로 위 사안에서 소멸시효완성 후 채무자 甲의 지불각서
작성 · 교부행위는 시효이익의 포기행위라고 일응 보여지는바, 위
지불각서는 지불각서로서의 효력을 그대로 발휘할 수 있는 유효한
것이라 할 것입니다.

그리고 시효이익을 포기하면 처음부터 시효이익이 생기지 않았
던 것이 되므로, 귀하의 대여금채권은 지불각서 기재의 지불기일
로부터 10년 이내에는 소멸시효로 인하여 소멸되지 않는다고 할
것입니다.

◎ 확정판결로 인한 채권이 10년된 경우 그 소멸시효 연장 방법

【질의】 ➡ 저는 12년 전 甲에게 1,000만원을 빌려주었으나 이를 갚지 않으므로 변제기로부터 2년이 지난 시점에서 甲을 상대로 대여금청구소송을 제기하여 승소확정판결을 받았습니다. 저는 확정판결문으로 강제집행을 하려고 하였으나, 甲소유의 재산이 없어 지금까지 집행하지 못하고 있습니다. 이제는 세월이 흘러 한달 후이면 판결에 의하여 확정된 채권의 소멸시효기간인 10년이 다 되어 가는데 이를 연장할 방법이 있는지요?

【답변】 ➡ 동일한 재판청구를 하면됩니다.

판결에 의한 채권을 그 소멸시효기간인 10년이 가깝도록 강제집행하지 못한 경우에 관하여 판례는 "확정판결에 기한 채권의 소멸시효기간인 10년의 경과가 임박하여서 강제집행의 실시가 현실적으로 어렵게 되었다면 그 이전에 강제집행의 실시가 가능하였는가의 여부에 관계없이 시효중단을 위해 동일한 내용의 재판상청구가 불가피하다고 할 것이므로, 확정판결이 있었다고 하더라도 시효중단을 위한 동일내용의 소는 소의 이익이 있다."라고 하였습니다(대법원 1987. 11. 10. 선고 87다1761 판결).

그러므로 확정판결을 받았으나 그 집행을 하지 못한 채 10년이 경과된 경우에는 그 채권의 소멸시효가 완성되는 것이므로 이와 같이 동일한 내용의 재판상청구를 다시 할 수 있다할 것입니다.

따라서 귀하는 이미 받은 승소판결이 확정된 날로부터 10년이 경과되기 전에 시효중단을 위해 다시 소를 제기하면 될 것입니다.

그렇게 되면 새로운 재판상청구에 의하여 시효중단의 효과가 발생하며(민법 제168조), 그 후 승소판결이 확정되면 그 때부터 다시 새로운 소멸시효기간인 10년이 진행하게 되므로, 귀하는 甲의 재산에 대하여 강제집행 할 수 있는 기간을 10년간 연장 받는 효과를 갖게되는 것입니다.

그리고 위와 같이 확정판결의 시효중단을 위한 새로운 소송의 판결은 종전소송의 승소확정판결의 내용에 저촉되어서는 아니된다고 하였으므로(대법원 1998. 6. 12. 선고 98다1645 판결), 이 새로운 소송에서 귀하가 패소하는 일은 없을 것으로 보입니다.

◎ 채권의 일부만 청구한 경우 채권 전부에 대한 소멸시효중단 여부

【질의】 ➡ 저는 교통사고로 인해 2년 이상 입원치료를 받던 중 변호사를 선임하여 민사소송을 제기하였습니다. 청구금액에 대하여는 소장 제출시 추후 신체감정에 따라 확장할 것임을 명시하면서 위자료조로 1,000만원을 청구하였고, 소송진행 중 신체감정결과를 토대로 청구취지를 확장하여 제1심 판결에서 상당한 금액을 인정받았습니다. 그런데 항소한 상대방측은 느닷없이 확장된 청구취지부분에 대한 소멸시효의 항변을 해 왔는바, 이 경우 상대방측의 주장이 정당한 것인지요?

【답변】 ➡ 정당하지 않은 것으로 보입니다.

민법 제766조에 의하면 불법행위로 인한 손해배상청구권은 피해자나 그 법정대리인이 그 손해 및 가해자를 안 날로부터 3년, 불법행위를 한 날로부터 10년이 지나면 시효로 인하여 소멸한다고 규정하고 있으며, 민법 제168조에 의하면 '청구'를 소멸시효중단사유로 규정하고 있습니다. 그러므로 위 사안과 같이 '일부청구'의 경우에 그 '나머지 부분의 청구'까지 시효중단의 효력이 미치는가가 문제됩니다.

관련 판례를 보면, "청구의 대상으로 삼은 채권 중 일부만을 청구한 경우에도 그 취지로 보아 채권전부에 관하여 판결을 구하는 것으로 해석되는 경우에는 그 동일성의 범위 내에서 그 전부에 관하여 시효중단의 효력이 발생하고, 이러한 법리는 특정 불법행위로 인한 손해배상채권에 대한 지연손해금청구의 경우에도 마찬가지로 적용된다."라고 하였습니다(대법원 2001. 9. 28. 선고 99다72521 판결).

또한 "한 개의 채권 중 일부에 관하여만 판결을 구한다는 취지를 명백히 하여 소송을 제기한 경우에는 소제기에 의한 소멸시효중단의 효력이 그 일부에만 발생하고, 나머지 부분에는 발생하지 아니하지만, 비록 그 중 일부만을 청구한 경우에도 그 취지로 보아 채권전부에 관하여 판결을 구하는 것으로 해석된다면 그 청구액을 소송물인 채권의 전부로 보아야 하고, 이러한 경우에는 그 채권의 동일성의 범위 내에서 그 전부에 관하여 시효중단의 효력이 발생한다고 해석함이 상당하다고 하면서, 신체의 훼손으로 인한 손해의 배상을 청구하는 사건에서는 그 손해액을 확정하기 위하여 통상 법원의 신체감정을 필요로 하기 때문에, 앞으로 그러한 절차를 거친 후 그 결과에 따라 청구금액을 확장하겠다는 뜻을 소장에 객관적으로 명백히 표시한 경우에는 그 소제기에 따른 시효중단의 효력은 소장에 기재된 일부청구액 뿐만 아니라 그 손해배상청구권 전부에 대하여 미친다."라고 하였습니다(대법원 1992. 4. 10. 선고 91다43695 판결, 1992. 12. 8. 선고 92다29924 판결).

따라서 귀하의 경우에도 소장 제출시 추후 신체감정결과에 따라 청구취지를 확장할 것을 명시하였다면 채권전부에 대하여 시효중단의 효력이 발생하므로 상대방의 소멸시효항변은 받아들여지지 않으리라 생각됩니다.

◎ 채권확보수단으로 받은 약속어음공정증서의 소멸시효기간

【질의】 ➡ 저는 甲에게 500만원을 빌려주면서 이자는 월 2푼으로 하여 10개월 후 돈을 받기로 하였으나 甲은 1년이 지나도 위 돈을 갚지 않았습니다. 그래서 저는 위 대금의 확보수단으로서 새로이 액면금 500만원인 약속어음을 공증 받아 두었으나, 그 지급기일인 3개월이 지난 후에도 甲의 재산이 없어서 강제집행을 할 수 없었습니다. 그러던 중 위 약속어음지급기일로부터 3년이 지난 최근에 甲이 아파트를 상속받았다고 하기에 이를 강제집행하려고 합니다. 그런데 위 약속어음공정증서는 그 소멸시효기간이 경과되어 행사할 수 없다고도 하는데 타당한 것인지요?

【답변】 ➡ 약속어음증서는 소멸시효가 경과되었습니다.

약속어음의 경우 발행인에 대한 청구권은 지급기일로부터 3년간 행사하지 않으면 시효로 인하여 소멸합니다(어음법 제77조, 제70조).

그런데 약속어음공정증서는 공증인이 일정한 금액의 지급이나 대체물 또는 유가증권의 일정한 수량의 급여를 목적으로 하는 청구에 관하여 작성한 공정증서로서 채무자가 강제집행을 승낙한 취지가 적혀 있는 것은 일종의 집행권원이 되므로 별도의 재판절차를 거치지 않고 이것을 가지고 곧바로 강제집행을 실시할 수 있습니다(민사집행법 제56조 제4호).

그러나 확정판결이나 재판상화해 등의 경우 그 권리의 소멸시효는 비록 단기의 소멸시효에 해당하는 채권에 관한 것이라도 소멸시효기간이 10년으로 되지만(민법 제165조), 공정증서의 경우에는 확정판결 등과 같이 기판력을 가지는 것은 아닙니다. 판례도 약속어음에 공증이 된 것이라고 하여 이 약속어음이 '판결과 동일한 효력이 있는 것에 의하여 확정된 채권'이라고 할 수 없고, 이 약속어음채권이 민법 제165조 제2항 소정의 채권으로서 10년의 소멸시효에 걸린다고 할 수 없다고 하였습니다(대법원 1992. 4. 14. 선고 92다169 판결).

따라서 공증된 채권의 소멸시효기간은 공정증서의 원인이 되는 채권의 성질에 따라 달라지는 것이고, 약속어음을 공증한 경우 소멸시효기간은 3년으로 보아야 할 것입니다. 그렇다면 위 사안의 경우 약속어음채권의 소멸시효기간은 경과되었다고 할 것입니다.

다만, 위 사안에서 약속어음은 甲에게 빌려준 대여금의 지급확보를 위하여 교부된 것으로 보아야 할 것이어서, 원인채권 즉, 대여금반환청구채권은 어음채권과 병존하게 되고(대법원 2001. 7. 13 선고 2000다57771 판결, 1997. 3. 28. 선고 97다126, 133 판결, 1990. 5. 22. 선고 89다카13322 판결), 그 채권에 대한 소멸시효기간은 아직 경과되지 않았으므로 甲이 상속받은 아파트를 처분하기 전에 속히 가압류 등의 재산보전조치를 취한 후 원인채권인 대여금반환청구의 소를 제기하여 승소한다면 강제집행을 할 수 있을 것으로 보입니다.

◎ 확정된 지급명령을 받은 채권의 소멸시효기간

【질의】➡ 상인 甲은 乙에 대하여 물품대금을 청구하는 지급명령신청을 하여 그 지급명령을 받았으며, 그대로 이의신청기간이 경과되어 위 지급명령은 확정되었습니다. 그러나 현재 乙은 재산이 전혀 없으므로 강제집행은 그의 재산이 생길 때까지 기다려야 할 상태입니다. 이 경우 지급명령이 확정된 채권의 소멸시효기간도 확정판결의 경우와 같이 10년으로 되어 그 동안은 시효의 완성으로 권리가 소멸되는 일은 없겠는지요?

【답변】➡ 없을 것으로 보입니다.

민법 제163조 제6호에 의하면 '생산자 및 상인이 판매한 생산물 및 상품의 대가'의 채권은 3년간 행사하지 아니하면 소멸시효가 완성한다고 규정하고 있습니다. 그러므로 위 사안에서 甲의 乙에 대한 물품대금채권은 그 소멸시효기간이 3년이라 할 것입니다.

그리고 같은 법 제165조에 의하면 "①판결에 의하여 확정된 채권은 단기의 소멸시효에 해당한 것이라도 그 소멸시효는 10년으로 한다. ②파산절차에 의하여 확정된 채권 및 재판상의 화해, 조정 기타 판결과 동일한 효력이 있는 것에 의하여 확정된 채권도 전항과 같다."라고 규정하고 있습니다.

그러므로 확정된 지급명령이 민법 제165조 제2항의 '기타 판결과 동일한 효력이 있는 것'에 해당 될 경우에는 그 소멸시효도 10년으로 된다고 볼 수도 있으나 이에 대하여는 민사소송법의 개정과 관련하여서 약간의 논란이 일고 있습니다.

법률규정의 변천과 관련하여 이를 살펴보면, 구 민사소송법(1990. 1. 13. 법률 제4201호로 개정되기 전의 것) 제445조에 의하면 "가집행선고 있는 지급명령에 대하여 이의신청이 없거나 이의신청을 취하하거나 각하결정이 확정한 때에는 지급명령은 확정판결과 동일한 효력이 있다."라고 규정하여, 종전에는 지급명령이 이의신청과 가집행선고라는 2단계절차를 거쳐야만 확정되도록 하고, 일단 확정되면 이 지급명령에 확정판결과 동일한 효력을 부여하여 집행력은 물론 기판력까지 인정되도록 하였습니다.

그 후 1990년 1월 13일 개정되고 1990년 9월 1일부터 시행된 구 민사소송법(2002. 1. 26. 법률 제6626호로 개정되기 전의 것) 제445조에 의하면 "지급명령에 대하여 이의신청이 없거나 이의신청을 취하하거나 각하결정이 확정된 때에는 지급명령이 확정된다."라고 규정하여 '확정판결과 동일한 효력이 있다.'라는 문언부분이 삭제되고, 구 민사소송법(2002. 1. 26. 법률 제6626호로 개정되기 전의 것) 제521조 제2항에 따라 채무자가 지급명령 확정 전에 생긴 원인을 이유로 하더라도 청구이의의 소송을 제기할 수 있도록 규정하여 확정된 지급명령에 기판력이 인정되지 않았고, 다만, 구 민사소송법(2002. 1. 26. 법률 제6626호로 개정되기 전의 것) 제519조 제3호에서 확정된 지급명령에 의하여도 강제집행은 실시할 수 있다고 규정하여 단순히 집행력만 부여된 집행권원이 되도록 하였습니다. 그러므로 확정된 지급명령이 민법 제165조 제2항의 '기타 판결과 동일한 효력이 있는 것'에 해당되는지 문제되었는데, 이에 관하여 대법원판례는 없지만, 확정된 지급명령은 민법 제165조 제2항의 '기타 판결과 동일한 효력이 있는 것'에 해당되지 않고, 지급명령신청으로 중단된 소멸시효가 지급명령확정시로부터 새로이 진행하되 그 소멸시효기간은 그 채권의 성질에 따라서 결정되어야 한다는 것이 실무상 해석인 것으로 보입니다(이에 따를 때에는 물품대금채권에 대한 지급명령이 확정된 경우 3년 이내에 강제집행을 하여 그 채권을 변제 받지 못하면 소송제기 등으로 시효중단조치를 취하여야 함).

그런데 현행 민사소송법(법률 제6626호) 제474조에 의하면 "지급명령에 대하여 이의신청이 없거나, 이의신청을 취하하거나, 각하결정이 확정된 때에는 지급명령은 확정판결과 같은 효력이 있다."라고 규정하였으므로, 다시 확정된 지급명령은 민법 제165조 제2

항의 '기타 판결과 동일한 효력이 있는 것'에 해당되어 확정된 이
후 10년 이내에는 강제집행이 가능할 것으로 보입니다. 다만, 현
행 민사집행법에 의하더라도 확정된 지급명령에 대한 청구이의의
소는 지급명령확정 전에 생긴 사유를 원인으로 하여 제기할 수 있
도록 규정하고 있습니다(민사집행법 제58조 제3항, 제44조 제2
항).

◎ 농업협동조합이 판매한 사료대금채권의 소멸시효기간

【질의】 ➡ 축산업을 하는 甲은 3년 전 乙단위농협으로부터 가축사료를 외상으로 구입하였으나, 그 사료대금을 변제하지 못하였습니다. 그런데 물품대금채권의 소멸시효기간은 3년이라고 들었는바, 甲의 채무도 소멸시효가 완성된 것은 아닌지요?

【답변】 ➡ 소멸시효는 5년입니다.

상법 제64조에 의하면 상사채권의 소멸시효에 관하여 "상행위로 인한 채권은 본법에 다른 규정이 없는 때에는 5년간 행사하지 아니하면 소멸시효가 완성한다. 그러나 다른 법령에 이보다 단기의 시효의 규정이 있는 때에는 그 규정에 의한다."라고 규정하고 있으며, 민법 제163조 제6호에서는 '생산자 및 상인이 판매한 생산물 및 상품의 대가'로 인한 채권은 3년간 행사하지 아니하면 소멸시효가 완성한다고 규정하고 있습니다.

그러므로 위 사안에서 甲의 乙농협에 대한 물품대금채무도 그 소멸시효기간이 3년에 해당되는지 문제됩니다.

그런데 농업협동조합법 제5조에 의하면 "①조합과 중앙회는 그 업무에 있어서 조합원 또는 회원을 위하여 최대로 봉사하여야 한다. ②조합과 중앙회는 일부 조합원 또는 일부 회원의 이익에 편중되는 업무를 하여서는 아니 된다. ③조합과 중앙회는 영리 또는 투기를 목적으로 하는 업무를 하여서는 아니 된다."라고 규정하고 있습니다.

그리고 농업협동조합이 민법 제163조 제6호 소정의 '상인'에 해당하는지에 관하여 판례를 보면, "농업협동조합법에 의하여 설립된 조합이 영위하는 사업의 목적은 조합원을 위하여 차별 없는 최대의 봉사를 함에 있을 뿐 영리를 목적으로 하는 것이 아니므로, 동 조합이 그 사업의 일환으로 조합원이 생산하는 물자의 판매사업을 한다 하여도 동 조합을 상인이라 할 수는 없고, 따라서 그 물자의 판매대금채권은 3년의 단기소멸시효가 적용되는 민법 제163조 제6호 소정의 '상인이 판매한 상품의 대가'에 해당하지 아니한다."라고 하였으며(대법원 2000. 2. 11. 선고 99다53292 판결), 또한 "농업협동조합법 제5조의 규정에 의하면 농업협동조합중앙회는 그 업무에 있어서 구성원을 위하여 차별 없는 최대의 봉사를 함을 목적으로 하고 일부 구성원의 이익에 편중되는 업무를 하지 못하며 영리적·투기적 업무를 하지 못하도록 규정되어 있으므로 농업협동조합중앙회가 그 사업의 일환으로 한 판매사업이 상행위에 해당된다 하여도 농업협동조합중앙회를 상인이라 할 수 없으니(대법원 1969. 3. 25. 선고 68다1560 판결), 농업협동조합중앙회를 민법 제163조 제6호의 상인 또는 그에 준하는 것이라 할 수 없으며, 이는 국가나 지방자체 등이 상행위를 하였다 하여도 상인으로 보지 아니하는 이치와 마찬가지라 할 것이다."라고 하였습니다(대법원 1977. 2. 22. 선고 76다1865 판결).

따라서 농업협동조합은 민법 제163조 제6호의 상인 또는 그에 준하는 것이라고 할 수 없으므로 乙농협의 甲에 대한 사료대금채권은 '생산자 및 상인이 판매한 생산물 및 상품의 대가'의 채권이라고 할 수 없으므로 3년의 단기소멸시효에 해당되지 않을 것입니다.

그러나 판례는 "당사자 쌍방에 대하여 모두 상행위가 되는 행위로 인한 채권뿐만 아니라, 당사자 일방에 대하여만 상행위에 해당하는 행위로 인한 채권도 상법 제64조에서 정한 5년의 소멸시효기간이 적용되는 상사채권에 해당하는 것이고, 그 상행위에는 상법 제46조 각 호에 해당하는 기본적 상행위뿐만 아니라 상인이 영업을 위하여 하는 보조적 상행위도 포함된다."라고 하였으며(대법원 2000. 5. 12. 선고 98다23195 판결), "축산업협동조합이 양계업을 영위하는 조합원에게 사료를 판매한 행위가 조합원의 구매사업의 하나에 해당한다고 하더라도 상인인 조합원이 영업을 위하여 하는 사료의 구매에 해당하므로 그 상거래행위는 상행위라고 보아야 할 것이고 따라서 그 외상대금채권은 상사채권이다."라고 하였습니다(대법원 1993. 3. 9. 선고 92다44329 판결).

그러므로 위 사안에서도 甲이 영위하는 축산업이 상행위에 해당된다면 甲의 乙농협에 대한 사료대금채무는 그 소멸시효기간이 5년이라고 보아야 할 듯합니다.

참고로 수산업협동조합에 의하여 지정된 중매인이 조합으로부터 수산물을 다른 사람들에게 전매하기 위하여 매수하는 것이 상행위에 해당하는지에 관하여 판례는 "수산업협동조합은 상인이 아니어서 그의 거래행위는 상행위라 할 수 없으나, 수산업협동조합에 의하여 지정된 중매인이 그 협동조합과의 거래약정 등에 따라 그 협동조합으로부터 수산물을 다른 사람들에게 전매하기 위하여 매수하는 것은 상인으로서 한 상행위가 된다."라고 하면서 상법 제46조의 상사시효를 적용한 경우가 있습니다(대법원 2001. 1. 5. 선고 2000다50817 판결).

◎ 10년 전 승소 확정된 소유권이전등기절차이행청구권의 소멸시효기간

【질의】 ➡ 甲은 乙로부터 그 소유 토지를 매수하는 계약을 체결하고 매매대금을 모두 지급하였으나, 乙이 위 토지의 소유권이전등기절차를 이행하지 않으므로 부동산소유권이전등기절차이행청구의 소를 제기하여 승소확정판결을 받았습니다. 그 후 10년이 지난 지금 甲은 위 소유권이전등기절차이행청구의 승소확정판결에 기하여 소유권이전등기를 신청하려고 하는데 가능한지요?

【답변】 ➡ **가능합니다.**

민법 제165조에 의하면 판결에 의하여 확정된 채권은 단기의 소멸시효에 해당하는 것이라도 그 소멸시효는 10년으로 한다고 규정하고 있습니다.

그런데 민법 제165조의 규정은 단기의 소멸시효에 걸리는 것이라도 확정판결을 받은 권리의 소멸시효는 10년으로 한다는 뜻일 뿐, 10년보다 장기의 소멸시효를 10년으로 단축한다는 의미도 아니고, 본래 소멸시효의 대상이 아닌 권리가 확정판결을 받음으로써 10년의 소멸시효에 걸린다는 뜻도 아니라 할 것입니다(대법원 1981. 3. 24. 선고 80다1888, 1889 판결).

그리고 확정 후 10년이 경과한 판결에 의한 소유권이전등기신청 가능여부에 관하여 등기예규는 "소유권이전등기절차의 이행을 명하는 확정판결을 받았다면 그 확정시기가 언제인가에 관계없이 그 판결에 의한 소유권이전등기신청을 할 수 있다."라고 하였는바 (1987. 5. 21. 등기예규 제628호), 이것은 판결로 인하여 부동산소유권을 취득한 것이므로(민법 제187조), 그 이전등기신청은 소유권에 기한 물권적 청구권의 행사방법에 지나지 않는 것으로서 물권적 청구권은 소멸시효의 대상이 아님에 기인한 것으로 해석됩니다(대법원 1982. 7. 27. 선고 80다2968 판결).

따라서 위 사안에서 甲은 부동산소유권이전등기절차이행청구의
확정판결에 기하여 지금이라도 위 토지의 소유권이전등기신청을
해볼 수 있을 것으로 보입니다.

참고로 물권적청구권에 관련된 판례를 보면, "매매계약이 합의
해제된 경우에도 매수인에게 이전되었던 소유권은 당연히 매도인
에게 복귀하는 것이므로, 합의해제에 따른 매도인의 원상회복청구
권은 소유권에 기한 물권적 청구권이라고 할 것이고, 이는 소멸시
효의 대상이 되지 아니한다."라고 하였으며(대법원 1982. 7. 27.
선고 80다2968 판결), "공유물분할청구권은 공유관계에서 수반되
는 형성권이므로 공유관계가 존속하는 한 그 분할청구권만이 독립
하여 시효소멸될 수 없으며, 공유물분할청구소송의 승소확정판결
은 기판력과 집행력이 있는 것이므로 그 '확정판결의 원본이 멸실
되어 강제집행에 필요한 집행문을 받을 수 없는 등 특별한 사정이
없는 한' 그와 동일한 소를 제기할 소의 이익이 없다."라고 하였
습니다(대법원 1981. 3. 24. 선고 80다1888, 1889 판결).

◎ 장기간 입원치료를 받는 경우 그 치료비 채권의 소멸시효 진행 시점

【질의】 ➡ 甲은 밤길을 걷던 중 신원불상자로부터 폭행 당하여 중상을 입고 장기간에 걸쳐 입원치료를 받았습니다. 그런데 甲은 생활이 어려워 위 치료비를 지급하지 못하였고 병원측에서는 甲이 퇴원한 때로부터 3년이 되기 직전에 치료비청구소송을 제기해 왔습니다. 甲은 위 사고로 인하여 노동력을 거의 상실하였고 생활형편이 더욱 어려워 치료비를 지급할 능력이 없는 상태인 바, 이 경우 甲의 치료비 채무의 소멸시효가 완성되지는 않았는지요?

【답변】 ➡ 소멸시효가 완성되지 않았습니다.

　　민법 제163조 제2호에서는 의사, 조산사, 간호사 및 약사의 치료, 근로 및 조제에 관한 채권 3년간 행사하지 아니하면 소멸시효가 완성한다고 규정하고 있으며, 같은 법 제166조에 의하면 "소멸시효는 권리를 행사할 수 있는 때로부터 진행한다."라고 규정하고 있습니다.

　　그런데 위 사안에서와 같이 장기간 입원하여 치료를 받은 경우 '의사의 치료에 관한 채권'에 대한 소멸시효의 기산점을 어느 때부터로 보아야 할 것인지 문제됩니다.

　　이에 관하여 판례를 보면, "민법 제163조 제2호 소정의 '의사의 치료에 관한 채권'에 있어서는, 특약이 없는 한 그 개개의 진료가 종료될 때마다 각각의 당해 진료에 필요한 비용의 이행기가 도래하여 그에 대한 소멸시효가 진행된다고 해석함이 상당하고, 장기간 입원치료를 받은 경우라 하더라도 다른 특약이 없는 한 입원치료 중에 환자에 대하여 치료비를 청구함에 아무런 장애가 없으므로 퇴원시부터 소멸시효가 진행된다고 볼 수는 없다 할 것이다."라고 하였습니다(대법원 2001. 11. 9. 선고 2001다52568 판결, 1998. 5. 12. 선고 97다54222 판결).

그러므로 위 사안에 있어서도 퇴원시에 치료비를 일시에 지불하기로 하는 등의 다른 특약이 없었다면 병원의 甲에 대한 치료비 채권은 퇴원시부터 소멸시효가 진행된다고 볼 수 없고, 개개의 진료가 종료될 때마다 각각의 당해 진료에 필요한 비용의 이행기가 도래하여 그에 대한 소멸시효가 진행된다고 할 것입니다.

따라서 甲은 병원에서 제기한 치료비청구소송에서 개개의 진료가 종료된 때로부터 3년이 경과된 치료비채권에 대해서는 소멸시효가 완성되었음을 항변해볼 수도 있을 듯합니다.

✪ 겸업하던 숙박업 확장을 위하여 돈을 빌린경우 상사채무인지

【질의】 ➡ 甲은 종래부터 음식점과 함께 운영해 오던 숙박업을 확장경영하기 위하여 乙로부터 새로운 여관건물 건축비조로 돈을 빌려 건축하였습니다. 그런데 숙박업의 불황으로 적자에 허덕이다 여관을 폐업하였고, 위 빌린 돈은 변제기로부터 5년이 경과되었습니다. 甲은 현재 생계를 꾸려가기도 어려운 상태인바, 위 채무의 소멸시효 기간은 어떻게 되는지요?

【답변】 ➡ 소멸시효기간은 5년입니다.

상법 제46조 제9호에서는 영업으로 하는 '객(客)의 집래(集來)를 위한 시설에 의한 거래'행위를 기본적 상행위로 규정하고 있으며, 보조적 상행위에 관하여 같은 법 제47조 제1항에 의하면 "상인이 영업을 위하여 하는 행위는 상행위로 본다."라고 규정하고 있습니다.

그리고 상사시효에 관하여 같은 법 제64조에 의하면 "상행위로 인한 채권은 본 법에 다른 규정이 없는 때에는 5년간 행사하지 아니하면 소멸시효가 완성한다. 그러나 다른 법령에 이보다 단기의 시효의 규정이 있는 때에는 그 규정에 의한다."라고 규정하고 있습니다.

그러므로 위 사안에서 甲이 숙박업을 더욱 확장하기 위하여 새로운 여관건물을 건축하기 위한 자금을 乙로부터 빌린 행위를 보조적 상행위로 보아 상사시효가 적용될 수 있을 것인지 문제됩니다.

그런데 이에 관련된 판례를 보면, "당사자 쌍방에 대하여 모두 상행위가 되는 행위로 인한 채권뿐만 아니라 당사자 일방에 대하여만 상행위에 해당하는 행위로 인한 채권도 상법 제64조 소정의 5년의 소멸시효기간이 적용되는 상사채권에 해당하는 것이고, 그 상행위에는 상법 제46조 각 호에 해당하는 기본적 상행위뿐만 아니라 상인이 영업을 위하여 하는 보조적 상행위도 포함되며, 상인이 영업을 위하여 하는 행위는 상행위로 보되 상인의 행위는 영업을 위하여 하는 것으로 추정되는 것이다(대법원 2002. 9. 24. 선고 2002다6760, 6777 판결)."라고 하였으며, 또한 "음식점을 운영하던 피고가 종래부터 겸영(兼營)하여 오던 숙박업을 더욱 확장경영하기 위하여 새로운 여관건물을 건축하면서 그에 필요한 돈을 마련하고자 원고로부터 금전을 빌렸고, 실제 그 차용금을 여관신축에 사용하였다면, 피고의 위 차용행위는 자신의 숙박업 영업을 위하여 한 이른바 보조적 상행위에 해당함이 분명하고, 그로 인하여 발생한 원고의 대여금채권은 상법 제64조에서 말하는 상사채권에 해당하여 5년의 소멸시효기간이 적용된다."라고 하였습니다(대법원 2000. 8. 22. 선고 2000다19922 판결).

따라서 위 사안의 경우 甲이 乙로부터 여관신축을 위하여 빌린 대여금채무는 상법상 보조적상행위로 인한 상사채무로써 상법상 시효규정의 적용을 받아 그 소멸시효기간은 5년이 될 것으로 보입니다.

◎ 채권자에게 채권양도사실 없음을 확인한 경우 소멸시효중단사유인지

【질의】➡ 甲은 乙에 대한 물품대금채무가 있는데, 乙로부터 채권을 양도받았다고 주장하는 丙이 제기한 양수금청구소송에서 乙로부터 丙에게 채권을 양도한 사실이 없다는 내용의 진술서를 작성·교부받아 제출하여 승소하였습니다. 그런데 위 채무의 변제기로부터는 4년이 지났고, 위와 같은 진술서를 제출한 때로부터는 2년이 지난 시점에서 乙이 甲을 상대로 물품대금청구의 소송을 제기하였습니다. 이 경우 甲이 소멸시효가 완성되었음을 원용할 수 있는지요?

【답변】➡ 소멸시효가 완성되지 않았습니다.

민법 제163조 제6호에서는 '생산자 및 상인이 판매한 생산물 및 상품의 대가'의 채권은 3년간 행사하지 아니하면 소멸시효가 완성한다고 규정하고 있으므로, 위 사안에서 乙의 甲에 대한 물품대금채권도 그 소멸시효기간은 3년으로 보아야 할 것입니다.

그런데 같은 법 제168조 제3호는 승인을 소멸시효의 중단사유로 규정하고 있으며, 민법 제178조 제1항에 의하면 중단 후 시효진행에 관하여 "시효가 중단된 때에는 중단까지에 경과한 시효기간은 이를 산입하지 아니하고 중단사유가 종료한 때로부터 새로이 진행한다."라고 규정하고 있으므로, 위 사안에서 甲이 양수금청구소송에서 乙로부터 丙에게 채권을 양도한 사실이 없다는 내용의 진술서를 작성·교부받아 제출한 행위가 위 채무에 대한 승인으로 볼 것인지 문제됩니다.

이에 관련된 판례를 보면, "소멸시효의 중단사유로서의 승인은 시효이익을 받을 당사자인 채무자가 그 권리의 존재를 인식하고 있다는 뜻을 표시함으로써 성립하는 것이므로 이는 소멸시효의 진행이 개시된 이후에만 가능하고 그 이전에 승인을 하더라도 시효가 중단되지는 않는다고 할 것이고,..."라고 하였고(대법원 2001.

11. 9. 선고 2001다52568 판결), 또한 "…그 표시의 방법은 아무런 형식을 요구하지 아니하고, 또한 명시적이건 묵시적이건 불문한다. 채권양수인이라고 주장하는 자가 채무자를 상대로 제기한 양수금청구소송에서 채무자가 채권자로부터 채권을 양도한 사실이 없다는 취지의 진술서를 작성·교부받아 이를 증거로 제출하여 승소판결을 받은 경우, 채무자는 채권자로부터 위 진술서를 교부받음으로써 채무를 승인하였으므로 그 무렵 소멸시효가 중단되었다."라고 하였습니다(대법원 2000. 4. 25. 선고 98다63193 판결).

따라서 위 사안에 있어서 甲이 양수금청구소송에서 乙로부터 丙에게 채권을 양도한 사실이 없다는 내용의 진술서를 작성·교부받아 제출한 행위를 채무의 승인으로 본다면, 甲의 乙에 대한 채무는 채무승인 후 3년이 경과되지 않았으므로 소멸시효가 완성되지 못하였다고 할 것입니다.

◎ 제3채무자에 대한 채권압류가 채무자의 채권에도 영향을 미치는지

【질의】 ➡ 甲은 乙에 대한 대여금청구채권에 관한 집행력 있는 공정증서에 기하여 乙이 丙에 대하여 갖는 물품대금채권을 압류하고 추심명령을 받았습니다. 그런데 甲은 丙의 집행 가능한 재산이 파악되지 않아 2년 동안 추심금청구 등의 조치를 취하지 않고 있던 중 최근에야 비로소 丙을 상대로 추심금청구를 하였습니다. 그러자 丙은 乙의 자기에 대한 채권(피압류채권)이 변제기로부터 3년의 소멸시효기간이 이미 경과되어 소멸하였으므로, 甲의 추심청구에 응할 수 없다고 합니다. 이 경우 甲이 丙에 대하여 받은 압류 및 추심명령으로 乙의 丙에 대한 채권의 소멸시효가 중단되었음을 주장할 수는 없는 것인지요?

【답변】 ➡ 주장할 수 없습니다.

　　민법 제168조에 의하면 소멸시효는 ①청구, ②압류 또는 가압류, 가처분, ③승인의 사유로 인하여 중단된다고 규정하고 있으며, 중단 후의 소멸시효 진행에 관하여 민법 제178조 제1항에 의하면 "시효가 중단된 때에는 중단까지에 경과한 시효기간은 이를 산입하지 아니하고 중단사유가 종료한 때로부터 새로이 진행한다."라고 규정하고 있습니다.

　　그런데 위 사안에서와 같이 乙(채무자)의 丙(제3채무자)에 대한 채권이 압류되었을 경우 甲(채권자)의 乙에 대한 채권(집행채권)이 압류로 인하여 소멸시효가 중단됨은 위 민법 제168조에 의하여 당연할 것이지만, 乙의 丙에 대한 채권(피압류채권)의 소멸시효도 중단될 수 있을 것인지 문제됩니다.

　　그런데 민사집행법 제227조 제3항에 의하면 "압류명령이 제3채무자에게 송달되면 압류의 효력이 생긴다."라고 규정하고 있는데, 채권압류명령이 제3채무자에게 송달되더라도 압류의 효력은 소극적으로 피압류채권의 처분행위를 금지하는 것뿐이므로 그 피압류 채권의 소멸시효는 중단되지 아니합니다.

그러므로 위 사안에서 甲이 乙의 丙에 대한 채권에 대하여 채권압류 및 추심명령을 받았으며 그 결정문이 丙에게 송달되었다고 하더라도, 乙의 丙에 대한 채권(피압류채권)의 소멸시효는 중단되지 않을 것이므로 丙은 소멸시효항변이 가능할 것으로 보입니다.

그리고 민사집행법 제239조에 의하면 "채권자가 추심할 채권의 행사를 게을리 한 때에는 이로써 생긴 채무자의 손해를 부담한다."라고 규정하고 있는바, 위 사안에서도 甲이 丙에 대하여 적당한 시기에 소송을 제기하거나 가압류를 신청하는 등 추심권한을 행사하지 않음으로 인하여 乙의 丙에 대한 위 채권이 소멸시효에 걸리게 되었으므로 甲은 乙에 대하여 손해배상책임을 부담하게 될 것으로 보입니다.

◎ 기간 만료 후 전세금반환채권만을 전세권과 분리하여 양도할 수 있는지

【질의】 ➡ 甲은 乙에 대하여 3,000만원의 대여금반환채권이 있는데, 乙은 丙소유 건물에 대한 전세권의 존속기간이 만료된 후 3,000만원의 전세금반환채권을 甲에게 양도하고 그와 같은 채권양도의 통지를 丙에게 내용증명우편으로 하였지만 전세권이전의 부기등기는 하지 아니 하였습니다. 그 후 乙은 위 건물을 丙에게 반환하고 전세권설정등기를 말소하였습니다. 그런데 甲이 위 전세금의 반환을 청구하자 丙은 甲과 乙의 위 전세금반환채권의 양도는 무효라고 주장합니다. 이 경우 甲으로서는 丙에게 전세금의 반환을 청구할 수 없는지요?

【답변】 ➡ 청구할 수 있습니다.

전세금반환채권만을 전세권과 분리하여 양도하는 것이 가능한지에 관하여 전세권에 경매청구권에 관한 규정만을 두었던 구 민법(1984. 4. 10. 법률 제3723호로 개정되기 전의 것) 아래에서의 판례를 보면, "전세권이 존속하는 한 전세권자가 전세권과 분리하여 전세금반환청구권만을 양도하여도 전세권의 요소가 되는 전세금반환청구권은 이전되지 않는다."라고 하였습니다(대법원 1966. 6. 28. 선고 66다771 판결, 1966. 9. 6. 선고 66다769 판결, 1966. 7. 5. 선고 66다850 판결).

그런데 전세권에 경매청구권과 아울러 우선변제적 효력이 부여된 현행 민법 아래에서 위 사안과 같이 존속기간의 만료로 전세권이 소멸된 이후에도 전세금반환채권의 양도가 불가능한 것인지에 관하여 판례를 보면, "전세권이 담보물권적 성격도 가지는 이상 부종성(附從性)과 수반성(隨伴性)이 있는 것이므로 전세권을 그 담보하는 전세금반환채권과 분리하여 양도하는 것은 허용되지 않는다고 할 것이나, 한편 담보물권의 '수반성'이란 피담보채권의 처분이 있으면 언제나 담보물권도 함께 처분된다는 것이 아니라, 채권담보라고 하는 담보물권제도의 존재목적에 비추어 볼 때 특별한 사정이 없는 한 피담보채권의 처분에는 담보물권의 처분도 포함된다고 보는 것이 합리적이라는 것일 뿐이므로, 전세권이 존속기간의 만료로 소멸한 경우이거나 전세계약의 합의해지 또는 당사자간의 특약에 의하여 전세금반환채권의 처분에도 불구하고, 전세권의 처분이 따르지 않는 경우 등의 특별한 사정이 있는 때에는 채권양수인은 담보물권이 없는 무담보의 채권을 양수한 것이 되고, 채권의 처분에 따르지 않은 담보물권은 소멸한다."라고 하였습니다(대법원 1999. 2. 5. 선고 97다33997 판결, 1997. 11. 25. 선고 97다29790 판결).

따라서 위 사안은 귀하가 甲으로부터 전세권의 처분이 따르지 않는 전세금반환채권만을 분리하여 양수한 것으로 보이고, 甲의 전세권은 존속기간의 만료로 소멸한 경우이므로, 귀하는 유효하게 전세금반환채권을 양수하였다고 할 것입니다. 이 경우 귀하는 담보물권이 없는 무담보의 채권을 양수한 것이 되고, 전세금반환채권을 담보하는 물권으로서의 전세권은 소멸하게 되는 것이라 할 것입니다.

◐ 전세계약기간 중 전세금반환채권만을 전세권과 분리양도 가능한지

【질의】➡ 저는 제 소유 상가건물을 甲에게 2년간 임대하면서 전세금 4,000만원으로 하는 전세권설정등기를 해주었습니다. 그런데 전세계약기간이 만료되기 1년 전 甲으로부터 전세금반환채권이 乙에게 양도되었다는 채권양도통지를 내용증명우편으로 받았습니다. 이러한 경우 위 양도계약이 유효한 것인지, 전세계약기간이 만료되면 전세금은 어떻게 처리해야 되는지요?

【답변】➡ 유효한 것입니다.

민법 제306조에 의하면 "전세권자는 전세권을 타인에게 양도 또는 담보로 제공할 수 있고 그 존속기간 내에서 그 목적물을 타인에게 전전세 또는 임대할 수 있다. 그러나 설정행위로 이를 금지한 때에는 그러하지 아니하다."라고 규정하고 있으며, 같은 법 제307조에 의하면 "전세권 양수인은 전세권설정자에 대하여 전세권양도인과 동일한 권리의무가 있다."라고 규정하고 있습니다.

그런데 위 사안의 경우 甲은 전세권 존속 중 乙에게 전세권의 양도가 아닌 전세금반환채권만을 양도한 것으로 보이는바, 전세권 존속 중 전세금반환채권을 전세권과 분리하여 확정적으로 양도할 수 있는지 문제됩니다.

이에 관하여 판례를 보면, "전세권은 전세금을 지급하고 타인의 부동산을 그 용도에 따라 사용 수익하는 권리로서 전세금의 지급이 없으면 전세권은 성립하지 아니하는 등으로 전세금은 전세권과 분리될 수 없는 요소일 뿐 아니라, 전세권에 있어서는 그 설정행위에서 금지하지 아니하는 한 전세권자는 전세권 자체를 처분하여 전세금으로 지출한 자본을 회수할 수 있도록 되어 있으므로, 전세권이 존속하는 동안은 전세권을 존속시키기로 하면서 전세금반환채권만을 전세권과 분리하여 확정적으로 양도하는 것은 허용되지 않는 것이며, 다만 전세권 존속 중에는 장래에 그 전세권이 소멸하는 경우에 전세금반환채권이 발생하는 것을 조건으로 그 장래의 조건부 채권을 양도할 수 있을 뿐이라 할 것이다."라고 하였습니다(대법원 2002. 8. 23. 선고 2001다69122 판결).

그러므로 위 사안에서 甲과 乙의 전세금반환채권 양도계약이 전세권존속 중 전세금반환채권을 전세권과 분리하여 확정적으로 양도하는 것이라면 그 효력이 없을 것이지만, 장래에 그 전세권이 계약기간만료 등으로 소멸하는 것을 정지조건으로 그 장래의 조건부 채권을 양도하는 취지라면 유효라고 할 수 있을 듯합니다.

따라서 甲과 乙의 전세금반환채권 양도계약이 장래에 그 전세권이 계약기간만료 등으로 소멸하는 것을 정지조건으로 그 장래의 조건부 채권을 양도하는 취지일 경우라면 전세금은 乙에게 지급되어야 할 것이지만, 그러한 경우에도 乙은 담보물권이 없는 무담보의 채권을 양수한 것이 되고, 채권의 처분에 따르지 않은 전세권은 소멸하게 될 것으로 보입니다(대법원 1997. 11. 25. 선고 97다29790 판결, 1999. 2. 5. 선고 97다33997 판결).

◎ 전세금반환채권 양도 후 전세권의 가압류시 전세권등기 말소방법

【질의】 ➡ 甲은 그의 소유인 건물에 대하여 乙과 전세금 5,000만원인 전세권설정계약을 체결하고 전세권설정등기를 해주었습니다. 그런데 乙이 경영하던 사업이 도산되어 위 전세계약의 해지를 요청하여 합의해지를 해주었고, 乙이 위 전세금전액을 乙에게 고용되었던 丙 등의 근로자들에게 양도함에 대하여 승낙서를 작성하여 사서인증을 받도록 해주었습니다. 그러나 그 후 乙의 일반채권자 丁이 위 전세권에 대한 가압류결정을 받아 가압류부기등기까지 마쳤습니다. 甲은 위 전세금을 丙 등의 근로자들에게 지급하고 위 건물을 乙로부터 명도 받았고, 乙은 위 전세권설정등기의 말소에 협조적이나, 丁이 위 전세권설정등기말소에 승낙을 해주지 않고 있습니다. 이 경우 甲이 위 전세권설정등기를 말소하려면 어떻게 하여야 하는지요?

【답변】 ➡ 승낙의 의사표시를 구하는 소송을 제기하여야 합니다.

먼저 전세금반환채권을 전세권과 분리하여 양도할 수 있는지에 관하여 판례를 살펴보면, "전세권이 담보물권적 성격도 가지는 이상 부종성(附從性)과 수반성(隨伴性)이 있는 것이므로 전세권을 그 담보하는 전세금반환채권과 분리하여 양도하는 것은 허용되지 않는다고 할 것이나, 한편 담보물권의 '수반성'이란 피담보채권의 처분이 있으면 언제나 담보물권도 함께 처분된다는 것이 아니라, 채권담보라고 하는 담보물권제도의 존재목적에 비추어 볼 때 특별한 사정이 없는 한 피담보채권의 처분에는 담보물권의 처분도 포함된다고 보는 것이 합리적이라는 것일 뿐이므로, 전세권이 존속기간의 만료로 소멸한 경우이거나 전세계약의 합의해지 또는 당사자간의 특약에 의하여 전세금반환채권의 처분에도 불구하고, 전세권의 처분이 따르지 않는 경우 등의 특별한 사정이 있는 때에는 채권양수인은 담보물권이 없는 무담보의 채권을 양수한 것이 되고, 채권의 처분에 따르지 않은 담보물권은 소멸한다."라고 하였습니다(대법원 1997. 11. 25. 선고 97다29790 판결).

그리고 당사자간의 약정에 의하여 전세권의 처분이 따르지 않는 전세금반환채권만의 분리양도가 이루어진 경우, 그 전세권에 관하여 경료된 가압류부기등기의 효력에 관하여 판례를 보면, "전세권설정계약의 당사자 사이에 그 계약이 합의해지된 경우 전세권설정등기는 전세금반환채권을 담보하는 효력은 있다고 할 것이나, 그 후 당사자간의 약정에 의하여 전세권의 처분이 따르지 않는 전세금반환채권만의 분리양도가 이루어진 경우에는 양수인은 유효하게 전세금반환채권을 양수하였다고 할 것이고, 그로 인하여 전세금반환채권을 담보하는 물권으로서의 전세권마저 소멸된 이상 그 전세권에 관하여 가압류부기등기가 경료되었다고 하더라도 아무런 효력이 없다."라고 하였습니다(대법원 1999. 2. 5. 선고 97다33997 판결).

그러므로 위 사안에서 甲과 乙이 합의에 의하여 위 건물의 전세권설정계약을 해지한 후 乙이 丙 등에게 위 전세금반환채권을 양도한 후 행해진 丁의 위 전세권에 대한 가압류부기등기는 아무런 효력이 없다고 할 것입니다.

그런데 부동산등기법 제171조에 의하면 "등기의 말소를 신청하는 경우에 그 말소에 대하여 등기상 이해관계 있는 제3자가 있는 때에는 신청서에 그 승낙서 또는 이에 대항할 수 있는 재판의 등본을 첨부하여야 한다."라고 규정하고 있으며, 판례는 "전세권자가 전세권설정자에 대하여 그 전세권설정등기의 말소의무를 부담하고 있는 경우라면, 그 전세권을 가압류하여 부기등기를 경료한 가압류권자는 등기상 이해관계 있는 제3자로서 등기권리자인 전세권설정자의 말소등기절차에 필요한 승낙을 할 실체법상의 의무가 있다."라고 하였습니다(대법원 1999. 2. 5. 선고 97다33997 판결).

따라서 위 사안에서 甲은 丁을 상대로 위 전세권설정등기의 말소등기에 대하여 등기상 이해관계 있는 제3자로서 승낙의 의사표시를 구하는 청구소송을 제기하여 승소 후 그 재판의 등본을 첨부하여 전세권말소등기신청을 할 수 있을 것으로 보입니다.

◎ 피담보채권의 소멸시효 완성시 저당권등기 말소청구 여부

【질의】 ➡ 저는 甲으로부터 500만원을 빌리면서 제 소유 토지에 저
당권을 설정해주었고, 15년 전 변제기일에 채무전액을 변제하였으
나, 당시 부주의로 저당권을 말소하지 않았습니다. 최근 위 토지를
매도하려고 보니, 甲은 이미 사망하였고, 그 상속인들에게 위 저당
권의 말소를 요구하였으나, 자신들은 모르는 일이라며 협조하지 않
고 있습니다. 저로서는 오랜 시일이 지나서 변제영수증도 찾을 수
없는데, 이러한 경우 대처방법은 없는지요?

【답변】 ➡ 저당권말소등기절차 이행청구소송을 제기해볼 수 있겠습니다.
위 사안과 같이 오랜 시일이 지나서 甲에게 채무전액에 대한
변제사실을 입증하기 곤란한 경우에는 채무변제를 원인으로 즉,
피담보채무소멸을 원인으로 한 저당권의 말소를 구하는 것은 승소
가능성이 없다고 할 것입니다.

그러나 민법 제162조 제1항에 의하면 "채권은 10년간 행사하지
않으면 소멸시효가 완성한다."라고 규정하고 있으며, 민법 제369
조에서 "저당권으로 담보한 채권이 시효의 완성 기타 사유로 인하
여 소멸한 때에는 저당권도 소멸한다."라고 규정하고 있습니다.

또한, 위 사안과 관련된 판례를 보면 "저당권은 그 피담보채권
을 물적으로 보증하기 위하여 설정하는 것이므로 그 피담보채권이
존재하지 아니한 때에는 그 저당권설정등기는 원인무효라 아니할
수 없고, 변제 또는 소멸시효 등에 의하여 소멸된 때에는 담보물
권의 부종성에 의하여 그 저당권설정등기 역시 원인이 없는 것이
라고 해석하여야 할 것이며, 채무자가 채권자를 상대로 그 피담보
채권 부존재확인청구소송을 하여 그 피담보채권이 부존재하다는
확정판결이 있었다면 채무자는 실체법상에 있어서 채권자에 대하
여 그 채무가 존재하지 아니한다는 사실을 주장·항변할 수 있고,
물상보증인인 저당권설정자는 담보물권의 부종성에 의하여 위와

같은 채무자의 항변사유를 원용할 수 있다고 해석하여야 할 것이다."라고 하였습니다(대법원 1969. 3. 18. 선고 68다2334 판결).

따라서 귀하는 저당권말소등기절차에 협력하지 않는 甲의 상속인들을 상대로 위 대여금채무의 변제사실을 입증할 수 없더라도 피담보채권의 시효소멸을 이유로 저당권말소등기절차 이행청구소송을 제기해볼 수 있을 것입니다.

참고로 소멸시효제도에 있어서는 채권의 소멸시효가 완성되었다고 하더라도 당사자가 이를 항변사유로 주장하는 원용(援用)이 없는 이상 채권자는 해당 권리로 집행에까지 나아갈 수 있는 것입니다(대법원 1982. 3. 9. 선고 80다2115 판결).

◎ 저당권이 설정된 토지가 수용된 경우 저당권의 행사방법

【질의】 ➡ 저는 甲에 대한 채권을 담보하기 위하여 그 소유의 토지에 근저당권을 설정하였으나, 그 토지가 주차장부지로 수용된다고 합니다. 이러한 경우 제가 토지수용보상금에 대하여도 저당권을 행사할 수 있는지요?

【답변】 ➡ 행사할 수 있습니다.

약정담보물권에 있어서 그 목적물이 멸실·훼손 또는 공용징수(公用徵收)로 인하여 보험금지급청구권·손해배상청구권·보상금청구권 등으로 변하는 경우에는 이 보험금지급청구권·손해배상청구권·보상금청구권 등에 담보물권의 효력이 미치는데, 이를 물상대위(物上代位)라 하며, 이는 우선변제적 효력이 있는 담보물권 즉 질권과 저당권에 한하여 인정되는 것으로서, 민법은 이를 질권(質權)에서 규정하고 저당권(抵當權)에 준용하고 있습니다.

민법 제370조 및 제342조에 의하면 저당권자는 저당물의 멸실, 훼손 또는 공용징수로 인하여 저당권설정자가 받을 금전 기타 물건에 대하여도 이를 행사할 수 있고, 이 경우에는 그 지급 또는 인도 전에 압류하여야 한다고 규정하고 있으며, 담보물권과 보상금에 관하여 공익사업을위한토지등의취득및보상에관한법률 제47조에 의하면 "담보물권의 목적물이 수용 또는 사용된 경우 당해 담보물권은 그 목적물의 수용 또는 사용으로 인하여 채무자가 받을 보상금에 대하여 행사할 수 있다. 다만, 그 지급 전에 이를 압류하여야 한다."라고 규정하고 있습니다.

관련 판례를 보면 "민법 제370조, 제342조에 의한 저당권자의 물상대위권(物上代位權)의 행사는 민사소송법 제733조(현행 민사집행법 제273조)에 의하여 담보권의 존재를 증명하는 서류를 집행법원에 제출하여 채권압류 및 전부명령을 신청하거나, 민사소송법 제580조(현행 민사집행법 제247조)에 의하여 배당요구를 하는 방법에 의하여 하는 것이고, 이는 늦어도 민사소송법 제580조(현행 민사집행법 제247조) 제1항 각 호 소정의 배당요구의 종기까지 하여야 하는 것으로 그 이후에는 물상대위권자로서의 우선변제권을 행사할 수 없다고 하여야 할 것이고, 위 물상대위권자로서의 권리행사의 방법과 시한을 위와 같이 제한하는 취지는 물상대위의 목적인 채권의 특정성을 유지하여 그 효력을 보전하고 평등배당을 기대한 다른 일반 채권자의 신뢰를 보호하는 등 제3자에게 불측의 손해를 입히지 아니함과 동시에 집행절차의 안정과 신속을 꾀하고자 함에 있다."라고 하였습니다(대법원 2000. 5. 12. 선고 2000다4272판결).

또한, "저당권자의 물상대위권은 어디까지나 그 권리실행의사를 저당권자 스스로 법원에 명확하게 표시하는 방법으로 저당권자 자신에 의하여 행사되어야 하는 것이지, 저당권자 아닌 다른 채권자나 제3채무자의 태도나 인식만으로 저당권자의 권리행사를 의제할 수는 없으므로, 저당권자 아닌 다른 채권자나 제3채무자가 저당권의 존재와 피담보채무액을 인정하고 있고, 나아가 제3채무자가 채무액을 공탁하고 공탁사유를 신고하면서 저당권자를 피공탁자로 기재하는 한편, 저당권의 존재를 증명하는 서류까지 제출하고 있다 하더라도 그것을 저당권자 자신의 권리행사와 같이 보아 저당권자가 그 배당절차에서 다른 채권자들에 우선하여 배당 받을 수 있는 것으로 볼 수 없으며, 저당권자로서는 제3채무자가 공탁사유 신고를 하기 이전에 스스로 담보권의 존재를 증명하는 서류를 제출하여 물상대위권의 목적채권을 압류하거나 법원에 배당요구를 한 경우에 한하여 공탁금으로부터 우선배당을 받을 수 있을 뿐이다."라고 하였습니다(대법원 1999. 5. 14. 선고 98다62688 판결)

따라서 귀하는 물상대위권자로서 담보권의 존재를 증명하는 서류를 첨부하여 집행법원에 甲의 수용보상채권에 대한 채권압류 및 전부명령을 신청하거나, 위 수용보상금이 공탁된 경우에는 강제집행절차상 늦어도 배당요구의 종기까지 배당요구를 하는 방법에 의함으로써 우선배당을 받을 수 있을 것입니다.

◎ 저당된 토지의 수용보상금에 대한 전부명령시 저당권자의 보호

【질의】 ➡ 저는 甲에 대한 채권을 담보하기 위하여 그 소유의 토지에 근저당권을 설정하였으나, 그 토지가 도로로 수용되었다고 합니다. 토지수용보상금은 이미 법원에 공탁되었고, 甲의 다른 채권자 乙이 공탁된 보상금에 대하여 채권압류 및 전부명령을 받았다고 하는데, 이러한 경우에도 제가 토지수용보상금에 대하여 우선변제를 받을 수 있는지요?

【답변】 ➡ 받을 수 있습니다.

약정담보물권에 있어서 그 목적물이 멸실, 훼손 또는 공용징수(公用徵收)로 인하여 보험금지급청구권·손해배상청구권·보상금청구권 등으로 변하는 경우에는 이 보험금지급청구권·손해배상청구권·보상금청구권 등에 담보물권의 효력이 미치는데, 이를 물상대위(物上代位)라고 합니다.

이에 관하여 민법은 제370조 및 제342조에서 저당권자는 저당물의 멸실, 훼손 또는 공용징수로 인하여 저당권설정자가 받을 금전 기타 물건에 대하여도 이를 행사할 수 있고, 이 경우에는 그 지급 또는 인도 전에 압류하여야 한다고 규정하고 있으며, 담보물권과 보상금에 관하여 공익사업을위한토지등의취득및보상에관한법률 제47조에 의하면 "담보물권의 목적물이 수용 또는 사용된 경우 당해 담보물권은 그 목적물의 수용 또는 사용으로 인하여 채무자가 받을 보상금에 대하여 행사할 수 있다. 다만, 그 지급 전에 이를 압류하여야 한다."라고 규정하고 있습니다.

관련 판례를 보면 "민법 제370조, 제342조에 의한 저당권자의 물상대위권(物上代位權)의 행사는 민사소송법 제733조(현행 민사집행법 제273조)에 의하여 담보권의 존재를 증명하는 서류를 집행법원에 제출하여 채권압류 및 전부명령을 신청하거나, 민사소송법 제580조(현행 민사집행법 제247조)에 의하여 배당요구를 하는 방법에 의하여 하는 것이고, 이는 늦어도 민사소송법 제580조(현행 민사집행법 제247조) 제1항 각 호 소정의 배당요구의 종기까지 하여야 하는 것으로 그 이후에는 물상대위권자로서의 우선변제권을 행사할 수 없다."라고 하였습니다(대법원 2000. 5. 12. 선고 2000다4272판결).

그러므로 귀하는 물상대위권자로서 담보권의 존재를 증명하는 서류를 집행법원에 제출하여 채권압류 및 전부명령을 신청하거나, 늦어도 배당요구의 종기까지 배당요구를 하는 방법에 의함으로써 우선배당을 받을 수 있을 것입니다.

그런데 위 사안과 같이 물상대위권자의 압류 전에 다른 채권자에 의하여 수용보상금에 대한 전부명령이 있을 경우 물상대위권자가 물상대위권을 행사할 수 있을 것인지 문제됩니다.

이에 관하여 판례를 보면 "물상대위권자의 압류 전에 양도 또는 전부명령 등에 의하여 보상금 채권이 타인에게 이전된 경우라도 보상금이 직접 지급되거나 보상금지급청구권에 관한 강제집행절차에 있어서 배당요구의 종기에 이르기 전에는 여전히 그 청구권에 대한 추급(追及)이 가능하다."라고 하였습니다(대법원 2000. 6. 23. 선고 98다31899 판결, 1998. 9. 22. 선고 98다12812 판결).

그러므로 귀하는 저당권의 변형물인 보상금이 특정성을 유지하는 한 물상대위권을 행사하여 우선변제를 받을 수 있고, 토지수용에 있어 기업자가 보상금을 변제공탁 하였다고 하더라도 공탁금이 출급되어 수용대상 부동산소유자의 일반재산에 혼입(混入)되기까지는 토지수용법 제69조 단서가 규정하는 지불이 있었다고 볼 수 없으므로, 민사집행법 제273조에 의하여 집행권원 없이 담보권의 존재를 증명하는 서류를 제출하여 채권압류 및 전부명령으로 채권의 만족을 얻을 수 있을 것입니다. 또한, 그 이전에 甲의 다른 채권자 乙이 보상금에 대하여 압류 및 전부명령을 받았다고 하더라도 '배당요구의 종기' 즉, 귀하는 '제3채무자의 공탁사유신고시'까지는 저당권의 물상대위권을 행사할 수 있을 것입니다.

◎ 근저당권의 피담보채무 일부를 대위변제시 그 이전 여부

【질의】 ➡ 甲은 乙이 丙회사와 계속적 물품거래계약을 체결하는데 연대보증인으로 서명하였고, 乙은 丙회사에 대하여 그 소유 부동산에 근저당권을 설정해주었습니다. 그런데 乙의 물품대금채무가 연체되자 丙회사에서 연대보증인 甲에게 대금청구를 하였고, 甲은 그 때까지 연체된 乙의 물품대금채무를 대위변제 하였습니다. 그러나 그 후 乙과 丙회사는 계속하여 거래를 하고 있는바, 이 경우 甲이 丙회사에 대하여 대위변제를 이유로 한 위 근저당권의 일부이전을 청구할 수 있는지요?

【답변】 ➡ 청구할 수 없을 것으로 보입니다.

대위변제에 관하여 민법 제481조 내지 제483조에 의하면 변제할 정당한 이익이 있는 자는 변제로 당연히 채권자를 대위하고, 채권자를 대위한 자는 자기의 권리에 의하여 구상할 수 있는 범위에서 채권 및 그 담보에 관한 권리를 행사할 수 있으며, 보증인은 미리 전세권이나 저당권의 등기에 그 대위를 부기하지 아니하면 전세물이나 저당물에 권리를 취득한 제3자에 대하여 채권자를 대위하지 못하고, 채권의 일부에 대하여 대위변제가 있는 때에는 대위자는 그 변제한 가액에 비례하여 채권자와 함께 그 권리를 행사한다고 규정하고 있습니다.

또한, 민법 제357조 제1항에 의하면 "저당권은 그 담보할 채무의 최고액만을 정하고 채무의 확정을 장래에 보류하여 이를 설정할 수 있다. 이 경우에는 그 확정될 때까지의 채무의 소멸 또는 이전은 저당권에 영향을 미치지 아니한다."라고 규정하고 있습니다.

그러므로 위 사안과 같이 근저당부채권관계가 계속됨으로 인하여 그 피담보채권이 확정되지 아니하는 동안에 채권의 일부 대위변제로 근저당권이 대위변제자에게 이전되는지 문제될 수 있습니다.

관련 판례를 보면, "변제할 정당한 이익이 있는 자가 채무자를 위하여 채권의 일부를 대위변제할 경우에 대위변제자는 변제한 가액의 범위 내에서 종래 채권자가 가지고 있던 채권 및 담보에 관한 권리를 법률상 당연히 취득하게 되는 것이므로, 채권자가 부동산에 대하여 근저당권을 가지고 있는 경우에는, 채권자는 대위변제자에게 일부 대위변제에 따른 저당권의 일부 이전의 부기등기를 경료해 주어야 할 의무가 있다 할 것이나, 이 경우에도 채권자는 일부 변제자에 대하여 우선변제권을 가지고 있다 할 것이고, 근저당권이라고 함은 계속적인 거래관계로부터 발생하고 소멸하는 불특정다수의 장래채권을 결산기에 계산하여 잔존하는 채무를 일정한 한도액의 범위 내에서 담보하는 저당권이어서, 거래가 종료하기까지 채권은 계속적으로 증감변동하는 것이므로, 근저당 거래관계가 계속중인 경우 즉, 근저당권의 피담보채권이 확정되기 전에 그 채권의 일부를 양도하거나 대위변제한 경우 근저당권이 양수인이나 대위변제자에게 이전할 여지는 없다 할 것이나, 그 근저당권에 의하여 담보되는 피담보채권이 확정되게 되면, 그 피담보채권액이 그 근저당권의 채권최고액을 초과하지 않는 한 그 근저당권 내지 그 실행으로 인한 경락대금에 대한 권리 중 그 피담보채권액을 담보하고 남는 부분은 저당권의 일부이전의 부기등기의 경료 여부와 관계없이 대위변제자에게 법률상 당연히 이전된다."라고 하였습니다(대법원 2002. 7. 26. 선고 2001다53929 판결).

또한 "근저당권은 계속적인 거래관계로부터 발생·소멸하는 불특정다수의 채권 중 그 결산기에 잔존하는 채권을 일정한 한도액의 범위 내에서 담보하는 것으로서 그 거래가 종료하기까지 그 피담보채권은 계속적으로 증감·변동하는 것이므로, 근저당 거래관계가 계속되는 관계로 근저당권의 피담보채권이 확정되지 아니하는 동안에는 그 채권의 일부가 대위변제되었다 하더라도 그 근저당권이 대위변제자에게 이전될 수 없다."라고 하였습니다(대법원 2000. 12. 26. 선고 2000다54451 판결).

따라서 위 사안에 있어서도 甲은 丙회사에 대하여 근저당권의 피담보채권이 확정되기 전에 행해진 일부대위변제를 이유로 위 근저당권의 일부 이전을 청구할 수 없을 것으로 보입니다.

◎ 근저당권채무의 채권최고액만 변제하면 근저당권말소 가능한지

【질의】 ➡ 甲은 乙로부터 금원을 차용하고 그 담보로 甲소유 부동산에 근저당권을 설정하면서 그 채권최고액을 5,000만원으로 정하였는데, 甲의 乙에 대한 위 채무의 총액이 채권최고액을 초과하였습니다. 이 경우 甲이 위 채권최고액만 변제하면 위 근저당권의 말소등기청구를 할 수 있는지요?

【답변】 ➡ 할 수 없을 것으로 보입니다.

근저당권에 관하여 민법 제357조에 의하면 "①저당권은 그 담보할 채무의 최고액만을 정하고 채무의 확정을 장래에 보류하여 이를 설정할 수 있다. 이 경우에는 그 확정될 때까지의 채무의 소멸 또는 이전은 저당권에 영향을 미치지 아니한다. ②전항의 경우에는 채무의 이자는 최고액 중에 산입한 것으로 본다."라고 규정하고 있으며, 저당권의 피담보채권의 범위에 관하여는 민법 제360조에서 "저당권은 원본, 이자, 위약금, 채무불이행으로 인한 손해배상 및 저당권의 실행비용을 담보한다. 그러나 지연배상에 대하여는 원본의 이행기일을 경과한 후의 1년분에 한하여 저당권을 행사할 수 있다."라고 규정하고 있습니다.

그런데 위 사안에서와 같이 근저당권자의 채권총액이 채권최고액을 초과하는 경우, 채무자 겸 근저당권설정자가 위 채권최고액만을 변제하면 근저당권말소등기청구가 가능한지 문제됩니다.

이에 관하여 판례를 보면, "원래 저당권은 원본, 이자, 위약금, 채무불이행으로 인한 손해배상 및 저당권의 실행비용을 담보하는 것이며, 이것이 근저당에 있어서의 채권최고액을 초과하는 경우에 근저당권자로서는 그 채무자 겸 근저당권설정자와의 관계에 있어서는 그 채무의 일부인 채권최고액과 지연손해금 및 집행비용만을 받고 근저당권을 말소시켜야 할 이유는 없을 뿐 아니라, 채무금

전액에 미달하는 금액의 변제가 있는 경우에 이로써 우선 채권최
고액 범위의 채권에 변제·충당한 것으로 보아야 한다는 이유도
없으니, 채권 전액의 변제가 있을 때까지 근저당의 효력은 잔존채
무에 여전히 미친다고 할 것이고, 근저당에 의하여 담보되는 채권
액의 범위는 차순위 담보권자, 담보물의 제3취득자 및 단순한 물
상보증인으로서의 근저당권설정자에 대한 관계에서 거론될 수 있
을 것이다."라고 하였습니다(대법원 2001. 10. 12. 선고 2000다
59081 판결, 1981. 11. 10. 선고 80다2712 판결).

따라서 위 사안에서 甲은 위 근저당권최고액만을 변제하고 위
근저당권의 말소등기절차이행청구를 할 수 없을 것으로 보입니다.

◘ 동일채권으로 부동산 및 선박에 저당 설정한 경우 민법상 공동저당인지

【질의】 ➡ 甲은 乙에 대한 채권의 담보로 乙소유 선박에 제2순위 근저당권을 설정하였습니다. 그런데 乙의 다른 채권자 丙은 乙소유 토지와 위 선박에 각각 제1순위 근저당권을 설정해두었으며, 丙이 선박에 대하여서만 담보권실행을 위한 경매를 신청하여 위 선박이 매각되었고, 선박의 매각대금 배당절차에서 丙은 제1순위자로서 그의 채권전액을 배당 받았으나 甲은 그의 채권의 2분의 1 정도만 배당 받게 되었습니다. 이러한 경우 甲이 丙이 乙소유의 위 토지에 설정해둔 제1순위의 근저당권을 대위 하여 행사할 수는 없는지요?

【답변】 ➡ 대위할 수 없을 것으로 보입니다.

공동저당과 대가의 배당, 차순위자의 대위에 관하여 민법 제368조에 의하면 "①동일한 채권의 담보로 수 개의 부동산에 저당권을 설정한 경우에 그 부동산의 경매대가를 동시에 배당하는 때에는 각 부동산의 경매대가에 비례하여 그 채권의 분담을 정한다.

②전항의 저당부동산 중 일부의 경매대가를 먼저 배당하는 경우에는 그 대가에서 그 채권전부의 변제를 받을 수 있다. 이 경우에 그 경매한 부동산의 차순위저당권자는 선순위저당권자가 전항의 규정에 의하여 다른 부동산의 경매대가에서 변제를 받을 수 있는 금액의 한도에서 선순위자를 대위 하여 저당권을 행사할 수 있다."라고 규정하고 있습니다.

그런데 동일채권의 담보로 부동산과 선박에 대하여 저당권이 설정된 경우 민법 제368조 제2항 후문이 적용 또는 유추적용 되는지에 관하여 판례를 보면, "동일한 채권의 담보로 부동산과 선박에 대하여 저당권이 설정된 경우에는 민법 제368조 제2항 후문의 규정이 적용 또는 유추적용 되지 아니하므로 동일한 채권을 담보하기 위하여 부동산과 선박에 선순위 저당권이 설정된 후 선박에 대하여서만 후순위 저당권이 설정된 경우 먼저 선박에 대하여 담보권 실행절차가 진행되어 선순위 저당권자가 선박에 대한 경매대가에서 피담보채권 전액을 배당 받음으로써 선박에 대한 후순위 저당권자가 부동산과 선박에 대한 담보권 실행절차가 함께 진행되어 동시에 배당을 하였더라면 받을 수 있었던 금액보다 적은 금액만을 배당 받게 되었다고 하더라도 선박에 대한 후순위 저당권자는 민법 제368조 제2항 후문의 규정에 따라 부동산에 대한 선순위 저당권자의 저당권을 대위 할 수 없다고 할 것이다."라고 하였습니다(대법원 2002. 7. 12. 선고 2001다53264 판결).

따라서 위 ,사안에서도 甲은 丙의 위 토지에 대한 제1순위 근저당권을 대위 할 수 없다고 할 것입니다.

◎ 양도담보권설정자의 채권자가 경매신청시 양도담보권자의 보호

【질의】 ➡ 저는 甲에게 1,000만원을 빌려주면서 그 채무이행을 담보하기 위하여 甲소유의 기계에 대한 양도담보계약을 체결하면서 점유개정(占有改定)의 방법으로 그 점유를 이전하고 이를 공증하면서 채무불이행시에는 강제집행을 수락한다는 내용까지 포함하였습니다. 그런데 저도 모르는 사이 甲의 일반채권자 乙이 위 기계에 대한 강제집행을 신청하여 그 매각대금에서 배당을 받아갔고, 매수인은 선의취득의 방법으로 위 기계의 소유권을 취득하였습니다. 이 경우 저의 동산양도담보권은 어떻게 보호받을 수 있는지요?

【답변】 ➡ 부당이득반환청구소송을 제기하여야 합니다.

점유개정(占有改定)이라 함은 의사표시만으로 이루어지는 점유이전방법의 하나로서 목적물을 양도한 후에도 그 목적물을 양도인이 계속해서 점유하고, 점유이전의 합의만으로써 점유는 이전되며, 양수인은 양도인을 직접점유자로 하여 스스로는 간접점유를 취득하게 되는 것을 말합니다.

이와 같이 점유개정에 있어서는 양도를 한 후에도 점유는 여전히 양도인이 가지기 때문에 외부에서는 양수인에게 권리가 이전되었다는 것을 알 수 없는 것입니다.

민법은 제196조 제2항 및 제189조에서 이를 명문으로 인정하고 있는바, 이를 보면 "점유권의 양도는 점유물의 인도로 그 효력이 생긴다. 동산에 관한 물권을 양도하는 경우에 당사자의 계약으로 양도인이 그 동산의 점유를 계속하는 때에는 양수인이 인도 받은 것으로 본다."라고 규정하고 있습니다. 또한, 민법 제741조에 의하면 "법률상 원인 없이 타인의 재산 또는 노무로 인하여 이익을 얻고 이로 인하여 타인에게 손해를 가한 자는 그 이익을 반환하여야 한다."라고 규정하고 있습니다.

그러므로 위 사안과 같이 점유개정의 방법에 의한 동산양도담보권자가 타인에 의하여 그 권리를 침해당한 경우 그로 인해 얻은 타인의 이익을 법률상 원인 없는 부당이득으로 보아 그 반환청구를 할 수 있는지 문제될 수 있습니다.

이에 관한 판례를 보면 "동산에 대하여 양도담보권설정계약이 이루어진 경우에 양도담보권자는 양도담보권설정자를 제외한 제3자에 대한 관계에 있어서는 자신이 그 동산의 소유자임을 주장하여 권리를 행사할 수 있다."라고 하였으며(대법원 1999. 9. 7. 선고 98다47283 판결), 또한 "집행채무자의 소유가 아닌 경우에도 강제집행절차에서 그 유체동산을 경락 받아 경락대금을 납부하고 이를 인도 받은 경락인은 특별한 사정이 없는 한 그 소유권을 선의취득한다 할 것인바, 일반채권자가 채무자에 의해 제3자에게 양도담보로 제공한 동산에 대하여 강제집행을 신청하여 배당을 받은 경우, 경락으로 인하여 경락인이 그 소유권을 선의취득의 방법으로 취득하고 이에 따라 양도담보권자는 그 소유권을 상실하게 되는 결과 일반채권자는 채무자 아닌 제3자 소유의 동산에 대한 경락대금을 배당 받음으로써 법률상 원인 없이 이득을 얻고 그로 인하여 양도담보권자는 손해를 입었으므로, 양도담보권자에 대하여 이를 부당이득으로서 반환할 의무가 있다."라고 하였습니다(대법원 1998. 6. 12. 선고 98다6800 판결, 1997. 6. 27. 선고 96다51332 판결).

따라서 위 사안에서 기계의 선의취득자인 매수인에 대하여는 대항할 수 없을 것이고, 양도담보된 동산을 강제집행신청하여 자기의 채권을 만족 받은 일반채권자는 채무자 아닌 제3자소유의 동산에 대한 매각대금을 배당 받음으로써 법률상 원인 없이 이득을 얻고 그로 인하여 양도담보권자에게 손해를 입혔다 할 것이므로, 양도담보권자인 귀하는 위 일반채권자 乙을 상대로 부당이득반환청구소송을 제기하여 보호받을 수 있을 것으로 보입니다.

◙ 공장저당권의 실행으로 양도담보된 기계 경매시 양도담보권자의 권리

【질의】 ➡ 저는 甲에게 1억원을 빌려주면서 甲소유 공장의 건물과 그 공장 내 설비에 대하여 공장저당권을 설정하였습니다. 그런데 甲은 채무변제기일이 지나도록 1억원을 지급하지 않고 있어서 저는 공장저당권에 기한 경매를 신청하였고, 공장과 그 설비 등은 모두 1억원에 매각되었습니다. 그런데 공장 내 설비 중 기계 일부가 저의 공장저당권설정 전에 이미 양도담보로 乙에게 제공되어 있었던 것이었으나 경매목록에 기재되어 있었습니다. 저는 경매대금에서 저의 채권을 만족 받았기에 종료된 것으로 생각했는데, 乙은 그 기계 부분에 대한 배당금을 반환하라고 합니다. 이 경우 乙의 주장이 타당한지요?

【답변】 ➡ 타당합니다.

위 사안과 같이 양도담보로 제공된 공장 내 일부 기계가 공장 저당권에 기한 일괄매각으로 그 소유권이 이전된 경우 양도담보권 자의 권리보호가 문제됩니다.

관련 판례를 보면 "동산에 대하여 양도담보권설정계약이 이루어 진 경우에 양도담보권자는 양도담보권설정자를 제외한 제3자에 대한 관계에 있어서는 자신이 그 동산의 소유자임을 주장하여 권리를 행사할 수 있다."라고 하였습니다(대법원 1999. 9. 7. 선고 98 다47283 판결).

또한 "채무자 이외의 자의 소유에 속하는 동산을 경매한 경우에 도 경매절차에서 그 동산을 경락 받아 경락대금을 납부하고 이를 인도 받은 경락인은 특별한 사정이 없는 한 소유권을 선의취득 한 다고 할 것이지만, 그 동산의 매득금은 채무자의 것이 아니어서 채권자가 이를 배당 받았다고 하더라도 채권은 소멸하지 않고 계속 존속한다고 할 것이므로, 배당을 받은 채권자는 이로 인하여 법률상 원인 없는 이득을 얻고 소유자는 경매에 의하여 소유권을 상실하는 손해를 입게 되었다고 할 것이니, 그 동산의 소유자는 배당을 받은 채권자에 대하여 부당이득으로서 배당 받은 금원의 반환을 청구할 수 있다고 할 것인바, 이와 같은 이치는 제3자 소유의 기계·기구가 그의 동의 없이 공장저당법 제4조, 제5조의 규정에 의한 저당권의 목적이 되어 공장저당법 제7조의 목록에 기재되는 바람에 공장에 속하는 토지 또는 건물과 함께 일괄경매되어 경락되고 채권자가 그 기계·기구의 경락대금을 배당 받은 경우에도 경락인이 그 기계·기구의 소유권을 선의취득 하였다면 마찬가지라고 보아야 한다."라고 하였습니다(대법원 1998. 10. 12. 선고 98그64 결정, 1998. 6.12. 선고 98다6800 판결, 1998. 3. 27. 선고 97다32680 판결).

따라서 위 乙에게 양도담보된 기계는 귀하의 공장저당권에서 제외되었어야 할 부분이었으나 일괄매각 되었고 귀하는 그로부터 배당금을 수령한 것이므로, 이는 채무자 이외의 자의 소유에 속하는 동산의 매각대금으로서 부당이득이 된다고 볼 수 있어 이를 반환할 의무가 있다고 할 것입니다.

◎ 토지수용보상금 중 담보물권자의 채권을 공제한 잔액에 대한 압류의 효력

【질의】 ➡ 저는 甲에 대한 대여금 1,000만원의 채권으로 甲소유 토지의 수용으로 인한 손실보상금에 대하여 채권압류 및 전부명령을 신청하면서 압류될 채권의 범위를 선순위로 설정된 乙의 근저당권에 의하여 담보되는 금액을 공제한 잔액으로 하였습니다. 그런데 근저당권자인 乙은 근저당권등기만을 믿고서 공익사업을위한토지등의취득및보상에관한법률 제47조 단서에 의한 압류 등을 하지 않았습니다. 이러한 경우도 저의 채권압류 및 전부명령의 효력은 乙의 근저당채권액을 공제한 잔액에 대해서만 미치는지요?

【답변】 ➡ 근저당채권액을 공제한 잔액에 대해서만 효력이 미칩니다.

공익사업을위한토지등의취득및보상에관한법률 제47조에 의하면 "담보물권의 목적물이 수용 또는 사용된 경우 당해 담보물권은 그 목적물의 수용 또는 사용으로 인하여 채무자가 받을 보상금에 대하여 행사할 수 있다. 다만, 그 지급 전에 이를 압류하여야 한다."라고 규정하고 있습니다.

판례도 "토지수용법 제69조(현행 공익사업을위한토지등의취득및보상에관한법률 제47조)가 담보물권의 목적물이 수용되었을 경우 보상금에 대하여 당해 담보물권을 행사하기 위한 요건으로서 그 지불 전에 압류할 것을 요구하는 이유는, 보상금이 소유자의 일반재산에 혼입되기 전까지, 즉 특정성이 유지·보전되고 있는 한도 안에서 우선변제권을 인정하고자 함에 있고(대법원 1992. 7. 10. 자 92마380, 92마381 결정), 민사소송법 제733조(현행 민사집행법 제273조), 제580조(현행 민사집행법 제247조)의 각 규정의 취지에 비추어 보면 위와 같은 방법의 물상대위권의 권리실행은 늦어도 민사소송법 제580조(현행 민사집행법 제247조)에서 규정하고 있는 배당요구의 종기(즉, 제3채무자의 공탁사유신고시)까지 하여야만 물상대위권자의 우선변제권이 확보되는 것이고, 그 이후에는 그런 권리가 없다고 봄이 상당하다."라고 하였습니다(대법원 1994. 11. 22. 선고 94다25728 판결).

그러므로 이것을 고려하여 일반채권자가 채무자의 부동산수용에 따른 손실보상금에 대한 채권압류 및 전부명령신청시 피전부채권의 표시에서 담보물권자의 담보채권액을 공제한 잔액만을 피전부채권으로 하였으나, 담보물권자가 담보채권에 기한 채권압류 등을 하지 않았을 경우에도 일반채권자의 채권압류 및 전부의 범위를 담보채권액을 공제한 잔액에 한정하여야 하는지 문제됩니다.

그러나 위 사안과 관련된 판례를 보면, "채권압류 및 전부명령의 피전부채권의 표시를 '채무자가 제3채무자에 대하여 가지는 부동산수용에 따른 손실보상금청구채권 중 그 부동산에 관하여 경료된 담보목적가등기에 의하여 담보된 채권액을 공제한 나머지 금액 중 청구금액에 이르기까지의 금액'으로 하고 있는 경우, 그 채권압류 및 전부명령에 의하여 압류 및 전부된 채권은 가등기담보권자가 토지수용법 제69조(현행 공익사업을위한토지등의취득및보상에관한법률 제47조) 소정의 압류를 하였는지 여부에 관계없이 그 명령의 문면자체가 표현하고 있는 바에 따라 그 손실보상금에서 가등기에 의하여 담보되는 채권액을 공제한 금액이라고 보아야 할 것이지, 가등기담보권자가 토지수용법 제69조(현행 공익사업을위한토지등의취득및보상에관한법률 제47조)에 따른 채권압류 등을 한 경우에는 위 손실보상금에서 가등기에 의하여 담보되는 가등기담보권자의 채권액을 공제한 금액이 압류 및 전부되지만 그러한 압류를 하지 아니한 경우에는 가등기담보권자의 채권액을 공제하지 아니한 금액이 압류 및 전부된다고 해석할 수는 없다."라고 하였습니다(대법원 1995. 9. 15. 선고 93다48458 판결).

따라서 위 사안에서도 귀하의 채권압류 및 전부의 효력은 담보물권자의 담보채권액을 공제한 잔액에 한하여 미칠 수밖에 없을 것입니다.

◎ 돈을 빌려주고 소유권이전등기청구권을 가등기 해둔 경우 채권 회수 방법

【질의】 ➡ 저는 甲에게 1,000만원을 빌려주면서 그 담보로 甲소유의 주택에 소유권이전등기청구권가등기를 설정하였는데, 甲은 변제기일이 지났음에도 위 돈을 변제하지 않고 있습니다. 위 주택에는 저의 가등기에 앞서는 乙의 근저당권(채권최고액 1,500만원)이 설정되어 있는바, 제가 어떻게 하면 빌려준 돈을 쉽게 받을 수 있는지요?

【답변】 ➡ 경매 또는 담보권실행을 청구하면 됩니다.

귀하가 甲에게 돈을 대여하고 그 담보조로 甲소유의 주택에 소유권이전청구권가등기를 하였다면, 이것은 '담보가등기(擔保假登記)'로서 가등기담보등에관한법률에 의하여 담보권실행의 절차를 밟아 채권을 회수할 수 있습니다. 즉, 담보가등기권리자는 그의 선택에 따라 청산절차를 밟아 채권대신에 목적부동산의 소유권을 취득하든지 아니면 법원에 목적부동산의 경매를 신청하여 채권을 회수할 수 있습니다.

우선, 채권자는 목적부동산의 시가를 평가하여 그 평가액에서 채권액을 공제한 금액, 즉 청산금액을 채무자에게 통지하고 2개월 간의 청산기간이 경과한 후 청산금을 지급하고 가등기에 기한 본등기를 청구하여 소유권을 취득함으로써 채권회수에 대신할 수 있습니다.

그리고 그 주택에 저당권 등 선순위담보권이 설정되어 있을 때에는 선순위담보권에 의하여 담보된 채권액도 함께 공제하고 청산금을 정하여야 합니다(가등기담보등에관한법률 제4조 제1항).

담보권실행의 통지에 관한 판례에서도 "가등기담보등에관한법률에 의하면 가등기담보권자가 담보권실행을 위하여 담보목적 부동산의 소유권을 취득하기 위해서는 그 채권의 변제기 후에 소정의 청산금평가액 또는 청산금이 없다고 하는 뜻을 채무자 등에게 통지하여야 하고, 이때의 채무자 등에는 채무자와 물상보증인뿐만 아니라 담보가등기 후 소유권을 취득한 제3취득자가 포함되는 것이므로, 위 통지는 이들 모두에게 하여야 하는 것으로서 채무자 등의 전부 또는 일부에 대하여 통지를 하지 않으면 청산기간이 진행할 수 없게 되고, 따라서 가등기담보권자는 그 후 적절한 청산금을 지급하였다 하더라도 가등기에 기한 본등기를 청구할 수 없으며, 양도담보의 경우에는 그 소유권을 취득할 수 없다."라고 하였습니다(대법원 1995. 4. 28. 선고 94다36162 판결).

또한, 채권자로서는 위와 같은 절차를 밟지 아니하고 법원에 담보가등기된 부동산의 경매를 신청한다면, 경매절차에서 담보가등기는 저당권과 동일한 취급을 받으므로 매각대금에서 채권최고액 1,500만원의 근저당권 다음으로 우선배당을 받아 채권의 만족을 받을 수 있을 것입니다.

따라서 귀하는 위 두 가지 방법 중 편리한 방법을 선택하여 채권을 회수할 수 있을 것으로 보입니다.

◎ 채권자 아닌 제3자 명의로 설정된 담보가등기의 효력

【질의】 ➡ 丙은 甲회사와의 거래관계로 인하여 발생한 물품대금을 지급하지 못하였고, 甲회사에서는 丙에게 위 물품대금채무를 독촉하다가 그 채권의 담보로 丙소유 부동산을 甲회사의 채권담당직원 乙의 명의로 가등기를 해두었습니다. 그런데 위 담보가등기가 甲회사의 승낙 없이 말소되었고, 위 담보가등기의 회복청구에 있어서 丙은 위 담보가등기는 丙과 乙 사이에 아무런 채권채무관계가 없음에도 불구하고 단지 丙의 甲회사에 대한 물품대금채무를 담보하기 위하여 甲회사의 요구에 따라 乙명의로 경료된 명의신탁등기에 해당하고, 이는 부동산실권리자명의등기에관한법률 제4조 규정에 따라 원인무효로서 말소됨이 마땅하다고 주장하고 있습니다. 이 경우 위와 같은 담보가등기가 무효인지요?

【답변】 ➡ 유효합니다.

부동산실권리자명의등기에관한법률 제4조에 의하면 명의신탁약정의 효력에 관하여 "①명의신탁약정은 무효로 한다. ②명의신탁약정에 따라 행하여진 등기에 의한 부동산에 관한 물권변동은 무효로 한다. 다만, 부동산에 관한 물권을 취득하기 위한 계약에서 명의수탁자가 그 일방당사자가 되고 그 타방당사자는 명의신탁약정이 있다는 사실을 알지 못한 경우에는 그러하지 아니하다."라고 규정하고 있습니다.

그런데 채권자 아닌 제3자 명의로 설정된 저당권 또는 채권담보목적의 가등기의 효력에 관한 판례를 보면, "채권담보의 목적으로 채무자 소유의 부동산을 담보로 제공하여 저당권을 설정하는 경우에는 담보물권의 부종성의 법리에 비추어 원칙적으로 채권과 저당권이 그 주체를 달리할 수 없는 것이지만, 채권자 아닌 제3자의 명의로 저당권등기를 하는데 대하여 채권자와 채무자 및 제3자 사이에 합의가 있었고, 나아가 제3자에게 그 채권이 실질적으

로 귀속되었다고 볼 수 있는 특별한 사정이 있거나, 거래경위에
비추어 제3자의 저당권등기가 한낱 명목에 그치는 것이 아니라
그 제3자도 채무자로부터 유효하게 채권을 변제 받을 수 있고 채
무자도 채권자나 저당권 명의자인 제3자 중 누구에게든 채무를
유효하게 변제할 수 있는 관계 즉 묵시적으로 채권자와 제3자가
불가분적 채권자의 관계에 있다고 볼 수 있는 경우에는 그 제3자
명의의 저당권등기도 유효하다고 볼 것인바, 이러한 법리는 저당
권의 경우뿐 아니라 채권담보를 목적으로 가등기를 하는 경우에도
마찬가지로 적용된다고 보아야 할 것이고, 이러한 법리가 부동산
실권리자명의등기에관한법률에 규정된 명의신탁약정의 금지에 위
반된다고 할 것은 아니다."라고 하였습니다(대법원 2000. 12. 12.
선고 2000다49879 판결, 1995. 9. 26. 선고 94다33583 판결,
2000. 1. 14. 선고 99다51265, 51272 판결).

그렇다면 위 사안에서 乙을 근저당권자로 한 위 담보가등기는
유효하고 부동산실권리자명의등기에관한법률 제4조에 따라 원인무
효라는 丙의 주장은 받아들여지지 않을 것으로 보입니다.

❂ 다른 이유로 소유권 이전 받은 후 가등기에 기한 본등기 이행청 구 가능여부

【질의】 ➡ 甲은 처인 乙에게 주택 및 대지를 명의신탁 한 후 乙의 사 업상 발생되는 채무로 인하여 위 부동산에 압류 등의 조치가 발생 되는 것에 대비하여 甲을 가등기권리자로 하는 소유권이전등기청구 권보전을 위한 가등기를 해두었습니다. 그런데 위 부동산의 가등기 후에 丙·丁의 부동산가압류가 되었으며, 그로 인하여 乙과의 불 화도 찾아져 위 부동산에 대하여 명의신탁해지로 인한 소유권이전 등기를 甲에게로 하였습니다. 그러나 위 소유권이전등기가 가등기 에 기한 본등기로 행해진 것이 아니고 별도의 등기가 행해짐으로 인하여 그 소유권이전등기는 丙·丁의 가압류 이후에 행해진 것으 로서 丙·丁에게 대항할 수 없게 되었습니다. 이 경우 甲이 다시 가압류보다 선순위인 위 가등기에 기한 본등기를 할 수는 없는지 요?

【답변】 ➡ 할 수 있습니다.

　　부동산등기법 제6조 제2항에 의하면 가등기의 순위보전적 효력 에 관하여 "가등기를 한 경우에는 본등기의 순위는 가등기의 순위 에 의한다."라고 규정하고 있습니다.

　　그리고 민법 제191조 제1항에 의하면 혼동(混同)으로 인한 물 권의 소멸에 관하여 "동일한 물권에 대한 소유권과 다른 물권이 동일한 사람에게 귀속한 때에는 다른 물권은 소멸한다. 그러나 그 물권이 제3자의 권리의 목적이 된 때에는 소멸하지 아니한다."라 고 규정하고 있으며, 민법 제507조에서도 "채권과 채무가 동일한 주체에 귀속한 때에는 채권은 소멸한다. 그러나 그 채권이 제3자 의 권리의 목적인 때에는 그러하지 아니하다."라고 규정하고 있습 니다.

　　그런데 명의신탁자가 장차 소유권이전등기청구권보전을 위한 가등기를 경료한 후 가등기와는 상관없이 소유권이전등기를 넘겨받은 경우, 가등기에 기한 본등기청구권이 혼동으로 소멸되는지에 관하여 판례를 보면, "채권은 채권과 채무가 동일한 주체에 귀속한 때에 한하여 혼동으로 소멸하는 것이 원칙이므로, 어느 특정의 물건에 관한 채권을 가지는 자가 그 물건의 소유자가 되었다는 사정만으로는 채권과 채무가 동일한 주체에 귀속한 경우에 해당한다고 할 수 없어 그 물건에 관한 채권이 혼동으로 소멸하는 것은 아닌바, 토지를 乙에게 명의신탁하고 장차의 소유권이전의 청구권 보전을 위하여 자신의 명의로 가등기를 경료한 甲이, 乙에 대하여 가지는 가등기에 기한 본등기청구권은 채권으로서, 甲이 乙을 상속하거나 乙의 가등기에 기한 본등기절차이행의 의무를 인수하지 아니하는 이상, 甲이 가등기에 기한 본등기절차에 의하지 아니하고 乙로부터 별도의 소유권이전등기를 경료받았다고 하여 혼동의 법리에 의하여 甲의 가등기에 기한 본등기청구권이 소멸하는 것은 아니다."라고 하였으며, "부동산에 관한 소유권이전청구권보전을 위한 가등기 경료 이후에 다른 가압류등기가 경료되었다면, 그 가등기에 기한 본등기절차에 의하지 아니하고 별도로 가등기권자 명의의 소유권이전등기가 경료되었다고 하여 가등기권리자와 의무자 사이의 가등기약정상의 채무의 본지에 따른 이행이 종료되었다고 할 수는 없으니, 특별한 사정이 없는 한, 가등기권자는 가등기의무자에 대하여 그 가등기에 기한 본등기절차의 이행을 구할 수도 있다."라고 하였습니다(대법원 2002. 7. 26. 선고 2001다73138, 73145 판결, 1995. 12. 26. 선고 95다29888 판결).

따라서 위 사안에 있어서도 丙·丁의 가압류가 있는 경우에는 甲이 위 부동산의 소유권이전등기를 받았다고 하여도 위 가등기가 혼동으로 소멸되었다고 할 수는 없을 것이며, 甲은 가등기에 기한 본등기절차이행청구를 할 수 있을 것으로 보입니다.

그리고 가등기에 기한 본등기가 경료되면 가등기 이후의 丙·丁의 가압류 및 甲의 소유권이전등기가 모두 직권말소 될 것으로 보입니다.

◙ 금전거래에 있어서 확실한 이행확보 방법

> 【질의】 ➡ 저는 甲에게 1,000만원을 빌려주면서 1년 후 받기로 하
> 였습니다. 어떤 방법을 취해 놓으면 1년 후 변제기에 확실하게 받
> 을 수 있겠는지요?

【답변】 ➡ 부동산에 저당권을 설정하는 방법등이 있습니다.

금전거래에 있어서 채무자가 갚을 날짜에 갚지 않을 경우 채권
자는 돈을 받기 위하여 법원에 소송을 제기하여 판결을 받아 강제
집행을 하여야 하는데, 이것은 많은 시간과 비용이 들고, 나아가
이러한 절차를 밟고도 돈을 받지 못하는 경우가 많이 있습니다.

그러나 사회생활상 빈번히 발생하는 금전거래는 피할 수 없는
것으로써 이로 인한 채권확보방법 등에 주의를 기울일 필요가 있
는 것입니다. 특히 돈을 빌려주는 경우의 채권확보방법을 보면,
①채무자 甲의 부동산에 저당권을 설정하는 방법, ②甲의 동산이
나 부동산에 양도담보를 설정하는 방법, ③甲의 부동산에 대하여
대물변제예약을 하는 방법, ④금전소비대차계약공정증서 또는 약
속어음공정증서를 작성하는 방법 등이 있습니다.

이와 같은 방법들 중에서 당사자의 사정에 맞추어 선택하면 될
것입니다. 위 방법들 중에서 저당권설정, 부동산양도담보, 대물변
제예약의 경우에는 당사자 사이에 설정계약을 한 후 등기를 하여
야 하고, 동산양도담보 및 금전소비대차계약공증, 약속어음공증의
경우에는 공증인사무소에서 공증의뢰를 하면 될 것입니다.

◎ 채권자가 협력하지 않을 경우 계약해제 및 손해배상청구

【질의】 ➡ 저는 영세봉제업체를 운영하는데 1주일 전 甲에게 아동복 3,000벌을 만들어 주기로 하는 계약을 체결하면서, 원단은 계약 후 3일 이내 甲으로부터 공급받기로 하였습니다. 저는 甲과의 계약물량을 만들기 위하여 기능공을 2명 더 채용하였고, 다른 업체로부터의 주문도 거절하면서 甲이 원단을 공급해주면 즉시 작업에 착수할 모든 준비를 갖추고 있었으나, 甲은 원단을 구하기가 어려우니 기다리라고만 하고 있습니다. 저는 甲의 원단공급지연으로 인해 계속적인 손해가 발생하고 있어 법적 조치를 강구하고자 합니다. 어떤 방법이 있는지요?

【답변】 ➡ 계약의 해제와 손해배상의 청구를 동시에 하면 됩니다.

채무자가 채무내용을 실현하기 위해서는 다소간에 채권자의 협력을 필요로 하는 경우가 매우 많은데, 위 사안의 경우와 같이 채권자인 甲이 공급하는 원단을 사용하여 아동복을 만드는 채무에 있어서 甲의 원단공급협력이 필요하고, 금전을 지급하는 채무에 있어서도 지급되는 금전의 수령이라는 협력이 필요한 것입니다.

그런데 채무자가 자기가 부담하는 채무를 이행하기 위해 채무내용에 좇은 이행의 제공을 하였음에도 불구하고 채권자의 협력이 없기 때문에 이행이 완료되지 못하고, 따라서 채무자는 여전히 채무에 구속되며 이행의 지연으로 발생하는 부담이나 불이익 등을 모두 감수하라는 것은 불공평하므로, 민법 제400조 내지 제403조에 의하면 신의성실(信義誠實)의 원칙에 따라 채권자와 채무자 사이의 이해관계를 조절하여 공평하게 처리하기 위하여 '채권자지체(債權者遲滯)'에 관한 규정을 두고 있습니다.

먼저, 채무자는 채권자지체로 생긴 손해의 배상을 청구할 수 있습니다(민법 제390조, 제393조). 그리고 채무자는 수령이 가능한 때에는 상당한 기간을 정하여 수령을 최고하고 채권자가 그 기간

내에 수령하지 않으면 계약을 해제할 수 있으며(민법 제544조), 정기행위(계약의 성질 또는 당사자의 의사표시에 의하여 일정한 시일 또는 일정한 기간 내에 이행하지 아니하면 계약의 목적을 달성할 수 없을 경우)나 수령이 불가능한 때에는 최고 없이 곧 계약을 해제할 수 있습니다(민법 제545조 내지 제546조).

또한, 채권자지체 중에는 주의의무가 경감되어 채무자는 고의 또는 중대한 과실이 있는 경우에만 책임을 지고(민법 제401조), 이자(利子)있는 채권이라도 채무자는 이자를 지급할 의무가 없으며(민법 제402조), 채권자지체로 인하여 목적물의 보관 또는 변제의 비용이 증가된 때에는 그 증가액을 채권자에게 청구할 수 있습니다(민법 제401조 내지 제403조).

그리고 쌍무계약의 당사자 일방의 채무가 채권자의 수령지체 중에 당사자 쌍방의 책임 없는 사유로 이행할 수 없게 된 때에는 채무자는 상대방의 이행을 청구할 수 있는데, 이 경우 채무자가 자기 채무를 면함으로써 이익을 얻은 때에는 이를 채권자에게 상환하여야 합니다(민법 제538조).

위 사안의 경우 귀하가 아동복 제조라는 도급계약상의 채무를 이행하기 위해서는 채권자인 甲의 원단공급이 필수적임에도 불구하고, 甲이 이러한 협력의무를 이행치 않아 귀하가 계약을 이행할 수 없는 상태에 있는 것이므로 甲은 채권자지체에 빠져 있다고 볼 수 있고, 따라서 귀하는 위에서 설명한 채권자지체의 효과인 계약해제, 손해배상청구 등을 통하여 구제 받을 수 있다고 할 것입니다. 계약의 해제는 손해배상의 청구에 영향을 미치지 아니하므로(민법 제551조), 계약의 해제와 손해배상의 청구를 동시에 할 수도 있습니다. 그리고 귀하가 甲에게 원단공급요청을 최고할 때에 배달증명부 내용증명우편을 이용하시면 향후 이러한 최고여부가 문제되었을 경우 그 증거로 삼을 수 있습니다.

◎ 상인간 이자약정 없는 1주일 기한의 대여금채권의 이자

【질의】 ➡ 저는 신발가게를 운영하는 자로서, 이웃에서 슈퍼를 운영하는 甲이 슈퍼에서 판매할 물품을 구입하기 위하여 자금이 필요하다고 하여 1,000만원을 빌려주고 차용증을 받았습니다. 그 당시 甲이 일주일 내로 갚겠다고 하여 이자를 정하지 않았는데, 아직까지 갚지 않고 차일피일 미루고만 있어 대여금청구소송을 준비중인데, 이자를 정하지 않은 경우에도 이자를 청구할 수 있는지요?

【답변】 ➡ **청구할 수 있습니다.**

상법 제55조 제1항은 "상인간에서 금전의 소비대차를 한 때에는 대주(貸主)는 법정이자를 청구할 수 있다."라고 규정하고 있습니다. 그리고 상인이 영업을 위하여 하는 행위는 상행위로 보고, 상인의 행위는 영업을 위하여 하는 것으로 추정됩니다(상법 제47조 제1항, 제2항).

그러므로 슈퍼를 운영하는 甲이 물품구입자금을 빌리는 행위는 반증이 없는 한, 영업을 위한 것으로 추정되어 상행위로 인정받을 수 있을 것으로 보이며, 상법상 상행위로 인한 채무의 법정이율은 연 6푼으로 한다고 규정되어 있으므로, 이자를 정하지 않은 경우에도 상사법정이율인 연 6푼의 이자청구는 가능하다할 것입니다(상법 제54조).

따라서 귀하의 경우 甲에게 대여한 1,000만원과 이에 대한 상사법정이자 연 6푼의 비율에 의한 이자 및 지연손해금을 청구할 수 있으며, 또한 대여금청구의 소장이 상대방에게 송달된 다음 날부터는 연 2할의 비율에 의한 지연손해금을 청구할 수 있을 것입니다(소송촉진등에관한특례법 제3조).

참고로 민법상의 소비대차는 무상계약임이 원칙이므로 이자약정 없이 금전을 대여한 경우 이자청구는 불가능합니다. 그러나 이 경우에도 변제기 이후의 지연손해금은 민사법정이율인 연 5푼의 비율에 의하여 청구할 수 있을 것입니다(민법 제397조, 제379조).

◎ 이자부채권 양도시 변제기에 도달한 이자채권도 양도되는지

【질의】 ➡ 저는 甲에게 1,000만원을 1년 후 받기로 하면서 이자는 월 2푼으로 하여 빌려주었습니다. 그러나 변제기일이 지나서도 위 돈을 받지 못하던 중, 마침 乙에게 지급해야 할 물품대금채무 1,000만원의 지급조로 위 대여금반환채권을 乙에게 양도하면서 甲에게는 내용증명우편으로 그 양도통지를 하였습니다. 그런데 위 채권을 양도할 당시 이자채권에 대하여는 아무런 약정을 하지 않았으므로 변제기까지의 이자를 제가 청구할 수도 있는지요?

【답변】 ➡ 청구할 수 있습니다.

위 사안과 관련하여 채권양도에 있어서 이자채권도 당연히 양도되는지에 관한 판례를 보면, "이자채권은 원본채권에 대하여 종속성을 갖고 있으나, 이미 변제기에 도달한 이자채권은 원본채권과 분리하여 양도할 수 있고 원본채권과 별도로 변제할 수 있으며, 시효로 인하여 소멸되기도 하는 등 어느 정도 독립성을 갖게 되는 것이므로, 원본채권이 양도된 경우 이미 변제기에 도달한 이자채권은 원본채권의 양도당시 그 이자채권도 양도한다는 의사표시가 없는 한 당연히 양도되지는 않는다."라고 하였습니다(대법원 1989. 3. 28. 선고 88다카12803 판결).

따라서 위 사안에 있어서도 귀하가 乙에게 위 대여금반환청구채권을 양도하면서 이자채권까지도 양도한다는 특약이 없었던 경우라면, 변제기까지의 이자채권이 당연히 양도되었다고 볼 수 없으므로, 귀하는 甲에게 1,000만원에 대한 변제기까지의 이자를 청구할 수 있을 것입니다.

◎ 임가공료는 안주면서 추가납품만 요구시 선이행의무를 거절할 수 있는지

【질의】 ➡ 저는 甲으로부터 의류임가공을 하도급 받아 납품키로 하면서 임가공료는 매월 말일에 정산하여 60일 이내 지급키로 약정하였습니다. 그런데 甲은 처음 4개월분 임가공료만 제대로 지급하고 그 후 5개월분의 임가공료를 연체하면서 임가공제품의 납품만을 요구하고 있습니다. 이 경우 저는 임가공품의 납품을 계속하여야만 되는지요?

【답변】 ➡ 납품을 거절할 수 있습니다.

쌍무계약의 당사자일방은 상대방이 그 채무이행을 제공할 때까지 자기의 채무이행을 거절할 수 있고, 당사자일방이 상대방에게 먼저 이행하여야 할 경우에 상대방의 이행이 곤란할 현저한 사유가 있는 때에도 자기채무의 이행을 거절할 수 있습니다(민법 제536조).

판례도 "계속적 거래관계에 있어서 재화나 용역을 먼저 공급한 후 일정 기간마다 거래대금을 정산하여 일정 기일 후에 지급받기로 약정한 경우에 공급자가 선이행의 자기 채무를 이행하고 이미 정산이 완료되어 이행기가 지난 전기의 대금을 지급받지 못하였거나 후이행의 상대방의 채무가 아직 이행기가 되지 아니하였지만 이행기의 이행이 현저히 불안한 사유가 있는 경우에는 민법 제536조 제2항 및 신의성실의 원칙에 비추어 볼 때 공급자는 이미 이행기가 지난 전기의 대금을 지급받을 때 또는 전기에 대한 상대방의 이행기 미도래채무의 이행불안사유가 해소될 때까지 선이행의무가 있는 다음 기간의 자기 채무의 이행을 거절할 수 있다."라고 하였습니다(대법원 2002. 9. 4. 선고 2001다1386 판결)

또한, "계속적 임가공거래에 있어서 피고가 이미 정산이 완료되어 변제기가 지난 기간의 임가공비를 지급하지 못하였고, 이미 정산을 완료하였으나 변제기에 이르지는 아니한 기간의 임가공비에 대하여도 그 지급을 위한 아무런 유가증권도 교부하지 아니한 상 태였으므로, 원고로서는 피고와의 사이에 계속적 거래관계에 있어 서의 신뢰관계가 깨어져 정산완료된 이후의 임가공비를 그 변제기 에 지급 받을 수 있을지 여부가 현저히 불확실한 불안상태에 빠졌 다고 할 것이어서 민법 제536조 제2항 및 신의성실의 원칙에 비 추어 볼 때 이에 대하여 변제기 내의 지급을 보장할 수 있는 수 단을 확보할 수 있을 때까지는 선이행의무가 있는 자기 채무를 거 절할 수 있는 동시이행의 항변권(강학상 불안의 항변권)을 취득하 였다고 해석함이 상당하다."라고 하였습니다(대법원 1995. 2. 28. 선고 93다53887 판결).

따라서 귀하는 甲이 연체된 5개월분의 임가공료를 지급하기 전 까지는 임가공제품의 납품을 거절할 수 있을 것으로 보입니다.

◘ 권원 없이 타인토지 위에 시설물을 설치 · 사용한 자의 부당이득 반환범위

> **【질의】 ➡** 甲은 그의 대지에 인접한 토지의 소유자 乙이 경계를 침범하여 건물을 축조함으로 인하여 그 대지상에 건축최소면적이 확보되지 못하여 건물을 축조하지 못하고 방치할 수밖에 없었습니다. 이 경우 甲이 乙에게 정당한 권원 없는 점유로 인한 부당이득반환을 청구할 경우 乙이 일부를 침범한 토지 전체에 대한 부당이득을 반환청구 할 수 있는지요?

【답변】 ➡ 청구할 수 있습니다.

부당이득에 관하여 민법 제741조에 의하면 "법률상 원인 없이 타인의 재산 또는 노무로 인하여 이익을 얻고 이로 인하여 타인에게 손해를 가한 자는 그 이익을 반환하여야 한다."라고 규정하고 있습니다.

그런데 정당한 권원 없이 타인의 토지 일부분 위에 시설물을 설치 · 소유함으로써 토지소유자가 나머지 토지까지 사용할 수 없게 된 경우, 그 시설물 보유자가 반환할 부당이득의 범위에 관하여 판례를 보면, "타인의 토지 위에 정당한 권원 없이 시설물을 설치 · 소유함으로써 그 시설물에 관련된 법규에 의하여 이격거리를 두어야 하는바, 그로 인하여 나머지 토지 부분이 과소토지로 남게 되어 사실상 소유자가 그 과소토지부분을 자신이 원하는 용도로 사용할 수 없게 된 경우에, 그 토지의 소유자는 당해 토지 전부에 대한 사용불능으로 인한 손해를 입게 되었다 할 것이고 그 사용불능은 당해 시설물의 설치로 인하여 발생한 것이므로, 사회통념상 그 과소토지부분도 당해 시설물을 설치 · 소유한 자가 사용 · 수익하고 있다고 봄이 부당이득제도의 이념인 공평의 원칙에도 부합하므로, 타인의 토지 위에 정당한 권원 없이 시설물을 설치 · 소유한 자는 사용이 불가능하게 된 그 과소토지부분을 포함한 당해 토지 전부에 대한 임료상당의 이득을 소유자에게 반환할 의무를 진다."라고 하였습니다(대법원 2001. 3. 9. 선고 2000다70828 판결, 1995. 8. 25. 선고 94다27069 판결).

따라서 위 사안에서도 甲은 乙에 대하여 위 토지전부에 대한 임료상당의 부당이득반환을 청구해볼 수 있을 것으로 보입니다.

◎ '전세금 또는 융자금으로 공사대금을 지불한다' 는 공사도급계 약의 효력

【질의】 ➡ 甲은 乙에게 건물신축공사를 도급하면서 공사도급계약서상 '건축주는 공사가 끝난 뒤 전세금을 빼서 시공자에게 공사비로 주 고 그래도 모자라는 액수는 신축건물을 담보로 은행 및 신용금고에 서 융자를 받아 건축주는 시공자에게 지불한다.'라고 약정하였습니 다. 그런데 乙은 위 건물이 준공되자 곧바로 공사대금을 피보전권 리로 하여 위 건물에 대하여 부동산가압류신청을 하여 가압류결정 에 따라 위 건물에 대하여 甲명의의 소유권보존등기 및 부동산가압 류기입등기가 이루어졌습니다. 이 경우 甲은 乙이 가압류를 함으로 써 건물의 임대나 건물을 담보로 한 융자가 어려워 공사대금을 지 급하지 못한 것이므로 공사대금의 이행지체책임을 면하여 지연손해 금(지연이자)은 지급하지 않아도 되는지요?

【답변】 ➡ 지급해야 합니다.

채무불이행에 대한 손해배상에 관해서 민법 제390조에 의하면 "채무자가 채무의 내용에 좇은 이행을 하지 아니한 때에는 채권자 는 손해배상을 청구할 수 있다. 그러나 채무자의 고의나 과실 없 이 이행할 수 없게 된 때에는 그러하지 아니하다."라고 규정하고 있습니다. 그리고 도급계약에 있어서 보수의 지급시기에 관하여 민법 제665조 제1항에 의하면 "보수는 그 완성된 목적물의 인도 와 동시에 지급하여야 한다. 그러나 목적물의 인도를 요하지 아니 하는 경우에는 그 일을 완성한 후 지체 없이 지급하여야 한다."라 고 규정하고 있습니다.

그런데 공사도급계약상 신축건물의 전세금 또는 이를 담보로 한 융자금으로 공사비를 지불한다는 약정이 있는 경우, 공사수급인이 건물의 준공 직후 이를 가압류함으로써 건물의 임대나 이를 담보 로 한 은행융자가 사실상 어렵게 되었다는 사정을 들어 건축주가 이행지체책임을 면할 수 있는지에 관하여 판례를 보면, "'전세금 또는 융자금으로 공사대금을 지불한다.'는 공사도급계약의 규정은, 건물을 임대하거나 이를 담보로 융자를 받아야만 공사대금을 지급한다는 이른바 공사대금지급의 기한을 정한 것이라고 볼 수 없고, 나아가 건축주나 수급인에게 건물의 임대나 이를 담보로 한 은행 융자를 받음에 관하여 어떠한 권리를 부여하거나 의무를 부과하는 내용이라고 볼 수도 없는 것이므로, 수급인이 그 부동산을 가압류함으로써 일정한 범위 내에서 건물의 임대나 이를 담보로 한 은행 융자가 사실상 어렵게 되었다고 하더라도, 수급인이 자신의 채권을 보전하기 위한 필요에서 한 위 가압류를 들어 공사대금채무의 지체에 관한 건축주의 책임을 부정할 수는 없다."라고 하였습니다 (대법원 2001. 1. 30. 선고 2000다60685 판결).

따라서 위 사안의 경우에 있어서도 비록 乙이 건물이 완공되자마자 그 건물에 가압류를 하였다고 하더라도 공사대금의 지급지체의 책임을 면할 수 없으므로 지연손해금을 지급하여야 할 것으로 보입니다.

◎ 채무불이행으로 받은 제3자에 대한 채무부담이 채권자의 손해로 되는지

【질의】 ➡ 甲과 乙은 甲소유 건물 및 대지와 乙소유 임야를 교환하기로 하는 교환계약을 체결하면서, 위 건물 등을 담보로 한 甲의 丙은행에 대한 대출금채무와 위 건물의 임차인 丁에 대한 5,000만원의 임차보증금반환채무를 乙이 승계하기로 하고, 각 소유권이전등기에 필요한 서류를 교환하였습니다. 그런데도 乙은 위 건물 등에 관한 소유권이전등기를 신청하지 아니할 뿐만 아니라, 甲의 丙은행에 대한 대출원리금채무를 인수하는 절차를 밟지 아니하고, 그 대출금의 이자도 지급하지 않았으므로, 丙은행은 위 건물에 관하여 임의경매신청을 함과 동시에 甲소유의 다른 부동산을 가압류하고, 나아가 甲을 상대로 그 대출원리금청구소송을 제기하여 승소판결을 선고받았으며, 임차인 丁으로부터도 임차보증금반환청구소송을 제기 당하고, 甲소유의 다른 부동산이 가압류 당하였습니다. 이 상태에서 甲이 乙에 대하여 위 대출금채무 및 임차보증금반환채무, 그리고 그 이자 및 지연손해금을 손해배상으로 청구할 수 있는지요?

【답변】 ➡ 청구할 수 있습니다.

　　채무불이행과 손해배상에 관하여 민법 제390조에 의하면 "채무자가 채무의 내용에 좇은 이행을 하지 아니한 때에는 채권자는 손해배상을 청구할 수 있다. 그러나 채무자의 고의나 과실 없이 이행할 수 없게 된 때에는 그러하지 아니하다."라고 규정하고 있으며, 채무불이행으로 인한 손해배상의 범위에 관하여 민법 제393조에 의하면 "①채무불이행으로 인한 손해배상은 통상의 손해를 그 한도로 한다. ②특별한 사정으로 인한 손해는 채무자가 그 사정을 알았거나 알 수 있었을 때에 한하여 배상의 책임이 있다."라고 규정하고 있습니다.

　　그런데 채무불이행으로 인하여 채권자가 제3자에 대하여 채무를 부담하게 된 경우 채권자에게 손해가 발생하였다고 볼 것인지에 관한 판례를 보면, "채무불이행으로 인하여 배상하여야 할 손해는 현실로 입은 확실한 손해에 한하므로, 채무불이행으로 인하여 채권자가 제3자에 대하여 채무를 부담하게 된 경우 채권자가 채무자에게 제3자에 대한 채무액과 동일한 금액을 손해배상금으로 청구하기 위해서는 채무의 부담이 현실적, 확정적이어서 실제로 변제하여야 할 성질의 것이어야 하나, 그와 같은 채무의 부담이 현실적, 확정적이어서 손해가 현실적으로 발생하였다고 볼 것인지의 여부는 사회통념에 비추어 객관적이고 합리적으로 판단해야 한다."라고 하였으며, "부동산교환계약의 일방당사자가 상대방의 대출금채무 및 임차보증금반환채무를 인수하여 이행하기로 약정하고서도 이를 위반함에 따라 그 상대방이 은행과 임차인으로부터 대출금 및 임차보증금반환청구소송을 제기 당하여 패소판결을 선고받고 나아가 그들로부터 다른 부동산을 가압류 당하기까지 하였다면, 그 상대방의 은행 및 임차인에 대한 채무의 부담은 현실적, 확정적이어서 실제로 변제하여야 할 성질의 것이 되므로 그 채무액 상당의 손해를 현실적으로 입게 되었다."라고 한 사례가 있습니다(대법원 2001. 7. 13. 선고 2001다22833 판결).

그리고 채무이행인수계약의 불이행으로 인한 손해배상책임의 범위에 관하여 "채무이행인수계약의 불이행으로 인한 손해배상의 범위는 채무자가 그 채무의 내용에 따른 이행을 하지 아니함으로써 생긴 통상의 손해를 한도로 할 것이므로, 원고의 甲에 대한 원리금채무를 변제함으로써 원고의 채무일체를 면책시키기로 이행인수계약을 맺은 피고가 이를 즉시 변제하지 않아서 늘어난 원리금이 피고의 이행인수계약불이행으로 인한 통상적 손해액으로 된다."라고 하였습니다(대법원 1976. 10. 29. 선고 76다1002 판결).

따라서 위 사안에서도 甲은 乙에 대하여 위 대출금채무 및 임차보증금반환채무, 그리고 그 이자 및 지연손해금을 손해배상으로 청구할 수 있을 것으로 보입니다.

◎ 법정이자 보다 높게 빌린 돈으로 공동면책한 경우 구상권의 범위

【질의】➡ 甲과 乙은 丙에 대한 자동차사고와 관련된 공동불법행위자 인데, 丙에 대한 손해배상을 甲이 전액 배상하였습니다. 그런데 甲은 위 손해배상을 하기 위하여 법정이율을 상회하는 이율로 금원을 차용하였습니다. 이 경우 甲이 乙에게서 공동불법행위로 인한 부담부분을 구상하면서 법정이율을 상회하는 공동면책을 위하여 조달한 자금에 대한 차용이자를 별도로 청구할 수 있는지요?

【답변】➡ 청구할 수 없습니다.

공동불법행위자는 채권자에 대한 관계에서는 연대책임(부진정연대채무)을 지되, 공동불법행위자들 내부관계에서는 일정한 부담부분이 있고, 이 부담부분은 공동불법행위자의 과실의 정도에 따라 정하여지는 것으로서 공동불법행위자 중 1인이 자기의 부담부분 이상을 변제하여 공동의 면책을 얻게 하였을 때에는 다른 공동불법행위자에게 그 부담부분의 비율에 따라 구상권을 행사할 수 있습니다(대법원 1999. 2. 26. 선고 98다52469 판결, 2001. 1. 19. 선고 2000다33607 판결).

연대채무에 있어서 출재채무자의 구상권에 관하여 민법 제425조에 의하면 "①어느 연대채무자가 변제 기타 자기의 출재로 공동면책이 된 때에는 다른 연대채무자의 부담부분에 대하여 구상권을 행사할 수 있다. ②전항의 구상권은 면책된 날 이후의 법정이자 및 피할 수 없는 비용 기타 손해배상을 포함한다."라고 규정하고 있습니다.

그런데 위 사안에서는 甲이 乙과의 공동불법행위로 인한 丙에 대한 손해배상채무의 공동면책을 위하여 조달한 자금에 대한 차용이자가 법정이자를 상회하는 경우 이를 별도로 구상할 수 있는지 문제됩니다.

이에 관련된 판례를 보면, "공동불법행위자간의 구상관계에도 준용되는 것으로 해석되는 민법 제425조 제2항이 출재채무자의 구상권의 범위에 공동면책 금액에 대한 공동면책일 이후의 '법정이자'를 포함한다고 규정하고 있는 점 등을 감안하면, 자신의 출재로 공동면책을 이룬 공동불법행위자 중 1인은 가사 그가 공동면책에 소요된 자금을 자신의 보유자금으로 충당하지 아니하고 다른 데에서 차용·조달하였다 하더라도 실제의 차용이자가 법정이자를 상회하는지의 여부에 관계없이 그 법정이자 상당의 금원만을 구상할 수 있을 뿐이고, 법정이자와 별도로 실제의 차용이자 전액 또는 그 중 법정이자를 초과하는 부분만을 다시 이른바 '피할 수 없는 비용 또는 손해'에 해당한다고 하여 구상할 수는 없다고 보아야 할 것이다."라고 하였습니다(대법원 2001. 1. 16. 선고 2000다29325 판결, 1997. 4. 8. 선고 96다54232 판결).

따라서 위 사안에 있어서도 甲이 공동면책을 위하여 차용한 금원 중 공동불법행위자 乙의 부담부분에 대한 법정이자와 별도로 실제의 차용이자 전액 또는 그 중 법정이자를 초과하는 부분만을 다시 이른바 '피할 수 없는 비용 또는 손해'에 해당한다고 하여 구상할 수는 없을 것으로 보입니다.

◎ 사업자가 공급을 받는 자로부터 부가가치세를 직접 징수할 권리가 있는지

【질의】 ➡ 甲은 乙에게 건축공사를 도급하였습니다. 그런데 공사대금을 정하면서 부가가치세에 관하여 특별히 정한 바가 없습니다. 그럼에도 불구하고 乙은 甲에게 부가가치세는 당연히 甲이 부담하여야 한다고 하면서 乙이 위 공사로 인하여 납부하게 된 부가가치세 상당액을 甲에게 청구하였습니다. 이 경우 甲이 부가가치세 상당액을 乙에게 지급하여야 하는지요?

【답변】 ➡ 지급하지 않아도 됩니다.

　　부가가치세법 제2조 제1항에 의하면 "영리목적의 유무에 불구하고 사업상 독립적으로 재화(재산적 가치가 있는 모든 유체물과 무체물) 또는 용역(재화 이외의 재산적 가치가 있는 모든 역무 및 기타 행위)을 공급하는 자(사업자)는 이 법에 의하여 부가가치세를 납부할 의무가 있다."라고 규정하고 있으며, 부가가치세법 제15조에 의하면 "사업자가 재화 또는 용역을 공급하는 때에는 제13조의 규정에 의한 과세표준에 제14조의 규정에 의한 세율을 적용하여 계산한 부가가치세를 그 공급을 받는 자로부터 징수하여야 한다."라고 규정하고 있습니다.

　　그런데 사업자가 부가가치세법 제15조를 근거로 공급을 받는 자로부터 부가가치세 상당액을 직접 징수할 사법상 권리가 있는지에 관하여 판례를 보면, "부가가치세법 제2조 제1항은 사업상 독립적으로 재화 및 용역을 공급하는 자(사업자)를 부가가치세 납세의무자로 하고 있으므로, 그 거래 상대방인 공급을 받는 자는 이른바 재정학상의 담세자(擔稅者)에 불과하고 조세법상의 납세의무자가 아니며, 부가가치세법 제15조의 사업자가 재화 또는 용역을 공급하는 때에는 부가가치세를 그 공급을 받는 자로부터 징수하여야 한다는 규정은 사업자로부터 징수하고 있는 부가가치세 상당액을 공급을 받는 자에게 차례로 전가시킴으로써 궁극적으로 최종소비자에게 이를 부담시키겠다는 취지를 선언한 것으로, 그 규정이 있다 하여 공급을 받는 자가 거래의 상대방이나 국가에 대하여 직접 부가가치세를 지급하거나 납부할 의무가 있다고 볼 수 없다."라고 하였으며(대법원 1997. 4. 25. 선고 96다40677 판결),

또한 "사업자가 재화 또는 용역을 공급하는 때에는 부가가치세 상당액을 그 공급을 받는 자로부터 징수하여야 한다고 규정하고 있는 부가가치세법 제15조에 의하면 사업자로부터 징수하는 부가가치세 상당액을 공급을 받는 자에게 차례로 전가시킴으로써 궁극적으로 최종소비자에게 이를 부담시키겠다는 취지를 선언한 것에 불과한 것이어서 사업자가 위 규정을 근거로 공급을 받는 자로부터 부가가치세 상당액을 직접 징수할 사법상의 권리는 없다. 거래당사자 사이에 부가가치세를 부담하기로 하는 약정이 따로 있는 경우에는 사업자는 그 약정에 기하여 공급을 받는 자에게 부가가치세 상당액의 지급을 청구할 수 있는 것이고, 부가가치세 부담에 관한 위와 같은 약정은 반드시 재화 또는 용역의 공급 당시에 있어야 하는 것은 아니고 공급 후에 한 경우에도 유효하며, 또한 반드시 명시적이어야 하는 것은 아니고 묵시적인 형태로 이루어질 수도 있다."라고 하였습니다(대법원 2002. 11. 22. 선고 2002다38828 판결).

그리고 건축공사의 수급인이 부가가치세를 납부한 경우, 도급인에 대하여 부가가치세 상당액을 구상할 수 있는지에 관하여 "건축공사의 수급인이 공사를 완성한 후에 공사도급거래에 따른 부가가치세를 납부하였다 하더라도 이는 위 건축용역의 공급자로서 자기의 납세의무를 이행한 것일 뿐 거래 상대방인 도급인이 납부하여야 할 부가가치세를 대위납부 한 것으로는 볼 수 없으므로, 도급인에 대하여 위 부가가치세 상당액을 구상할 수 없다."라고 하였습니다(대법원 1993. 8. 13. 선고 93다13780 판결).

따라서 위 사안은 공사도급계약시 부가가치세에 관하여 특별하게 정함이 없는 경우로서 乙이 甲에게 위 공사도급거래에 따른 부가가치세 상당액을 청구하기 어려울 것으로 보입니다.

◎ 새마을금고이사장이 이사회 의결 없이 돈을 빌린 행위의 효력

【질의】➡ 甲은 乙새마을금고의 이사장 丙에게 1억원을 대여하였고, 乙새마을금고가 연대보증을 하였습니다. 그런데 丙은 이와 같은 채무를 부담하면서 이사회의 결의를 얻은 바가 없다고 합니다. 이 경우 甲이 乙새마을금고에 위 금원을 청구할 수 없는지요?

【답변】➡ 청구할 수 없습니다.

새마을금고법 제16조 제3항 제3호에서는 소요자금의 차입은 이사회의 의결을 얻어야 한다고 규정하고 있습니다.

그런데 새마을금고 이사장이 이사회의 의결 없이 개인으로부터 자금을 차입하거나 채무를 부담한 경우, 그 행위의 효력에 관하여 판례를 보면, "새마을금고는 새마을금고법에 의하여 설립된 비영리법인으로서, 새마을금고법 제16조 제3항 제3호에는 소요자금의 차입에는 이사회의 의결을 얻어야 한다고 규정되어 있고, 새마을금고법 제26조 제1항 제1호는 금고의 신용사업활동의 범위를 회원으로부터의 예탁금·적금의 수납 및 회원에 대한 자금의 대출 등으로 한정하고 있으며, 또한 새마을금고법시행령 제21조에 의하면, 금고는 국가·지방자치단체·금융기관·연합회로부터 소요자금을 차입할 수 있고, 또 금고가 소요자금을 차입하고자 할 때는 연합회장의 승인을 얻어야 한다고 규정하고 있는 점 및 새마을금고법 제8조의 회원의 자격 및 출자에 관한 규정, 같은 조의 금고의 자본금은 회원이 납입한 출자금의 총액으로 하고, 회원의 책임은 그 납입출자금을 한도로 한다는 규정과 새마을금고법의 목적 등에 비추어 볼 때, 새마을금고 이사장이 이사회의 의결 없이 개인으로부터 자금을 차입하거나, 채무를 부담하는 행위는 당연 무효이다."라고 하였습니다(대법원 2002. 2. 5. 선고 2001다66369 판결, 1999. 7. 27. 선고 99다6272 판결).

따라서 위 사안의 경우 甲이 乙새마을금고에 대하여 위 대여금을 청구할 수는 없을 것으로 보입니다.

✪ 1매의 어음을 각자의 임금액으로 나누어 할인 받은 경우 채권관계

【질의】➡ 甲·乙·丙은 사용자 丁으로부터 3인의 임금합계액으로 액면금 600만원인 약속어음 1매를 교부받아 戊로부터 각자의 몫의 금액으로 나눈 여러 매의 약속어음으로 할인 받았으나, 丁으로부터 교부받은 최초의 어음이 지급거절 되었습니다. 이 경우 위 3인은 戊에 대하여 600만원의 채무전액을 부담하지 않고, 각자 자기 몫으로 받은 어음금액상당의 채무만 부담할 수는 없는지요?

【답변】➡ 할 수 있습니다.

여러 명이 관련된 채권관계에 관하여 민법 제408조에 의하면 "채권자나 채무자가 수인인 경우에 특별한 의사표시가 없으면 각 채권자 또는 각 채무자는 균등한 비율로 권리가 있고 의무를 부담한다."라고 규정하고 있으며, 같은 법 제409조에 의하면 "채권의 목적이 그 성질 또는 당사자의 의사표시에 의하여 불가분인 경우에 채권자가 수인인 때에는 각 채권자는 모든 채권자를 위하여 이행을 청구할 수 있고 채무자는 모든 채권자를 위하여 각 채권자에게 이행할 수 있다."라고 규정하고 있습니다.

위 사안에서와 같이 수인이 그 임금합계액으로 발행 받은 1매의 어음을 각자 받을 몫의 임금액으로 나눈 여러 매의 어음으로 할인 받은 경우 그 채권관계를 분할채권관계인지 불가분채권관계인지 문제됩니다.

이에 관하여 판례를 보면, "금전소비대차에 있어 수인의 채무자가 각기 일정한 돈을 빌리는 경우에 특별한 의사표시가 없으면 이 채무는 분할채무라 할 것이고, 이와 같은 특별한 의사표시가 있거나 채권의 목적이 그 성질상 불가분인 경우에 한하여 불가분채권이 성립되는 것이며, 이와 같은 법리는 수인의 채무자가 채무 전부를 각자 이행할 의무가 있는 경우에도 또한 같다고 할 것이므로, 수인의 골재운송업자들이 그 운임합계액으로 소외회사로부터 약속어음 1매를 발행 받아 그 어음을 각자 받을 몫의 금액으로 나눈 수매의 어음으로 할인 받은 것이라면 위 소비대차관계는 그 성질상 불가분채무 또는 연대채무라고 볼 수 없어 당사자간에 특별한 의사표시가 없는 한 채무자 각자가 각각 자기 몫으로 받은 어음액면금액 상당의 채무변제책임만 지는 분할채무라고 함이 상당하다."라고 하였습니다(대법원 1985. 4. 23. 선고 84다카2159 판결).

따라서 위 사안의 경우 甲·乙·丙은 戊에 대하여 각자 자기 몫으로 받은 어음액면금액 상당의 채무변제책임만을 진다고 할 수 있을 것으로 보입니다.

◎ 여러 명이 공동으로 발생시킨 부당이득반환채무의 성질

【질의】 ➡ 乙과 丙이 공유하는 건물이 甲소유 토지의 일부를 점유하고 있었습니다. 그러므로 甲은 乙과 丙을 상대로 위 토지의 인도 및 인도시까지의 임료상당의 부당이득반환을 청구하려고 합니다. 이 경우 부당이득부분에 있어서 乙과 丙에게 그들의 공유지분에 따른 비율에 의한 금액을 청구하여야 하는지요?

【답변】 ➡ 청구하여야 합니다.

수명이 공동으로 법률상 원인 없이 타인의 재산을 사용한 경우의 부당이득반환채무의 성질에 관하여 판례를 보면, "여러 사람이 공동으로 법률상 원인 없이 타인의 재산을 사용한 경우의 부당이득의 반환채무는 특별한 사정이 없는 한 불가분적 이득의 반환으로서 불가분채무이고, 불가분채무는 각 채무자가 채무 전부를 이행할 의무가 있으며, 1인의 채무이행으로 다른 채무자도 그 의무를 면하게 된다."라고 하였습니다(대법원 1991. 10. 8. 선고 91다3901 판결, 2001. 12. 11. 선고 2000다13948 판결).

그리고 민법 제411조에서 수인이 불가분채무를 부담한 경우에는 민법 제413조를 준용하도록 규정하고 있는바, 민법 제413조에 의하면 "수인의 채무자가 채무전부를 각자 이행할 의무가 있고 채무자 1인의 이행으로 다른 채무자도 그 의무를 면하게 되는 때에는 그 채무는 연대채무로 한다."라고 규정하고 있습니다. 그리고 민법 제414조에 의하면 "채권자는 어느 연대채무자에 대하여 또는 동시나 순차로 모든 연대채무자에 대하여 채무의 전부나 일부의 이행을 청구할 수 있다."라고 규정하고 있습니다.

따라서 위 사안의 경우 甲은 乙과 丙에 대하여 부당이득금액 전액을 청구할 수 있을 것으로 보입니다.

◎ 채무를 면할 목적으로 처에게 소유권을 이전한 행위의 취소가능 여부

【질의】 ➡ 저는 甲에게 1,000만원을 빌려주었으나 변제기일이 지났는데도 갚지 않아 甲소유 부동산을 가압류하려고 등기부를 열람해 보았습니다. 그런데 자기 집이라도 팔아 갚겠다던 甲은 얼마 전 자기의 처(妻)인 乙에게 소유권이전등기를 해두었습니다. 이 경우 채권자인 저로서는 대처할 방법이 없는지요?

【답변】 ➡ 채권자대위권을 행사하여 소유권이전등기말소를 청구합니다.

민법 제406조 제1항에 의하면 "채무자가 채권자를 해함을 알고 재산권을 목적으로 한 법률행위를 한 때에는 채권자는 그 취소 및 원상회복을 법원에 청구할 수 있다. 그러나 그 행위로 인하여 이익을 받은 자나 전득(轉得)한 자가 그 행위 또는 전득 당시에 채권자를 해함을 알지 못한 경우에는 그러하지 아니하다."라고 하여, 악의의 채무자에 대항하는 채권자의 보호를 위하여 이른바, '채권자취소권(債權者取消權)'을 규정하고 있습니다.

그러므로 채권자취소권을 행사할 수 있는 채권은 원칙적으로 채권자를 해하는 행위라고 볼 수 있는 행위가 행하여지기 전에 발생된 채권임을 요건으로 하며, 또한 채권자취소권은 채무자가 일반재산을 감소시켜 채무를 변제할 재산능력이 없는 것으로 만들고 채무자, 이익을 받은 자(수익자), 이익을 받은 자로부터 다시 그 재산을 취득한 자(전득자)가 그러한 행위가 채권자를 해하는 것임을 알고 있는 경우에 행사할 수 있는 것이므로, 채무자에게 채권자를 해하는 의사가 있더라도 수익자가 그러한 사실을 알지 못한 때에는 채무자의 행위를 취소할 수 없을 것입니다(대법원 2002. 3. 29. 선고 2001다81870 판결).

다만, 채무자가 채권자를 해하는 것을 알고 있었던 것이 입증된 이상 채권자를 해하는 행위로 인하여 이익을 받은 자가 그러한 사실을 알고 있었다는 것이 추정되고, 채권자를 해하는 행위로 인하여 이익을 받은 자가 그 법률행위 당시 채권자를 해하는 것을 알지 못하였다는 것을 입증하지 못하는 한 채권자는 그 취소 및 원상회복을 청구할 수 있을 것입니다(대법원 2001. 4. 24. 선고 2000다41875 판결, 1997. 5. 23. 선고 95다51908 판결).

그런데 채권자취소권의 주관적 요건인 채무자가 채권자를 해함을 안다는 이른바 채무자의 악의, 즉 '사해의사(詐害意思)'는 채무자의 재산처분행위에 의하여 그 재산이 감소되어 채권의 공동담보에 부족이 생기거나, 이미 부족상태에 있는 공동담보가 한층 더 부족하게 됨으로써 채권자의 채권을 완전하게 만족시킬 수 없게 된다는 사실을 인식하는 것을 의미하고, 채무자의 재산이 채무의 전부를 변제하기에 부족한 경우에 채무자가 그의 유일한 재산인 부동산을 무상양도 하거나 일부 채권자에게 대물변제로 제공하였다면 특별한 사정이 없는 한 이러한 행위는 사해행위가 된다고 하였습니다(대법원 1999. 11. 12. 선고 99다29916 판결).

그리고 채권자가 채권자취소권을 행사하려면 채권자를 해하는 행위로 인하여 이익을 받은 자나 그러한 이익을 받은 자로부터 다시 그 재산을 취득한 자를 상대로 그 법률행위의 취소를 청구하는 소송을 제기해야 되는 것으로서, 채무자를 상대로 그 소송을 제기할 수는 없습니다(대법원 1991. 8. 13. 선고 91다13717 판결).

또한, 민법 제108조에 의하면 "상대방과 통정한 허위의 의사표시는 무효로 한다. 이러한 의사표시의 무효는 선의의 제3자에게 대항하지 못한다."라고 규정하고 있으며, 판례는 특별한 사정없이 동거하는 부부간에 토지를 매도하고 소유권이전등기를 경료함은 이례(異例)에 속하는 일로서 가장매매로 추정하는 것이 경험칙에 비추어 타당하며(대법원 1978. 4. 25. 선고 78다226 판결), 채무자의 법률행위가 통정허위표시인 경우에도 채권자취소권의 대상이 되고, 한편 채권자취소권의 대상으로 된 채무자의 법률행위라도 통정허위표시의 요건을 갖춘 경우에는 무효라고 할 것이다라고 한 바 있습니다(대법원 1998. 2. 27. 선고 97다50985 판결).

따라서 위 사안에서 특별사정이 없는 한, 甲이 그의 처(妻) 乙에게 매매형식으로 소유권을 이전한 것은 변제회피의 목적으로 한 사해행위(詐害行爲)이거나 통정허위의 무효행위로 보여지므로, 귀하는 甲과 乙을 공동피고로 하여 甲에 대하여는 대여금청구소송을 제기함과 동시에 乙에 대하여는 甲·乙사이의 위 매매계약취소를 청구하여 乙명의의 소유권이전등기를 말소시키면서, 회복된 甲명의의 부동산에 대한 강제집행을 하시면 구제 받을 수 있을 것입니다.

다만, 채권자취소권은 취소원인을 안 날로부터 1년, 법률행위가 있은 날로부터 5년 내에 행사하여야 합니다(민법 제406조).

그리고 여기에서 '취소원인을 안다.'고 하기 위하여서는 단순히 채무자의 법률행위가 있었다는 사실을 아는 것만으로는 부족하고, 그 법률행위가 채권자를 해하는 행위라는 것 즉, 그에 의하여 채권의 공동담보에 부족이 생기거나 이미 부족상태에 있는 공동담보가 한층 더 부족하게 되어 채권을 완전하게 만족시킬 수 없게 된다는 것까지 알아야 한다고 하였습니다(대법원 2000. 2. 25. 선고 99다53704 판결).

또한, 위 사안의 甲과 乙이 통정하여 허위로 위 부동산의 소유권을 이전한 경우라면 그 소유권이전은 무효라고 하여야 할 것이므로, 귀하는 甲의 채권자로서 채권자대위권을 행사하여 乙의 소유권이전등기말소를 청구하여 원상회복 시킨 후 그 부동산에 강제집행 할 수도 있을 것으로 보입니다.

◎ 이혼시 재산분할 명목으로 증여한 부동산이 채권자취소권의 대상이 되는지

【질의】➡ 甲은 乙에 대한 7,000만원의 대여금채권을 가지고 있으나, 변제기가 경과된 후에도 변제를 받지 못하고 있었습니다. 그런데 乙은 가정에 소홀하고 처인 丙을 폭행하는 등 가정불화를 일으켜 협의이혼을 하면서 乙의 유일한 재산인 아파트를 처인 丙에게 이혼에 따른 재산분할 등의 명목으로 증여하였습니다. 이 경우 甲이 위 증여행위를 사해행위로 보아 취소시킬 수 있는지요?

【답변】➡ 취소시킬수 없을 것으로 보입니다.

　　민법 제406조 제1항에 의하면 "채무자가 채권자를 해함을 알고 재산권을 목적으로 한 법률행위를 한 때에는 채권자는 그 취소 및 원상회복을 법원에 청구할 수 있다. 그러나 그 행위로 인하여 이익을 받은 자나 전득(轉得)한 자가 그 행위 또는 전득 당시에 채권자를 해함을 알지 못한 경우에는 그러하지 아니하다."라고 하여 채권자취소권(債權者取消權)을 규정하고 있습니다.

　　그런데 이혼에 따른 재산분할을 함에 있어 정신적 손해(위자료)를 배상하기 위한 급부로서의 성질까지 포함하여 분할할 수 있는지 및 그 재산분할이 사해행위로서 채권자취소권의 대상이 되기 위한 요건 및 취소의 범위에 관하여 판례를 보면, "이혼에 있어서 재산분할은 부부가 혼인 중에 가지고 있었던 실질상의 공동재산을 청산하여 분배함과 동시에 이혼 후에 상대방의 생활유지에 이바지 하는데 있지만, 분할자의 유책행위에 의하여 이혼함으로 인하여 입게 되는 정신적 손해(위자료)를 배상하기 위한 급부로서의 성질까지 포함하여 분할할 수도 있다고 할 것인바, 재산분할의 액수와 방법을 정함에 있어서는 당사자 쌍방의 협력으로 이룩한 재산의 액수 기타 사정을 참작하여야 하는 것이 민법 제839조의2 제2항의 규정상 명백하므로, 재산분할자가 이미 채무초과의 상태에 있다거나 또는 어떤 재산을 분할한다면 무자력이 되는 경우에도 분할자가 부담하는 채무액 및 그것이 공동재산의 형성에 어느 정도 기여하고 있는지 여부를 포함하여 재산분할의 액수와 방법을 정할 수 있다고 할 것이고, 재산분할자가 당해 재산분할에 의하여 무자력이 되어 일반채권자에 대한 공동담보를 감소시키는 결과가 된다고 하더라도 그러한 재산분할이 민법 제839조의2 제2항의 규정 취지에 반하여 상당하다고 할 수 없을 정도로 과대하고, 재산분할을 구실로 이루어진 재산처분이라고 인정할 만한 특별한 사정이 없는 한 사해행위로서 채권자취소권의 대상이 되지 아니하고, 위와 같은 특별한 사정이 있어 사해행위로서 채권자취소권의 대상이 되는 경우에도 취소되는 범위는 그 상당한 부분을 초과하는 부분에 한정된다고 할 것이다."라고 하였습니다(대법원 2001. 5. 8. 선고 2000다58804 판결, 2000. 7. 28. 선고 99다6180 판결).

또한, "상당한 정도를 벗어나는 초과부분에 대하여는 적법한 재산분할이라고 할 수 없기 때문에 이는 사해행위에 해당하여 취소의 대상으로 될 수 있을 것이나, 이 경우에도 취소되는 범위는 그 상당한 정도를 초과하는 부분에 한정하여야 하고, 위와 같이 상당한 정도를 벗어나는 과대한 재산분할이라고 볼 만한 특별한 사정이 있다는 점에 관한 입증책임은 채권자에게 있다."라고 하였습니다(대법원 2001. 2. 9. 선고 2000다63516 판결, 2000. 9. 29. 선고 2000다25569 판결, 2000. 7. 28. 선고 2000다14101 판결).

따 라서 위 사안에서도 甲은 위 판례의 취지에 비추어 재산분할의 상당한 정도를 벗어난 부분에 대하여는 丙을 상대로 사해행위 취소의 소를 제기하여 그 가액의 배상을 청구해볼 수도 있을 것이지만, 재산분할의 상당한 정도를 벗어나는 과대한 재산분할이라고 볼 만한 특별한 사정이 있다는 점에 관한 입증책임은 甲에게 있습니다. 그리고 이 경우 법원은 乙과 丙의 혼인에서 이혼에 이르기까지의 경위, 혼인생활 중 乙명의로 아파트를 취득한 사정, 두 사람이 이혼 후 소유하게 되는 재산의 정도와 함께 乙이 丙에게 위 아파트를 재산분할로 양도함으로써 乙에게는 집행가능 한 재산이 거의 없게 되는 사정, 甲이 乙에 대하여 가지는 채권의 액수 등 모든 사정을 참작하여 乙이 丙에게 위 아파트 전체를 재산분할로서 양도하는 것이 그 상당성을 넘는 것으로 보일 경우 협의이혼에 따른 위자료 상당액을 제외한 재산분할의 액수를 확정한 다음 그 초과부분에 한하여 사해행위로서 취소를 명하게 될 것으로 보입니다.

◎ 공동상속재산의 분할협의가 채권자취소권의 대상이 되는지

【질의】 ➡ 甲은 乙에 대한 5,000만원의 대여금채권을 변제기가 지난 후에도 乙의 집행가능 한 재산이 전혀 없어 변제 받지 못하고 있었습니다. 그런데 최근 乙의 아버지가 사망하여 그 유산이 있는데, 乙은 상속재산분할협의시 乙의 상속지분을 포기하여 공동상속인 丙에게로 위 유산이 모두 상속되었습니다. 이 경우 甲이 乙의 상속포기행위를 사해행위로서 취소할 수 있는지요?

【답변】 ➡ **취소할 수 있습니다.**

사해행위취소와 관련된 규정을 보면, 민법 제406조 제1항은 "채무자가 채권자를 해함을 알고 재산권을 목적으로 한 법률행위를 한 때에는 채권자는 그 취소 및 원상회복을 법원에 청구할 수 있다. 그러나 그 행위로 인하여 이익을 받은 자나 전득(轉得)한 자가 그 행위 또는 전득 당시에 채권자를 해함을 알지 못한 경우에는 그러하지 아니하다."라고 규정하고 있습니다.

그런데 상속재산의 분할협의가 사해행위취소권행사의 대상이 되는지에 관하여 판례를 보면, "상속재산의 분할협의는 상속이 개시되어 공동상속인 사이에 잠정적 공유가 된 상속재산에 대하여 그 전부 또는 일부를 각 상속인의 단독소유로 하거나 새로운 공유관계로 이행시킴으로써 상속재산의 귀속을 확정시키는 것으로 그 성질상 재산권을 목적으로 하는 법률행위이므로 사해행위취소권행사의 대상이 될 수 있다."라고 하면서 "공동상속인의 상속분은 그 유류분을 침해하지 않는 한 피상속인이 유언으로 지정한 때에는 그에 의하고 그러한 유언이 없을 때에는 법정상속분에 의하나, 피상속인으로부터 재산의 증여 또는 유증을 받은 자는 그 수증재산이 자기의 상속분에 부족한 한도 내에서만 상속분이 있고(민법 제1008조), 피상속인의 재산의 유지 또는 증가에 특별히 기여하거나 피상속인을 특별히 부양한 공동상속인은 상속 개시 당시의 피상속인의 재산가액에서 그 기여분을 공제한 액을 상속재산으로 보고 지정상속분 또는 법정상속분에 기여분을 가산한 액으로써 그 자의 상속분으로 하므로(민법 제1008조의2 제1항), 지정상속분이나 법정상속분이 곧 공동상속인의 상속분이 되는 것이 아니고 특별수익이나 기여분이 있는 한 그에 의하여 수정된 것이 재산분할의 기준이 되는 구체적 상속분이라 할 수 있다. 따라서 이미 채무초과 상태에 있는 채무자가 상속재산의 분할협의를 하면서 상속재산에 관한 권리를 포기함으로써 결과적으로 일반 채권자에 대한 공동담보가 감소되었다 하더라도, 그 재산분할결과가 위 구체적 상속분에 상당하는 정도에 미달하는 과소한 것이라고 인정되지 않는 한 사해행위로서 취소되어야 할 것은 아니고, 구체적 상속분에 상당하는 정도에 미달하는 과소한 경우에도 사해행위로서 취소되는 범위는 그 미달하는 부분에 한정하여야 한다. 이때 지정상속분이나 기여분, 특별수익 등의 존부 등 구체적 상속분이 법정상속분과 다르다는 사정은 채무자가 주장·입증하여야 할 것이다."라고 하였습니다(대법원 2001. 2. 9. 선고 2000다51797 판결).

따라서 위 사안에서도 乙이 상속재산분할협의시 그의 상속지분을 포기함으로써 그 재산분할의 결과가 그의 구체적 상속분에 미달되는 경우에는 그 미달되는 부분에 한하여 사해행위로서 취소될 수 있을 것입니다.

◎ 피담보채권액이 시가를 넘는 경우의 부동산양도행위가 사해행위인지

> **【질의】** ➡ 甲은 채무자 乙이 그의 유일한 부동산을 그의 처 丙에게 매매를 원인으로 하여 소유권이전등기를 경료해 주었으므로 사해행위취소의 소송을 제기하고자 합니다. 그런데 위 부동산에는 乙의 다른 채권자 丁이 위 부동산의 시가를 초과하는 피담보채권액을 담보하는 근저당권을 설정해두었습니다. 이 경우에도 일반채권자인 甲이 사해행위취소를 구할 수 있는지요?

【답변】 ➡ **취소할 수 없을 것으로 보입니다.**

민법 제406조 제1항은 "채무자가 채권자를 해함을 알고 재산권을 목적으로 한 법률행위를 한 때에는 채권자는 그 취소 및 원상회복을 법원에 청구할 수 있다. 그러나 그 행위로 인하여 이익을 받은 자나 전득(轉得)한 자가 그 행위 또는 전득 당시에 채권자를 해함을 알지 못한 경우에는 그러하지 아니하다."라고 하여 악의의 채무자에 대항하는 채권자의 보호를 위하여 채권자취소권(債權者取消權)을 규정하고 있습니다.

그러므로 채권자취소권을 행사할 수 있는 채권은 원칙적으로 채권자를 해하는 행위라고 볼 수 있는 행위가 행하여지기 전에 발생된 채권임을 요건으로 하며, 또한 채권자취소권은 채무자가 일반재산을 감소시켜 채무자를 변제할 재산능력이 없는 것으로 만들고 채무자, 이익을 받은 자(수익자), 이익을 받은 자로부터 다시 그 재산을 취득한 자(전득자)가 그러한 행위가 채권자를 해하는 것임을 알고 있는 경우에 행사할 수 있는 것이므로, 채무자에게 채권자를 해하는 의사가 있더라도 수익자가 그러한 사실을 알지 못한 때에는 채무자의 행위를 취소할 수 없습니다(대법원 2002. 3. 29. 선고 2001다81870 판결).

그런데 저당권의 피담보채권액이 담보부동산의 가액을 초과하고

있는 경우, 채무자의 당해 부동산양도행위가 일반채권자에 대한
관계에서 사해행위가 되는지에 관하여 판례를 보면, "저당권이 설
정되어 있는 부동산이 사해행위로 양도된 경우에 그 사해행위는
부동산의 가액, 즉 시가(공시지가와 일치하는 것은 아니다)에서
저당권의 피담보채권액을 공제한 잔액의 범위 내에서 성립하고,
피담보채권액이 부동산의 가액을 초과하는 때에는 당해 부동산의
양도는 사해행위에 해당한다고 할 수 없는바, 여기서 피담보채권
액이라 함은 근저당권의 경우 채권최고액이 아니라 실제로 이미
발생하여 있는 채권금액이다."라고 하였습니다(대법원 2001. 10.
9. 선고 2000다42618 판결).

따라서 위 사안에서 丁의 실제로 이미 발생하여 있는 채권금액
즉, 피담보채권액이 위 담보부동산의 시가를 초과한 경우라면 일
반채권자인 甲이 乙의 위 부동산의 양도행위를 채권자취소의 대
상이 되는 사해행위라고 그 취소를 구할 수는 없을 것으로 보입니
다.

◎ 채무자의 무자력 판단에서 적극재산으로 산정되는 '채권'의 요건

【질의】 ➡ 甲은 乙에 대한 5,000만원의 대여금채권이 있는데, 乙은 그의 부동산을 처 丙에게 증여하였습니다. 甲이 乙의 위와 같은 부동산처분행위를 사해행위로 보아 丙을 상대로 소유권이전등기말 소등기절차이행청구의 소송을 제기하려고 합니다. 그런데 乙은 위 부동산만을 유일하게 소유하고 있었고, 1억원 정도의 채권이 있지 만 그 채권의 채무자들은 변제자력이 없어 변제 받을 가능성은 희 박한 상태입니다. 이 경우 乙의 위와 같은 채권이 甲이 사해행위취 소를 함에 있어서 장해요인으로 될 수 있는지요?

【답변】 ➡ 될 수 없을 것으로 보입니다.

채무자가 채권자를 해함을 알고 재산권을 목적으로 한 법률행위 를 한 때에는 채권자는 그 취소 및 원상회복을 법원에 청구할 수 있으나, 그 행위로 인하여 이익을 받은 자나 전득한 자가 그 행위 또는 전득 당시에 채권자를 해함을 알지 못하는 경우에는 그러하 지 아니합니다(민법 제406조 제1항). 그리고 채권자취소의 효력으 로서 법률행위의 취소와 원상회복은 모든 채권자의 이익을 위하여 그 효력이 있습니다(민법 제407조).

이처럼 채무자가 채권자를 해함을 알고 재산권을 목적으로 한 법률행위를 한 때에 그러한 법률행위를 사해행위라고 하는바, 사 해행위취소를 하기 위해서는 채무자의 재산처분행위로 말미암아 채무자의 총재산의 감소가 초래되어 채권의 공동담보에 부족이 생 기게 될 것을 요건으로 합니다.

그런데 위 사안에서는 비록 변제 받을 가능성은 희박하지만, 甲 의 채권보다 다액인 채권을 가지고 있으므로 이러한 경우에도 사 해행위취소가 가능한 것인지 문제됩니다.

이에 관련된 판례를 보면, "채무자의 재산처분행위가 사해행위가 되기 위해서는 그 행위로 말미암아 채무자의 총재산의 감소가 초래되어 채권의 공동담보에 부족이 생기게 되어야 하는 것, 즉 채무자의 소극재산이 적극재산보다 많아져야 하는 것인바, 채무자가 재산처분행위를 할 당시 그의 적극재산 중 부동산과 채권이 있어 그 재산의 합계가 채권자의 채권액을 초과한다고 하더라도 그 적극재산을 산정함에 있어서는 다른 특별한 사정이 없는 한 실질적으로 재산적 가치가 없어 채권의 공동담보로서의 역할을 할 수 없는 재산은 이를 제외하여야 할 것이고, 그 재산이 채권인 경우에는 그것이 용이하게 변제를 받을 수 있는 확실성이 있는 것인지 여부를 합리적으로 판정하여 그것이 긍정되는 경우에 한하여 적극재산에 포함시켜야 할 것이다."라고 하였습니다(대법원 2001. 10. 12. 선고 2001다32533 판결).

따라서 위 사안에서도 乙이 1억원 정도의 채권이 있지만 변제받을 가능성이 희박한 사실이 입증된다면 그 채권은 乙의 채무초과여부를 결정함에 있어서 적극재산에 포함시킬 수 없을 것으로 보여 甲이 사해행위취소를 청구함에 장해요인이 될 수 없을 것으로 보입니다.

✪ 채무자가 연속하여 수 개의 재산처분행위를 한 경우 사해행위인지

【질의】 ➡ 甲은 乙에 대하여 7,000만원의 물품대금채권이 있는데, 乙은 그의 부동산 중 대지와 단독주택(시가 1억원 상당)은 그의 처 丙에게, 아파트(시가 9,000만원 상당)는 그의 아들 丁에게, 임야(시가 6,000만원 상당)는 그의 동생 戊에게 순차적으로 각 증여로 인한 소유권이전등기를 해주었습니다. 그런데 乙은 甲에 대한 채무 이외에도 금융기관에 4,000만원의 대출금채무가 있습니다. 이 경우 甲이 위 부동산 중 丙에게 증여된 대지와 단독주택에 대하여 사해행위취소의 소송을 제기할 수 있는지요?

【답변】 ➡ 제기할 수 없을 것으로 보입니다.

　　채권자취소권에 관하여 민법 제406조 제1항에 의하면 "'채무자가 채권자를 해함을 알고' 재산권을 목적으로 한 법률행위를 한 때에는 채권자는 그 취소 및 원상회복을 법원에 청구할 수 있다. 그러나 그 행위로 인하여 이익을 받은 자나 전득(轉得)한 자가 그 행위 또는 전득 당시에 채권자를 해함을 알지 못하는 경우에는 그러하지 아니하다."라고 규정하고 있습니다.

　　그리고 위 규정에 의한 사해행위취소를 할 경우 채무자의 처분행위의 취소의 범위는 취소를 구하는 채권자의 채권의 구제에 필요한 한도 내에서 취소하여야 함이 원칙입니다.

　　그런데 채무자가 연속하여 수 개의 재산처분행위를 한 경우 사해(詐害)의 여부의 판단기준에 관하여 판례를 보면, "채무자의 재산처분행위가 사해행위가 되기 위해서는 그 행위로 말미암아 채무자의 총재산의 감소가 초래되어 채권의 공동담보에 부족이 생기게 되어야 하는 것, 즉 채무자의 소극재산이 적극재산보다 많아져야 하는 것인바,

　　채무자가 연속하여 수 개의 재산처분행위를 한 경우에는, 그 행위들을 하나의 행위로 보아야 할 특별한 사정이 없는 한, 일련의

행위를 일괄하여 그 전체의 사해성 여부를 판단할 것이 아니라, 각 행위마다 그로 인하여 무자력이 초래되었는지 여부에 따라 사해성 여부를 판단하여야 하고, 채무자의 무자력 여부는 사해행위 당시를 기준으로 판단하여야 하는 것이므로 채무자의 적극재산에 포함되는 부동산이 사해행위가 있은 후에 경매절차에서 경락된 경우에 그 부동산의 평가는 경락된 가액을 기준으로 할 것이 아니라 사해행위 당시의 시가를 기준으로 하여야 할 것이며, 부동산에 대하여 정당한 절차에 따라 산출된 감정평가액은 특별한 사정이 없는 한 그 시가를 반영하는 것으로 보아도 좋을 것이다."라고 하였습니다(대법원 2002. 9. 24. 선고 2002다23857 판결, 2001. 4. 27. 선고 2000다69026 판결).

따라서 위 사안의 경우 甲이 乙의 丙에 대한 위 대지 및 단독주택의 증여행위가 사해행위라고 하기 위해서는 그 증여 당시 乙의 소극재산이 적극재산을 초과하여 채무초과의 상태가 되어야 하는데, 그 당시에는 채무초과의 상태라고 할 수 없으므로(채무총액 1억 1천만원, 부동산의 평가액 1억 5천만원), 乙의 丁·戊에 대한 부동산처분행위는 별론으로 하고 乙의 丙에 대한 위 대지 및 단독주택의 처분행위는 사해행위라고 하기 어려울 것으로 보입니다.

◎ 저당부동산에 대한 사해행위 후 저당권이 말소된 경우 사해행위 취소 범위

【질의】 ➡ 저는 甲에 대한 대여금채권 2,000만원에 대한 승소판결까 지 받았는데, 甲은 자기의 유일한 재산으로 乙의 근저당권(채권최 고액 3,000만원)이 설정된 주택과 대지를 丙에게 매도하면서 위 근저당채무를 인수하는 조건으로 소유권이전등기가 되었으며, 그 후 丙은 乙의 채권을 변제한 후 위 근저당권을 말소시켰습니다. 그 런데 丙은 제가 甲으로부터 위 대여금을 받지 못하여 애를 타고 있다는 것을 잘 알고 있는 자이기 때문에 더욱 괘씸하게 생각되는 바 이러한 경우 저에게 구제방법은 없는지요?

【답변】 ➡ 배상금에 대한 압류·전부명령이나 추심명령을 받아야 합니다.

민법 제406조 제1항은 "채무자가 채권자를 해함을 알고 재산권 을 목적으로 한 법률행위를 한 때에는 채권자는 그 취소 및 원상 회복을 법원에 청구할 수 있다. 그러나 그 행위로 인하여 이익을 받은 자나 전득(轉得)한 자가 그 행위 또는 전득 당시에 채권자 를 해함을 알지 못한 경우에는 그러하지 아니하다."라고 규정하고 있습니다.

따라서 丙도 甲이 귀하의 채무를 변제하지 않을 목적으로 위 부동산을 처분한다는 사실을 잘 알고 있었다면 귀하는 丙을 상대 로 사해행위취소의 소송을 제기할 수 있을 것으로 보입니다.

그런데 판례는 "어느 부동산에 관한 법률행위가 사해행위에 해 당하는 경우에는 원칙적으로 그 사해행위를 취소하고 소유권이전 등기의 말소 등 부동산 자체의 회복을 명하여야 하는 것이나, 저 당권이 설정되어 있는 부동산에 관하여 사해행위가 이루어진 경우 에 그 사해행위는 부동산의 가액에서 저당권의 피담보채권액을 공 제한 잔액의 범위 내에서만 성립한다고 보아야 하므로 사해행위 후 변제 등에 의하여 저당권설정등기가 말소된 경우, 사해행위를 취소하여 그 부동산 자체의 회복을 명하는 것은 당초 일반채권자들의 공동담보로 되어 있지 아니하던 부분까지 회복시키는 것이 되어 공평에 반하는 결과가 되어, 그 부동산의 가액에서 저당권의 피담보채권액을 공제한 잔액의 한도에서 사해행위를 취소하고 그 가액의 배상을 명할 수 있을 뿐이므로, 사해행위의 목적인 부동산에 여러 건의 저당권이 설정되어 있다가 사해행위 후 그 중 일부의 저당권만이 말소된 경우에도 사해행위의 취소에 따른 원상회복은 가액배상의 방법에 의할 수밖에 없을 것이고, 그 경우 배상하여야 할 가액은 사해행위취소시인 사실심 변론종결시를 기준으로 하여 그 부동산의 가액에서 말소된 저당권의 피담보채권액과 말소되지 아니한 저당권의 피담보채권액을 모두 공제하여 산정 하여야 하고, 특별한 사정이 없는 한 변제자가 누구인지에 따라 그 방법을 달리한다고 볼 수는 없는 것이며, 사해행위인 계약 전부의 취소와 부동산자체의 반환을 구하는 청구취지 속에는 위와 같이 일부취소를 하여야 할 경우 그 일부취소와 가액배상을 구하는 취지도 포함되어 있다고 볼 수 있으므로 청구취지의 변경이 없더라도 바로 가액반환을 명할 수 있다."라고 하였습니다(대법원 2001. 12. 11. 선고 2001다64547 판결, 2002. 11. 8. 선고 2002다41589 판결).

따라서 귀하는 丙을 상대로 위 매매계약전부를 취소하여 소유권이전등기말소청구를 하여서는 아니 되고, 위 매매계약일부(근저당권이 설정된 금액을 공제한 부분)의 취소와 그 가액의 손해배상을 청구하여야 할 것으로 보입니다. 그리고 위와 같은 배상금은 채무자인 甲의 일반재산으로 되어 총채권자의 공동담보로 되므로(민법 제407조),

귀하는 위 배상금에 대하여 우선권을 가지는 것이 아니고, 귀하가 받은 승소판결 등에 의하여 위 배상금에 대한 압류 및 전부명령이나 추심명령을 받아 지급 받아야 할 것으로 보입니다.

◎ 채권자의 우선변제권 확보 후 연대보증인의 재산처분이 사해행위인지

【질의】➡ 甲은 乙이 丙으로부터 돈을 빌리는데 연대보증을 서주었고, 丙은 乙의 부동산에 차용금을 초과하는 채권최고금액으로 근저당권을 설정하였음은 물론 위 부동산의 가액도 丙의 채권을 변제하기에 충분합니다. 그런데 최근 연대보증인 甲이 그의 유일한 재산인 부동산을 그의 처 丁에게 증여하자 丙은 사해행위라고 주장하면서 위 증여계약의 취소를 청구하겠다고 합니다. 이러한 경우에도 사해행위가 되는지요?

【답변】➡ 사해행위가 아닙니다.

민법은 제406조에서 채권자취소권에 관하여 "①채무자가 채권자를 해함을 알고 재산권을 목적으로 한 법률행위를 한 때에는 채권자는 그 취소 및 원상회복을 법원에 청구할 수 있다. 그러나 그 행위로 인하여 이익을 받은 자나 전득(轉得)한 자가 그 행위 또는 전득 당시에 채권자를 해함을 알지 못하는 경우에는 그러하지 아니하다. ②전항의 소는 채권자가 취소원인을 안 날로부터 1년, 법률행위 있은 날로부터 5년 내에 제기하여야 한다."라고 규정하고 있습니다.

그런데 주채무자 또는 제3자 소유의 부동산에 대하여 채권자 앞으로 근저당권이 설정되어 있고, 그 부동산의 가액 및 채권최고액이 당해 채무액을 초과하여 채무전액에 대하여 채권자에게 우선변제권이 확보되어 있는 경우, 연대보증인이 자신의 유일한 재산을 처분한 행위가 사해행위에 해당하는지에 관하여 판례를 보면, "주채무자 또는 제3자 소유의 부동산에 대하여 채권자 앞으로 근저당권이 설정되어 있고, 그 부동산의 가액 및 채권최고액이 당해 채무액을 초과하여 채무전액에 대하여 채권자에게 우선변제권이 확보되어 있다면, 연대보증인이 비록 유일한 재산을 처분하는 법

률행위를 하더라도 채권자에 대하여 사해행위가 성립되지 않는다
고 보아야 한다."라고 하였습니다(대법원 2002. 11. 8. 선고 2002
다41589 판결, 2000. 12. 8. 선고 2000다21017 판결).

　따라서 위 사안에서 甲의 丁에 대한 부동산증여행위는 사해행
위라고 보기 어려울 것으로 보입니다.

◎ 연대보증인의 사해행위에 있어서 사해의사의 판단기준

【질의】 ➡ 甲은 乙회사의 丙에 대한 대여금채무에 대하여 연대보증을 해주었습니다. 그런데 甲은 乙회사의 재무상태에 관하여는 전혀 알지 못하고 乙회사의 대표의 부탁에 의하여 연대보증을 해주었을 뿐입니다. 그런데 최근 甲이 그의 유일한 부동산을 아들 丁에게 증여하자 丙이 사해행위취소의 소를 제기하겠다고 합니다. 이처럼 연대보증인 甲이 주채무자인 乙회사의 자산상태가 채무를 담보하는데 부족이 생기게 되리라는 것을 알지 못한 경우에도 사해행위가 될 수 있는지요?

【답변】 ➡ 사해행위가 아닙니다.

　　민법 제406조 제1항은 "채무자가 채권자를 해함을 알고 재산권을 목적으로 한 법률행위를 한 때에는 채권자는 그 취소 및 원상회복을 법원에 청구할 수 있다. 그러나 그 행위로 인하여 이익을 받은 자나 전득(轉得)한 자가 그 행위 또는 전득 당시에 채권자를 해함을 알지 못한 경우에는 그러하지 아니하다."라고 규정하고 있습니다.

　　그리고 채권자취소권을 행사할 수 있는 채권은 원칙적으로 채권자를 해하는 행위라고 볼 수 있는 행위가 행하여지기 전에 발생된 채권임을 요건으로 하며, 또한 채권자취소권은 채무자가 일반재산을 감소시켜 채무자를 변제할 재산능력이 없는 것으로 만들고 채무자, 이익을 받은 자(수익자), 이익을 받은 자로부터 다시 그 재산을 취득한 자(전득자)가 그러한 행위가 채권자를 해하는 것임을 알고 있는 경우에 행사할 수 있는 것입니다.

　　위 규정의 '채무자가 채권자를 해함을 알고'의 의미, 즉 채권자취소권의 주관적 요건인 이른바 채무자의 악의, 즉 '사해의사(詐害意思)'는 채무자의 재산처분행위에 의하여 그 재산이 감소되어 채권의 공동담보에 부족이 생기거나, 이미 부족상태에 있는 공동담보가 한층 더 부족하게 됨으로써 채권자의 채권을 완전하게 만족시킬 수 없게 된다는 사실을 인식하는 것을 의미합니다.

그런데 연대보증채무자의 사해행위에 있어서 사해의 의사가 있었는지 여부의 판단기준에 관한 판례를 보면, "연대보증인에게 부동산의 매도행위 당시 사해의 의사가 있었는지 여부는 연대보증인이 자신의 자산상태가 채권자에 대한 연대보증채무를 담보하는데 부족이 생기게 되리라는 것을 인식하였는가 하는 점에 의하여 판단하여야 하고, 연대보증인이 주채무자의 자산상태가 채무를 담보하는데 부족이 생기게 되리라는 것까지 인식하였어야만 사해의 의사를 인정할 수 있는 것은 아니다."라고 하였습니다(대법원 1998. 4. 14. 선고 97다54420 판결, 2001. 4. 24. 선고 2000다41875 판결).

따라서 위 사안에서 甲의 丁에 대한 그의 유일한 부동산의 증여행위가 채권자취소권의 다른 요건을 모두 갖춘 경우라면, 甲이 乙회사의 재무상태를 알지 못하여 乙회사의 자산상태가 丙의 채권을 담보하는데 부족이 생기게 되리라는 것을 알지 못하였다는 사정만으로 甲의 丁에 대한 그의 유일한 부동산의 증여행위가 사해행위가 아니라고는 할 수 없을 것으로 보입니다.

◎ 사해의사 판단에 채무자 변제노력, 채권자태도 등을 참작할 수 있는지

【질의】 ➡ 甲은 乙회사에 대한 계속적 거래관계로 인한 물품대금채무를 다액 부담하고 있었는데, 10개월 전 甲의 乙회사에 담보로 제공된 부동산 이외의 부동산을 그의 친척 丙에게 매도하였습니다. 그러나 甲은 위 부동산의 매도 이후에 물품대금채무의 일부를 변제하였으며, 乙회사에서도 위 부동산의 소유권이전사실을 알고서도 물품공급을 계속하였으며, 오히려 공급량을 늘려 주었습니다. 그런데 최근 甲이 판매부진으로 물품대금을 변제하지 못하자 乙회사에서는 담보로 제공된 부동산의 가액으로는 채권액에 미치지 못한다고 하며, 甲과 丙의 부동산매매계약이 사해행위라고 주장하고 있습니다. 이러한 경우에도 사해행위가 성립되는지요?

【답변】 ➡ 성립하지 않을 것으로 보입니다.

채권자취소권에 관하여 민법 제406조에 의하면 "①채무자가 채권자를 해함을 알고 재산권을 목적으로 한 법률행위를 한 때에는 채권자는 그 취소 및 원상회복을 법원에 청구할 수 있다. 그러나 그 행위로 인하여 이익을 받은 자나 전득(轉得)한 자가 그 행위 또는 전득 당시에 채권자를 해함을 알지 못하는 경우에는 그러하지 아니하다. ②전항의 소는 채권자가 취소원인을 안 날로부터 1년, 법률행위 있은 날로부터 5년 내에 제기하여야 한다."라고 규정하고 있습니다.

그러므로 위 사안에서 甲의 丙에 대한 부동산처분행위가 사해행위가 되기 위해서는 사해행위의 다른 요건 이외에 위 규정의 '채무자가 채권자를 해함을 알았다'는 채권자취소권의 주관적 요건 즉, '사해의사(詐害意思)'가 있어야 합니다.

그런데 채무자의 사해의사의 유무를 판단함에 있어 사해행위라고 주장되는 행위 이후의 채무자의 변제노력과 채권자의 태도 등을 간접사실로 삼을 수 있는지에 관하여 판례를 보면, "채무자의 사해의사를 판단함에 있어 사해행위 당시의 사정을 기준으로 하여야 할 것임은 물론이나, 사해행위라고 주장되는 행위 이후의 채무자의 변제노력과 채권자의 태도 등도 사해의사의 유무를 판단함에 있어 다른 사정과 더불어 간접사실로 삼을 수도 있다."라고 한 바 있습니다(대법원 2000. 12. 8. 선고 99다31940 판결, 2001. 5. 8. 선고 2000다50015 판결).

따라서 위 사안에서도 甲은 위 부동산매도 당시 乙회사에 대한 甲의 물품대금채무가 담보로 제공된 부동산의 가액을 초과하였다고 하여도 그 후 甲이 채무변제에 최대한 노력하였으며, 乙회사에서는 위 부동산의 매도사실을 알고서도 계속 거래하면서 오히려 거래량을 늘려 주었던 사실 등을 들어 사해의 의사가 없었음을 주장해볼 수도 있을 듯합니다.

✪ 가등기에 기한 본등기 경료시 사해행위 여부의 판단기준 시기

【질의】 ➡ 저는 2년 전 甲에게 3,000만원을 1년 기한으로 빌려주었는데, 甲은 당시 퇴직금 약 1억원과 부동산을 가지고 있었습니다. 그런데 甲은 얼마 전 이를 모두 주식에 투자하였다가 회수하지 못하고 현재 다른 재산은 전혀 가지고 있지 않는 상태입니다. 그리고 甲소유의 유일한 부동산도 2년 전 甲의 동생 乙앞으로 가등기 되었다가 최근에 가등기에 기한 본등기를 경료하였습니다. 제가 위 부동산을 통해 저의 채권액을 회수할 방법이 있는지요?

【답변】 ➡ **채권취소권을 행사하여 이를 압류하여야 합니다.**

　귀하와 같은 경우에는 우선 채권자취소권을 행사하여 甲소유의 부동산을 乙로부터 甲에게로 돌려놓은 후 이를 압류하여야 합니다. 채권자취소권에 관하여 민법 제406조 제1항은 "채무자가 채권자를 해함을 알고 재산권을 목적으로 한 법률행위를 한 때에는 채권자는 그 취소 및 원상회복을 법원에 청구할 수 있다. 그러나 그 행위로 인하여 이익을 받은 자나 전득한 자가 그 행위 또는 전득 당시에 채권자를 해함을 알지 못한 경우에는 그러하지 아니하다." 라고 규정하고 있습니다.

　그러므로 채권자취소권을 행사할 수 있기 위해서는 채무자 甲이 채권자인 귀하를 해함을 알고 乙에게 부동산소유권을 이전해 주었다는 사실을 주장·입증할 수 있어야 합니다. 위 사안의 경우 甲이 이미 많은 액수의 채무를 부담하고 있음에도 불구하고 자신의 유일한 부동산을 타인에게 양도하였다면 일응 이를 사해행위(詐害行爲)로 볼 수 있을 것입니다.

　판례도 "채무자가 자기의 유일한 재산인 부동산을 매각하여 소비하기 쉬운 금전으로 바꾸는 행위는 특별한 사정이 없는 한 항상 채권자에 대하여 사해행위가 된다고 볼 것이므로 채무자의 사해의 의사는 추정되는 것이고, 이를 매수한 자가 악의가 없었다는 입증책임은 수익자에게 있다."라고 하였습니다(대법원 1998. 4. 14. 선고 97다54420 판결, 2003. 3. 25. 선고 2002다62036 판결).

그런데 귀하의 경우와 같이 먼저 가등기가 경료되고 이에 기하여 다시 본등기가 경료된 경우에는 사해행위가 되는지 여부를 판단하는 기준시를 언제로 볼 것인지가 문제됩니다.

이에 관한 판례는 "가등기에 기하여 본등기가 경료된 경우, 가등기의 원인인 법률행위와 본등기의 원인인 법률행위가 명백히 다른 것이 아닌 한, 사해행위 요건의 구비 여부는 가등기의 원인된 법률행위 당시를 기준으로 하여 판단하여야 한다."라고 하였습니다(대법원 2001. 7. 27. 선고 2000다73377 판결, 2002. 7. 26. 선고 2001다73138, 73145 판결).

그런데 甲이 乙에게 위 부동산에 대하여 가등기를 해줄 당시에는 현금을 상당히 가지고 있었으므로 甲이 무자력 상태에 있었다고는 할 수 없을 것이고, 귀하는 위 양도행위에 관하여 채권자취소권을 행사할 수 없을 것으로 보입니다.

◎ 채권자 중 1인에게 채무자의 유일한 재산 처분시 사해행위인지

【질의】 ➡ 甲은 가전제품판매상을 경영하던 중 乙로부터 1,500만원, 甲의 처남인 丙으로부터 3,000만원을 차용한 것을 비롯하여 총 5,000여만원의 채무를 지게 되었는데, 그 소유재산으로는 시가 4,500만원 상당의 가옥 한 채 뿐인데, 甲은 위 가옥 위에 담보목적으로 매매예약을 원인으로 한 丙명의의 가등기를 경료하였다가 본등기까지 해주었습니다. 이 경우 乙이 丙을 상대로 甲과 丙 사이의 위 행위가 채권자를 해하는 행위라고 하여 그 행위의 취소 및 丙명의의 등기를 말소시킬 수 없는지요?

【답변】 ➡ 말소시킬수 있습니다.

채무자의 재산이 모든 채권을 변제하기에 부족한 경우에 채무자가 그의 유일한 재산인 부동산을 어느 특정 채권자에 대한 채권담보로 제공하여 그 채권자명의로 매매예약에 의한 가등기를 해주거나, 그 가등기에 기한 본등기를 해준 때에는 그 채권자는 다른 채권자보다 우선하여 피담보채권을 변제 받을 수 있게 되어 그 범위 내에서 일반채권자의 공동담보가 감소되고 이로 인하여 다른 채권자는 종전보다 더 불리한 지위에 서게 됩니다.

그러므로 그것은 다른 채권자의 이익을 해하는 것이라 할 것이고, 이러한 점은 피담보채권자가 최고액채권자이고 부동산의 시가가 담보채권자의 채권액에 미치지 못하는 경우에도 마찬가지입니다. 다만, 부동산에 대한 피담보채권액이 그 부동산가격을 초과하고 있는 경우, 채무자가 이를 양도한 행위가 일반채권자에 대한 관계에서는 사해행위에 해당되지 않습니다(대법원 1997. 9. 9. 선고 97다10864 판결).

그런데 판례를 보면 채무초과상태에 있는 채무자가 자기의 부동산을 채권자중의 어느 한 사람에게 채권담보로 제공하는 행위는 특별한 사정이 없는 한 다른 채권자들에 대한 관계에서 사해행위

에 해당한다고 하였습니다(대법원 2002. 4. 12. 선고 2000다
43352 판결).

그리고 "어느 특정채권자에 대한 담보제공행위가 사해행위가 되
기 위해서는 채무자가 이미 채무초과상태에 있을 것과 그 채권자
에게만 다른 채권자에 비하여 우선변제를 받을 수 있도록 하여 다
른 일반채권자의 공동담보를 감소시키는 결과를 초래할 것을 그
요건으로 하므로, 채무자의 담보제공행위가 사해행위가 되는지 여
부를 판단하기 위해서는 채무자의 재산상태를 심리하여 채무초과
여부를 밝혀보아야 한다."라고 하였습니다(대법원 2000. 4. 25. 선
고 99다55656 판결).

따라서 이미 채무초과의 상태에 빠져있는 채무자 甲이 그의 유
일한 재산인 부동산을 채권자 중의 한 사람인 丙에게 채권담보로
제공하는 행위는 다른 특별한 사정이 없는 한, 다른 채권자인 乙
에 대한 관계에서 사해행위가 된다고 할 것이므로, 乙은 甲과 丙
의 위 행위의 취소를 청구하여 원상회복 시킨 후 그 부동산에 강
제집행 하여야 할 것입니다.

◎ 소유권이전등기청구권보전을 위한 가등기가 사해행위인 경우 원상회복방법

【질의】 ➡ 甲은 乙에 대한 대여금 5,000만원의 채권을 가지고 있으나, 변제기가 지난 후 1년이 다되도록 위 채권을 변제 받지 못하고 있습니다. 그런데 甲은 6개월 전 동생 乙에게 甲의 유일한 부동산인 아파트에 소유권이전등기청구권보전을 위한 가등기를 해주었습니다. 그런데 乙의 위 가등기는 담보가등기라고 하며, 위 가등기보다 선순위였던 丙의 근저당권이 있었으나 위 가등기 후에 말소되었습니다. 이러한 경우 위 가등기가 사해행위임을 주장하여 사해행위취소의 소를 제기할 때 어떠한 방법으로 청구하여야 하는지요?

【답변】 ➡ 가등기를 말소하라는 청구를 하면 됩니다.

채권자취소권에 관하여 민법 제406조 제1항은 "채무자가 채권자를 해함을 알고 재산권을 목적으로 한 법률행위를 한 때에는 채권자는 그 취소 및 원상회복을 법원에 청구할 수 있다. 그러나 그 행위로 인하여 이익을 받은 자나 전득(轉得)한 자가 그 행위 또는 전득 당시에 채권자를 해함을 알지 못한 경우에는 그러하지 아니하다."라고 규정하고 있습니다.

그런데 채권자취소권의 대상이 되는 사해행위는 채무자의 총재산에 감소를 초래함으로써 채권자를 해하는 채무자의 재산적 법률행위를 말하므로 소유권이전등기청구권보전을 위한 가등기도 사해행위가 될 수 있습니다.

그런데 소유권이전등기청구권보전을 위한 가등기가 사해행위로서 이루어진 경우 원상회복의 방법에 관한 판례를 보면, "소유권이전등기청구권보전을 위한 가등기가 사해행위로서 이루어진 경우 그 매매예약을 취소하고 원상회복으로서 가등기를 말소하면 족한 것이고, 가등기 후에 저당권이 말소되었다거나 그 피담보채무가 일부 변제된 점 또는 그 가등기가 사실상 담보가등기라는 점 등은 그와 같은 원상회복의 방법에 아무런 영향을 주지 않는다."라고 하였습니다(대법원 2001. 6. 12. 선고 99다20612 판결, 2002. 4. 12. 선고 2000다63912 판결).

따라서 위 사안에서도 甲은 丙을 상대로 위 소유권이전등기청구권보전을 위한 가등기가 사해행위임을 주장하여 그 매매예약을 취소하고 위 가등기를 말소하라는 청구를 하면 될 것이고, 가등기 후에 선순위 근저당권이 말소된 점 및 위 가등기가 사실상 담보가등기라는 점을 고려할 필요는 없을 것으로 보입니다.

☑ 채권자취소소송을 제기할 수 있는 기간은 어떻게 되는지

【질의】 ➡ 저는 2년 전 甲에 대한 채권에 기하여 甲의 유일한 재산인 부동산에 대하여 가압류신청을 하여 가압류집행을 하였고, 제가 가압류를 하기 전에 그 부동산에 甲이 乙에게 설정해준 근저당권이 있었는데, 최근에서야 乙은 甲의 친척으로서 위 근저당권은 실제로는 채무가 없으면서도 甲과 乙이 통모하여 설정한 사실을 알고서 그 근저당권의 말소를 청구하고자 하는데, 채권자취소권의 제소기간이 지난 것은 아닌지요?

【답변】 ➡ 지나지 않은 것으로 보입니다.

채권자취소권에 관하여 민법은 제406조에서 "①채무자가 채권자를 해함을 알고 재산권을 목적으로 한 법률행위를 한 때에는 채권자는 그 취소 및 원상회복을 법원에 청구할 수 있다. 그러나 그 행위로 인하여 이익을 받은 자나 전득(轉得)한 자가 그 행위 또는 전득당시에 채권자를 해함을 알지 못하는 경우에는 그러하지 아니하다. ②전항의 소는 채권자가 취소원인을 안 날로부터 1년, 법률행위가 있은 날로부터 5년 내에 제기하여야 한다."라고 규정하고 있습니다.

그러므로 채권자취소권에 기한 사해행위취소의 소송은 채권자가 취소원인을 안 날로부터 1년, 법률행위가 있은 날로부터 5년 내에 제기하여야 합니다. 그리고 이 기간은 출소(出訴)기간, 이른바 제척기간으로서 그 기간 경과에 의한 권리소멸여부를 법원이 직권으로 판단하여야 합니다(대법원 2002. 7. 26. 선고 2001다73138, 73145 판결).

그런데 판례는 "채권자취소의 소는 채권자가 취소원인을 안 날로부터 1년 내에 제기하여야 하는 것인바, 여기에서 취소원인을 안다고 하기 위하여서는 단순히 채무자의 법률행위가 있었다는 사실을 아는 것만으로는 부족하고, 그 법률행위가 채권자를 해하는 행위라는 것 즉, 그에 의하여 채권의 공동담보에 부족이 생기거나 이미 부족상태에 있는 공동담보가 한층 더 부족하게 되어 채권을 완전하게 만족시킬 수 없게 된다는 것까지 알아야 한다."라고 하면서 "채권자가 채무자소유의 부동산에 대한 가압류신청시 첨부한 등기부등본에 수익자 명의의 근저당권설정등기가 경료되어 있었다는 사실만으로는 채권자가 가압류신청 당시 취소원인을 알았다고 인정할 수 없다."라고 한 바 있습니다(대법원 2000. 6. 13. 선고 2000다15265 판결).

그리고 '취소원인을 안 날'이라 함은 채권자가 채권자취소권의 요건을 안 날, 즉 채무자가 채권자를 해함을 알면서 사해행위를 하였다는 사실을 알게 된 날을 의미하고, 채권자가 취소원인을 알았다고 하기 위하여서는 단순히 채무자가 재산의 처분행위를 하였다는 사실을 아는 것만으로는 부족하고 구체적인 사해행위의 존재를 알고 나아가 채무자에게 사해의 의사가 있었다는 사실까지 알 것을 요하며, 사해의 객관적 사실을 알았다고 하여 취소의 원인을 알았다고 추정할 수는 없다는 판례도 있습니다(대법원 2002. 9. 24. 선고 2002다23857).

그러나 "채권자가 채무자의 유일한 재산에 대하여 가등기가 경료된 사실을 알고 채무자의 재산상태를 조사한 결과 다른 재산이 없음을 확인한 후 채무자의 재산에 대하여 가압류를 한 경우, 채권자는 그 가압류 무렵에는 채무자가 채권자를 해함을 알면서 사해행위를 한 사실을 알았다고 봄이 상당하다."라고 한 바도 있습니다(대법원 2001. 2. 27. 선고 2000다44348 판결, 2002. 11. 26. 선고 2001다11239 판결).

따라서 귀하가 가압류 당시 첨부된 부동산등기부등본상 사해행위로 설정된 근저당권이 등재되어 있었다는 객관적 사실만으로 귀하가 가압류당시 취소원인을 알았다고 할 수는 없을 것이므로 귀하는 채권자취소의 소를 제기해볼 수 있을 것으로 보입니다.

◎ 사해행위취소청구가 기간 안에 제기되면 원상회복청구는 가능한지

【질의】➡ 甲은 乙에 대하여 임차보증금반환채권이 있는데, 채무초과 상태에 빠지게 된 乙이 자신 소유의 연립주택에 대하여 동생인 丙에게 매매를 원인으로 한 소유권이전등기를 해주었습니다. 그런데 甲은 丙명의의 소유권이전등기가 된 것을 안 때로부터 거의 1년이 다 되어 丙을 상대로 사해행위취소의 소를 제기하면서 원상회복인 丙명의의 소유권이전등기를 말소하라는 청구를 누락하였다가 丙명의의 소유권이전등기가 된 것을 안 때로부터 1년이 지난 제1차 변론기일에 출석하여 그 사실을 알고서 청구취지변경신청을 하여 丙명의의 소유권이전등기를 말소하라는 청구를 추가하였습니다. 이 경우 甲이 丙명의의 소유권이전등기가 된 것을 안 때로부터 1년이 지나서 丙명의의 소유권이전등기를 말소하라는 청구를 추가한 것이 제척기간을 경과하여 문제되지는 않는지요?

【답변】➡ 문제되지 않을 것으로 보입니다.

　　채권자취소권에 관하여 민법 제406조에 의하면 "①채무자가 채권자를 해함을 알고 재산권을 목적으로 한 법률행위를 한 때에는 채권자는 그 취소 및 원상회복을 법원에 청구할 수 있다. 그러나 그 행위로 인하여 이익을 받은 자나 전득(轉得)한 자가 그 행위 또는 전득 당시에 채권자를 해함을 알지 못하는 경우에는 그러하지 아니하다. ②전항의 소는 채권자가 취소원인을 안 날로부터 1년, 법률행위 있은 날로부터 5년 내에 제기하여야 한다."라고 규정하고 있습니다.

　　그런데 위 사안에서 乙과 丙의 매매계약을 취소하라는 청구는 사해행위의 취소에 해당하고, 丙명의의 소유권이전등기를 말소하라는 청구는 원상회복의 청구에 해당할 것인데, 사해행위취소는 민법 제406조 제1항의 취소원인을 안 날로부터 1년 이내에 소송

을 제기하였으나, 원상회복청구인 丙명의의 소유권이전등기를 말
소하라는 청구는 취소원인을 안 날로부터 1년이 지나서 청구하였
으므로 그러한 청구가 가능한지 문제됩니다.

이에 관하여 판례를 보면, "채권자가 민법 제406조 제1항에 따
라 사해행위의 취소와 원상회복을 청구하는 경우 사해행위의 취소
만을 먼저 청구한 다음 원상회복을 나중에 청구할 수 있고, 채권
자가 민법 제406조 제1항에 따라 사해행위의 취소와 원상회복을
청구하는 경우 사해행위취소청구가 민법 제406조 제2항에 정하여
진 기간 안에 제기되었다면, 원상회복의 청구는 그 기간이 지난
뒤에도 할 수 있다."라고 하였습니다(대법원 2001. 9. 4. 선고
2001다14108 판결).

따라서 위 사안에서도 甲이 원상회복청구인 丙명의의 소유권이
전등기를 말소하라는 청구를 취소원인을 안 날로부터 1년이 지나
서 청구하였다고 하여도 제척기간이 경과된 경우로 볼 수는 없을
것입니다.

◎ 저당권설정행위가 취소되는 경우에도 이미 부동산낙찰대금이 완납된 경우

【질의】 ➡ 甲은 乙에 대한 대여금채권이 있으나 변제기가 지난 후에도 그 채권을 지급 받지 못하고 있었습니다. 그런데 역시 乙에 대한 대여금채권자인 丙은 乙로부터 乙의 유일한 부동산인 아파트에 근저당권을 설정 받았습니다. 그러므로 甲은 丙을 상대로 乙과 丙의 근저당권설정계약은 사해행위로서 취소하고 근저당권설정등기의 말소를 청구하는 소송을 제기하여 소송진행 중 乙이 위 근저당권에 기하여 신청한 입찰절차에서 위 아파트가 丁에게 낙찰되어 낙찰대금까지 완납된 상태입니다. 이 경우 어떻게 되는지요?

【답변】 ➡ **배당금을 전액 반환해야 합니다.**

　　채권자취소권에 관하여 민법은 제406조에서 "①채무자가 채권자를 해함을 알고 재산권을 목적으로 한 법률행위를 한 때에는 채권자는 그 취소 및 원상회복을 법원에 청구할 수 있다. 그러나 그 행위로 인하여 이익을 받은 자나 전득(轉得)한 자가 그 행위 또는 전득 당시에 채권자를 해함을 알지 못하는 경우에는 그러하지 아니하다. ②전항의 소는 채권자가 취소원인을 안 날로부터 1년, 법률행위가 있은 날로부터 5년 내에 제기하여야 한다."라고 규정하고 있습니다.

　　그런데 관련 판례를 보면, "채권자의 사해행위취소 및 원상회복 청구가 인정되면, 수익자 또는 전득자는 원상회복으로서 사해행위의 목적물을 채무자에게 반환할 의무를 지게 되고, 만일 원물반환이 불가능하거나 현저히 곤란한 경우에는 원상회복의무의 이행으로서 사해행위 목적물의 가액 상당을 배상하여야 하는바, 원래 채권자와 아무런 채권·채무관계가 없었던 수익자가 채권자취소에 의하여 원상회복의무를 부담하는 것은 형평의 견지에서 법이 특별히 인정한 것이므로, 그 가액배상의 의무는 목적물의 반환이 불가능하거나 현저히 곤란하게 됨으로써 성립하고, 그 외에 그와 같이 불가능하게 된 데에 상대방인 수익자 등의 고의나 과실을 요하는 것은 아니며, 이 경우 채권자는 상대방에 대하여 직접 자기에게 지급할 것을 청구할 수 있다. 여기서 원물반환이 불가능하거나 현저히 곤란한 경우라 함은 원물반환이 단순히 절대적·물리적으로 불능인 경우가 아니라 사회생활상의 경험법칙 또는 거래상의 관념에 비추어 채권자가 수익자나 전득자로부터 이행의 실현을 기대할 수 없는 경우를 말하고(대법원 1996. 7. 26. 선고 96다14616 판결), 사해행위의 목적물이 수익자로부터 전득자로 이전되어 그 등기까지 경료되었다면 후일 채권자가 전득자를 상대로 소송을 통하여 구제 받을 수 있는지 여부에 관계없이, 수익자가 전득자로부터 목적물의 소유권을 회복하여 이를 다시 채권자에게 이전하여 줄 수 있는 특별한 사정이 있으면 모르되, 그렇지 아니한 일반의 경우에는 그로써 채권자에 대한 목적물의 원상회복의무는 법률상 이행불능의 상태에 있다고 봄이 상당하다."라고 하였습니다(대법원 1998. 5. 15. 선고 97다58316 판결).

그리고 근저당권설정계약이 사해행위로 취소되었으나, 당해 부동산이 이미 입찰절차에서 낙찰되어 대금이 완납된 경우, 채권자취소권의 행사에 따른 원상회복의 방법에 관하여 판례를 보면, "채무자와 수익자 사이의 저당권설정행위가 사해행위로 인정되어 저당권설정계약이 취소되는 경우에도 당해 부동산이 이미 입찰절차에 의하여 낙찰되어 대금이 완납되었을 때에는 낙찰인의 소유권 취득에는 영향을 미칠 수 없으므로, 채권자취소권의 행사에 따르는 원상회복의 방법으로 입찰인의 소유권이전등기를 말소할 수는 없고, 수익자가 받은 배당금을 반환하여야 하고, 채권자취소권은 채권의 공동담보인 채무자의 책임재산을 보전하기 위하여 채무자와 수익자 사이의 사해행위를 취소하고 채무자의 일반재산으로부터 일탈된 재산을 모든 채권자를 위하여 수익자 또는 전득자로부터 환원시키는 제도이므로, 수익자인 채권자로 하여금 안분액의 반환을 거절하도록 하는 것은 자신의 채권에 대하여 변제를 받은 수익자를 보호하고 다른 채권자의 이익을 무시하는 결과가 되어 제도의 취지에 반하게 되므로, 수익자가 채무자의 채권자인 경우 수익자가 가액배상을 할 때에 수익자 자신도 사해행위취소의 효력을 받는 채권자 중의 1인이라는 이유로 취소채권자에 대하여 총채권액 중 자기의 채권에 대한 안분액의 분배를 청구하거나, 수익자가 취소채권자의 원상회복에 대하여 총채권액 중 자기의 채권에 해당하는 안분액의 배당요구권으로써 원상회복청구와의 상계를 주장하여 그 안분액의 지급을 거절할 수는 없다."라고 하였습니다(대법원 2001. 2. 27. 선고 2000다44348 판결).

따라서 위 사안에서 乙과 丙의 근저당권설정계약이 사해행위로서 취소된다면 乙은 입찰절차에서 배당받은 배당금을 전액 반환하여야 할 것이고, 자신도 사해행위취소의 효력을 받는 채권자 중의 1인이라는 이유로 상계주장은 할 수 없을 것으로 보입니다. 그리고 그 반환된 배당금은 모든 채권자를 위하여 반환 받은 것이므로 추후 모든 채권자에게 안분배당 하여야 할 것으로 보입니다.

◎ 수탁자가 신탁부동산에 근저당권 설정시 수탁자의 채권자 사해 행위인지

【질의】➡ 저는 甲에게 5,000만원을 빌려주고 변제 받지 못하고 있던 중, 甲의 유일한 재산인 부동산을 찾아내었으나, 그 부동산에는 최근에 甲의 처 乙을 채권자로 하는 근저당권이 설정되어 있었으므로 그 근저당권의 취소를 청구하려고 하는데, 甲은 친구인 丙이 실질적인 소유자이고 자기는 등기명의만 丙으로부터 이전 받았을 뿐이라고 하는바, 이러한 경우 제가 위 근저당권의 말소를 청구할 수는 없는지요?

【답변】➡ 청구할 수 없습니다.

　　채권자취소권에 관하여 민법은 제406조에서 "①채무자가 채권자를 해함을 알고 재산권을 목적으로 한 법률행위를 한 때에는 채권자는 그 취소 및 원상회복을 법원에 청구할 수 있다. 그러나 그 행위로 인하여 이익을 받은 자나 전득(轉得)한 자가 그 행위 또는 전득 당시에 채권자를 해함을 알지 못하는 경우에는 그러하지 아니하다. ②전항의 소는 채권자가 취소원인을 안 날로부터 1년, 법률행위가 있은 날로부터 5년 내에 제기하여야 한다."라고 규정하고 있습니다.

　　그런데 부동산실권리자명의등기에관한법률 제4조에 의하면 "①명의신탁약정은 무효로 한다. ②명의신탁약정에 따라 행하여진 등기에 의한 부동산에 관한 물권변동은 무효로 한다. 다만, 부동산에 관한 물권을 취득하기 위한 계약에서 명의수탁자가 그 일방당사자가 되고 그 타방당사자는 명의신탁약정이 있다는 사실을 알지 못한 경우에는 그러하지 아니하다. ③제1항 및 제2항의 무효는 제3자에게 대항하지 못한다."라고 규정하고 있습니다.

　　따라서 甲의 주장이 사실일 경우 위 부동산은 실질적으로 甲의 소유가 아닐 것이므로, 이러한 경우 귀하가 채권자취소권에 기하여 위 근저당권을 말소하라고 청구할 수 있을 것인지 문제됩니다.

관련 판례를 보면, "부동산에 관하여 부동산실권리자명의등기에 관한법률 제4조 제2항 본문이 적용되어 명의수탁자인 채무자명의의 소유권이전등기가 무효인 경우에는 그 부동산은 채무자의 소유가 아니기 때문에 이를 채무자의 일반채권자들의 공동담보에 제공하여지는 책임재산이라고 볼 수 없고, 채무자가 위 부동산에 관하여 제3자와 근저당권설정계약을 체결하고 나아가 그에게 근저당권설정등기를 마쳐주었다 하더라도 그로써 채무자의 책임재산에 감소를 초래한 것이라고 할 수 없으므로, 이를 들어 채무자의 일반채권자들을 해하는 사해행위라고 할 수 없고, 채무자에게 사해의 의사가 있다고 볼 수도 없다."라고 하였습니다(대법원 2000. 3. 10. 선고 99다55069 판결).

따라서 위 사안의 경우에도 귀하는 甲의 처인 乙의 근저당권의 말소를 청구할 수 없을 것으로 보입니다.

◎ 부동산 이중양도행위에 대한 채권자 사해행위 취소가 가능한지

【질의】 ➡ 저는 甲으로부터 토지를 구입하기로 계약을 체결한 후 잔금까지 지급하였으나 소유권이전등기는 하지 않고 있던 중, 甲은 위 토지를 乙에게 이중으로 매도하여 소유권이전등기까지 경료되었으며 甲은 현재 소재불명인데, 이러한 경우 제가 甲에 대한 소유권이전등기청구권에 기하여 乙을 상대로 소유권이전등기말소청구를 할 수는 없는지요?

【답변】 ➡ 할 수 없습니다.

채권자취소권에 관하여 민법 제406조 제1항은 "채무자가 채권자를 해함을 알고 재산권을 목적으로 한 법률행위를 한 때에는 채권자는 그 취소 및 원상회복을 법원에 청구할 수 있다. 그러나 그 행위로 인하여 이익을 받은 자나 전득(轉得)한 자가 그 행위 또는 전득 당시에 채권자를 해함을 알지 못하는 경우에는 그러하지 아니하다."라고 규정하고 있습니다.

그런데 위 사안과 같이 채권자취소권을 특정물에 대한 소유권이전등기청구권을 보전하기 위하여 행사할 수 있을 것인지에 관하여 판례는 "부동산을 양도받아 소유권이전등기청구권을 가지고 있는 자가 양도인이 제3자에게 이를 이중으로 양도하여 소유권이전등기를 경료하여 줌으로써 취득하는 부동산 가액 상당의 손해배상채권은 이중양도행위에 대한 사해행위취소권을 행사할 수 있는 피보전채권에 해당한다고 할 수 없다."라고 하면서 "채권자취소권을 특정물에 대한 소유권이전등기청구권을 보전하기 위하여 행사하는 것은 허용되지 않으므로, 부동산의 제1양수인은 자신의 소유권이전등기청구권보전을 위하여 양도인과 제3자 사이에서 이루어진 이중양도행위에 대하여 채권자취소권을 행사할 수 없다."라고 한 바 있습니다(대법원 1999. 4. 27. 선고 98다56690 판결).

따라서 위 사안의 경우에도 귀하가 채권자취소권에 기하여 乙

을 상대로 부동산소유권이전등기말소의 청구를 할 수는 없을 것으로 보입니다.

참고로 부동산이중매매의 문제는 '선량한 풍속 기타 사회질서'에 위반한 사항을 내용으로 하는 법률행위는 무효로 한다는 민법 제103조에 해당하는지에 따라서 해결되어야 할 문제이고, 부동산이중매매가 이러한 '반사회적 법률행위'로서 무효가 되기 위해서는 매도인의 배임행위와 매수인이 매도인의 배임행위에 적극 가담한 행위가 있는 매매로서, 그 적극가담행위의 정도는 매수인이 다른 사람에게 매매목적물이 매도된 것을 안다는 것만으로는 부족하고 적어도 그 매도사실을 알고도 매도를 요청하여 매매계약에 이르는 정도가 되어야 하며(대법원 1994. 3. 11. 선고 93다55289 판결, 1998. 2. 10. 선고 97다26524 판결), 부동산이중매매가 반사회적 법률행위로서 무효라 하더라도 등기하지 않은 제1매수인은 아직 소유자는 아니므로, 직접 제2매수인에게 그 명의의 소유권이전등기말소를 청구할 수 없고, 매도인을 대위(代位)하여서만 그러한 청구를 할 수 있습니다(대법원 1983. 4. 26. 선고 83다카57 판결).

◎ 채무초과상태에서 사업의 계속을 위한 근저당권설정행위가 사해행위인지

【질의】 ➡ 甲은 호텔을 경영하는 乙에 대하여 대여금채권을 가진 자인데, 변제기가 지났음에도 위 채권을 변제 받지 못하고 있습니다. 그런데 乙은 사업을 확장하기 위하여 신관신축공사를 하던 중 부도되었으며, 채무초과상태에서 위 신관공사를 마무리하기 위한 자금을 丙으로부터 차용하고 그 채무를 담보하기 위하여 신관건물의 보존등기와 동시에 丙에게 근저당권을 설정해주었습니다. 이 경우 乙과 丙의 신관건물에 대한 근저당권설정행위가 사해행위에 해당되지 않는지요?

【답변】 ➡ 사해행위에 해당하지 않습니다.

채권자취소권에 관하여 민법 제406조 제1항은 "'채무자가 채권자를 해함을 알고' 재산권을 목적으로 한 법률행위를 한 때에는 채권자는 그 취소 및 원상회복을 법원에 청구할 수 있다. 그러나 그 행위로 인하여 이익을 받은 자나 전득(轉得)한 자가 그 행위 또는 전득 당시에 채권자를 해함을 알지 못하는 경우에는 그러하지 아니하다."라고 규정하고 있습니다.

위 규정의 '채무자가 채권자를 해함을 알고'의 의미, 즉 채권자취소권의 주관적 요건인 이른바 채무자의 악의, 즉 '사해의사(詐害意思)'는 채무자의 재산처분행위에 의하여 그 재산이 감소되어 채권의 공동담보에 부족이 생기거나, 이미 부족상태에 있는 공동담보가 한층 더 부족하게 됨으로써 채권자의 채권을 완전하게 만족시킬 수 없게 된다는 사실을 인식하는 것을 의미합니다.

그런데 자금난으로 사업을 계속 추진하기 어려운 상황에 처한 채무자가 자금을 융통하여 사업을 계속 추진하는 것이 채무변제력을 갖게 되는 최선의 방법이라고 생각하고 자금을 융통하거나 사업을 계속하기 위하여 부득이 부동산을 특정 채권자에게 담보로 제공한 경우, 채무자의 담보권설정행위가 사해행위에 해당하는지에 관하여 판례를 보면, "채무초과 상태에 있는 채무자가 그 소유의 부동산을 채권자 중의 어느 한 사람에게 채권담보로 제공하는 행위는 특별한 사정이 없는 한 다른 채권자들에 대한 관계에서 사해행위에 해당한다고 할 것이나, 계속적인 거래관계에 있는 구입처로부터 외상매입대금채무에 대한 담보를 제공하지 않으면 사업에 필요한 물품의 공급을 중단하겠다는 통보를 받고 물품을 공급받아 사업을 계속 추진하는 것이 채무 변제력을 갖게 되는 최선의 방법이라고 생각하고 물품을 공급받기 위하여 부득이 부동산을 특정 채권자에게 담보로 제공하고 그로부터 물품을 공급받았다면 이 경우에도 특별한 사정이 없는 한 채무자의 담보권설정행위는 사해행위에 해당하지 않으며, 다만 사업의 계속 추진과는 아무런 관계가 없는 기존 채무를 아울러 피담보채무 범위에 포함시켰다면, 그 부분에 한하여 사해행위에 해당할 여지는 있다."라고 하였습니다 (대법원 2002. 3. 29. 선고 2000다25842 판결, 2001. 10. 26. 선고 2001다19134 판결).

따라서 위 사안에 있어서도 乙이 자금난으로 사업을 계속 추진하기 어려운 상황에서 자금을 융통하여 사업을 계속 추진하는 것이 채무변제력을 갖게 되는 최선의 방법이라고 생각하고 부득이 위 건물을 丙에게 담보로 제공하였다면 그러한 근저당권설정행위가 사해행위에 해당된다고 하기는 어려울 것으로 보입니다.

◎ 사해행위 당시 미성립된 채권도 채권자취소권의 피보전채권인지

【질의】 ➡ 甲은 乙주식회사가 금융기관으로부터 대출을 받음에 있어서 보증보험회사가 신용보증을 함에 있어서 보증보험회사와 乙주식회사의 구상금채무에 대한 연대보증을 하였습니다. 그 후 甲이 그의 유일한 재산인 부동산을 아들에게 증여하였는데, 보증보험회사에서 위 증여계약이 사해행위라고 아들을 상대로 취소소송을 제기하겠다고 합니다. 이 경우 위 증여계약 당시에는 보증보험회사에서 아직 乙주식회사의 대출금을 변제하지 않았으므로 구상금채권이 성립되지도 않은 단계였음에도 보증보험회사에 대하여 위 증여계약이 사해행위가 될 수 있는지요?

【답변】 ➡ 될 수 없을 것으로 보입니다.

　　민법 제406조 제1항은 "채무자가 채권자를 해함을 알고 재산권을 목적으로 한 법률행위를 한 때에는 채권자는 그 취소 및 원상회복을 법원에 청구할 수 있다. 그러나 그 행위로 인하여 이익을 받은 자나 전득(轉得)한 자가 그 행위 또는 전득 당시에 채권자를 해함을 알지 못한 경우에는 그러하지 아니하다."라고 하여 악의의 채무자에 대항하는 채권자의 보호를 위하여 채권자취소권(債權者取消權)을 규정하고 있습니다. 그리고 채권자취소권을 행사할 수 있는 채권은 원칙적으로 채권자를 해하는 행위라고 볼 수 있는 행위가 행하여지기 전에 발생된 채권임을 요건으로 합니다.

　　그런데 사해행위 당시 아직 성립되지 아니한 채권이 예외적으로 채권자취소권의 피보전채권이 되기 위한 요건에 관하여 판례를 보면, "채권자취소권에 의하여 보호될 수 있는 채권은 원칙적으로 사해행위라고 볼 수 있는 행위가 행하여지기 전에 발생된 것을 요하지만, 그 사해행위 당시에 이미 채권 성립의 기초가 되는 법률관계가 발생되어 있고, 가까운 장래에 그 법률관계에 터잡아 채권이 성립되리라는 점에 대한 고도의 개연성이 있으며, 실제로 가까운 장래에 그 개연성이 현실화되어 채권이 성립된 경우에는 그 채권도 채권자취소권의 피보전채권이 될 수 있다."라고 하였습니다 (대법원 2002. 3. 29. 선고 2001다81870 판결).

그리고 "채무자가 보증인의 보증하에 은행으로부터 대출을 받음에 있어 채무자의 보증인에 대한 구상채무에 대하여 연대보증한 자가 연대보증 후 소유 부동산을 제3자에게 증여한 사안에서, 증여계약 당시 채무자가 당해 대출금을 당초 변제기까지 변제하지 못하고 변제기를 연장하였을 뿐만 아니라 그 외에도 원금을 변제하지 못하고 있는 대출금이 많이 있었고, 거래처의 부도로 인하여 막대한 손해를 보고 있었던 점 등 증여계약 당시의 채무자의 재정상태에 비추어 볼 때 채권자취소권의 피보전채권인 구상채권의 성립의 개연성이 있었다."라고 인정한 사례가 있습니다(대법원 1997. 10. 28. 선고 97다34334 판결, 2001. 2. 9. 선고 2000다63516 판결).

따라서 위 사안에서도 甲이 그의 유일한 재산인 부동산에 대하여 그의 아들에게 증여하는 계약을 체결할 당시 乙주식회사의 대출금채무가 연체되고 재정상태가 악화되어 보증보험회사에서 보증인으로서 위 대출금채무를 변제할 수밖에 없는 상태였다면, 보증보험회사의 乙주식회사에 대한 구상금채권의 성립의 개연성이 있었다고 할 것이고, 또한 그 구상금채무에 대하여 연대보증한 甲에 대하여도 구상금채권이 성립될 개연성이 있었다고 할 것이므로, 단순히 위 증여계약 당시 보증보험회사의 구상금채권이 완전히 성립되지 않았다는 이유만으로 그 증여계약을 사해행위로서 취소할 수 없었다고 할 수는 없을 것으로 보입니다.

◎ 채권자취소권 행사시 피담보채권액을 초과하여도 가능한지

【질의】➡ 甲은 乙에 대한 3,000만원의 대여금채권을 가지고 있는데, 乙은 다른 채권자에 대한 채무도 많아 채무초과의 상태에서 그의 유일한 재산인 주택과 대지를 처 丙에게 증여하였습니다. 甲은 乙과 丙의 증여계약을 사행행위로서 취소하도록 소송을 제기하려고 하는바, 이 경우 대지의 가격만으로도 甲의 채권을 초과하므로 대지의 처분행위만의 취소를 청구하여야 하는지, 아니면 지상건물인 주택의 처분행위도 취소를 청구할 수 있는지요?

【답변】➡ 청구할 수 있습니다.

채권자취소권에 관하여 민법 제406조 제1항은 "'채무자가 채권자를 해함을 알고' 재산권을 목적으로 한 법률행위를 한 때에는 채권자는 그 취소 및 원상회복을 법원에 청구할 수 있다. 그러나 그 행위로 인하여 이익을 받은 자나 전득(轉得)한 자가 그 행위 또는 전득 당시에 채권자를 해함을 알지 못하는 경우에는 그러하지 아니하다."라고 규정하고 있습니다.

그리고 위 규정에 의한 사해행위취소를 할 경우 채무자의 처분행위의 취소의 범위는 취소를 구하는 채권자의 채권의 구제에 필요한 한도 내에서 취소하여야 함이 원칙입니다.

그런데 채권자취소권에 의하여 취소할 수 있는 범위에 관련된 판례를 보면, "채권자취소권에 의하여 일출한 재산의 처분행위를 취소함에 있어 그 취소의 범위는 채권자의 채권의 구제에 필요한 한도에서 취소하여야 함이 원칙이나, 다른 채권자가 배당요구 할 것이 명백하거나 목적물이 불가분인 경우와 같이 특별한 사정이 있는 경우에는 취소채권자의 채권액을 넘어서까지도 취소를 구할 수 있다."라고 하였습니다(대법원 1997. 9. 9. 선고 97다10864 판결, 2001. 9. 4. 선고 2000다66416 판결).

또한, "동일인의 소유인 토지와 건물의 처분행위를 채권자취소

권에 의하여 취소하는 경우 그 중 대지의 가격이 채권자의 채권액
보다 다액이라 하더라도 대지와 건물 중 일방만을 취소하게 되면
건물의 소유자와 대지의 소유자가 다르게 되어 가격과 효용을 현
저히 감소시킬 것이므로 전부를 취소함이 정당하다."라고 하였습
니다(대법원 1975. 2. 25. 선고 74다2114 판결).

따라서 위 사안에 있어서도 대지의 가액만으로 甲의 채권구제
에 필요한 한도를 넘는다고 하여도 건물의 처분행위도 취소를 청
구할 수 있을 것으로 보입니다.

◎ 재산분할청구권의 보전을 위하여 채권자대위권을 행사할 수 있는지

【질의】 ➡ 甲은 위자료 및 재산분할문제는 거론하지 않고 남편 乙과 협의이혼을 하였습니다. 그런데 이혼 후 2년이 아직 지나지 않았으므로 乙을 상대로 재산분할청구를 하여 심판이 계류중인데, 乙이 그의 아버지 丙명의로 명의신탁 한 부동산이 있는바, 甲이 재산분할청구권을 보전하기 위하여 丙명의의 위 부동산에 대하여 乙을 대위하여 처분금지가처분을 할 수 있는지요?

【답변】 ➡ 할 수 없습니다.

채권자대위권(債權者代位權)에 관하여 민법 제404조에 의하면 "①채권자는 자기의 채권을 보전하기 위하여 채무자의 권리를 행사할 수 있다. 그러나 일신에 전속한 권리는 그러하지 아니하다. ②채권자는 그 채권의 기한이 도래하기 전에는 법원의 허가 없이 전항의 권리를 행사하지 못한다. 그러나 보존행위는 그러하지 아니하다."라고 규정하고 있습니다.

민법 제404조 소정의 채권자대위권은 채권자가 채무자에 대한 자기의 채권을 보전하기 위해 필요한 경우 채무자의 제3자에 대한 권리를 대위행사 할 수 있는 권리를 말하는 것이므로, 채권자가 이러한 채권자대위권을 행사하려면 우선 대위에 의해 보전될 채권이 존재하여야 함은 물론, 원칙적으로 그 이행기가 도래하였을 것이 필요하고 나아가 그 같은 채권이 금전채권이라면 보전의 필요성 즉, 채무자가 무자력인 사실 또한 인정되어야 하는데, 만일 채권자가 채권자대위권을 소송의 방법으로 행사하는 이른바 채권자대위소송에 있어 대위에 의해 보전될 채권자의 채무자에 대한 권리 자체가 존재하지 아니하거나 존재하더라도 그 보전의 필요성이 인정되지 아니하는 경우 이는 채권자가 스스로 원고가 되어 채무자의 제3채무자에 대한 권리를 행사할 소송수행권능이 없는 셈

이 되므로, 결국 그 대위소송은 당사자적격을 결여하여 부적법하다고 말할 수밖에 없고, 이러한 법리는 채권자대위에 의한 보전처분의 신청에 있어서도 마찬가지라 할 것입니다.

그런데 이혼으로 인한 재산분할청구권을 보전하기 위하여 채권자대위권을 행사할 수 있는지에 관하여 판례를 보면, "이혼으로 인한 재산분할청구권은 협의 또는 심판에 의하여 그 구체적 내용이 형성되기까지는 그 범위 및 내용이 불명확·불확정하기 때문에 구체적으로 권리가 발생하였다고 할 수 없으므로 이를 보전하기 위하여 채권자대위권을 행사할 수 없다."라고 하였습니다(대법원 1999. 4. 9. 선고 98다58016 판결, 서울가법 1993. 11. 11 선고 93느2877 판결).

즉, 이혼에 의한 재산분할청구권은, 성질상 혼인 당사자인 채권자와 채무자간의 협의 또는 확정심판 등에 의해 그 구체적 내용이 최종 형성되기 전에는 그 범위 및 내용이 불확정·불명확한 상태에 놓여 있어 아직 현실의 구체적 권리로 존재한다고 말하기 어렵고, 그 이행기가 도래하였다고 보기는 더더욱 어려우므로 협의 또는 심판 등을 통해 구체적 내용이 형성되어야만 비로소 대위에 의해 보전될 권리적격을 갖추게 되고, 채권자도 그때 가서야 그 권리에 기해 채무자의 제3채무자에 대한 권리를 대위행사 할 수 있게 된다는 것입니다.

따라서 위 사안에서 甲과 乙은 현재 재산분할청구심판이 계류 중이므로 아직은 재산분할청구권의 범위 및 내용이 불확정·불명확한 상태에 놓여 있어 그러한 재산분할청구채권을 보전하기 위하여 채권자대위권을 행사하여 丙명의의 위 부동산에 대하여 乙을 대위 하여 처분금지가처분을 할 수 없을 것으로 보입니다.

◎ 채권자대위소송의 제3채무자가 소멸시효완성을 원용하여 대항할 수 있는지

【질의】➡ 甲은 乙에 대한 물품대금채권이 있는데, 乙은 丙으로부터 부동산을 매수하여 매매잔금까지 모두 지급하고서도 소유권이전등기를 하지 않고 있습니다. 그러므로 甲은 위 물품대금채권을 보전하기 위하여 丙을 상대로 乙의 소유권이전등기청구권을 대위행사하여 소유권이전등기청구를 하여 乙명의로 등기된 후 그 부동산을 가압류하고 乙에 대하여 물품대금청구소송을 제기하려고 하는데, 甲의 乙에 대한 위 물품대금채권은 변제기로부터 3년이 경과된 것이므로 이러한 경우에는 丙에 대하여 소유권이전등기청구를 할 수 없는지요?

【답변】➡ 할 수 없습니다.

채권자대위권(債權者代位權)에 관하여 민법 제404조에 의하면 "①채권자는 자기의 채권을 보전하기 위하여 채무자의 권리를 행사할 수 있다. 그러나 일신에 전속한 권리는 그러하지 아니하다. ②채권자는 그 채권의 기한이 도래하기 전에는 법원의 허가 없이 전항의 권리를 행사하지 못한다. 그러나 보존행위는 그러하지 아니하다."라고 규정하고 있으며, 같은 법 제405조에 의하면 "①채권자가 전조 제1항의 규정에 의하여 보전행위 이외의 권리를 행사한 때에는 채무자에게 통지하여야 한다. ②채무자가 전항의 통지를 받은 후에는 그 권리를 처분하여도 이로써 채권자에게 대항하지 못한다."라고 규정하고 있습니다.

그러므로 채권자는 자기의 채권을 보전하기 위하여 일신에 전속한 권리를 제외하고는 채무자의 권리를 대위하여 행사할 수 있을 것입니다.

그런데 위 사안에서와 같이 채권자대위소송의 제3채무자가 채무자의 채권자에 대한 소멸시효의 항변을 원용할 수 있는지에 관

하여 판례를 보면, "채권자가 채권자대위권을 행사하여 제3자에
대하여 하는 청구에 있어서 제3채무자는 채무자가 채권자에 대하
여 가지는 항변으로는 대항할 수 없으므로, 채권의 소멸시효가 완
성된 경우 이를 원용할 수 있는 자도 원칙적으로는 시효이익을 직
접 받는 자뿐이고 채권자대위소송의 제3채무자가 이를 행사할 수
는 없다."라고 하였습니다(대법원 1998. 12. 8. 선고 97다31472
판결).

　따라서 위 사안의 경우 제3채무자 丙이 채무자 乙이 채권자 甲
에 대하여 가지는 항변을 원용하여서 대항할 수 없으므로, 丙이
채권자 乙에 대하여 위 물품대금채권의 소멸시효항변을 할 수는
없을 것으로 보입니다.

◎ 채권자가 양수인을 대위하여 양도인을 상대로 한 처분금지가처분의 효력

【질의】 ➡ 甲은 乙로부터 乙이 丙으로부터 매수한 아파트를 매수키로 하고 그 대금을 모두 지급하였습니다. 그런데 위 아파트는 아직도 丙 명의로 있는 상태인바, 甲은 乙을 대위하여 丙을 상대로 甲의 乙에 대한 소유권이전등기청구권을 보전하기 위하여 위 아파트의 처분금지가처분을 하였습니다. 그런데 丙은 乙이 사망한 후 乙의 상속인에게 위 아파트의 소유권이전등기를 해주었고, 乙의 상속인은 위 아파트를 丁에게 매도하여 소유권이전등기까지 해주었습니다. 이 경우 甲이 위 아파트의 소유권을 취득할 수는 없는지요?

【답변】 ➡ 취득할 수 있습니다.

　　채권자대위권(債權者代位權)에 관한 규정을 보면, 민법 제404조에 의하면 "①채권자는 자기의 채권을 보전하기 위하여 채무자의 권리를 행사할 수 있다. 그러나 일신에 전속한 권리는 그러하지 아니하다. ②채권자는 그 채권의 기한이 도래하기 전에는 법원의 허가 없이 전항의 권리를 행사하지 못한다. 그러나 보존행위는 그러하지 아니하다."라고 규정하고 있으며, 민법 제405조에 의하면 "①채권자가 전조 제1항의 규정에 의하여 보전행위 이외의 권리를 행사한 때에는 채무자에게 통지하여야 한다. ②채무자가 전항의 통지를 받은 후에는 그 권리를 처분하여도 이로써 채권자에게 대항하지 못한다."라고 규정하고 있습니다.

　　그런데 부동산의 전득자(轉得者)가 양수인 겸 전매인에 대한 소유권이전등기청구권을 보전하기 위하여 양수인을 대위 하여 양도인을 상대로 한 부동산처분금지가처분의 효력범위에 관한 판례를 보면, "부동산의 전득자(채권자)가 양수인 겸 전매인(채무자)에 대한 소유권이전등기청구권을 보전하기 위하여 양수인을 대위 하여 양도인(제3채무자)을 상대로 처분금지가처분결정을 받아 그 등기를 마친 경우, 그 가처분은 전득자가 자신의 양수인에 대한 소

유권이전등기청구권을 보전하기 위하여 양도인이 양수인 이외의
자에게 그 소유권의 이전 등 처분행위를 못하게 하는 데에 그 목
적이 있는 것으로서, 그 피보전권리는 양수인의 양도인에 대한 소
유권이전등기청구권이고 전득자의 양수인에 대한 소유권이전등기
청구권까지 포함되는 것은 아닐 뿐만 아니라 그 가처분결정에서
제3자에 대한 처분을 금지하였다고 하여도 그 제3자 중에는 양수
인은 포함되지 아니하며, 따라서 그 가처분 이후에 양수인이 양도
인으로부터 소유권이전등기를 넘겨받았고 이에 터잡아 다른 등기
가 경료되었다고 하여도 그 각 등기는 위 가처분의 효력에 위배되
는 것이 아니다."라고 하였습니다(대법원 1998. 2. 13. 선고 97다
47897 판결, 1994. 3. 8. 선고 93다42665 판결).

또한, 소유권이전등기청구권의 대위행사 후 채무자가 그 명의로
소유권이전등기를 경료하는 것이 민법 제405조 제2항 소정의 처
분에 해당하는지에 관하여 판례는 "채권자가 채무자를 대위 하여
채무자의 제3채무자에 대한 권리를 행사하고 채무자에게 통지를
하거나 채무자가 채권자의 대위권 행사사실을 안 후에는 채무자는
그 권리에 대한 처분권을 상실하여 그 권리의 양도나 포기 등 처
분행위를 할 수 없고 채무자의 처분행위에 기하여 취득한 권리로
서는 채권자에게 대항할 수 없으나, 채무자의 변제수령은 처분행
위라 할 수 없고 같은 이치에서 채무자가 그 명의로 소유권이전등
기를 경료하는 것 역시 처분행위라고 할 수 없으므로 소유권이전
등기청구권의 대위행사 후에도 채무자는 그 명의로 소유권이전등
기를 경료하는데 아무런 지장이 없다."라고 하였습니다(대법원
1998. 2. 13. 선고 97다47897 판결).

그러므로 위 사안에서 丙으로부터 乙의 상속인에게로 행해진
소유권이전등기는 甲의 丙에 대하여 행하여진 위 아파트의 처분
금지가처분의 효력에 위배되는 것이 아니므로 乙의 상속인으로부
터 소유권을 이전 받은 丁은 유효하게 위 아파트의 소유권을 취
득하게 될 것으로 보입니다.

❂ 채권자대위권의 행사로 인해 지출한 비용을 회수하는 방법

【질의】 ➡ 甲은 乙에 대한 물품대금채권이 있는데, 乙에게는 별달리 집행 가능한 재산이 없고, 다만 乙이 丙으로부터 매수하였지만 그 등기명의는 이전하지 않은 아파트가 있습니다. 그러므로 甲은 乙을 대위 하여 丙을 상대로 乙에게로의 소유권이전등기청구의 소송을 하여 위 아파트의 소유권을 乙에게로 이전시킨 후 그 아파트에 강제경매를 신청하였습니다. 그런데 이 경우 甲이 위 아파트의 소유권을 乙에게로 이전시키기 위하여 소송을 하면서 지출한 비용은 어떠한 방법으로 회수하여야 하는지요?

【답변】 ➡ 수임인의 비용상환청구권에 기한 소송 등을 제기하면 됩니다.

집행비용의 부담에 관하여 민사집행법 제53조 제1항에 의하면 "강제집행에 필요한 비용은 채무자가 부담하고 그 집행에 의하여 우선적으로 변상을 받는다."라고 규정하고 있습니다. 그리고 수임인의 비용상환청구권에 관하여 민법 제688조 제3항에 의하면 "수임인이 위임사무의 처리를 위하여 과실 없이 손해를 받은 때에는 위임인에 대하여 그 배상을 청구할 수 있다."라고 규정하고 있습니다.

그런데 채권자대위권의 행사로 지출한 비용이 집행비용에 해당하는지에 관하여 판례를 보면, "채권자대위권을 행사하는 경우 채권자와 채무자는 일종의 법정위임의 관계에 있으므로, 채권자는 민법 제688조를 준용하여 채무자에게 그 비용의 상환을 청구할 수 있고, 그 비용상환청구권은 강제집행을 직접 목적으로 하여 지출된 집행비용이라고는 볼 수 없으므로 지급명령신청에 의하여 지급을 구할 수 있다."라고 하였습니다(대법원 1996. 8. 21.자 96그8 결정).

따라서 위 사안에서 甲은 위 아파트의 소유권을 乙에게로 이전시키기 위하여 소송을 하면서 지출한 비용을 집행비용으로 변제

받을 수는 없을 것이고, 乙을 상대로 수임인의 비용상환청구권에
기한 소송 등을 제기하여 그 집행권원을 확보한 후 변제 받아야
할 것이므로, 위 아파트에 대한 가압류를 한 후 배당요구를 하여
배당 받은 후 본안소송의 승소판결 또는 확정된 지급명령 등을 제
출하여 배당금을 수령하여야 할 것으로 보입니다.

◎ 채권자대위권으로 부동산처분금지가처분 후 성립된 계약합의해제의 효력

【질의】 ➡ 甲은 乙에 대한 공사대금청구채권을 변제 받지 못하고 있는데, 乙에게는 재산이 없고 다만, 乙이 丙으로부터 매수한 대지와 건물이 있으나, 그 소유권이전등기는 하지 않은 상태입니다. 그러므로 甲은 乙의 위 부동산매매계약에 기한 소유권이전등기청구권을 보전하기 위하여 丙을 상대로 위 부동산처분금지가처분신청을 하여 그 결정을 받았습니다. 그런데 乙은 甲이 위와 같이 위 부동산의 처분금지가처분을 해두자 丙과 합의하여 위 매매계약을 합의해제 하겠다고 합니다. 이 경우 乙과 丙이 위 매매계약을 합의해제 할 경우 甲이 행한 위 가처분의 효력에 어떠한 영향이 있는지요?

【답변】 ➡ 甲에게는 대항할 수 없습니다.

　　채권자대위권(債權者代位權)에 관하여 민법 제404조에 의하면 "①채권자는 자기의 채권을 보전하기 위하여 채무자의 권리를 행사할 수 있다. 그러나 일신에 전속한 권리는 그러하지 아니하다. ②채권자는 그 채권의 기한이 도래하기 전에는 법원의 허가 없이 전항의 권리를 행사하지 못한다. 그러나 보존행위는 그러하지 아니하다."라고 규정하고 있으며, 민법 제405조에 의하면 "①채권자가 전조 제1항의 규정에 의하여 보전행위 이외의 권리를 행사한 때에는 채무자에게 통지하여야 한다. ②채무자가 전항의 통지를 받은 후에는 그 권리를 처분하여도 이로써 채권자에게 대항하지 못한다."라고 규정하고 있습니다.

　　그런데 채권자가 채무자를 대위 하여 제3채무자의 부동산에 대해 처분금지가처분결정을 받은 경우, 그 후 채무자가 그 부동산매매계약의 합의해제로써 채권자에게 대항할 수 있는지에 관한 판례를 보면, "채권자대위권의 행사에 있어서 채무자가 채권자대위권을 행사한 점을 알게 된 이후에는 채무자가 그 권리를 처분하여도 이로써 채권자에게 대항할 수 없으므로, 채권자가 채무자를 대위하여 제3채무자의 부동산에 대한 처분금지가처분을 신청하여 처분금지가처분결정을 받은 경우, 이는 그 부동산에 관한 소유권이전등기청구권을 보전하기 위한 것이므로 피보전권리인 소유권이전등기청구권을 행사한 것과 같이 볼 수 있어, 채무자가 그러한 채권자대위권의 행사사실을 알게 된 이후에 그 부동산에 대한 매매계약을 합의해제 함으로써 채권자대위권의 객체인 그 부동산의 소유권이전등기청구권을 소멸시켰다 하더라도 이로써 채권자에게 대항할 수 없다."라고 하였습니다(대법원 1996. 4. 12. 선고 95다54167 판결).

따라서 위 사안의 경우 乙과 丙이 위 부동산매매계약을 합의해제 한다고 하여도 그로써 甲에게 대항할 수 없을 것입니다.

◎ 상속포기기간 만료 전 상속인의 채권자가 대위상속등기를 할 수 있는지

【질의】➡ 甲은 乙에 대한 채권이 있는데, 乙은 재산이 전혀 없으며, 다만 1개월 전에 乙의 망부 丁이 사망함으로 인하여 丁의 명의로 된 임야 1필지가 있습니다. 그러므로 甲은 채권자대위권을 행사하여 위 임야에 관하여 대위상속등기를 한 후 그 중 乙의 상속지분에 강제집행을 하려고 하는데, 이 경우 乙이 상속권을 한정승인 또는 상속포기 할 수 있는 기간이 경과되지 않은 상태에서도 대위상속등기가 가능한지요?

【답변】➡ 가능합니다.

채권자대위권(債權者代位權)에 관하여 민법 제404조에 의하면, "①채권자는 자기의 채권을 보전하기 위하여 채무자의 권리를 행사할 수 있다. 그러나 일신에 전속한 권리는 그러하지 아니하다. ②채권자는 그 채권의 기한이 도래하기 전에는 법원의 허가 없이 전항의 권리를 행사하지 못한다. 그러나 보존행위는 그러하지 아니하다."라고 규정하고 있으며, 민법 제1019조 제1항에 의하면 "상속인은 상속개시 있음을 안 날로부터 3월내에 단순승인이나 한정승인 또는 포기를 할 수 있다. 그러나 그 기간은 이해관계인 또는 검사의 청구에 의하여 가정법원이 이를 연장할 수 있다."라고 규정하고 있고, 민법 제1019조 제3항에 의하면, "상속인은 상속채무가 상속재산을 초과하는 사실을 중대한 과실 없이 상속개시일부터 3월의 기간 내에 알지 못하고 단순승인(제1026조 제1호 및 제2호<다음 각 호의 사유가 있는 경우에는 상속인이 단순승인을 한 것으로 본다. 1. 상속인이 상속재산에 대한 처분행위를 한 때, 2. 상속인이 제1019조 제1항의 기간 내에 한정승인 또는 포기를 하지 아니한 때>의 규정에 의하여 단순승인 한 것으로 보는 경우를 포함함)을 한 경우에는 그 사실을 안 날부터 3월내에 한정승인을 할 수 있다."라고 규정하고 있습니다.

그러므로 채권자는 자기의 채권을 보전하기 위하여 채무자의 일정한 권리를 행사할 수 있고, 상속인은 상속개시 있음을 안 날로부터 3월내에 단순승인이나 한정승인 또는 포기를 할 수 있으며, 또한 상속채무가 상속재산을 초과하는 사실을 중대한 과실 없이 상속개시일부터 3월의 기간 내에 알지 못하고 단순승인을 한 경우에는 그 사실을 안 날부터 3월내에 한정승인을 할 수 있습니다. 그런데 위 사안과 같이 상속인이 상속권을 한정승인 또는 포기를 할 수 있는 기간 내에도 대위상속등기가 가능한지 문제됩니다.

이에 관하여 판례를 보면, "상속인 자신이 한정승인 또는 포기를 할 수 있는 기간내에 상속등기를 한때에는 상속의 단순승인으로 인정된 경우가 있을 것이나 상속등기가 상속재산에 대한 처분행위라고 볼 수 없으니 만큼 채권자가 상속인을 대위하여 상속등기를 하였다 하여 단순승인의 효력을 발생시킬 수 없고 상속인의 한정승인 또는 포기할 수 있는 권한에는 아무런 영향도 미치는 것이 아니므로 채권자의 대위권행사에 의한 상소등기를 거부할 수 없다."라고 하였습니다(민법 제997조, 제1005조, 대법원 1964. 4. 3.자 63마54 결정).

그러므로 위 사안에서도 乙이 상속권을 한정승인 또는 상속포기 할 수 있는 기간이 경과되지 않은 상태에서도 甲의 대위상속등기가 가능할 것으로 보입니다.

참고로 2002년 1월 14일부터 법률 제6591호로 공포·시행된 개정민법 부칙 제3조 제3항에 의하면 "1998년 5월 27일부터 이 법 시행 전까지 상속개시가 있음을 안 자 중 상속채무가 상속재산을 초과하는 사실을 중대한 과실 없이 제1019조 제1항의 기간(상속개시일부터 3월)내에 알지 못하다가 이 법 시행 전에 그 사실을 알고도 한정승인 신고를 하지 아니한 자는 이 법 시행일부터 3월 내에 제1019조 제3항에 의한 한정승인을 할 수 있다. 다만, 당해 기간 내에 한정승인을 하지 아니한 경우에는 단순승인을 한 것으로 본다."라고 규정하고 있습니다.

◘ 제3채무자가 채권자대위소송의 채권자에게 바로 이행하도록 할 수 있는지

【질의】 ➡ 甲은 乙에 대한 대여금채권이 있는데, 乙은 채무초과상태에서 그의 유일한 재산인 임야를 그의 처 丙에게 매매를 원인으로 한 소유권이전등기를 하였습니다. 그러므로 甲은 丙을 상대로 통정허위표시에 의한 위 임야의 소유권이전등기의 말소를 청구하였습니다. 그런데 위 청구소장의 청구취지에 의하면 '丙은 甲에게 위 소유권이전등기의 말소절차를 직접 이행하라'는 내용으로 기재되어 있습니다. 이러한 청구가 가능한지요?

【답변】 ➡ 가능합니다.

채권자대위권(債權者代位權)에 관하여 민법 제404조 제1항에 의하면 "채권자는 자기의 채권을 보전하기 위하여 채무자의 권리를 행사할 수 있다. 그러나 일신에 전속한 권리는 그러하지 아니하다."라고 규정하고 있습니다.

그리고 민법 제108조 제1항에 의하면 "상대방과 통정한 허위의 의사표시는 무효로 한다."라고 규정하고 있습니다.

그러므로 甲은 乙과 丙의 위 임야의 소유권이전등기가 민법 제108조의 통정허위표시에 해당되어 무효이므로 乙이 丙에 대하여 가지는 소유권이전등기말소청구권을 乙의 채권자로서 대위하여 행사하는 것인바, 이 경우 대위채권자인 甲이 제3채무자인 丙에게 직접 위 말소등기의무를 이행하라고 청구할 수 있는지 문제됩니다.

그런데 채권자대위소송에서, 법원이 제3채무자에 대하여 직접 대위채권자에게 급부를 이행할 것을 명할 수 있는지에 관하여 "채권자대위권을 행사함에 있어서 채권자가 제3채무자에 대하여 자기에게 직접 급부를 요구하여도 상관없는 것이고, 자기에게 급부를 요구하여도 어차피 그 효과는 채무자에게 귀속되는 것이므로, 채권자대위권을 행사하여 채권자가 제3채무자에게 그 명의의 소유권

보존등기나 소유권이전등기의 말소절차를 직접 자기에게 이행할
것을 청구하여 승소하였다고 하여도 그 효과는 원래의 소유자인
채무자에게 귀속되는 것이니, 법원이 채권자대위권을 행사하는 채
권자에게 직접 말소등기절차를 이행할 것을 명하였다고 하여 무슨
위법이 있다고 할 수 없다."라고 하였습니다(대법원 1996. 2. 9.
선고 95다27998 판결, 1995. 4. 14. 선고 94다58148 판결).

따라서 위 사안의 경우 丙에게 위 임야의 소유권이전등기말소의
무를 甲에게 직접 이행하라고 청구하여도 무방할 것으로 보입니다.

참고로 판례는 "채권자가 채권자대위권을 행사하는 방법으로 제
3채무자를 상대로 소송을 제기하여 판결을 받은 경우에 채무자가
채권자대위권에 의한 소송이 제기된 것을 알았다면 그 판결의 효
력은 채무자에게 미친다."라고 하였습니다(민법 제404조, 대법원
1995. 7. 11. 선고 95다9945 판결).

또한, 관련 등기예규를 보면, "채권자대위권에 의한 소송을 제기
한 사실을 채무자가 알았다면 그 판결에 기하여 직접 소유권이전등
기신청을 할 수 있다."라고 하였으며(1985. 4. 10. 등기예규 제563
호), "계약을 원인으로 소유권이전등기를 신청할 때에는 계약서 또
는 판결서 등에 시장 등의 검인을 받아야 하는바, 이 경우 검인은
계약을 체결한 당사자 중 1인이나 그 위임을 받은 자 등이 신청할
수 있는데(부동산등기특별조치법에 따른 대법원규칙 제1조 제1항),
원고 甲이 乙을 대위 하여 丙에게 매매를 원인으로 한 乙에게로
소유권이전등기이행을 구하고 피고 乙에게 원고 甲에게로의 근저
당권설정등기이행을 구하는 소를 제기하여 원고 甲이 승소판결을
받은 경우, 그 판결서에 대한 검인에 관하여는 위 대위소송의 판결
의 효력을 받는 乙이 그 매매계약의 당사자로 신청할 수 있으나,
매매계약의 당사자가 아닌 원고 甲도 그 판결을 받은 자로서 검인
을 신청할 수 있으며, 이 경우 乙이 먼저 그 판결서에 검인을 받았
다 하더라도 甲이 다시 검인신청을 할 수 있으므로 시장 등이 乙
에 대한 검인을 하였다 하여 甲의 검인신청을 거부할 수는 없는
것이다."라고 하였습니다(1992. 12. 10. 등기선례 3-96).

◎ 가처분결정에 대한 본안제소명령신청을 채권자대위권으로 할 수 있는지

【질의】 ➡ 甲은 乙회사에 대한 채권자인데, 丙이 乙회사 소유의 부동산에 처분금지가처분을 하고, 본안소송을 제기하지 않은 채로 수개월이 경과되었습니다. 그런데 乙회사에서는 위 부동산처분금지가처분에 대하여 본안제소명령을 신청하지 않고 방치해두고 있습니다. 이 경우 甲이 채권자로서 乙회사를 대위 하여 위 부동산처분금지가처분에 대한 본안제소명령을 신청할 수는 없는지요?

【답변】 ➡ 신청할 수 있습니다.

채권자대위권(債權者代位權)에 관하여 민법 제404조에 의하면 "①채권자는 자기의 채권을 보전하기 위하여 채무자의 권리를 행사할 수 있다. 그러나 일신에 전속한 권리는 그러하지 아니하다. ②채권자는 그 채권의 기한이 도래하기 전에는 법원의 허가 없이 전항의 권리를 행사하지 못한다. 그러나 보존행위는 그러하지 아니하다."라고 규정하고 있습니다.

그런데 가처분결정에 대한 본안제소명령의 신청권이 채권자대위권의 목적이 될 수 있는지에 관하여 판례를 보면, "민사소송법 제715조(현행 민사집행법 제301조)에 의하여 가처분절차에도 준용되는 민사소송법 제705조 제1항(현행 민사집행법 제287조 제1항)에 따라 가압류·가처분결정에 대한 본안의 제소명령을 신청할 수 있는 권리나 민사소송법 제705조 제2항(현행 민사집행법 제287조 제3항)에 따라 제소기간의 도과에 의한 가압류·가처분의 취소를 신청할 수 있는 권리는, 가압류·가처분신청에 기한 소송을 수행하기 위한 소송절차상의 개개의 권리가 아니라, 제소기간의 도과에 의한 가압류·가처분의 취소신청권은 가압류·가처분신청에 기한 소송절차와는 별개의 독립된 소송절차를 개시하게 하는 권리이고, 본안제소명령의 신청권은 제소기간의 도과에 의한 가압류·가처분의 취소신청권을 행사하기 위한 전제요건으로 인정된 독립된 권리이므로, 본안제소명령의 신청권이나 제소기간의 도과에 의한 가압류·가처분의 취소신청권은 채권자대위권의 목적이 될 수 있는 권리라고 봄이 상당하다."라고 하였습니다(대법원 1993. 12. 27.자 93마1655 결정).

따라서 위 사안의 경우 甲은 乙회사를 대위 하여 丙의 부동산 처분금지가처분에 관한 본안제소명령을 신청할 수 있을 것으로 보입니다.

◎ 파산채권자가 채권보전을 위하여 파산관재인의 권리를 대위 할 수 있는지

【질의】➡ 甲은 파산절차가 진행중인 乙회사에 대한 파산채권자입니다. 그런데 乙회사는 乙회사의 근저당채무자인 丙의 부동산경매절차의 배당에서 제외되었음에도 乙회사의 파산관재인 丁은 배당이의 등의 조치를 취하지 않아 배당이 확정되었습니다. 그러므로 파산채권자인 甲은 乙회사의 파산관재인 丁을 대위 하여 위 경매절차에서 배당을 받아간 丙의 채권자를 상대로 부당이득반환청구의 소송을 제기하려고 합니다. 이 경우 파산채권자인 甲이 파산자인 乙회사에 대한 그의 채권을 보전하기 위하여 파산관재인 丁에게 속하는 권리를 대위 하여 위와 같은 소송을 제기할 수 있는지요?

【답변】➡ 제기할 수 없습니다.

민법 제404조 제1항에 의하면 채권자대위권(債權者代位權)에 관하여 "채권자는 자기의 채권을 보전하기 위하여 채무자의 권리를 행사할 수 있다. 그러나 일신에 전속한 권리는 그러하지 아니하다."라고 규정하고 있습니다.

그리고 파산법 제7조에 의하면 "파산재단을 관리 및 처분할 권리는 파산관재인에게 속한다."라고 규정하고 있으며, 파산법 제15조에 의하면 "파산채권은 파산절차에 의하지 아니하고는 이를 행사할 수 없다."라고 규정하고 있습니다.

그러므로 위 사안에서 파산채권자인 甲이 파산채권을 보전하기 위하여 파산관재인 丁을 대위 하여 파산자인 乙회사의 채무자 丙의 부동산경매절차에서 배당을 받아간 丙의 다른 채권자를 상대로 부당이득반환청구소송을 할 수 있는지 문제됩니다.

이에 관하여 판례를 보면, "파산법 제7조에 의하면 '파산재단을 관리 및 처분할 권리는 파산관재인에게 속한다.'라고 규정하고 있어 파산자에게는 그 재단의 관리처분권이 인정되지 않고, 그 관리

처분권을 파산관재인에게 속하게 하였으며, 파산법 제15조에 의하
면 '파산채권은 파산절차에 의하지 아니하고는 이를 행사할 수 없
다.'라고 규정하고 있는바, 이는 파산자의 자유로운 재산정리를 금
지하고 파산재단의 관리처분권을 파산관재인의 공정·타당한 정리
에 일임하려는 취지임과 동시에 파산재단에 대한 재산의 정리에
관하여는 파산관재인에게만 이를 부여하여 파산절차에 의해서만
행하여지도록 하기 위해 파산채권자가 파산절차에 의하지 않고 이
에 개입하는 것도 금지하려는 취지의 규정이라 할 것이므로, 그
취지에 부응하기 위해서는 파산채권자가 파산자에 대한 채권을 보
전하기 위하여 파산재단에 관하여 파산관재인에 속하는 권리를 대
위하여 행사하는 것은 법률상 허용되지 않는다고 해석해야 한다."
라고 하였습니다(대법원 2000. 12. 22. 선고 2000다39780 판결).

　따라서 위 사안의 경우 甲은 乙회사의 파산관재인 丁을 대위
하여 乙회사의 채무자 丙의 부동산경매절차에서 부당하게 배당을
받아간 丙의 다른 채권자를 상대로 부당이득반환청구를 할 수 없
을 것으로 보입니다. 즉, 그와 같은 부당이득반환청구는 파산관재
인 丁만이 할 수 있다고 할 것입니다.

◎ 차용증서에 갈음한 어음·수표발행에 배서한 자가 원인채무도 보증한 것인지

【질의】 ➡ 저는 4년 전 甲에게 800만원을 대여하면서 甲으로부터 차용증서에 갈음하여 乙이 배서한 액면금 200만원의 약속어음 1매와 乙이 그 이면에 기명·날인한 액면금 300만원의 당좌수표 2매를 교부받았습니다. 그런데 乙은 甲이 타인으로부터 돈을 빌리고 그 차용증서에 갈음하여 자신이 배서한 위 어음과 수표가 교부되는 것을 알고 있었으므로, 제가 乙이 甲의 위 대여금채무의 보증인임을 주장하여 위 대여금의 변제를 청구할 수 있는지요?

【답변】 ➡ 청구할 수 없습니다.

위 사안은 타인이 발행한 약속어음에 배서인이 된 자가 배서행위로 인한 어음법상의 채무 이외에 그 어음발행의 민사상의 원인채무에 대한 보증책임까지도 부담하는 것인지에 관한 문제입니다.

판례는 "금전대여계약을 체결함에 있어서 그 대여금채무지급을 확보하기 위하여 채무자가 발행하는 약속어음에 배서인이 그러한 사실을 알면서 보증의 취지로 배서하였다고 하더라도 그러한 사실만으로는 원인채무인 대여금채무에 대하여 보증계약이 성립된 것으로 볼 수 없고, 이 경우 대여금채권자가 배서인과 직접 교섭하여 배서를 요구하였기 때문에 배서인이 약속어음발행원인이 된 소비대차계약의 내용을 상세히 알게 되었고 또 대여금채권자의 면전에서 직접 그의 요구에 응하여 배서하였다고 하더라도, 이러한 사실들은 배서인이 원인관계상의 채무에 대하여도 보증할 의사가 있었다고 인정하는데 유력한 증거가 될 수 있을 뿐이고, 그러한 사실들이 존재한다고 하여 원인관계상의 채무에 대한 보증계약성립이 추정된다고는 볼 수 없으며, 대여금채권자가 배서인에게 배서를 요구할 때 어음발행의 원인이 된 대여금채무까지도 보증할 것을 요구하는 의사를 가지고 있었고 배서인도 대여금채권자의 그러한 의사를 인식하면서 배서에 응하였다는 사실, 즉 배서인이 소구의무를 부담한다는 형태로 대여금채권자에게 신용을 공여한 것이 아니라 원인관계상의 채무에 대하여도 신용을 공여한 것이라는 점이 배서를 전후한 제반 사정과 대여금채권자와 배서인이 처한 거래계의 실정 등에 의하여 추정되어 알 수 있는 정도에 이르러야만 원인관계상의 대여금채무에 대한 보증계약성립을 인정할 수 있다."라고 하였습니다(대법원 1997. 12. 9. 선고 97다37005 판결, 1998. 6. 26. 선고 98다2051 판결).

또한 "다른 사람이 발행 또는 배서양도하는 약속어음에 배서인이 된 사람은 그 배서로 인한 어음상의 채무만을 부담하는 것이 원칙이고, 특별히 채권자에 대하여 자기가 그 발행 또는 배서양도의 원인이 된 채무까지 보증하겠다는 뜻으로 해석한 경우에 한하여 그 원인채무에 대한 보증책임을 부담한다"는 판결도 있습니다(대법원 2002. 4. 12. 선고 2001다55598).

그렇다면 위 사안에서 乙은 甲이 다른 사람으로부터 돈을 차용하면서 그 차용증서에 갈음하여 약속어음과 수표를 교부하는 것이라는 점을 알았다고 하더라도 약속어음과 수표의 배서인으로서 어음금·수표금채무의 보증인이 되는 이외에 원인채무인 대여금채무까지 보증한 것이라고 볼 수는 없다고 할 것입니다.

따라서 귀하는 乙에 대하여 甲의 대여금채무에 대한 보증인으로서의 책임까지 청구하기는 어려울 것으로 보입니다.

◎ 상사채무에 관한 공동채무자와 보증인의 연대책임

【질의】➡ 저는 2년 전 甲이 식당개업자금이 필요하다며 돈을 빌려 달라고 하여 甲과 그의 부친 乙을 공동채무자로 하고 甲의 친구 丙을 보증인으로 하여 5,000만원을 빌려주었습니다. 그런데 甲은 식당영업이 안되어 현재는 무자력 상태에 있는바, 乙과 丙의 책임 범위는 어떻게 되는지요?

【답변】➡ 연대하여 변제할 책임이 있습니다.

민법상으로는 채무자가 2명 이상인 경우 특별한 의사표시가 없으면 각 채무자는 균등비율로 채무를 부담하는 분할채무로 보고 있으며(민법 제408조), 그 보증인이 있을 경우 보증인은 최고·검색(催告·檢索)의 항변권과 분별의 이익을 가지는 것이 원칙입니다(민법 제437조, 제439조).

이에 대하여 상법상에는 특별한 규정이 있는바, 수인이 그 1인 또는 전원에게 상행위가 되는 행위로 인하여 채무를 부담할 때 특약이 없는 한 연대하여 변제할 책임이 있으며, 그 보증인이 있는 경우에 그 보증이 상행위이거나 또는 주채무가 상행위로 인한 것인 때에는 주채무자와 보증인은 연대하여 책임을 지게 됩니다(상법 제57조).

위 사안의 경우를 민법상의 채무로 본다면 甲과 乙의 채무는 분할채무로 보아 甲과 乙은 각 2,500만원의 채무를 부담하고, 보증인 丙은 최고·검색의 항변권을 행사할 수 있을 것이지만, 식당업은 상법 제46조 제9호에 해당하는 객의 집래(集來)를 위한 시설에 의한 거래를 영업으로 하는 공중접객업(상법 제151조)이라고 할 수 있고, 개업

준비행위는 영업목적행위는 아니나 영업을 위한 행위인 이상, 상인자격을 취득한 이후의 행위만이 아니라 개업준비행위로 행하

여진 금전소비대차행위도 상법 제47조의 규정에 의거 상행위로 보아야 할 것입니다.

그러므로 위 사안에 상법이 적용되어 乙과 丙은 5,000만원에 대하여 연대하여 변제할 책임이 있으며, 이자에 대하여 특별히 정하지 않았다면 연 6푼의 상사법정이율이 적용되고(상법 제54조), 5년의 상사시효의 적용을 받게 될 것으로 보입니다(상법 제64조).

◎ 확정채무에 관하여 보증인의 동의 없이 대출기간을 연장할 수 있는지

【질의】 ➡ 저는 3년 전 친구 甲이 乙은행으로부터 1,000만원을 대출기간을 1년으로 하여 대출 받는데 연대보증을 서주었습니다. 그런데 최초의 대출기간이 만료되었을 때에는 甲의 경제사정이 위 대출금을 갚고도 남을 상태였지만, 그 후로 甲의 경제사정이 악화되어 이자를 연체하자 저의 동의도 없이 대출기간을 1년 연장해 준 乙은행은 저에게 위 대출금 등을 갚으라고 하는데, 이것은 부당한 것이 아닌지요?

【답변】 ➡ 부당하지 않습니다.

연대보증이란 보증인이 주채무자와 연대하여 채무를 부담함으로써 주채무의 이행을 담보하는 보증채무를 말합니다. 채권자는 연대채무자 중 임의의 1인 혹은 수인 또는 전원에 대하여 급부의 전부 또는 일부를 청구할 수 있고(민법 제413조), 수인 또는 전원에 대하여 청구할 때에는 동시에 청구할 수도 있고 순차적으로도 청구할 수 있습니다(민법 제414조, 제437조의 단서).

그런데 보증인인 귀하의 동의 없이 주채무자의 변제기를 연장해 준 경우 귀하의 책임이 감액 또는 면제되는 효력은 없는지 문제될 수 있습니다.

판례를 보면, "채무가 특정되어 있는 확정채무에 대하여 보증한 연대보증인으로서는 자신의 동의 없이 피보증채무의 이행기를 연장해 주었느냐의 여부에 상관없이 그 연대보증채무를 부담한다."라고 하였으며(대법원 2002. 6. 14. 선고 2002다14853 판결), 보증계약체결 후 채권자가 보증인의 승낙 없이 주채무자에 대하여 변제기를 연장하여 준 경우, 그것이 반드시 보증인의 책임을 가중하는 것이라고는 할 수 없으므로 원칙적으로 보증채무에 대하여도 그 효력이 미친다고 하면서, 채권자의 청구가 연대보증인에 대하여 그 보증채무의 이행을 구하고 있음이 명백한 경우에는, 손해배상책임의 유무 또는 배상의 범위를 정함에 있어 채권자의 과실이 참작되는 과실상계의 법리는 적용될 여지가 없다고도 한 바 있습니다(대법원 1996. 2. 23. 선고 95다49141 판결).

또한, "현실적인 자금의 수수 없이 형식적으로만 신규 대출을 하여 기존 채무를 변제하는 이른바 대환은 특별한 사정이 없는 한 형식적으로는 별도의 대출에 해당하나, 실질적으로는 기존 채무의 변제기 연장에 불과하므로, 그 법률적 성질은 기존 채무가 여전히 동일성을 유지한 채 존속하는 준소비대차로 보아야 하고, 이러한 경우 채권자와 보증인 사이에 사전에 신규 대출 형식에 의한 대환을 하는 경우 보증책임을 면하기로 약정하는 등의 특별한 사정이 없는 한 기존 채무에 대한 보증책임이 존속된다."라고 하였습니다(대법원 2002. 10. 11. 선고 2001다7445 판결). 다만, 계속적 보증의 경우에는 확정채무의 보증과는 달리 보증계약의 묵시적 갱신을 인정하지 않고 있습니다(대법원 1999. 8. 24. 선고 99다26481 판결).

따라서 위 사안과 같은 확정채무의 보증에 있어서는 보증인의 동의 없이 대출기간을 연장해주었다는 점으로 다툴 수 없을 것으로 보입니다.

◎ 개인파산으로 면책결정시 면책된 채무에 대한 보증인의 책임

【질의】 ➡ 저는 영세사업체를 운영하는 甲이 乙은행으로부터 사업자금을 대출받는데 연대보증을 서주었습니다. 甲은 성실하게 사업을 운영하면서 대출자금을 정상적으로 변제하였으나, 최근 극심한 자금난으로 사업이 파산지경에 이르러 어쩔 수 없이 개인파산신청을 하였습니다. 甲은 법원으로부터 파산선고를 받으면서 면책결정까지 받았고, 저는 甲의 면책결정에 따라 연대보증인의 보증채무가 소멸된 것으로 알고 있었는데, 최근 은행으로부터 위 대출금을 상환하라는 독촉을 받게 되었는바, 이러한 경우 대출금에 대한 보증책임은 어떻게 되는지요?

【답변】 ➡ 책임을 부담해야 합니다.

　　면책절차(免責節次)는 자연인 중에 자신의 잘못이 아닌 자연재해나 경기변동과 같은 불운으로 인하여 파산한 채무자에게 새로운 출발의 기회를 주기 위한 것으로서 파산자의 채무에 관하여 그 변제책임을 면제시킴으로써 파산자의 경제적 갱생을 도모하는 절차입니다. 그리고 면책결정이 나면 조세, 벌금, 과료 등 파산법 제349조에 기재된 것과 같은 일정한 채무를 제외하고 채무의 전부에 관하여 그 책임이 면제되는 효력이 있게 됩니다.

　　그런데 이 면책결정의 효력 중 보증인에 대하여도 면책의 효력이 있는지 문의하는 사람이 많습니다. 그것은 민법상 주채무와 연대보증채무의 관계에서 보증채무의 부종성(附從性)에 기하여 주채무가 면책되었으니 보증채무도 면책되어야 하지 않느냐는 관점에서 그렇게 생각하고 있는 것으로 보입니다.

　　그러나 파산법 제350조에 의하면 "면책은 파산채권자가 파산자의 보증인 기타 파산자와 더불어 채무를 부담하는 자에 대하여 가지는 권리 및 파산채권자를 위하여 제공한 담보에 영향을 미치지 아니한다."라고 규정하고 있으므로, 귀하의 경우 보증채무는 그대로 남아 있게 되는 것입니다.

　　따라서 귀하는 乙은행이 변제 받지 못한 대출금에 대하여 책임을 부담하게 될 것입니다.

◎ 부진정연대채무자 중 일방에 대한 청구포기약정의 다른 채무자에 대한 효력

【질의】 ➡ 甲회사에 근무하던 저는 회사 내에서 작업 중 동료직원 乙의 잘못으로 사고가 발생하여 부상을 입었는데, 당시 생활비가 부족하여 乙로부터 1,000만원을 지급 받고 일체의 청구를 포기하기로 합의하였습니다. 그러나 여기 저기 알아본 바로는 2,000만원 정도는 충분히 더 받을 수 있는 것이었다고 하며, 치료결과 향후 장해가 남고 현재는 거동이 불편한 상태인데, 乙을 고용한 甲회사에 대하여도 추가로 손해배상을 청구할 수는 없는지요?

【답변】 ➡ 청구가 가능합니다.

위 사안은 피용자의 배상의무(민법 제750조)와 사용자의 배상의무(민법 제756조)에 관한 문제로서, 이와 같이 공동불법행위자들의 책임관계는 이른바 부진정연대채무(不眞正連帶債務)관계라고 합니다.

그런데 위 사안과 같이 부진정연대채무에 있어서의 채무자 일방의 일부변제가 타방의 채무를 소멸시키는지의 여부 및 일방에 대한 청구포기약정이 타방에 대해서도 포기한 것으로 볼 수 있느냐의 문제가 있습니다.

판례는 "피용자의 사무집행에 관한 불법행위로 인한 피해자가 피용자 자신으로부터의 배상에 의하여 일부 또는 전부의 '현실적 만족'을 얻었을 때에는 그 범위 내에서 사용자의 배상책임도 소멸하나, 현실적 만족 이외의 '채무면제나 합의의 효력' 등은 그 피해자가 나아가 다른 손해배상의무자(사용자)에 대하여는 더 이상의 손해배상청구를 하지 아니할 명시적 또는 묵시적 의사표시를 하는 등의 다른 특별한 사정이 없는 한 사용자에 대하여는 그 효력이 미칠 수 없다."라고 하였습니다(대법원 1997. 12. 12. 선고 96다50896 판결, 1997. 10. 10. 선고 97다28391 판결, 1996. 12.

10. 선고 95다24364 판결).

그러므로 귀하와 乙이 합의할 때 乙이 甲회사를 대리하여 합의했다는 증명이 없는 한, 乙에 대한 포기약정이 甲회사에 대해서까지 포기한 것으로 볼 수는 없다고 할 것입니다.

따라서 귀하의 경우도 위와 같은 경우라면, 귀하는 나머지 손해배상금에 대하여 甲회사를 상대로 추가청구가 가능하다고 판단됩니다. 다만, 그 손해배상금은 귀하가 입은 손해를 산정 하여 귀하에게도 과실이 있다면 그 과실비율에 의한 과실상계 후 귀하가 乙로부터 받은 1,000만원을 손익상계한 금액에 위자료가 더해져서 산출될 것입니다.

◎ 동일 채무에 대하여 연대보증과 근저당권설정등기를 해준 경우 그 효력

【질의】 ➡ 저는 2년 전 친구 甲이 乙에게서 3,000만원을 차용함에 있어서 丙과 함께 연대보증을 서주면서 제 소유 부동산에 채권최고 금액 3,000만원인 근저당권을 설정해주었습니다. 그런데 甲은 위 채무를 단 한푼도 갚지 않았고, 乙은 위 근저당권을 실행하여 저의 부동산을 경매처분하면서 그 매각대금으로부터 3,000만원은 배당 받았습니다. 그러나 乙은 저에게 연대보증책임을 물어 3,000만원 이 초과된 지연이자에 대하여도 다시 청구하겠다고 합니다. 이 경 우 저는 근저당권의 채권최고액에 대하여만 책임이 있는 것이 아닌 지요?

【답변】 ➡ 전부에 대하여 책임이 있습니다.

보증인의 채무 범위에 관하여 민법 제429조에 의하면 "①보증 채무는 주채무의 이자, 위약금, 손해배상 기타 주채무에 종속한 채 무를 포함한다. ②보증인은 그 보증채무에 관한 위약금 기타 손해 배상액을 예정할 수 있다."라고 규정하고 있습니다.

그런데 위 사안의 경우와 같이 보증인으로서의 지위를 가짐과 동시에 보증인소유 부동산에 근저당권을 설정해 줌으로써 그 채무 범위가 달라질 수 있는지 문제될 수 있습니다.

이에 대한 판례를 보면, "동일한 사람이 동일채권의 담보를 위 하여 연대보증계약과 근저당권설정계약을 체결한 경우라 하더라 도, 위 두 계약은 별개의 계약이므로, 연대보증책임의 범위가 근저 당권의 채권최고금액의 범위 내로 제한되기 위해서는 이를 인정할 만한 특별한 사정의 존재가 입증되어야 하는 것이다."라고 하였습 니다(대법원 1993. 7. 13. 선고 93다17980 판결).

그리고 연대보증채무는 분별의 이익(공동보증에 있어서 공동보 증인은 주채무액을 분할한 그 일부분에 대해서만 채무를 부담하는 보증인의 이익)이 없으므로 연대보증인이 수인일지라도 그 1인이 주채무의 전부를 변제할 의무가 있는 것입니다.

따라서 귀하는 그 지연이자에 대하여서도 변제할 수밖에 없을 것이며, 甲에게 귀하가 변제한 금전 등의 구상을 청구할 수 있음은 물론이고, 다른 연대보증인인 丙에게는 특별히 정한 바가 없다면 변제금의 절반을 구상할 수 있을 뿐입니다.

◎ 근저당권설정계약서에 부동문자로·된 '연대보증' 문구의 효력

【질의】 ➡ 저는 3년 전 처남 甲이 乙전자주식회사의 가전제품대리점계약을 체결하는데 거래상의 물품대금채무를 담보하기 위하여 필요하다고 부탁해와 이미 乙회사명의로 인쇄된 근저당권설정계약서의 근저당권설정자란에 서명·날인하였고 제 소유의 부동산에 乙회사를 채권자로 하는 채권최고액 1억 5천만원의 근저당권설정등기를 하였습니다. 그런데 甲이 불경기로 인하여 2억원 가량의 외상대금을 갚지 못하자 乙회사는 저에게 연대보증인으로서 책임이 있으니 2억원의 연대보증채무를 이행하라고 주장하고 있습니다. 저는 근저당권설정계약서에 서명·날인을 할 때 단지 1억 5천만원의 범위 내에서만 책임을 지면 되는 줄로 알고 자세한 계약내용을 읽어보지 않았는데, 이제 보니 '근저당설정계약서'라는 제목의 계약서 제14조에서' 근저당권설정자는 앞으로 채무자가 채권자에게 부담하게 되는 모든 채무에 대하여 연대보증책임을 진다'.라고 인쇄되어 있었습니다. 그러나 '연대보증계약서'라는 기재는 전혀 없었고, 당사자표시에도 '근저당권설정자'의 기재만 있을 뿐 '연대보증인'이라는 기재는 전혀 없었으며, 연대보증계약을 체결한다는 취지의 기재도 전혀 없었는데, 제가 乙회사의 주장대로 甲의 외상대금채무전액에 대하여 연대보증책임을 부담하여야 하는지요?

【답변】 ➡ 부담하지 않아도 됩니다.

　　다른 사람의 채무를 담보하기 위한 방법으로서 많이 사용되는 것으로서 연대보증계약과 같은 인적 담보제도와 근저당권설정계약과 같은 물적 담보제도가 많이 사용되고 있으나, 연대보증계약과 근저당권설정계약은 전혀 별개의 계약이므로 근저당권설정계약을 체결하였다고 하여 연대보증책임까지 지는 것은 아닙니다.

　　그런데 귀하의 경우에는 근저당권설정자가 연대보증책임을 지기로 하는 내용이 포함되어 있는 근저당권설정계약서에 서명·날인을 하였기 때문에 과연 귀하가 근저당권설정계약 이외에 연대보증계약도 함께 체결하였는지가 문제입니다.

계약서와 같은 처분문서에 서명·날인을 하였다면 그 문서상에 기재되어 있는 내용이 그대로 인정되는 것이 원칙입니다. 그렇지만 그 처분문서의 내용과 다른 특별한 사정이 있었다면 그 처분문서의 내용과 다른 사실을 인정할 수 있습니다.

그런데 귀하가 서명한 계약서는 제목이 '근저당권설정계약서'이고, 계약의 당사자란에도 '근저당권설정자'라고만 되어 있고 '연대보증인'이라는 기재가 없었으며, 귀하가 乙회사와 연대보증계약을 체결한다는 말도 전혀 없었는데, 위 계약서의 조항 중에 근저당권설정자가 연대보증인으로서의 책임을 진다는 문구가 기재되어 있었으므로, 위 조항은 근저당권설정계약에 관한 약정조항이 아니라 실질적으로는 근저당권설정계약과 독립된 별도의 연대보증계약을 체결한다는 내용이라 할 것입니다.

그렇다면 계약당사자인 乙회사가 귀하에게 귀하가 물적 담보책임뿐만 아니라 연대보증책임까지도 부담한다는 사실을 알려주지 않았다면, 귀하가 근저당권설정계약 이외에 연대보증계약까지도 아울러 체결하였다고 단정하기는 어려울 것입니다. 그리고 위 근저당권설정계약서는 이미 乙회사에서 약정조항을 부동문자(不動文字)로 기재하여 놓은 양식을 이용하여 작성한 것이므로 위 계약서의 조항은 약관규제에관한법률의 적용을 받게 되는 약관이라고 볼 수 있고, 위 연대보증책임부담약관은 계약의 중요한 내용이라 할 것입니다. 그런데 약관규제에관한법률 제3조 제2항에 따르면 약관의 중요한 내용을 고객에게 설명하여 주지 않는 경우에는 그 조항을 계약의 내용으로 삼을 수 없도록 하고 있습니다.

그러므로 귀하로서는 근저당권설정계약 당시 연대보증계약을 체결할 의사가 전혀 없었다는 것, 위 계약당시 乙회사로부터 연대보증책임부담에 대한 설명을 전혀 들은 바가 없었다는 사실 등 처분문서인 근저당권설정계약서에 기재된 내용과는 달리 귀하가 체결한 것은 근저당권설정계약뿐이고 연대보증계약은 체결하지 않았다고 인정할 만한 특별한 사정이 있었다는 점에 대하여 주장과 입증을 하여(대법원 1994. 9. 30. 선고 94다13107 판결), 乙회사의 청구를 배척하는 주장을 해보아야 할 것입니다.

◎ 보증계약 후 채무자와 채권자간 손해배상액을 예정한 경우 보증인의 책임범위

【질의】 ➡ 저는 임대인 乙에게 임차인 甲의 농지원상회복의무에 대하여 보증을 선 사실이 있는데, 그 후 甲은 저와 단 한마디 상의도 없이 '농지의 원상회복채무를 이행하지 않을 경우에는 乙에게 1,000만원을 지급한다'는 약정을 乙에게 해주었습니다. 위 농지의 원상회복에 소요되는 비용은 200만원정도인데 만일, 甲이 위 농지를 원상회복하지 않으면, 보증인인 저도 甲과 乙의 위 약정에 따른 1,000만원을 부담할 책임이 있는지요?

【답변】 ➡ 일부에 대한 책임이 있습니다.

甲과 乙의 위와 같은 약정은 농지의 원상회복의무를 불이행한 경우 손해에 대한 예정으로 보아야 할 것인데, 이러한 손해배상의 예정이 보증인의 관여 없이 행하여진 것이므로 보증인에게 어떠한 효력을 미치느냐 문제됩니다.

그런데 이에 관련된 판례를 보면, "보증인은 특별한 사정이 없는 한 채무자가 채무불이행으로 인하여 부담하여야 할 손해배상채무에 관하여도 보증책임을 진다고 할 것이고, 따라서 보증인으로서는 채무자의 채무불이행으로 인한 채권자의 손해를 배상할 책임이 있다고 할 것이나, 원래 보증인의 의무는 보증계약 성립 후 채무자가 한 법률행위로 인하여 확장, 가중되지 아니하는 것이 원칙이므로, 채무자의 채무불이행시의 손해배상의 범위에 관하여 채무자와 채권자 사이의 합의로 보증인의 관여 없이 그 손해배상 예정액이 결정되었다고 하더라도, 보증인으로서는 위 합의로 결정된 손해배상 예정액이 채무불이행으로 인하여 채무자가 부담할 손해배상 책임의 범위를 초과하지 아니한 한도 내에서만 보증책임이 있다."라고 하였습니다(대법원 1996. 2. 9. 선고 94다38250 판결).

또한 "보증계약이 성립한 후에 보증인이 알지도 못하는 사이에 주채무의 목적이나 형태가 변경되었다면, 그 변경으로 인하여 주채무의 실질적 동일성이 상실된 경우에는 당초의 주채무는 경개로 인하여 소멸하였다고 보아야 할 것이므로 보증채무도 당연히 소멸하겠지만, 그 변경으로 인하여 주채무의 실질적 동일성이 상실되지 아니하고 동시에 주채무의 부담 내용이 축소·감경된 것에 불과한 경우에는 보증인은 그와 같이 축소·감경된 주채무의 내용에 따라 보증책임을 진다고 할 것이다."라고 하였습니다(대법원 2001. 3. 23. 선고 2001다628 판결)

따라서 귀하도 위 훼손된 농지의 원상회복에 소요되는 비용에 대하여는 보증책임을 부담하여야 하겠지만, 귀하의 관여 없이 甲과 乙이 약정한 1,000만원 전부에 대하여 책임을 지지는 않을 것으로 보입니다.

◎ 신원보증인의 책임한계는 어떻게 되는지

> 【질의】 ➡ 저는 3년 전 친구의 간청으로 그의 아들 甲이 乙회사에 취
> 직하는데 기간을 약정하지 않은 신원보증을 하였고, 甲이 인사과에
> 근무한다고 하여 저는 그 동안 안심하고 신원보증을 한 사실조차
> 잊고 있었습니다. 그런데 甲은 거래처에서 수금한 3,000만원을
> 횡령한 사실이 밝혀져 한달 전에 구속되었고, 乙회사에서는 저에게
> 신원보증인이므로 피해금액을 변상하라고 합니다. 사건발생 후 알
> 아보니 乙회사는 甲이 1년 전 인사과에서 영업부로 옮겨졌음에도
> 불구하고 저에게 이를 통지하지 않았는바, 친구의 부탁에 마지못해
> 신원보증을 한 제가 과연 위 금액 전부를 책임져야 하는지요?

【답변】 ➡ 아닐것으로 보여집니다.

　　신원보증이라 함은 인수, 보증 기타의 명칭여하를 불문하고 피
용자가 장차 고용계약상의 채무불이행으로 사용자에 대하여 손해
배상채무를 부담하는 경우에 그 이행을 담보하는 것으로, 일종의
장래채무보증 또는 근보증의 성질을 가집니다.

　　취직을 하려면 대부분 신원보증인을 세울 것을 사실상 강요당하
고, 신원보증을 하는 사람도 단지 정실이나 의리 등의 이유 때문
에 차마 거절하지 못하여 신원보증을 하게 되는 경우가 보통인데,
법률상 이러한 관계를 특별히 규율하지 않는다면 신원보증계약의
존속기간이 제한되지 않고 책임한도도 불명확하게 되어 신원보증
인에게 가혹한 것이 될 수 있습니다.

　　그러므로 신원보증인의 책임을 완화하기 위하여 신원보증법을
두고 있는데, 구 신원보증법(2002. 1. 14. 법률 제6529호로 개정
되기 전의 것, 이하 '구 신원보증법'이라 함) 제8조에 의하면 "신
원보증법의 규정에 반하는 특약으로서 신원보증인에게 불이익한
것은 모두 무효로 한다."라고 규정하고 있습니다.

　　신원보증인은 피용자의 고의·과실로 인해 발생한 손해에 대하

여 책임을 지는 것은 물론이고 피용자가 자기 임무를 수행함에 있
어서 다른 사람을 사용하거나 보조를 받은 경우에는 그 보조자의
고의·과실로 인한 손해도 채무불이행의 이행보조자에 준하여 책
임을 지고(대법원 1968. 8. 30. 선고 68다1230 판결), 신원보증인
이 책임을 지는 피용자의 행위는 업무집행의 기회 또는 업무집행
의 권한을 이용 또는 악용해서 한 행위를 널리 포함합니다(대법원
1967. 7. 11. 선고 66다974 판결, 1993. 4. 13. 선고 92다53927
판결).

　기간을 정하지 아니한 신원보증계약은 그 성립일로부터 3년간
그 효력을 가지고, 다만 기능습득자의 신원보증계약기간은 5년으
로 하고, 또한 신원보증계약기간은 5년을 초과하여 정하지 못하고,
이보다 장기간을 정한 때에는 5년으로 단축하며, 신원보증계약을
갱신할 수 있으나 그 기간은 갱신시부터 5년을 초과하지 못합니
다(구 신원보증법 제2조, 제3조).

　사용자는 피용자가 업무상 부적임하거나 불성실한 사적(事跡)이
있어 이로 말미암아 신원보증인의 책임을 야기할 염려가 있음을
안 때 혹은 피용자의 임무 또는 임지를 변경함으로써 신원보증인
의 책임을 가중하거나 그 감독이 곤란하게 될 때에는 지체 없이
신원보증인에게 통지하여야 하고, 신원보증인이 사용자의 이러한
통지를 받거나 스스로 통지사유 되는 사실을 안 때 또는 피용자의
고의·과실 있는 행위로 발생한 손해를 그가 배상한 경우에는 계
약을 해지할 수 있습니다(구 신원보증법 제4조, 제5조).

　그러므로 "사용자에게 신원보증법 제4조의 통지의무가 있다고
하더라도 사용자가 그 통지를 하지 아니하였다고 하여 막바로 신
원보증인의 책임이 면제되는 것은 아니지만, 신원보증인과 피보증
인의 관계가 그러한 통지를 받았더라면 신원보증계약을 해지하였
을 것이라는 특수한 사정이 있었음에도 불구하고 이를 통지하지
아니하여 신원보증인으로부터 계약해지의 기회를 박탈하였다고 볼
수 있는 경우에는 신원보증인의 책임이 부정된다."라고 하였습니

다(대법원 2002. 10. 25. 선고 2002다13614 판결). 또한, 보증채무가 현실화되어 있지 않은 한, 신원보증계약은 신원보증인의 사망으로 효력을 상실합니다(구 신원보증법 제7조, 현행 신원보증법 제7조).

위 사안의 경우 현행 신원보증법 시행 이전에 신원보증계약이 체결된 것으로 보이는바, 이 경우에는 구 신원보증법이 적용되게 되는데, 신원보증계약기간을 정하지 않았다고 하므로, 귀하와 乙회사의 신원보증계약은 3년간 효력을 가지며, 만일 3년이 지나지 않아 책임을 지는 경우라 하더라도 甲이 인사과에서 영업부로 근무부서를 옮긴 것은 위 통지사유에 해당된다고 볼 수 있고, 이러한 통지의무를 게을리 함으로써 귀하가 계약을 해지할 수 있는 기회를 잃었다면 법원이 배상책임 및 그 금액을 결정함에 있어서 고려하게 될 것입니다.

또한, 법원은 신원보증인의 손해배상책임과 그 금액을 정함에 있어 피용자의 감독에 관한 사용자의 과실유무, 신원보증인이 신원보증을 하게 된 사유 및 이를 함에 있어서 주의를 한 정도, 피용자의 임무 또는 신원의 변화 기타 일체의 사정을 참작한다고 규정되어 있으므로(구 신원보증법 제6조), 귀하는 乙회사에 대해 손해배상책임의 감면을 주장할 수 있을 것입니다.

참고로 2002년 1월 14일 법률 제6529호로 개정·시행되고, 이 개정법률시행 후 최초로 계약하거나 갱신하는 신원보증계약부터 적용되는 현행 신원보증법(전면개정)의 주요골자를 보면 다음과 같습니다.

1. 신원보증계약을 피용자가 업무를 수행하는 과정에서 그의 책임 있는 사유로 사용자에게 손해를 입힌 경우에 그 손해를 배상할 책임을 부담할 것을 약정하는 계약으로 정의하여 신원보증계약이 부종적 보증계약임을 분명히 하였음(신원보증법 제2조).

2. 기간을 정하지 아니한 신원보증계약의 존속기간을 3년에서 2년으로, 신원보증계약기간의 최장기한을 5년에서 2년으로 개정하

는 등 신원보증인의 책임기간을 축소함(신원보증법 제3조).

3. 사용자가 고의 또는 중과실로 통지의무를 게을리 하여 신원보증인이 해지권을 행사하지 못한 경우 그로 인하여 발생한 손해에 대하여는 그 한도에서 신원보증인의 책임이 면제되는 것으로 하여 통지의무위반의 효과를 규정함(신원보증법 제4조 제2항).

4. 신원보증계약의 기초되는 사정에 중대한 변경이 있는 경우를 신원보증인의 계약해지권 발생사유로 하여 신원보증인의 해지권발생사유를 확대함(신원보증법 제5조 제3호).

5. 피용자의 고의 또는 중과실로 인하여 발생한 손해가 있는 경우에 신원보증인의 배상책임이 발생하는 것으로 하고, 신원보증인이 수인인 경우에 특별한 의사표시가 없으면 각 신원보증인은 균등한 비율로 의무를 부담하는 것으로 하여 공동신원보증인 사이에는 분별의 이익이 있음을 명문화 함(신원보증법 제6조 제1항).

◘ 신원보증인이 사망한 경우 상속인에게 그 보증책임이 있는지

【질의】 ➡ 저의 아버지 丙은 3년 전 저의 사촌형인 甲이 乙회사의 조사과에 취직하는데 기간을 정하지 않은 신원보증을 서준 후 얼마 전 사망하였습니다. 그런데 乙회사에서는 甲이 아버지가 사망하시기 전에 1,000만원을 횡령하고 행방불명되었으니 이를 배상하라고 합니다. 그러나 甲이 사고를 낸 것은 경리과로 자리를 옮긴 후이고, 乙회사에서는 이러한 업무변경사실에 대하여 아무런 통지도 하지 않았는데, 제가 신원보증인의 상속인으로서 乙회사에 대하여 책임이 있는지요?

【답변】 ➡ 아닐 것으로 보여집니다.

신원보증계약의 내용은 사용자에 의하여 일방적으로 정하여지는 것이 보통이어서 책임의 범위가 매우 넓게 되는 수가 많습니다. 결국, 신원보증인은 항상 가혹한 책임을 지게 될 위험을 지니게 되므로, 신원보증인의 책임을 합리적으로 조정하기 위하여 신원보증법이 제정되어 있습니다.

구 신원보증법(2002. 1. 14. 법률 제6529호로 개정되기 전의 것, 이하 '구 신원보증법'으로 칭함)상 신원보증계약기간을 정하지 않은 경우에는 보증계약기간을 3년으로 보게 되고, 甲이 기능습득자로서 그의 기능이 취직의 조건으로 된 때에는 5년으로 보게 되므로 丙이 甲의 乙회사에 대한 손해배상책임을 지는 기간은 3년입니다(구 신원보증법 제2조, 제3조).

그리고 신원보증법 제7조에서 "신원보증계약은 신원보증인의 사망으로 그 효력을 상실한다."라고 규정하고 있으므로, 丙이 乙회사에 대해서 부담하는 신원보증계약상의 책임은 보증기간인 3년이 되기 이전일지라도 丙이 사망한 때에 소멸된다고 할 것입니다.

그러나 甲이 乙회사에 손해를 입힌 시점이 丙의 사망 전이므로 그때에 이미 발생된 손해배상책임은 없어지는 것이 아니어서 상속인인 귀하는 乙회사에 대해 배상할 책임이 있다고 할 것입니다.

다만, 귀하의 책임범위에 있어서는 신원보증법상 피용자가 불성실하거나, 임무 또는 임지를 변경하여 신원보증인의 책임을 가중하게 하거나, 그 감독이 곤란하게 될 때에는 사용자는 신원보증인에게 이러한 사실을 통지해야 하고, 사용자가 이러한 통지의무를 게을리 한 경우 보증책임을 경감할 수 있도록 규정하고 있는 바(구 신원보증법 제6조, 제7조), 甲이 조사과에서 경리과로 부서를 옮긴 것은 위 통지사유에 해당되는 것으로 볼 수 있으므로, 설령 귀하가 상속으로 乙회사에 대하여 甲이 끼친 손해를 책임져야 하는 경우에도 1,000만원 전액을 책임져야 하는 것은 아닐 것으로 생각됩니다.

참고로 2002년 1월 14일 법률 제6529호로 개정·시행되고, 이 개정법률시행 후 최초로 계약하거나 갱신하는 신원보증계약부터 적용되는 현행 신원보증법(전면개정)의 주요골자를 보면 다음과 같습니다.

1. 신원보증계약을 피용자가 업무를 수행하는 과정에서 그의 책임 있는 사유로 사용자에게 손해를 입힌 경우에 그 손해를 배상할 책임을 부담할 것을 약정하는 계약으로 정의하여 신원보증계약이 부종적 보증계약임을 분명히 하였음(신원보증법 제2조).

2. 기간을 정하지 아니한 신원보증계약의 존속기간을 3년에서 2년으로, 신원보증계약기간의 최장기한을 5년에서 2년으로 개정하는 등 신원보증인의 책임기간을 축소함(신원보증법 제3조).

3. 사용자가 고의 또는 중과실로 통지의무를 게을리 하여 신원보증인이 해지권을 행사하지 못한 경우 그로 인하여 발생한 손해에 대하여는 그 한도에서 신원보증인의 책임이 면제되는 것으로 하여 통지의무위반의 효과를 규정함(신원보증법 제4조 제2항).

4. 신원보증계약의 기초되는 사정에 중대한 변경이 있는 경우를 신원보증인의 계약해지권 발생사유로 하여 신원보증인의 해지

권 발생사유를 확대함(신원보증법 제5조 제3호).

5. 피용자의 고의 또는 중과실로 인하여 발생한 손해가 있는 경우
에 신원보증인의 배상책임이 발생하는 것으로 하고, 신원보증
인이 수인인 경우에 특별한 의사표시가 없으면 각 신원보증인
은 균등한 비율로 의무를 부담하는 것으로 하여 공동신원보증
인 사이에는 분별의 이익이 있음을 명문화 함(신원보증법 제6
조 제1항).

◎ 보증한도 정함 없는 계속적보증계약의 보증인 사망시 상속인의 보증승계 여부

【질의】 ➡ 甲은 乙주식회사의 실질적 경영자로서 乙주식회사와 丙금융기관 사이에 乙주식회사가 丙금융기관에 대하여 현재 및 장래에 부담하는, 어음대출, 어음할인, 당좌대출, 지급보증(사채보증 포함) 등 여신거래에 관한 모든 채무에 관하여 연대보증책임을 지되, 보증한도액과 보증기간은 따로 정하지 아니하고 다만, 보증약정일로부터 3년이 경과한 때에는 보증인인 甲은 서면에 의하여 보증약정을 해지할 수 있다는 내용의 근보증약정을 체결하였습니다. 그런데 수개월 전 甲이 사망하였고, 최근에 乙주식회사가 부도 되었으며, 丙금융기관에서는 甲의 상속인· 丁에게 甲의 사망 후 발생된 乙주식회사의 채무를 포함한 채무전액에 관하여 보증채무를 이행하라고 하고 있습니다. 이 경우 丁으로서는 乙주식회사의 채무전액에 대하여 보증책임을 지게 되는지요?

【답변】 ➡ **일부에 대해서만 책임을 집니다.**

채권자와 주채무자 사이의 계속적 거래관계로 인하여 현재 및 장래에 발생하는 불확정적 채무에 관하여 보증책임을 부담하기로 하는 보증계약을 이른바 '계속적 보증계약'이라고 합니다.

그런데 보증한도액이 정해진 계속적 보증계약의 보증인이 사망한 경우, 그 상속인들이 보증인의 지위를 승계 하는지에 관하여 판례를 보면, "보증한도액이 정해진 계속적 보증계약의 경우 보증인이 사망하였다 하더라도 보증계약이 당연히 종료되는 것은 아니고, 특별한 사정이 없는 한 상속인들이 보증인의 지위를 승계 한다고 보아야 한다."라고 하였습니다(대법원 1999. 6. 22. 선고 99다19322, 19339 판결).

그러나 보증기간과 보증한도액의 정함이 없는 계속적 보증계약의 보증인이 사망한 경우, 그 상속인이 보증인의 지위를 승계 하는지에 관하여는 "보증한도액이 정해진 계속적 보증계약의 경우 보증인이 사망하였다 하더라도 보증계약이 당연히 종료되는 것은 아니고 특별한 사정이 없는 한 상속인들이 보증인의 지위를 승계한다고 보아야 할 것이나, 보증기간과 보증한도액의 정함이 없는 계속적 보증계약의 경우에는 보증인이 사망하면 보증인의 지위가 상속인에게 상속된다고 할 수 없고 다만, 기왕에 발생된 보증채무만이 상속된다."라고 하였습니다(대법원 2001. 6. 12. 선고 2000다47187 판결).

따라서 위 사안은 보증기간과 보증한도액의 정함이 없는 계속적 보증계약의 경우로서 丁은 甲의 사망 이전에 발생된 채무에 대해서만 보증책임을 부담하게 될 것으로 보입니다.

◎ 중간퇴직으로 퇴직금지급 후에도 신원보증계약이 계속 유지되는지

【질의】➡ 저는 甲이 乙주식회사에 입사함에 있어서 신원보증계약을 체결해준 사실이 있는데, 甲이 입사한지 2년 후 乙주식회사가 경영합리화차원에서 퇴직금중간정산 및 성과급제도를 도입하여 직원들로부터 그 적용신청을 받았고, 甲도 위 신청을 하여 중간퇴직금을 수령한 뒤 그 때부터 성과급적용직원이 되었는데, 그 후 甲이 乙주식회사에 손해를 끼친 사실이 있고 신원보증계약기간이 경과되지 않았다고 그 손해를 저에게 청구하고 있는바, 이러한 경우에도 제가 신원보증인으로서 책임을 부담하여야 하는지요?

【답변】➡ 부담하지 않아도 됩니다.

'신원보증계약'이라 함은 인수, 보증 기타 명칭의 여하를 불문하고 피용자의 행위로 인하여 사용자가 받은 손해를 배상하는 것을 약정하는 계약을 말합니다.

그러나 신원보증계약기간이 만료되지 않았다고 하더라도 퇴직금이 피용자의 행위로 인한 신원보증인의 신원보증채무의 구상권에 대한 담보적 구실도 한다는 점에서 볼 때 퇴직금이 지급된 경우에도 신원보증인의 보증책임이 그대로 존속한다고 볼 수 있는지에 의문이 있습니다.

이에 관련된 판례를 보면, "신원보증계약은 피용자의 행위로 인하여 사용자가 받은 손해를 배상함을 내용으로 하는 사용자와 신원보증인 사이의 계약이므로 약정한 신원보증기간이 종료되기 전이라 하더라도 피보증인인 피용자가 사용자와의 고용계약이 합의해지 되어 고용관계가 소멸하면 그때부터 신원보증계약의 효력은 상실된다 할 것이고, 퇴직금은 피용자의 행위로 인한 사용자의 손해 및 신원보증인의 신원보증채무의 구상권에 대한 담보적 구실을 할 수 있다 할 것이므로, 피용자와 사용자의 내부적 합의에 따라 계속근무를 전제한 일시퇴직, 신규입사의 처리를 한 사실이 있다 하더라도(피용자의 퇴직금중간청산요청에 따라 형식적으로 서류상 으로만 퇴직한 것으로 처리하였을 뿐 실제로 퇴직한 것이 아니라 하여도 동일함) 그와 같은 합의가 당사자 사이에 내부적으로 어떠 한 효력이 있음은 별론으로 하고 신원보증인에 대한 관계에 있어 서는 피용자가 사용자인 회사를 일단 퇴직한 효력에는 변함이 없 다 할 것이고 신원보증계약은 피용자의 퇴직사실로 당연 해지되어 효력을 상실하였다."라고 하였습니다(대법원 1986. 2. 11. 선고 85 다카2195 판결, 2000. 3. 14. 선고 99다68676 판결).

따라서 위 사안의 경우에도 귀하가 별도로 甲이 퇴직금을 수령 한 후에도 신원보증계약이 존속된다는 점에 대하여 동의를 해주는 등의 특별한 사정이 없었다면 甲의 퇴직금수령후의 행위에 대한 보증책임을 부담하지 않게 될 것으로 보입니다.

참고로 2002년 1월 14일 법률 제6529호로 개정·시행되고, 이 개정법률시행 후 최초로 계약하거나 갱신하는 신원보증계약부터 적용되는 현행 신원보증법 제5조에 의하면 신원보증인의 계약해지 권에 관하여 신원보증인은 ①사용자로부터 제4조 제1항의 통지 (피용자가 업무상 부적격자이거나 불성실한 행적(行跡)이 있어 이 로 말미암아 신원보증인의 책임을 야기할 염려가 있음을 안 때, 피용자의 업무 또는 업무수행의 장소를 변경함으로써 신원보증인 의 책임을 가중하거나 그 감독이 곤란하게 될 때 사용자가 지체 없이 신원보증인에게 하여야 하는 통지)를 받거나, 신원보증인 스 스로 제4조 제1항 각호의 1에 해당하는 사유가 있음을 안 때, ② 피용자의 고의 또는 과실이 있는 행위로 발생한 손해를 신원보증 인이 배상한 경우, ③기타 계약의 기초되는 사정에 중대한 변경이 있는 경우 계약을 해지할 수 있도록 규정하고 있습니다.

◎ 정리회사 채무를 연대보증인이 대위변제시 정리채권자가 되는지

【질의】 ➡ 甲은 乙주식회사의 丙금융기관에 대한 채무에 대한 연대보증인으로서 丙금융기관에 대하여 乙주식회사의 채무일부를 변제하였습니다. 그런데 乙주식회사는 회사정리절차가 개시되었는바, 이 경우 위 구상금채권에 기하여 甲도 丙금융기관과 함께 정리채권자로서 권리행사가 가능한지요?

【답변】 ➡ 가능하지 않습니다.

위 사안과 관련된 규정을 살펴보면, 회사정리법 제102조에 의하면 "회사에 대하여 정리절차개시 전의 원인으로 생긴 재산상의 청구권은 이를 정리채권으로 한다."라고 규정하고 있으며, 회사정리법 제110조 제1항에 의하면 "수인이 각각 전부의 이행을 할 의무를 지는 경우에 그 전원 또는 그 중 수인이나 1인에 관하여 정리절차가 개시된 때에는 그 자에 대하여 장래 행사하는 경우가 있을 구상권을 가진 자는 그 전액에 관하여 정리채권자로서 그 권리를 행사할 수 있다. 그러나 채권자가 그 채권의 전액에 관하여 정리채권자로서 그 권리를 행사한 때에는 그러하지 아니하다."라고 규정하고 있습니다.

그런데 정리회사채무의 연대보증인이 채권자에 대하여 채권의 일부를 대위변제 한 경우, 채권자와 함께 정리채권자로서 권리를 행사할 수 있는지에 관하여 판례를 보면, "수인이 각각 전부의 이행을 할 의무를 지는 경우에 그 1인에 관하여 회사정리절차가 개시되고, 채권자가 채권의 전액에 관하여 정리채권자로서 권리를 행사한 때에는, 정리회사에 대하여 장래의 구상권을 가진 자는 정리채권자로서 권리를 행사할 수 없게 되지만, 장래의 구상권자가 훗날 채권전액을 대위변제 한 경우에는 회사정리법 제128조에서 정하는 신고명의 변경을 함으로써 채권자의 권리를 대위 행사할 수 있다고 할 것이고, 다만 채권의 일부에 대하여 대위변제가 있는 때에는 채권자만이 정리절차개시 당시 가진 채권의 전액에 관하여 정리채권자로서 권리를 행사할 수 있을 뿐, 채권의 일부에 대하여 대위변제를 한 구상권자가 자신이 변제한 가액에 비례하여 채권자와 함께 정리채권자로서 권리를 행사하게 되는 것이 아니라고 할 것이다."라고 하였습니다(대법원 2001. 6. 29. 선고 2001다24938 판결).

따라서 위 사안에서 甲은 일부 변제한 구상권으로서 乙주식회사의 정리절차에서 정리채권자로서 권리를 행사할 수 없을 것으로 보입니다.

◎ 연대보증인 1인에 대한 채권포기의 효력이 주채무자 등에게 미치는지

【질의】 ➡ 甲은 乙과 함께 丙의 丁에 대한 차용금채무에 대하여 연대보증을 하였습니다. 그런데 丙은 변제기간이 훨씬 지났음에도 위 채무를 변제하지 않았으므로 丁은 甲의 급료채권에 가압류를 하였습니다. 이에 甲은 어려운 형편임에도 은행으로부터 대출을 받는 등의 방법으로 돈을 마련하여 丁에게 변제제공하면서 가압류를 취소하도록 요청하였습니다. 그러자 丁은 甲의 성의를 고맙게 생각하고 甲의 연대보증채무 중 이자채권을 포함한 채무일부를 면제해주고서 급료채권에 대한 가압류도 취소해주었습니다. 이 경우 주채무자인 丙과 다른 연대보증인인 乙의 채무에도 위 면제의 효력이 미치는지요?

【답변】 ➡ 미치지 않습니다.

연대채무자의 경우 면제의 절대적 효력에 관하여 민법 제419조에 의하면 "어느 연대채무자에 대한 채무면제는 그 채무자의 부담부분에 한하여 다른 연대채무자의 이익을 위하여 효력이 있다."라고 규정하고 있으며, 이 규정은 임의규정이라고 할 것이므로 채권자가 의사표시 등으로 위 규정의 적용을 배제하여 어느 한 연대채무자에 대하여서만 채무면제를 할 수는 있을 것입니다.

그런데 채권자가 연대보증인에 대하여 한 채무면제의 효력이 주채무자에 대하여 미치는지에 관하여 판례를 보면, "연대보증인이라고 할지라도 주채무자에 대하여는 보증인에 불과하므로 연대채무에 관한 면제의 절대적 효력을 규정한 민법 제419조의 규정은 주채무자와 보증인 사이에는 적용되지 아니하는 것이니, 채권자가 연대보증인에 대하여 그 채무의 일부 또는 전부를 면제하였다 하더라도 그 면제의 효력은 주채무자에 대하여 미치지 아니한다."라고 하였으며, 채권자가 수인의 연대보증인 중 1인에 대하여 한 채무면제의 효력이 다른 연대보증인에 대하여 미치는지에 관하여도 "수인의 연대보증인이 있는 경우, 연대보증인들 사이에 연대관계의 특약이 있는 경우가 아니면 채권자가 연대보증인의 1인에 대하여 채무의 전부 또는 일부를 면제하더라도 다른 연대보증인에 대하여는 그 효력이 미치지 아니한다 할 것이다."라고 하였습니다 (대법원 1992. 9. 25. 선고 91다37553 판결, 1994. 11. 8. 선고 94다37202 판결).

따라서 위 사안에서 채권자 丁이 연대보증인 중 1인인 甲의 채무를 일부 면제해 주었다고 하여도 주채무자인 丙과 다른 연대보증인 乙의 채무에는 면제의 효력이 미치지 않을 것으로 보이고, 따라서 丁은 丙과 乙에 대하여는 甲에게 면제해준 부분의 청구가 가능할 것으로 보입니다.

◎ 보증인 동의 없이 주채무의 목적이나 형태가 변경된 경우 보증채무의 범위

【질의】 ➡ 저는 甲이 乙회사와 계속적 물품거래계약을 하는데 연대보증을 서주었습니다. 그런데 그 후 甲과 乙은 위 계약서의 내용이 공정거래위원회로부터 시정권고를 받을 염려가 있다는 이유로 저도 모르게 새로운 양식의 거래신청서를 작성하였습니다. 그들은 당시 저의 소재를 파악하지 못하여 연락이 되지 않았다고 하며, 그 약정 내용을 보면 종전의 물품공급계약과 비교하여 채무의 발생원인, 채권자, 채무자, 채권의 목적 등 채무의 중요한 내용에 있어서는 변경이 없고, 오히려 거래신청인이나 연대보증인에게 유리한 내용의 신청서 양식으로 바꾸었지만 위 새로운 계약서상에는 연대보증인인 저의 서명날인이 없는데, 이 경우 저의 보증책임은 소멸된 것이 아닌지요?

【답변】 ➡ 소멸되지 않습니다.

민법 제428조 및 제429조, 제430조에 의하면 보증인은 주채무자가 이행하지 아니하는 채무를 이행할 의무가 있고, 보증채무는 주채무의 이자, 위약금, 손해배상 기타 주채무에 종속한 채무를 포함하며, 보증인의 부담이 주채무의 목적이나 형태보다 중한 때에는 주채무의 한도로 감축한다고 규정하고 있습니다.

그러므로 연대보증인은 주채무의 한도 내에서 보증책임이 있다할 것이나, 위 사안에서와 같이 보증계약이 성립한 후 그 내용의 일부를 변경하는 새로운 계약서를 작성하면서 보증인의 서명날인을 받지 아니한 경우에도 보증인의 책임을 그대로 인정할 수 있을 것인지 문제됩니다.

관련 판례를 보면 "보증계약이 성립한 후에 보증인이 알지도 못하는 사이에 주채무의 목적이나 형태가 변경되었다면, 그 변경으로 인하여 주채무의 실질적 동일성이 상실된 경우에는 당초의 주채무는 경개로 인하여 소멸하였다고 보아야 할 것이므로 보증채무도 당연히 소멸하겠지만, 그 변경으로 인하여 주채무의 실질적 동일성이 상실되지 아니하고 동시에 주채무의 부담내용이 축소·감경된 것에 불과한 경우에는 보증인은 그와 같이 축소·감경된 주채무의 내용에 따라 보증책임을 진다고 할 것이다."라고 하였습니다(대법원 2001. 3. 23. 선고 2001다628 판결, 2000. 1. 21. 선고 97다1013 판결).

따라서 귀하의 경우에도 甲과 乙회사간에 새로이 작성된 거래신청서의 내용으로 보아 기존의 거래신청서와 그 실질적인 동일성을 유지하는 것으로 볼 수 있는 것이라면, 귀하의 서명날인이 누락되었다고 하더라도 기존 거래신청서상의 보증책임도 소멸되지 않고 그대로 존재한다고 볼 수 있을 것입니다.

◎ 채권이 이중으로 양도된 경우 누가 우선권자가 되는지

【질의】➡ 저는 2003년 4월 5일 甲에게 700만원을 빌려준 후 변제기일인 2003년 6월 5일 지급청구를 하였으나, 당시 돈이 궁해진 甲은 자신이 乙에게 700만원을 받을 것이 있는데 그 채권을 양도해줄테니 乙에게 그 돈을 받으라고 하여 이를 승낙하면서 乙 명의로 된 차용증을 甲으로부터 받았습니다. 그리고 2003년 6월 12일 乙에게 甲으로부터 채권을 양도받았으니 저에게 지급할 것을 통지하였으나, 乙은 甲으로부터 丙에게 그 채권을 양도했음을 2003년 6월 10일자 내용증명우편으로 받았다고 하면서 저에게 지급할 수 없다고 합니다. 저는 차용증서도 가지고 있으며 丙보다 먼저 채권양도를 받는데, 이런 경우 저와 丙은 누가 우선권을 갖게 되는지요?

【답변】➡ 丙이 우선권을 갖습니다.

채권의 양도는 양도인과 양수인 사이의 계약에 의해서 이루어집니다. 따라서 채권양도에 관여하지 않은 채무자와 제3자는 채권양도의 사실을 알지 못하기 때문에 불측(不測)의 손해를 입을 염려가 있게 되어 채무자와 제3자를 보호할 필요가 생기게 되는데, 이에 관하여 민법은 제450조에서 "지명채권의 양도는 양도인이 채무자에게 통지하거나, 채무자가 승낙하지 아니하면 채무자 기타 제3자에게 대항하지 못하고, 이러한 통지나 승낙은 확정일자 있는 증서에 의하지 아니하면 채무자 이외의 제3자에게 대항하지 못한다."는 규정을 두고 있습니다.

여기에서 확정일자라 함은 '사문서에 공증인 또는 법원서기가 일정한 절차에 따라 확정일자인을 찍은 경우의 일자, 공정증서에 기입한 일자, 그리고 공무소에서 사문서에 어느 사항을 증명하고, 기입한 일자 등'으로서(민법 부칙 제3조), 증서에 대하여 '그 작성한 일자에 관한 완전한 증거가 될 수 있는 것으로 법률상 인정되

는 일자'를 말하며 당사자가 나중에 변경하는 것이 불가능한 확정
된 일자를 가리킵니다.

그리고 사전통지가 가능할 것인지에 관하여는 "민법 제450조
제1항 소정의 채권양도의 통지는 양도인이 채무자에 대하여 당해
채권을 양수인에게 양도하였다는 사실을 통지하는 이른바 관념의
통지로서, 채권양도가 있기 전에 미리 하는 사전통지는 채무자로
하여금 양도의 시기를 확정할 수 없는 불안한 상태에 있게 하는
결과가 되어 원칙적으로 허용될 수 없다."고 하였습니다(대법원
2000. 4. 11. 선고 2000다2627 판결).

그러므로 위 사안을 살펴보면, 채권양도인 甲은 乙에 대하여 가
지고 있는 700만원의 채권을 귀하에게 양도한 사실에 대하여는
직접 乙에게 통지하지 않았을 뿐만 아니라 확정일자 있는 증서로
통지하지도 않았음에 반하여, 丙에게 위 채권을 양도한 사실에 대
하여는 확정일자 있는 증서인 내용증명우편으로 통지한 것이므로,
실제로는 귀하가 丙보다 먼저 채권의 양도를 받았더라도 甲이 乙
에 대하여 가지고 있던 채권은 丙에게 양도된 것으로 보게 되는
것입니다.

그러나 판례는 "채무자가 채권자에게 채무변제와 관련하여 다른
채권을 양도하는 것은 특별한 의사표시가 없는 이상 '채무변제를
위한 담보' 또는 '변제의 방법'으로 양도되는 것으로 추정할 것이
지 '채무변제에 갈음한 것'으로 볼 것은 아니어서, 채권양도만 있
으면 바로 원래의 채권이 소멸한다고 볼 수는 없으며, 채무자는
채권자가 양도받은 채권을 변제 받음으로써 그 범위 안에서 면책
되므로, 채무자가 면책 받기 위해서는 양도채권의 변제에 관한 주
장·입증책임이 있다."라고 하였습니다(대법원 1995. 9. 15. 선고
95다13371 판결, 1994. 2. 8. 선고 93다50291 판결).

따라서 귀하는 원래의 채권을 행사하여 甲을 상대로 빌려준 돈
을 받아야 할 것으로 보입니다.

◎ 다른 채무 담보로 채권양도된 때 피담보채무소멸로 양수금청구를 거절할 수 있는지

【질의】 ➡ 甲은 乙에게 대여금채무 2,500만원의 담보조로 甲이 임차한 주택의 임차보증금 2,500만원을 乙에게 양도하고, 그 채권양도통지를 내용증명우편으로 임대인 丙에게 하였습니다. 그런데 그 후 甲은 乙에게 위 대여금채무를 변제하였으며, 위 아파트의 임대차기간이 만료되어 아파트를 丙에게 명도하고 임차보증금 2,500만원을 반환할 것을 丙에게 요구하였으나, 丙은 2,500만원의 변제영수증을 확인하고서도 위 임차보증금이 乙에게 양도되었으므로 甲에게 위 임차보증금을 지급할 수 없다고 합니다. 이 경우 甲은 어떻게 하여야 하는지요?

【답변】 ➡ 채권양도통지 철회 후 임차보증금의 반환을 받아야 합니다.

채권양도가 다른 채무의 담보조로 이루어진 경우, 양도채권의 채무자가 그 피담보채무가 변제로 소멸되었다는 이유로 채권양수인의 양수금청구를 거절할 수 있는지에 관하여 판례를 보면, "채권양도가 다른 채무의 담보조로 이루어졌으며 또한 그 채무가 변제되었다고 하더라도, 이는 채권 양도인과 양수인간의 문제일 뿐이고, 양도채권의 채무자는 채권 양도·양수인간의 채무소멸 여하에 관계없이 양도된 채무를 양수인에게 변제하여야 하는 것이므로, 설령 그 피담보채무가 변제로 소멸되었다고 하더라도 양도채권의 채무자로서는 이를 이유로 채권양수인의 양수금청구를 거절할 수 없다."라고 하였습니다(대법원 1999. 11. 26. 선고 99다23093 판결, 1979. 9. 25. 선고 79다709 판결).

그러므로 위 사안에서 丙은 乙이 양수금청구를 해온다면 2,500만원을 지급할 수밖에 없을 것입니다.

그런데 민법 제452조 제2항에서 양도인이 채무자에게 채권양도를 통지한 때에 그 통지는 양수인의 동의가 없으면 철회하지 못한다고 규정하고 있습니다. 그리고 채권양도통지를 한 양도인이 양수인의 동의 없이 한 채권양도통지 철회의 효력에 관하여 판례를 보면, "채권양도인이 양수인에게 전대차계약상의 차임채권 중 일부를 양도하고 전차인인 채무자에게 위 양도사실을 통지한 후에 채무자에게 위 채권양도통지를 취소한다는 통지를 하였더라도 양수인이 양도인의 위 채권양도통지철회에 동의하였다고 볼 증거가 없다면 위 채권양도통지철회는 효력이 없다."라고 하였습니다(대법원 1993. 7. 13. 선고 92다4178 판결).

따라서 甲은 채권자 乙의 동의를 얻어 위 채권양도통지를 철회한 후 임대인 丙으로부터 위 임차보증금의 반환을 받아야 할 것으로 보입니다.

◙ 채권양수인이 양도인의 대리인으로서 채권양도통지를 할 수 있는지

【질의】 ➡ 저는 甲으로부터 지급 받지 못한 임금채권 500만원에 기하여 甲이 乙로부터 지급 받을 물품대금채권 500만원을 양도받기로 약정하였으나, 甲은 위 채권의 양도통지를 차일피일 미루다가 해외에 출국하면서 위임장을 작성해주고 그 양도통지를 저보고 하라고 하였습니다. 이 경우 제가 甲의 대리인으로서 채권양도통지를 하여도 하자가 없는지요?

【답변】 ➡ 하자 없습니다.

채권은 성질이 허용하고 당사자간에 양도금지의 특약이 없으면 양도할 수 있으며(민법 제449조), 지명채권의 양도는 양도인이 채무자에게 통지하거나 채무자가 승낙하지 아니하면 채무자 기타 제3자에게 대항하지 못하고, 그 통지나 승낙은 확정일자 있는 증서에 의하지 않으면 채무자이외의 제3자에게 대항하지 못합니다(민법 제450조).

그런데 채권양도의 통지는 양도인이 하여야 함에도 이를 게을리하고 양수인에게 위임하였을 경우, 채권양도통지의 성질이 법률행위가 아닌 관념의 통지이므로 대리인이 하여도 무방한지 문제됩니다. 이에 관한 판례는 "채권양도의 통지는 양도인이 채무자에 대하여 당해 채권을 양수인에게 양도하였다는 관념의 통지이고, 법률행위의 대리에 관한 규정은 관념의 통지에도 유추적용 된다고 할 것이어서, 채권양도의 통지도 양도인이 직접하지 않고 사자(使者)를 통하거나 나아가서 대리인으로 하여금 하게 하여도 무방하다고 할 것이고, 또한 그와 같은 경우에 양수인이 양도인의 사자 또는 대리인으로서 채권양도통지를 하였다 하여 민법 제450조의 규정에 어긋난다고 볼 수도 없고 달리 이를 금지할 근거도 없다."라고 하였습니다(대법원 1997. 6. 27. 선고 95다40977, 40984 판결, 1994. 12. 27. 선고 94다19242 판결).

따라서 귀하는 乙에게 甲의 대리인임을 표시하여 내용증명우편으로 채권양도통지를 하고서 乙에게 양수금청구를 하면 될 것입니다.

◎ 부부사이에 소송행위를 하게 할 목적으로 채권양도를 한 경우
그 효력

【질의】 ➡ 저는 1년 전 甲에게 1억 2천만원을 빌려주었으나 아직까
지 받지 못하여 대여금청구소송을 제기하려고 합니다. 그러나 사업
상 바빠서 소송을 수행하기 곤란한데, 사건이 복잡하지도 않으므로
변호사를 선임할 필요 없이 저의 처가 소송할 수 있도록 처에게 채
권양도를 하려고 합니다. 이 경우 저와 처 사이의 채권양도는 법률
상 문제가 없는지요?

【답변】 ➡ 무효가 됩니다.

귀하의 경우 대여금청구소송을 하려고 하지만 사업상 바빠서 소
송수행이 어렵고, 변호사를 선임하면 수임료가 과다하고 사안이
단순하여 변호사 선임의 필요성도 별로 없기 때문에 처가 채권을
양도받아 소송수행을 하려는 것으로 보입니다.

민법상 채권은 그 성질이 허용되고 당사자간에 양도금지의 특약
이 없다면 양도할 수 있다고 규정하고 있으나(민법 제449조), 신
탁법 제7조에 의하면 "수탁자로 하여금 소송행위를 하게 하는 것
을 주목적으로 하는 신탁은 무효이다."라고 규정하고 있습니다.

판례도 "소송행위를 하게 하는 것을 주목적으로 채권양도 등이
이루어진 경우 그 채권양도가 신탁법상의 신탁에 해당하지 않는다
고 하여도 신탁법 제7조가 유추적용되므로 무효라고 할 것이고,
소송행위를 하게 하는 것이 주목적인지의 여부는 채권양도계약이
체결된 경위와 방식, 양도계약이 이루어진 후 제소에 이르기까지
의 시간적 간격, 양도인과 양수인간의 신분관계 등 제반상황에 비
추어 판단하여야 할 것이다."라고 하였습니다(대법원 2002. 12. 6.
선고 2000다4210 판결, 1997. 5. 16. 선고 95다54464 판결).

따라서 위 사안의 경우 귀하는 오로지 소송수행을 하게 할 목
적으로 귀하의 처에게 채권양도를 한다면 그 효력은 무효라 할 것

입니다. 바쁘더라도 귀하가 직접 소송수행을 하든지 아니면 변호사를 선임하여 소송을 위임할 수밖에 없을 것입니다.

참고로 민사소송법 제87조에 의하면 "법률에 따라 재판상 행위를 할 수 있는 대리인 이외에는 변호사가 아니면 소송대리인이 될 수 없다."라고 규정하고 있으며, 같은 법 제88조에 의하면 "①단독판사가 심리·재판하는 사건 가운데 그 소송목적의 값이 일정한 금액 이하인 사건에서, 당사자와 밀접한 생활관계를 맺고 있고 일정한 범위 안의 친족관계에 있는 사람 또는 당사자와 고용계약 등으로 그 사건에 관한 통상사무를 처리·보조하여 오는 등 일정한 관계에 있는 사람이 법원의 허가를 받은 때에는 제87조를 적용하지 아니한다. ②제1항의 규정에 따라 법원의 허가를 받을 수 있는 사건의 범위, 대리인의 자격 등에 관한 구체적인 사항은 대법원규칙으로 정한다. ③법원은 언제든지 제1항의 허가를 취소할 수 있다."라고 규정하고 있으므로, 민사및가사소송의사물관할에관한규칙 제2조에서 단독판사가 심판할 것으로 정하는 사건(판사 1명이 심판하는 사건으로서 소송 목적의 가액이 1억원 이하 사건 등이 해당됨)에 있어서는 처가 소송대리허가를 받아 소송을 수행할 수 있습니다.

그러나 위 사안은 청구금액이 1억 2천만원인 대여금청구사건으로서 합의부가 심판할 사건(판사 3인이 심판하는 사건)이기 때문에 처가 소송대리허가신청을 받아서 소송을 수행할 수 있는 단독사건이 아니므로 그러한 소송대리허가를 받아 처가 대리인으로 소송수행을 할 수도 없습니다.

◘ 채권양도 승낙 후 취득한 채권으로 양도된 채권과 상계할 수 있는지

【질의】 ➡ 저는 甲에게 제 소유 주택을 보증금 3,000만원에 임대하고 있던 중 甲이 그의 채권자 乙에게 위 보증금을 양도하겠다고 하여 이를 승낙한 사실이 있고, 그 후 甲이 아들의 병원치료비가 없다고 사정하여 500만원을 빌려준 적이 있습니다. 이 경우 위 보증금에서 채권양도승낙 후 빌려준 500만원을 공제할 수 있는지요?

【답변】 ➡ 공제할 수 없습니다.

　　민법은 채권의 양도를 허용하고 있으며, 지명채권의 양도시에 그 양도사실을 양도인이 확정일자 있는 증서에 의하여 채무자에게 통지하거나, 채무자가 승낙한 때에는 채무자 기타 제3자에게도 대항력이 있음을 규정하고 있으므로, 위 사안에서 乙은 귀하의 승낙에 의하여 유효하게 임차보증금반환채권을 양수 받았다고 할 것입니다(민법 제449조, 제450조).

　　그런데 위 사안은 귀하가 甲과 乙사이에 이루어진 임차보증금반환채권의 양도·양수행위에 대하여 승낙을 하였으나 아직 양수금을 지급하지 아니한 상태에서 양도인 甲에 대하여 새로운 대여금채권이 발생한 경우, 귀하가 이 대여금채권을 상계 한 후 나머지만 양수인 乙에게 지급하여도 되는지가 문제됩니다.

　　이에 관하여 민법 제451조에 의하면 채권 양도시에 양도인이 양도통지만을 하였을 경우에는 양도통지를 받을 때까지 양도인에 대하여 발생한 사유로써, 채무자가 승낙을 한 경우에는 승낙시 이의를 유보한 경우에 한하여 양도인에 대하여 발생한 사유로써 양수인에게 대항할 수 있다고 규정하고 있습니다.

　　판례도 승낙 당시 이미 상계를 할 수 있는 원인이 있었던 경우에는 아직 상계적상에 있지 아니하였다 하더라도 그 후에 상계적

상이 생기면 채무자는 양수인에 대하여 상계로 대항할 수 있으나 (대법원 1999. 8. 20. 선고 99다18039 판결), 채무자가 채권양도를 승낙한 후에 취득한 양도인에 대한 채권으로 양수인에 대하여 상계로써 대항하지 못한다고 하였습니다(대법원 1984. 9. 11. 선고 83다카2288 판결).

따라서 귀하는 채권양도 승낙 후에 발생한 甲에 대한 대여금채권을 가지고는 위 임차보증금에서 상계 할 수 없다고 할 것입니다.

◎ 주택매수인이 양도된 임대차보증금반환채무를 양수인에 대하여 부담하는지

【질의】 ➡ 저는 甲에 대한 1,800만원의 채권을 가지고 있었는데, 그 변제조로 甲이 乙에 대하여 가지는 1,800만원의 주택전세보증금 반환채권(등기하지 아니한 채권적 전세임)을 양도받아 乙에게 위 사실을 알렸고, 乙은 甲이 시인하는 것을 확인해두었습니다. 그 후 乙은 丙에게 주택을 매도하면서 1,800만원을 공제하고 매매대금을 수령하였으며, 저는 甲의 전세계약만기일에 丙에 대하여 1,800만원을 지급하라고 하였더니 丙은 甲이 집을 비워주면 주겠다고 합니다. 甲은 입주시 주민등록전입신고를 하고 계속 거주하고 있는데, 저는 1,800만원을 어떻게 받을 수 있는지요?

【답변】 ➡ 명도청구권을 대위하여 행사함과 동시에 청구하면 됩니다.

먼저 전세보증금반환채권이 甲으로부터 귀하에게 양도될 수 있느냐 문제되는 바, 이에 관하여 판례를 보면, "전세권이 담보물권적 성격도 가지는 이상 부종성과 수반성이 있는 것이므로 전세권을 그 담보하는 전세금반환채권과 분리하여 양도하는 것은 허용되지 않는다고 할 것이나, 한편 담보물권의 수반성이란 피담보채권의 처분이 있으면 언제나 담보물권도 함께 처분된다는 것이 아니라, 채권 담보라고 하는 담보물권 제도의 존재 목적에 비추어 볼 때 특별한 사정이 없는 한 피담보채권의 처분에는 담보물권의 처분도 포함된다고 보는 것이 합리적이라는 것일 뿐이므로, 전세권이 존속기간의 만료로 소멸한 경우이거나 전세계약의 합의해지 또는 당사자간의 특약에 의하여 전세권반환채권의 처분에도 불구하고, 전세권의 처분이 따르지 않는 경우 등의 특별한 사정이 있는 때에는 채권양수인은 담보물권이 없는 무담보의 채권을 양수한 것이 된다."라고 하였습니다(1997. 11. 25. 선고 97다29790 판결, 2002. 8. 23. 선고 2001다69122 판결).

이와 같이 전세보증금반환채권만을 전세계약당사자로부터 분리하여 양도할 수 있음을 인정하고 있으므로, 위의 전세보증금반환채권은 유효하게 귀하에게 양도되었다고 볼 것입니다.

그리고 채권양도는 그 양도사실을 채무자가 알고 있었느냐 여부를 묻지 않고, 양도인이 채무자에게 통지하든지 채무자가 양도를 승낙하였을 때는 양수인이 채무자에 대하여 대항할 수 있는데, 위 사안에서는 양도인의 통지 또는 채무자의 승낙이 있다고 보여지므로 대항할 수 있다고 할 것입니다.

또한, 매도인 乙로부터 매수인 丙에게 전세보증금반환채무가 인수되었느냐 하는 점인데, 주택임대차보호법 제3조 제2항에 임차주택의 양수인은 임대인의 지위를 승계 한 것으로 본다고 규정하고 있으므로, 귀하에 대한 乙의 채무가 丙에게 인수되었다고 볼 수 있을것입니다. 다만, 위 전세보증금반환청구채권은 甲의 목적물명도의무와 동시이행관계에 있고, 甲의 임차권이 계약기간종료 기타 사유로 소멸되었을 때 甲에게 방을 비우라고 청구할 권리는 丙이 가지고 있으므로, 귀하는 丙의 명도청구권을 대위하여 행사하고 그에 따라 甲이 명도 함과 동시에 丙에 대하여 1,800만원을 청구할 수 있을 것입니다(대법원 1989. 4. 25. 선고 88다카4253 등 판결).

◎ 전세보증금반환청구채권 양도 후 양수인의 동의 없이 계약이 갱신된 경우

【질의】 ➡ 저는 甲에게 2,500만원을 빌려주었으나 받지 못하고 있던 중 甲이 乙에 대하여 가지는 전세보증금반환청구채권 2,500만원을 양도받았고, 甲이 乙에게 그 사실을 내용증명우편으로 통지하도록 하였습니다. 그러나 甲과 乙은 계약기간 2년이 만료된 후 전세(임대차)기간을 연장하여 계약갱신을 하였는바, 제가 위 양수금을 지급 받기 위해서는 갱신된 계약기간이 만료되어야 하는지요?

【답변】 ➡ 아닙니다.

전세보증금반환청구채권은 전세계약당사자로부터 분리하여 양도할 수 있고(대법원 1969. 12. 23. 선고 69다1745 판결), 양도인 甲이 乙에게 내용증명우편으로 양도통지를 하였으므로 귀하는 乙에 대하여도 위 채권양도를 주장할 수 있다고 할 것입니다(민법 제449조, 제450조).

그런데 甲과 乙이 계약기간만료 후 계약을 갱신하였으므로 그 효력이 귀하에게도 미치는지 문제되는바, 판례를 보면, "임대인이 임차보증금반환청구채권의 양도통지를 받은 후에 임대인과 임차인 사이에 임대차계약의 갱신(更新)이나 계약기간연장에 관하여 명시적 또는 묵시적 합의가 있더라도 그 합의의 효과는 보증금반환채권의 양수인에 대하여는 미칠 수 없다."라고 하였습니다(대법원 1989. 4. 25. 선고 88다카4253,4260 판결).

따라서 귀하는 甲과 乙이 임대차계약을 갱신하였다고 하여도 종전계약기간이 만료되었음을 이유로 양수금청구가 가능할 것이나, 임대인 乙은 주택의 명도와 전세보증금반환의 동시이행을 주장할 수 있으므로, 甲이 위 주택을 명도하지 않고 있다면 귀하가 乙의 채권자로서 乙의 주택명도청구권을 대위행사 하여 甲에게 위 주택의 명도청구소송을 할 수 있는지가 문제인데, 위 판례는 채권자가 자기채권을 보전하기 위하여 채무자의 권리를 행사하려면 채무자의 무자력을 요건으로 하는 것이 통상이지만, 임차보증금반환채권을 양수한 채권자가 그 이행을 청구하기 위하여 임차인의 가옥명도가 선이행되어야 할 필요가 있어서 그 명도를 구하는 경우에는 그 채권의 보전과 채무자인 임대인의 자력유무는 관계없는 일이므로 무자력을 요건으로 한다고 할 수 없다고 하였습니다 (대법원 1989. 4. 25. 선고 88다카4253,4260 판결).

따라서 귀하는 甲을 상대로 위 주택의 대위명도소송을 제기하여 승소판결 받아 강제집행 한 후 乙에게 양수금청구를 하면 될 것으로 보입니다.

◎ 채권양도통지를 주채무자에게만 한 경우 보증인에게도 효력이 있는지

【질의】 ➡ 저는 甲의 乙에 대한 물품거래의 보증인으로서 보증계약을 체결한 사실이 있습니다. 그런데 乙은 甲에 대한 물품대금채권 1,000만원을 丙에게 양도한 후 그 사실을 甲에게만 내용증명우편으로 통지하였습니다. 그 후 丙이 저를 상대로 위 1,000만원의 보증채무금청구의 소를 제기하였는바, 이 경우 제가 乙이 아닌 丙에게 변제할 책임이 있는지요?

【답변】 ➡ 변제할 책임이 있습니다.

채권의 양도성에 관하여 민법 제449조 제1항에 의하면 "채권은 양도할 수 있다. 그러나 채권의 성질이 양도를 허용하지 아니하는 때에는 그러하지 아니하다."라고 규정하고 있으며, 지명채권양도의 대항요건에 관하여 민법 제450조에 의하면 "①지명채권의 양도는 양도인이 채무자에게 통지하거나 채무자가 승낙하지 아니하면 채무자 기타 제3자에게 대항하지 못한다. ②전항의 통지나 승낙은 확정일자 있는 증서에 의하지 아니하면 채무자 이외의 제3자에게 대항하지 못한다."라고 규정하고 있습니다.

그런데 위 사안에서 귀하는 최초 甲에 대한 보증인으로서 乙과 보증계약을 체결하였을 뿐인데도, 귀하가 전혀 알지도 못하는 丙이 보증인의 책임을 물어 소송을 제기하였으므로 丙에 대하여도 보증책임을 져야 하는지 문제된다고 할 것입니다.

이에 대하여 판례는, "보증채무는 주채무에 대한 부종성 또는 수반성이 있어서 주채무자에 대한 채권이 이전되면 당사자 사이에 별도의 특약이 없는 한 보증인에 대한 채권도 함께 이전하고, 이 경우 채권양도의 대항요건도 주채권의 이전에 관하여 구비하면 족하고, 별도로 보증채권에 관하여 대항요건을 갖출 필요는 없다"라고 하고 있는 바 채권양도에 있어서 주채무자에 대한 채권양도통

지 등 대항요건을 갖추었으면 보증인에 대하여도 그 효력이 미친
다고 할 것입니다(대법원 2002. 9. 10. 선고 2002다21509 판결).

따라서 귀하는 양수인 丙에게 보증채무를 이행하여야 할 책임
을 부담하게 될 것으로 보입니다.

◎ 양도금지특약이 있는 채권을 양도한 경우 그 효력이 있는지

【질의】 ➡ 저는 甲으로부터 대여금 2,000만원의 변제조로 甲의 乙에 대한 상가의 임차보증금반환청구채권 2,000만원을 양도받고, 甲은 乙에게 그 사실을 내용증명우편으로 통지까지 하였는데, 그 후 乙로부터 위 상가임차보증금반환청구채권은 甲과 乙 사이에 양도할 수 없다는 양도금지특약이 있었다는 사실을 듣게 되었습니다. 이러한 경우 甲이 위 상가를 乙에게 명도 한 후에도 제가 乙에 대하여 양수금의 청구를 할 수 없는지요?

【답변】 ➡ 할 수 있습니다.

임차보증금반환청구채권은 임대차계약 자체와 분리하여 양도할 수 있고(대법원 1969. 12. 23. 선고 69다1745 판결), 양도인 甲이 乙에게 내용증명우편으로 양도통지를 하였으므로 귀하는 乙에 대하여도 위 채권양도를 일응 주장할 수 있다고 할 것입니다(민법 제450조).

그러나 민법 제449조 제2항은 "채권은 당사자가 반대의 의사를 표시한 경우에는 양도하지 못한다. 그러나 그 의사표시로써 선의의 제3자에게 대항하지 못한다."라고 규정하고 있으므로, 위 사안의 경우에도 甲과 乙 사이에 양도금지의 특약이 있었으므로 귀하와 甲 사이의 임차보증금반환청구채권의 양도로 乙에 대하여 대항할 수 있을 것인지 문제됩니다.

이에 관하여 판례를 보면, "당사자의 의사표시에 의한 채권의 양도금지는 채권양수인인 제3자가 악의인 경우이거나 악의가 아니라도 그 제3자에게 채권양도금지를 알지 못한 데에 중대한 과실이 있는 경우 채무자가 위 채권양도금지로써 그 제3자에 대하여 대항할 수 있다."라고 하였으며, "일반적으로 지명채권의 양도거래에 있어 양도대상인 지명채권의 행사 등에 그 채권증서(계약서 등)의 소지·제시가 필수적인 것은 아닌 만큼 양도·양수 당사자간에 그 채권증서를 수수(授受)하지 않는 경우도 적지 아니한 실정이고(특히 양수인이 채권양도거래의 경험이 없는 개인이라면 더욱 그렇다.), 또한 수수하더라도 양수인이 그 채권증서의 내용에 대한 검토를 아예 하지 아니하거나 혹은 통상의 주된 관심사인 채권금액, 채권의 행사시기 등에만 치중한 채 전반적·세부적 검토를 소홀히 하는 경우가 있을 수 있으며, 그밖에 전체 계약조항의 수, 양도금지특약조항의 위치나 형상 등에 따라서는 채권증서의 내용을 일일이 그리고 꼼꼼하게 검토하지 않은 채 간단히 훑어보는 정도만으로는 손쉽게 그 특약의 존재를 알 수 없는 경우도 있을 수 있음에 비추어, 나아가 양도금지특약이 기재된 채권증서가 양도인으로부터 양수인에게 수수되어 양수인이 그 특약의 존재를 알 수 있는 상태에 있었고 그 특약도 쉽게 눈에 띄는 곳에 알아보기 좋은 형태로 기재되어 있어 간단한 검토만으로 쉽게 그 존재와 내용을 알아차릴 수 있었다는 등의 특별한 사정이 인정된다면 모르되, 그렇지 아니하는 한 양도금지특약이 기재된 채권증서의 존재만으로 곧바로 그 특약의 존재에 관한 양수인의 악의나 중과실을 추단할 수는 없다."라고 하면서 "임직원이 부도위기에 처한 회사로부터 임금 등 채권을 확보하기 위하여 양도금지특약이 있는 회사의 임대차보증금반환채권을 양수한 경우, 양도금지특약이 기재된 임대차계약서가 존재하고 양수인이 회사의 임직원들이며 특히 일부는 전무 등 핵심지위에 있었다는 사정만으로는 양수인의 악의나 중과실을 추단할 수 없다."라고 한 사례가 있습니다(대법원 2000. 4. 25. 선고 99다67482 판결).

그리고 "당사자의 의사표시에 의한 채권양도금지는 제3자가 악의의 경우는 물론 제3자가 채권양도금지를 알지 못한 데에 중대한 과실이 있는 경우 그 채권양도금지로써 대항할 수 있다 할 것이나, 제3자의 악의 내지 중과실은 채권양도금지의 특약으로 양수인에게 대항하려는 자가 이를 주장·입증하여야 한다."라는 것이 판례(대법원 1999. 12. 28. 선고 99다8834 판결)의 태도이며, 여기서 말하는 중과실이란 통상인에게 요구되는 정도의 상당한 주의를 하지 않더라도 약간의 주의를 한다면 손쉽게 그 특약의 존재를 알 수 있음에도 불구하고 그러한 주의조차 기울이지 아니하여 특약의 존재를 알지 못한 것을 말합니다(대법원 2003. 1. 24. 선고 2000다5336 판결).따라서 위 사안에 있어서도 乙이 귀하가 甲과 乙 사이에 양도금지특약이 있었음을 알고서도 위 채권을 양수 받았다는 악의가 있다거나, 그러한 사실을 알지 못한 점에 중대한 과실이 있음을 입증하지 못한다면 귀하는 乙에 대하여 위 채권양도를 주장하여 양수금청구가 가능할 것으로 보입니다.

◎ 양도금지특약부채권 양도시 채무자가 채권자불확지로 변제공탁 가능한지

【질의】 ➡ 甲은 乙에게 점포를 임대하면서 임차보증금반환청구채권의 양도를 금지하는 특약을 하였습니다. 그런데 임차인 乙은 그의 채권자 丙에게 임차보증금반환청구채권을 양도하였습니다. 그리고 乙은 계약기간이 만료되자 위 점포를 甲에게 명도 하였습니다. 그런데 甲으로서는 양도금지특약의 효력이 어떻게 되는지 알 수 없고, 乙과 丙 누구에게 보증금을 반환하여야 할 것인지 알 수 없는바, 이 경우 甲이 변제공탁을 할 수 있는지요?

【답변】 ➡ 할 수 있습니다.

채권의 양도에 관하여 민법 제449조에 의하면 "①채권은 양도할 수 있다. 그러나 채권의 성질이 양도를 허용하지 아니하는 때에는 그러하지 아니하다. ②채권은 당사자가 반대의 의사를 표시한 경우에는 양도하지 못한다. 그러나 그 의사표시로써 선의의 제3자에게 대항하지 못한다."라고 규정하고 있습니다. 그리고 변제공탁의 요건 및 효과에 관하여 민법 제487조에 의하면 "채권자가 변제를 받지 아니하거나 받을 수 없는 때에는 변제자는 채권자를 위하여 변제의 목적물을 공탁하여 그 채무를 면할 수 있다. 변제자가 과실 없이 채권자를 알 수 없는 경우에도 같다."라고 규정하고 있습니다.

그런데 양도금지특약이 붙은 채권이 양도된 경우에 채무자가 민법 제487조 후단의 채권자 불확지를 원인으로 하여 변제공탁을 할 수 있는지에 관하여 판례를 보면, "민법 제487조 후단의 '변제자가 과실 없이 채권자를 알 수 없는 경우'라 함은 객관적으로 채권자 또는 변제수령권자가 존재하고 있으나 채무자가 선량한 관리자의 주의를 다하여도 채권자가 누구인지를 알 수 없는 경우를 말하는데, 채권양도금지특약에 반하여 채권양도가 이루어진 경우, 그 양수인이 양도금지특약이 있음을 알았거나 중대한 과실로 알지 못하였던 경우에는 채권양도는 효력이 없게 되고, 반대로 양수인이 중대한 과실 없이 양도금지특약의 존재를 알지 못하였다면 채권양도는 유효하게 되어 채무자로서는 양수인에게 양도금지특약을 가지고 그 채무이행을 거절할 수 없게 되어 양수인의 선의, 악의 등에 따라 양수채권의 채권자가 결정되는바, 이와 같이 양도금지의 특약이 붙은 채권이 양도된 경우에 양수인의 악의 또는 중과실에 관한 입증책임은 채무자가 부담하지만(대법원 1999. 12. 28. 선고 99다8834 판결), 그러한 경우에도 채무자로서는 양수인의 선의 등의 여부를 알 수 없어 과연 채권이 적법하게 양도된 것인지에 관하여 의문이 제기될 여지가 충분히 있으므로 특별한 사정이 없는 한 민법 제487조 후단의 채권자 불확지(不確知)를 원인으로 하여 변제공탁을 할 수 있다."라고 하였습니다(대법원 2000. 12. 22. 선고 2000다55904 판결).

그리고 양도금지특약이 기재된 채권증서의 존재만으로 곧바로 그 특약의 존재에 관한 채권양수인의 악의나 중과실을 추단할 수 있는지에 관하여 판례를 보면, "일반적으로 지명채권의 양도거래에 있어 양도대상인 지명채권의 행사 등에 그 채권증서(계약서 등)의 소지 · 제시가 필수적인 것은 아닌 만큼 양도 · 양수 당사자 간에 그 채권증서를 수수하지 않는 경우도 적지 아니한 실정이고(특히 양수인이 채권양도거래의 경험이 없는 개인이라면 더욱 그렇다.), 또한 수수하더라도 양수인이 그 채권증서의 내용에 대한 검토를 아예 하지 아니하거나 혹은 통상의 주된 관심사인 채권금액, 채권의 행사시기 등에만 치중한 채 전반적 · 세부적 검토를 소홀히 하는 경우가 있을 수 있으며, 그밖에 전체 계약조항의 수, 양도금지특약조항의 위치나 형상 등에 따라서는 채권증서의 내용을 일일이 그리고 꼼꼼하게 검토하지 않은 채 간단히 훑어보는 정도만으로는 손쉽게 그 특약의 존재를 알 수 없는 경우도 있을 수 있음에 비추어, 나아가 양도금지특약이 기재된 채권증서가 양도인으로부터 양수인에게 수수되어 양수인이 그 특약의 존재를 알 수 있는 상태에 있었고 그 특약도 쉽게 눈에 띄는 곳에 알아보기 좋은 형태로 기재되어 있어 간단한 검토만으로 쉽게 그 존재와 내용을 알아차릴 수 있었다는 등의 특별한 사정이 인정된다면 모르되, 그렇지 아니하는 한 양도금지특약이 기재된 채권증서의 존재만으로 곧바로 그 특약의 존재에 관한 양수인의 악의나 중과실을 추단할 수는 없다."라고 하면서 임직원이 부도위기에 처한 회사로부터 임금 등 채권을 확보하기 위하여 양도금지특약이 있는 회사의 임대차보증금반환채권을 양수한 경우, 양도금지특약이 기재된 임대차계약서가 존재하고 양수인이 회사의 임직원들이며 특히 일부는 전무 등 핵심지위에 있었다는 사정만으로는 양수인의 악의나 중과실을 추단할 수 없다고 한 사례가 있습니다(대법원 2000. 4. 25. 선고 99다67482 판결).

따라서 위 사안의 경우 甲도 채권자 불확지를 원인으로 하여 변제공탁을 할 수 있을 것으로 보입니다.

◎ 소유권이전등기청구권 양도시 채무자에 대한 양도통지로 대항력 있는지

【질의】 ➡ 甲은 乙의 丙에 대한 부동산소유권이전등기청구권에 대하여 가압류를 하였습니다. 그런데 甲의 가압류 이전에 丁이 乙로부터 위 부동산소유권이전등기청구권을 양도받고 乙이 그 양도의 통지를 丙에게 하였습니다. 이와 같이 채무자 丙에 대하여 위 양도사실을 통보함으로써 대항력이 생겨 그 후 발생한 甲의 부동산소유권이전등기청구권에 대한 가압류는 효력이 없는 것인지요?

【답변】 ➡ 효력이 있습니다.

채권의 양도성에 관하여 민법 제449조 제1항에 의하면 "채권은 양도할 수 있다. 그러나 채권의 성질이 양도를 허용하지 아니하는 때에는 그러하지 아니하다."라고 규정하고 있으며, 지명채권양도의 대항요건에 관하여 민법 제450조에 의하면 "①지명채권의 양도는 양도인이 채무자에게 통지하거나 채무자가 승낙하지 아니하면 채무자 기타 제3자에게 대항하지 못한다. ②전항의 통지나 승낙은 확정일자 있는 증서에 의하지 아니하면 채무자 이외의 제3자에게 대항하지 못한다."라고 규정하고 있습니다.

그런데 부동산의 매매로 인한 소유권이전등기청구권의 양도성에 관하여 판례를 보면, "부동산의 매매로 인한 소유권이전등기청구권은 물권의 이전을 목적으로 하는 매매의 효과로서 매도인이 부담하는 재산권이전의무의 한 내용을 이루는 것이고, 매도인이 물권행위의 성립요건을 갖추도록 의무를 부담하는 경우에 발생하는 채권적 청구권으로 그 이행과정에 신뢰관계가 따르므로, 소유권이전등기청구권을 매수인으로부터 양도받은 양수인은 매도인이 그 양도에 대하여 동의하지 않고 있다면 매도인에 대하여 채권양도를 원인으로 하여 소유권이전등기절차의 이행을 청구할 수 없고, 따라서 매매로 인한 소유권이전등기청구권은 특별한 사정이 없는 이

상 그 권리의 성질상 양도가 제한되고 그 양도에 채무자의 승낙이
나 동의를 요한다고 할 것이므로 통상의 채권양도와 달리 양도인
의 채무자에 대한 통지만으로는 채무자에 대한 대항력이 생기지
않으며 반드시 채무자의 동의나 승낙을 받아야 대항력이 생긴다."
라고 하였습니다(대법원 2001. 10. 9. 선고 2000다51216 판결).

따라서 위 사안의 경우 丁은 丙이 위 부동산소유권이전등기청구
권의 양수를 사전에 동의하거나 사후에 승낙한 사실이 없다면, 위
부동산소유권이전등기청구권의 양수를 乙에게 대항하기 어려울 것
이므로, 甲의 위 부동산소유권이전등기청구권에 대한 가압류는 유
효하다고 하여야 할 것으로 보입니다.

◎ 사채업자가 변제 받기를 거부할 경우 구제방법

【질의】 ➡ 저는 6개월 전 사채업자 甲으로부터 5,000만원을 차용하면서 제 소유의 부동산에 근저당권을 설정하였습니다. 그런데 형편이 어려워 이자를 제때 지급하지 못하였고 변제기에 이르러 그 동안 지급하지 못한 이자와 원금을 변제하려고 하였으나 甲은 터무니없는 금액을 요구하며 수령하기를 거절하였습니다. 이후에도 甲과 수 차례 만나려고 시도하였으나, 그 때마다 甲은 요구한 금액을 변제해야만 근저당권을 말소해주겠다며 만나주지 않고 있습니다. 이 경우 저는 어떻게 대처해야 되는지요?

【답변】 ➡ 법원에 변제공탁하시면 됩니다.

일부 사채업자 중에는 담보물을 헐값에 취득할 목적으로 변제기일에 일부러 만나주지 않거나 무리한 요구를 내세우는 등의 수법으로 채무자로 하여금 변제기일을 넘기게 하여 담보물을 처분하는 경우가 있는데, 이러한 경우 변제공탁(辨濟供託)제도를 이용하여 그 곤경에서 벗어날 수 있습니다.

변제공탁이라 함은 채권자가 변제를 받지 아니하거나 받을 수 없는 때 또는 변제자의 과실 없이 채권자를 알 수 없는 경우에 채권자를 위하여 변제의 목적물을 공탁소에 임치(任置)하여 채무를 면하는 제도를 말합니다(민법 제487조).

채권자가 변제를 받을 수 없는 때라 함은 예컨대, 채권자가 무능력자이거나 그 능력을 보충할 법정대리인이 없는 경우, 채권이 압류 또는 가압류되어 채권자에 대한 변제가 금지된 경우 등이고, 변제자가 과실 없이 채권자를 알 수 없는 경우라 함은 예컨대, 상속 또는 채권양도의 유무·효력 등에 관하여 법률상·사실상 의문이 있는 경우, 채권자라고 칭하는 자가 여러 명인 경우 등입니다. 또한, 변제공탁의 목적물로는 동산·부동산을 불문하고, 변제의 목적물이 공탁에 적당하지 아니하거나 멸실 또는 훼손될 염려가 있거나 공탁에 과다한 비용을 요하는 경우에는 변제자는 법원의 허가를 얻어 그 물건을 경매하거나 시가로 방매하여 대금을 공탁할 수 있습니다(민법 제490조).

채무액일부의 변제공탁의 효력에 관하여 판례는 "변제공탁이 유효하려면 채무전부에 대한 변제의 제공 및 채무전액에 대한 공탁이 있어야 하고, 채무전액이 아닌 일부에 대한 공탁은 그 부족액이 아주 근소하다는 등의 특별한 사정이 있는 경우를 제외하고는 채권자가 이를 수락하지 않는 한 그 공탁부분에 관하여서도 채무소멸의 효과가 발생하지 않는바, 근저당권의 피담보채무에 관하여 전액이 아닌 일부에 대하여 공탁한 이상 그 피담보채무가 계속적인 금전거래에서 발생하는 다수의 채무의 집합체라고 하더라도 공탁금액에 상응하는 범위에서 채무소멸의 효과가 발생하는 것은 아니다."라고 하였습니다(대법원 1998. 10. 13. 선고 98다17046 판결, 1992. 7. 28. 선고 91다13380 판결, 1983. 11. 22. 선고 83다카161 판결). 또한, "채권자에 대한 변제자의 공탁금액이 채무의 총액에 비하여 아주 근소하게 부족한 경우에는 당해 변제공탁은 신의칙상 유효한 것이라고 보아야 한다."라고 하면서 채무총액 69,384,761원에서 248,816원이 부족한 69,135,945원을 공탁하였는데, 집행비용의 차이, 계산상 과오 등으로 인하여 근소한 부족금액이 발생하였던 것이고, 그 부족비율이 0.35%에 지나지 않는 경우 그 공탁은 그 공탁시점에서 신의칙상 유효한 것으로 볼 수 있다고 한 사례가 있습니다(대법원 2002. 5. 10. 선고 2002다12871, 12888 판결).

그리고 조건부변제공탁을 할 경우 중 채권자가 조건의 이행의무가 있는 경우에는 조건부변제공탁도 유효합니다. 예컨대, 동시이행의 관계에 있는 반대급부를 조건으로 하는 변제공탁은 유효합니다(대법원 1992. 12. 24. 선고 92다38911 판결, 1992. 12. 22. 선고 92다8712 판결). 그리고 이러한 경우 공탁물수령자가 그 출급을 받으려고 한다면 붙여진 조건을 이행하였음을 증명하여야 공탁물의 출급을 청구할 수 있습니다.

그러나 공탁에 있어서 채권자에게 반대급부 기타 조건의 이행의무가 없음에도 불구하고 채무자가 이를 조건으로 공탁한 때에는 채권자가 이를 수락하지 않은 한 그 공탁은 무효입니다(대법원

2002. 12. 6. 선고 2001다2846 판결).

변제공탁의 효과로는 변제가 있었던 것과 같이 채무는 소멸하고, 채권자는 공탁물인도청구권을 취득합니다. 공탁물인도청구권은 본래의 급부청구권에 갈음하는 것이므로, 그 권리의 성질·범위는 본래의 급부청구권과 동일해야 하고, 따라서 본래의 급부에 선이행 또는 동시이행의 항변권이 부착된 경우는 채권자가 먼저 자기의 급부를 해야 공탁물을 수령할 수 있습니다(민법 제491조, 공탁법 제9조).

그리고 질권·저당권이 공탁으로 인하여 소멸한 때를 제외하고는 채권자가 공탁을 승인하거나 공탁소에 대하여 공탁물을 받기를 통고하거나 공탁유효의 판결이 확정되기까지 변제자는 공탁물을 회수할 수 있고(민법 제489조), 착오로 공탁을 한 때나 공탁의 원인이 소멸한 때에도 공탁물을 회수할 수. 있습니다(공탁법 제8조 제2항).

따라서 위 사안의 경우 甲이 변제 받기를 거부하고 있으므로, 귀하는 원금과 약정이자를 채무이행지, 즉 지참채무(持參債務)이므로 甲의 주소지를 관할하는 지방법원에 설치된 공탁소에 공탁하여 甲에 대한 채무를 면할 수 있을 것입니다(민법 제488조).

다만, 대법원의 '금전변제공탁의 경우 관할공탁소 이외의 공탁소에서의 공탁사건처리지침'은 '금전변제공탁'을 하는 경우에 한하여 공탁자의 주소지를 관할하는 공탁소에 공탁신청을 할 수 있도록 하였으며, 형사사건과 관련하여 공탁하고자 하는 경우에는 형사사건이 계류되어 있는 경찰서·검찰청(지청)·법원(지원) 소재지를 관할하는 공탁소에서도 공탁신청을 할 수 있도록 하였는데, 이 경우 공탁자는 공탁서제출시 공탁서 및 첨부서류 원본을 관할공탁소에 등기속달우편으로 송부하기 위한 우표를 붙인 봉투를 제출하여야 합니다(1999. 9. 16. 행정예규 제392호).

그리고 채무가 소멸하면 근저당권도 당연히 소멸하나(근저당권의 부종성) 귀하의 부동산에 경료된 근저당권설정등기가 자동적으로 말소되는 것은 아니므로, 귀하는 甲을 상대로 우선 근저당권처분금지가처분을 한 후 근저당권설정등기말소등기청구의 소를 제기해야 할 것입니다.

◎ 공탁금수령에 관한 이의유보의 의사표시는 누구에게 하여야 하는지

【질의】➡ 11세 된 저의 딸은 마을입구에 있는 얼음판에서 썰매를 타고 있었는데, 18세 된 甲이 그 썰매를 빼앗으려다가 쇠꼬챙이로 제 딸의 오른쪽 눈을 찔러 실명시키고 말았습니다. 甲의 아버지는 이에 대한 손해배상액으로 800만원을 변제공탁 하였는데, 이것으로는 치료비도 부족하여 공탁금을 수령하면서 공탁공무원에게 일부 변제에 불과하다는 이의유보를 하려고 하였으나 받아주지를 않았습니다. 이 경우 적절한 대책은 없는지요?

【답변】➡ 상대방에게 이의유보를 내용증명으로 통보하면 됩니다.

　채무금액에 다툼이 있는 채권에 관하여 채무자가 채무전액의 변제임을 공탁원인 중에 밝히고 공탁한 경우 채권자가 그 공탁금을 수령할 때 채권의 일부로서 수령한다는 등 특단의 유보의사표시를 하지 않은 이상 그 수령이 채권의 전액에 대한 변제공탁의 효력을 인정한 것으로 해석함이 상당하다는 것이 판례의 입장입니다(대법원 1983. 6. 28. 선고 83다카88, 89 판결).

　그러므로 귀하가 귀하의 딸의 법정대리인으로서 미성년자인 甲의 법정대리인이 손해배상액으로 변제공탁 한 800만원을 수령하고도 추가로 손해배상을 청구하고자 할 경우에는 반드시 손해배상금의 일부로서 수령한다는 이의유보의사표시를 하여야 할 것입니다.

　그러나 위 사안과 같이 공탁공무원이 그러한 유보의사표시는 할 수 없다고 할 경우에 대한 판례를 보면, "공탁금수령에 관한 이의유보의 의사표시는 그 공탁원인에 승복하여 공탁금을 수령하는 것이 아님을 분명히 함으로써 공탁한 취지대로 채권소멸의 효과가 발생함을 방지하기 위한 것이므로, 그 의사표시의 상대방은 반드시 공탁공무원에 국한할 필요가 없고, 채무자에 대하여 이의유보의 의사표시를 하는 것도 가능하다."라고 하였습니다(대법원1982.
11. 9. 선고 82누197 판결).

따라서 귀하는 채무자에 대하여 내용증명우편으로 일부변제로서
위 금원을 수령한다는 의사표시를 분명히 하고, 공탁금을 수령한
다면 공탁공무원에게 이의유보를 하는 것과 마찬가지의 효과를 얻
을 수 있다 하겠습니다.

◎ 잘못된 설명에 근거한 법률자문으로 무효인 전부채권자에게 지급한 경우

【질의】 ➡ 甲은 乙에 대한 물품대금 2,000만원의 채무가 있는데, 乙의 채권자 丙이 2,000만원의 채권을 피보전권리로 하여 채권가압류를 한 후 역시 乙의 채권자인 丁이 2,000만원의 채권에 기하여 채권압류 및 전부명령을 받았습니다. 그러므로 고문변호사에게 전화로 문의하면서 丁의 채권압류 및 전부명령에 대하여는 그 효력을 구체적으로 질의하였으나, 丙의 가압류에 대하여는 제대로 설명하지 못하였고, 그에 따른 고문변호사의 답변을 들은 후 위 채권을 丁에게 지급하였습니다. 이 경우 甲이 채권의 준점유자에 대한 변제로서 책임을 면하게 되는지요?

【답변】 ➡ 면하지 않습니다.

채권가압류 후 발하여진 채권압류 및 전부명령의 효력에 관하여 살펴보면, 전부명령이 제3채무자에게 송달될 때까지 그 금전채권에 관하여 다른 채권자가 압류·가압류 또는 배당요구를 한 경우에는 그 전부명령은 효력이 없고 다만 압류의 효력만 있게 됩니다 (민사집행법 제229조 제5항).

그런데 채권의 준점유자에 대한 변제에 관하여 민법 제470조에 의하면 "채권의 준점유자에 대한 변제는 변제자가 선의이며 과실 없는 때에 한하여 효력이 있다."라고 규정하고 있습니다.

그러므로 위 사안에서 丙의 채권가압류 후 丁의 채권압류 및 전부명령이 발하여졌으므로 丁의 전부명령은 효력이 없게 되고 丁의 채권압류만이 효력이 있으나, 丁은 추심권한은 없음에도 甲이 사안이 제대로 설명되지 못한 상태의 고문변호사와의 전화상담만을 믿고 위 채권을 丁에게 지급하였으므로 이 경우 채권의 준점유자에 대한 변제로서의 효력이 인정될 수 있는지 문제됩니다.

이에 관련된 판례를 보면, "채권가압류나 압류가 경합되어 전부명령이 무효인데 제3채무자가 고문변호사에게 전화로 법률관계를 문의하면서 그 압류의 경합상태 등에 관하여 제대로 설명하지 못한 채 제3채권자들의 압류금액 등을 제외하고도 지급할 채권액이 있다는 취지로 질의를 하고 이를 기초로 한 고문변호사의 답변을 들은 후 전부채권자에게 전부금을 변제한 경우, 그 법률관계 문의 과정에서 사실관계에 대한 설명과 자료의 제공을 제대로 하지 못한 제3채무자 때문에 고문변호사도 충분한 자료검토와 신중한 판단을 하지 못하게 되어 잘못된 답변을 함으로써 이를 참고로 제3채무자가 전부금을 지급하기로 결정한 것이어서 제3채무자에게 과실이 있다."라고 하면서 그 변제의 효력을 부인한 사례가 있습니다(대법원 2000. 10. 27. 선고 2000다23006 판결).

따라서 위 사안의 경우에도 甲의 丁에 대한 변제가 채권의 준점유자에 대한 변제로서 유효하다고 할 수는 없을 것으로 보입니다.

◎ 무효인 전부명령권자에 대한 제3채무자의 변제의 효력

【질의】➡ 저는 甲에게 전세보증금 3,000만원을 지급 받고 주택을 임대하였는데, 甲의 채권자 乙이 甲에 대한 3,000만원의 채권에 기하여 위 전세보증금반환청구채권에 대하여 가압류를 하였으며, 그 이후 甲의 다른 채권자 丙도 역시 甲에 대한 3,000만원의 채권에 기하여 위 전세보증금반환청구채권에 대하여 채권압류 및 전부명령을 받았습니다. 그런데 甲의 주택임대차 계약기간이 만료되었으므로 저로서는 甲으로부터 위 주택을 명도 받고 위 전세보증금을 丙에게 지급하면 되는지요?

【답변】➡ 지급하면 안됩니다.

일반적으로 금전채권의 압류에 관하여 특히 피압류채권의 수액에 특별한 제한을 둔 바 없다면 압류의 효력은 채권전액에 미치는 것이며, 압류가 경합된 채권에 대한 전부명령은 그 효력이 없습니다(대법원 1991. 10. 11. 선고 91다12233 판결).

그러므로 위 사안에 있어서도 丙이 받은 전부명령은 효력이 없는 것이 되고, 다만 압류의 효력만 인정될 뿐입니다.

압류가 경합된 후에 전부명령을 받은 자에 대한 제3채무자의 변제의 효과에 관하여 판례는 "채권가압류나 압류가 경합된 경우에 있어서는 그 압류채권자의 한 사람이 전부명령을 얻더라도 그 전부명령은 무효가 되지만, 이 경우에도 그 전부채권자는 채권의 준점유자에 해당한다고 보아야 할 것이므로, 제3채무자가 그 전부채권자에게 전부금을 변제하였다면 제3채무자가 선의·무과실인 때에는 민법 제470조에 의하여 그 변제는 유효하고 제3채무자는 다른 압류채권자에 대하여 이중변제의 의무를 부담하지 아니하는 반면에, 제3채무자가 위 전부금을 변제함에 있어서 선의·무과실이 아니었다면 제3채무자가 전부채권자에게 한 전부금의 변제는 효력이 없는 것이다."라고 하면서 "甲의 전부명령을 송달 받기 이

전에 이미 乙의 가압류결정을 송달 받았을 뿐만 아니라, 乙이 제기한 전부금청구소송에서 乙의 전부명령을 압류 또는 가압류가 경합된 상태에서 발하여진 것으로서 무효라는 주장을 스스로 제기한 바 있음에도, 그 후 甲이 제기한 전부금소송절차에서 乙의 압류가 경합되어 있다는 주장을 내세우지도 아니함으로써 패소판결을 받고 바로 그 전부금을 변제하여 버렸다면, 제3채무자로서는 乙의 전부명령은 물론 甲의 전부명령 또한 乙의 가압류와 경합된 상태에서 발하여진 것으로서 무효라는 것을 알았거나 알 수 있었다."는 이유로 위 제3채무자가 한 변제의 효력을 부인한 사례가 있으며(대법원 1995. 4. 7. 선고 94다59868 판결, 1997. 3. 11. 선고 96다44747 판결), "채권가압류나 압류가 경합되어 전부명령이 무효인데, 제3채무자가 고문변호사에게 전화로 법률관계를 문의하면서 그 압류의 경합상태 등에 관하여 제대로 설명하지 못한 채 제3채권자들의 압류금액 등을 제외하고도 지급할 채권액이 있다는 취지로 질의를 하고 이를 기초로 한 고문변호사의 답변을 들은 후 전부채권자에게 전부금을 변제한 경우, 그 법률관계 문의과정에서 사실관계에 대한 설명과 자료의 제공을 제대로 하지 못한 제3채무자 때문에 고문변호사도 충분한 자료검토와 신중한 판단을 하지 못하게 되어 잘못된 답변을 함으로써 이를 참고로 제3채무자가 전부금을 지급하기로 결정한 것이어서 제3채무자에게 과실이 있다."는 이유로 그 변제의 효력을 부인한 사례가 있습니다(대법원 2000. 10. 27. 선고 2000다23006 판결).

따라서 위 사안에 있어서도 귀하는 丙에게 위 보증금을 반환하여서는 아니 될 것이며, 민사집행법 제248조에 의한 집행공탁을 함으로써 채무를 면할 수 있을 것으로 보입니다.

◎ 형식상 주채무자가 보증채무 이행한 연대보증인에 대한 구상의 무 범위

【질의】 ➡ 甲・乙・丙은 친구사이이고 丙의 간청에 못 이겨 甲과 乙 이 연대보증에 필요한 서류를 교부하였는데, 丙은 甲을 주채무자로 자기와 乙을 연대보증인으로 하여 금융기관으로부터 3,000만원을 대출 받았으나 변제하지 않았습니다. 그런데 乙은 위 보증인으로서 위 채무를 변제한 후 甲이 보증의 의사로 서류를 교부하였다는 것을 알고 있었음에도 불구하고 甲에게 채무전액에 대한 구상금청구 소송을 제기하였는바, 이러한 경우 甲의 乙에 대한 책임범위는 어 떻게 되는지요?

【답변】 ➡ 변제한 채무의 1/2 입니다.

　　형식상의 주채무자가 실질적으로는 실질적인 주채무자를 연대보 증 한 경우 다른 연대보증인의 구상권에 관하여 판례를 보면, "채 권자와 소비대차계약을 체결한 자로서 채권자에 대한 관계에서는 주채무자로서의 책임을 지는 자라고 하더라도 내부관계에서 실질 상의 주채무자가 아닌 경우에는 연대보증책임을 이행한 연대보증 인에 대하여 당연히 구상의무를 부담하는 것은 아니지만, 실질상 의 주채무자, 연대보증인, 형식상의 주채무자 3자간의 실질적인 법 률관계에 비추어 형식상의 주채무자가 실질상의 주채무자를 연대 보증 한 것으로 인정할 수 있는 경우에는, 그 형식상의 주채무자 는 공동보증인간의 구상권행사의 법리에 따라 연대보증인에 대하 여 구상의무를 부담한다 할 것이고, 한편 구상권범위산정의 기준 이 되는 부담부분은 그에 관한 특약이 없는 한 균등한 것으로 추 정된다."라고 하면서 "丙과 친분관계에 있던 甲과 乙이 丙의 부 탁으로 아무 대가없이 丙의 자금조달을 위하여 금융기관과의 어 음거래약정상 甲은 형식상의 주채무자가 되고 乙은 그 연대보증 인이 되었는데 甲, 乙은 서로 그 사정을 알고 있었던 경우, 甲이 대외적인 관계에서는 위 어음거래약정의 주채무자로서 어음할인금을 변제할 의무를 부담하지만, 甲과 乙 및 丙 사이의 내부관계에서는 궁극적으로 丙이 어음할인금을 변제할 의무를 부담하는 것이므로, 乙이 연대보증인으로서 어음할인금을 변제하였다 하더라도 甲이 형식상의 주채무자에 불과함을 알고 있는 이상 甲에게 이를 구상할 수는 없으나, 다만 甲과 乙 사이에서 위 어음거래약정에 따른 어음할인금채무의 보증책임 또는 이행책임을 乙만이 부담하며 甲은 이를 부담하지 않기로 하는 특약이나 그러한 취지의 명시적 내지 묵시적 양해가 있지 않은 이상, 대외적인 관계에서 연대보증인이 된 乙과 주채무자가 된 甲으로서는 적어도 그들 내부관계에서는 실질상의 주채무자인 丙의 어음할인금채무의 상환을 각기 연대보증 한다는 취지의 양해가 묵시적으로나마 있었던 것으로 봄이 상당하여 乙로서는 공동보증인간의 구상권행사의 법리에 따라 甲에 대하여 구상할 수 있고, 그 구상범위는 부담부분에 관하여 그들 사이에 특별한 약정이 없으므로 부담부분이 균등한 것으로 되어 甲으로서는 乙이 대위변제 한 금액의 1/2에 대한 구상의무가 있다."라고 하였습니다.

그리고 위와 같은 경우 연대보증인의 변제자대위와 구상권의 관계에 관하여는 "연대보증인이 자신의 출재로 채무자를 대신하여 주채무를 변제하면 채권자가 주채무자 및 다른 연대보증인에 갖고 있던 채권(원채권) 및 담보권이 연대보증인에게 법률상 당연히 이전되지만, 변제자대위는 주채무를 변제함으로써 주채무자 및 다른 연대보증인에 대하여 갖게 된 구상권의 효력을 확보하기 위한 제도인 관계상, 대위에 의한 원채권 및 담보권의 행사범위는 구상권의 범위로 한정된다."라고 하였습니다(대법원 1999. 10. 22. 선고 98다22451 판결).

따라서 위 사안의 경우에도 乙은 甲에 대하여 변제한 채무 1/2의 한도에서 구상권을 행사할 수 있음에 그친다고 할 것입니다.

◎ 보증채무 자체에 대한 지연손해금은 보증한도액과 별도로 부담하는지

【질의】 ➡ 甲은 乙이 丙으로부터 물품을 공급받아 거래함으로써 발생되는 물품대금채무에 관하여 보증을 하면서 그 보증한도를 5,000만원으로 하여 연대보증 한다는 의미의 보증계약서를 작성하였습니다. 그런데 乙과 丙의 거래관계가 乙의 물품대금이 연체됨으로 인하여 해지되고, 그 시점에서 乙의 丙에 대한 물품대금채무는 원금 및 지연손해금을 포함하여 합계금 5,000만원을 초과하는데, 丙은 甲에게 5,000만원을 변제하라고 청구한 후 甲이 그 변제를 지체하자 청구 이후의 지연손해금까지 청구하고 있습니다. 이 경우 甲은 보증한도인 5,000만원만 丙에게 변제하면 되는 것이 아닌지요?

【답변】 ➡ 아닙니다.

민법 제428조 제1항에 의하면 보증채무의 내용에 관하여 "보증인은 주채무자가 이행하지 아니하는 채무를 이행할 의무가 있다."라고 규정하고 있습니다.

그리고 보증한도액을 정한 보증에 있어서 그 한도액을 주채무의 원금만을 기준으로 정한 것인지 아니면 주채무에 대한 이자·지연손해금 등 부수채무까지 포함하여 정한 것인지의 여부는 먼저 계약당사자의 의사에 따라서 결정하여야 하나, 특별한 약정이 없으면 그 한도액은 주채무에 대한 이자·지연손해금 등 부수채무까지 포함하여 정한 것으로 보아야 합니다(대법원 1999. 3. 23. 선고 98다64639 판결).

그런데 보증채무 자체의 이행지체로 인한 지연손해금은 보증한도액과는 별도로 부담하는 것인지에 관하여 판례를 보면, "보증채무는 주채무와는 별개의 채무이기 때문에 보증채무 자체의 이행지체로 인한 지연손해금은 보증한도액과는 별도로 부담하고, 이 경우 보증채무의 연체이율에 관하여 특별한 약정이 없는 경우라면 그 거래행위의 성질에 따라 상법 또는 민법에서 정한 법정이율에 따라야 하며, 주채무에 관하여 약정된 연체이율이 당연히 여기에 적용되는 것은 아니지만, 특별한 약정이 있다면 이에 따라야 한다."라고 하였습니다(대법원 2000. 4. 11. 선고 99다12123 판결). 따라서 위 사안에 있어서도 甲은 乙의 丙에 대한 보증채무 5,000만원과 甲이 丙으로부터 보증채무를 청구 당한 이후 완제일까지의 지연손해금은 위 보증한도액과 별도로 부담하게 될 것으로 보입니다.

참고로 보증채무의 연체이율에 관한 판례를 보면, "보증채무 자체의 이행지체로 인한 지연손해금을 지급보증한도액과 별도로 부담하는 경우, 보증채무의 연체이율에 관하여 특별한 약정이 없는 경우라면 그 거래행위의 성질에 따라 상법 또는 민법에서 정한 법정이율에 따라야 할 것이지, 주채무에 관하여 약정된 연체이율이 당연히 여기에 적용된다고 볼 것은 아니다."라고 하였습니다(대법원 1998. 2. 27. 선고 97다1433 판결).

◎ 국내통화로 외화채권에 변제충당할 경우 그 환산기준시점

【질의】 ➡ 甲회사는 乙회사로부터 유류를 구입하면서 그 대금을 미화 (美貨)로 지급하기로 약정하였습니다. 그런데 甲회사에서는 위 유류대금을 우리나라 통화로 지급하려고 합니다. 이 경우 우리나라 통화를 외화채권에 변제할 경우 그 환산기준시점은 어느 시점으로 하여야 하는지요?

【답변】 ➡ **현실로 이행할 때 입니다.**

　　민법 제378조에 의하면 "채권액이 다른 나라 통화로 지정된 때에는 채무자는 지급할 때에 있어서의 이행지의 환금시가에 의하여 우리나라 통화로 변제할 수 있다."라고 규정하고 있습니다.

　　그런데 채권액이 외국통화로 지정된 금전채권인 외화채권을 채권자가 우리나라 통화로 환산하여 청구하는 경우의 환산기준시기에 관하여 판례를 보면, "채권액이 외국통화로 지정된 금전채권인 외화채권을 채무자가 우리나라 통화로 변제함에 있어서는 민법 제378조가 그 환산시기에 관하여 외화채권에 관한 민법 제376조, 제377조 제2항의 '변제기'라는 표현과는 다르게 '지급할 때'라고 규정한 취지에서 새겨 볼 때 그 환산시기는 이행기가 아니라 현실로 이행하는 때 즉 현실이행시의 외국환시세에 의하여 환산한 우리나라 통화로 변제하여야 한다고 풀이함이 상당하므로 채권자가 위와 같은 외화채권을 대용급부의 권리를 행사하여 우리나라 통화로 환산하여 청구하는 경우에도 법원이 채무자에게 그 이행을 명함에 있어서는 채무자가 현실로 이행할 때에 가장 가까운 사실심 변론종결 당시의 외국환 시세를 우리나라 통화로 환산하는 기준시로 삼아야 한다."라고 하였습니다(대법원 1991. 3. 12. 선고 90다 2147 판결).

　　또한 우리나라 통화를 외화채권에 변제충당 할 경우에 그 환산기준시점을 어느 시점으로 하여야 할 것인지에 관하여 판례를 보면, "채권액이 외국통화로 정해진 금전채권인 외화채권을 채무자가 우리나라 통화로 변제하는 경우에 그 환산시기는 이행기가 아니라 현실로 이행하는 때, 즉 현실이행시의 외국환시세에 의하여 환산한 우리나라 통화로 변제하여야 하고, 우리나라 통화를 외화채권에 변제충당 할 때도 특별한 사정이 없는 한 현실로 변제충당 할 당시의 외국환시세에 의하여 환산하여야 한다."라고 하였습니다(대법원 2000. 6. 9. 선고 99다56512 판결).

따라서 甲회사는 현실로 이행할 때의 외국환시세로 유류대금을 우리나라 통화로 환산하여 乙회사에게 지급하여야 할 것입니다.

◈ 판결로 확정된 채권을 자동채권으로 상계항변 할 수 있는지

【질의】 ➡ 甲은 乙에 대한 대여금 1,000만원에 대한 승소판결을 받았는데, 乙은 그 채무는 변제하지 않고 甲에 대한 물품대금 1,500만원의 채무에 관하여 소송을 제기해왔습니다. 이 경우 甲이 乙이 제기한 위 소송에서 판결확정 된 1,000만원의 채권을 자동채권으로 하는 상계의 항변을 할 수 있는지요?

【답변】 ➡ 할 수 있습니다.

민법 제492조에 의하면 "①쌍방이 서로 같은 종류를 목적으로 한 채무를 부담한 경우에 그 쌍방의 채무의 이행기가 도래한 때에는 각 채무자는 대등액에 관하여 상계 할 수 있다. 그러나 채무의 성질이 상계를 허용하지 아니할 때에는 그러하지 아니 하다. ②전항의 규정은 당사자가 다른 의사를 표시한 경우에는 적용하지 아니한다. 그러나 그 의사표시로써 선의의 제3자에게 대항하지 못한다."라고 규정하고 있으며, 같은 법 제493조에 의하면 "①상계는 상대방에 대한 의사표시로 한다. 이 의사표시에는 조건 또는 기한을 붙이지 못한다. ②상계의 의사표시는 각 채무가 상계 할 수 있는 때에 대등액에 관하여 소멸한 것으로 본다."라고 규정하고 있습니다.

그리고 민사소송법 제216조 제2항에 의하면 "상계(相計)를 주장한 청구가 성립되는지 아닌지의 판단은 상계하자고 대항한 액수에 한하여 기판력을 가진다."라고 규정하고 있습니다.

그런데 별도로 제기된 소송에서 판결에 의하여 확정된 채권을 자동채권으로 하여 상계항변을 할 수 있는지에 관하여 판례를 보면, "별도로 제기된 소송에서 판결에 의하여 확정된 채권을 자동채권으로 하여 상계항변을 할 수 있음은 당연하다."라고 하였습니다(대법원 2000. 10. 6. 선고 2000다39049 판결).

따라서 위 사안의 경우 甲은 승소판결 확정된 1,500만원의 대여금채권을 乙이 청구한 물품대금청구의 소송에서 상계항변을 할 수 있을 것입니다.

참고로 별소로 계속중인 채권을 자동채권으로 하는 상계의 주장이 후소에서 허용되는지에 관하여 판례를 보면, "상계의 항변을 제출할 당시 이미 자동채권과 동일한 채권에 기한 소송을 별도로 제기하여 계속 중인 경우, 사실심의 담당재판부로서는 전소와 후소를 같은 기회에 심리·판단하기 위하여 이부, 이송 또는 변론병합 등을 시도함으로써 기판력의 저촉·모순을 방지함과 아울러 소송경제를 도모함이 바람직하였다고 할 것이나, 그렇다고 하여 특별한 사정이 없는 한 별소로 계속 중인 채권을 자동채권으로 하는 소송상 상계의 주장이 허용되지 않는다고 볼 수는 없다."라고 하였습니다(대법원 2001. 4. 27. 선고 2000다4050 판결).

◎ 검사작성피의자신문조서 중 '채무면제의사'가 표시된 경우 그 효력

> **【질의】** ➡ 甲은 乙에게 수차에 걸쳐 금전을 대여하고 그 중 일부는 변제 받기도 하였으나 이중으로 변제 받은 사실이 없습니다. 그럼에도 불구하고 乙은 甲이 채무를 이중으로 변제 받았다고 형사고소 하여 검사의 신문을 받았습니다. 그런데 검사작성 피의자신문조서 중 아직 변제 받지 못한 여러 건의 대여금채권의 일부를 면제할 수도 있다는 진술을 한 바 있습니다. 그리고 甲은 결국 검사의 무혐의처분을 받았습니다. 이 경우 위 검사작성 피의자신문조서 중 위와 같은 진술부분이 민사상 채무면제로 인정되는지요?

【답변】 ➡ 인정되지 않습니다.

채무면제의 요건과 효과에 관하여 민법 제506조 본문에서는 "채권자가 채무자에게 채무를 면제하는 의사를 표시한 때에는 채권은 소멸한다."라고 규정하고 있습니다.

그리고 처분문서는 그 진정성립이 인정되면 특별한 사정이 없는 한 그 처분문서에 기재되어 있는 문언의 내용에 따라 당사자의 의사표시가 있었던 것으로 객관적으로 해석하여야 하는 것입니다(대법원 2001. 2. 27. 선고 99다23574 판결, 2002. 6. 28. 선고 2002다23482 판결).

그런데 위 사안에 있어서 검사작성 피의자신문조서 중 아직 변제 받지 못한 여러 건의 대여금채권의 일부를 면제할 수도 있다는 진술부분이 처분문서에 해당되어 甲이 乙에 대하여 그 진술부분의 채무를 면제한 것으로 되는지 문제됩니다.

이에 관하여 판례를 보면, "민법상 채무면제는 채권을 무상으로 소멸시키는 채권자의 채무자에 대한 단독행위이고, 다만 계약에 의하여도 동일한 법률효과를 발생시킬 수 있는 것인 반면, 검사작성의 피의자신문조서는 검사가 피의자를 신문하여 그 진술을 기재한 조서로서 그 작성형식은 원칙적으로 검사의 신문에 대하여 피의자가 응답하는 형태를 취하므로, 비록 당해 신문과정에서 다른 피의자나 참고인과 대질이 이루어진 경우라고 할지라도 피의자 진술은 어디까지나 검사를 상대로 이루어지는 것이므로 그 진술기재 가운데 채무면제의 의사가 표시되어 있다고 하더라도 그 부분이 곧바로 채무면제의 처분문서에 해당한다고 보기 어렵다."라고 하였습니다(대법원 1998. 10. 13. 선고 98다17046 판결, 1999. 3. 12. 선고 98다18124 판결).

따라서 위 사안의 경우에서도 검사작성 피의자신문조서 중 아직 변제 받지 못한 여러 건의 대여금채권의 일부를 면제할 수도 있다는 진술부분이 있다고 하여도 그것으로써 乙의 그 진술부분의 채무가 면제되었다고는 말할 수 없을 것으로 보입니다.

◎ 매도인의 계약금반환약정이 계약해지로 인한 손해배상채권의 포기인지

【질의】➡ 甲은 乙에게 부동산을 매도하기로 매매계약을 체결하면서 甲이 위약(違約) 하는 경우에는 계약금의 배액을 상환하며, 乙이 위약 하는 경우에는 계약금을 포기하기로 약정하고 계약금 500만원을 받았습니다. 그런데 乙은 계약을 이행하지 않고 중도금 및 잔금지급기일이 모두 지난 후에서야 위 계약을 해약하겠다고 하면서 위 계약금의 반환을 강요하면서 반환하지 않으면 소송까지 불사하겠다고 하므로 그 강요에 못 이겨 위 계약금을 반환하기로 약정하였습니다. 그러나 甲으로서는 위 계약금을 반환하기는 하였지만, 매매계약에 의하더라도 당연히 위 계약금을 손해에 충당할 수 있는 것이고, 또한 부동산중개수수료 등의 실질적으로 발생된 손해는 분명히 있는 것이므로 지금이라도 乙을 상대로 손해배상을 청구하려고 하는데, 그것이 가능한지요?

【답변】➡ 가능하지 않습니다.

채무면제의 요건과 효과에 관하여 민법 제506조 본문에서는 "채권자가 채무자에게 채무를 면제하는 의사를 표시한 때에는 채권은 소멸한다."라고 규정하고 있습니다.

그런데 매도인이 계약금을 매수인에게 반환하기로 약정한 사실만으로 그 매매계약불이행으로 인한 손해배상채권을 포기한 것으로 볼 수 있는지에 관하여 판례를 보면, "채권의 포기(또는 채무의 면제)는 반드시 명시적인 의사표시만에 의하여야 하는 것이 아니고, 채권자의 어떠한 행위 내지 의사표시의 해석에 의하여 그것이 채권의 포기라고 볼 수 있는 경우에도 이를 인정하여야 할 것이기는 하나, 이와 같이 인정하기 위해서는 당해 권리관계의 내용에 따라 이에 대한 채권자의 행위 내지 의사표시의 해석을 엄격히 하여 그 적용여부를 결정하여야 하는 것이며, 상대방에 대한 반대

채권이 있음에도 불구하고 자신의 채무이행을 약정하였다는 사실
만으로는 반대채권을 포기한 것으로 볼 수는 없으므로, 건물매도
인이 매수인의 매매계약불이행으로 인한 손해배상채권에 충당할
수 있는 계약금을 매수인에게 반환하기로 약정한 사실만으로는 그
손해배상채권을 포기하였다고 단정할 수 없다."라고 하였습니다
(대법원 1987. 3. 24. 선고 86다카1907, 86다카1908 판결).

또한, "채권의 포기는 반드시 명시적인 의사표시만에 의하여야
하는 것이 아니고 채권자의 어떠한 행위 내지 의사표시의 해석에
의하여 그것이 채권의 포기라고 볼 수 있는 경우에도 이를 인정하
여야 할 것이나, 그와 같이 인정하기 위해서는 당해 권리관계의
내용에 따라 채권자의 행위 내지 의사표시의 해석을 엄격히 하여
그 적용여부를 결정하여야 하고, 상대방에 대한 반대채권이 있음
에도 불구하고 자신의 채무이행을 약정하였다는 사실만으로는 반
대채권을 포기한 것으로 볼 수 없다."라고 하였습니다(대법원
2001. 12. 11. 선고 99다62272 판결).

따라서 위 사안의 경우에 있어서도 甲이 乙의 강요에 못 이겨
계약금을 乙에게 반환하기로 약정하였다고 하여도 반드시 그것만
으로 乙의 계약불이행으로 인한 손해배상청구를 포기하였다고 할
수는 없을 듯합니다.

◎ 채권자의 고의·과실로 담보 상실 된 경우 법정대위권자의 면책 범위

【질의】 ➡ 연대채무자인 甲은 주채무자인 乙의 어음할인채무를 변제할 정당한 이익이 있는 자로서 변제로 당연히 채권자인 丙을 대위 하는데, 채권자인 丙이 고의나 과실로 주채무자인 乙이 어음할인채무에 대한 담보로 제공하여 乙이 보관중인 고등어 20,000상자를 출고하게 허용하여 임의로 담보물을 멸실 시켜 위 채권을 상환 받을 수 없게 하였으므로, 이 경우 甲이 면책되는 범위는 어떻게 되는지요?

【답변】 ➡ **담보가 상실될 당시의 교환가치 상당액의 범위에서 면책됩니다.**

민법 제481조에 의하면 "변제할 정당한 이익이 있는 자는 변제로 당연히 채권자를 대위 한다."라고 규정하고 있으며, 민법 제485조에 의하면 "제481조의 규정에 의하여 대위 할 자가 있는 경우에 채권자의 고의나 과실로 담보가 상실되거나 감소된 때에는 대위 할 자는 그 상실 또는 감소로 인하여 상환을 받을 수 없는 한도에서 그 책임을 면한다."라고 규정하고 있습니다.

위 사안에 있어서도 채권자 丙이 채무자 乙로 하여금 위 담보물을 출고할 수 있도록 허용함으로써 담보가 멸실 되었으므로, 법정대위권자 甲이 면책될 수 있는 범위를 어느 시점을 기준으로 정하여야 하는지 문제됩니다.

이에 관하여 판례를 보면, "채권자의 고의나 과실로 담보가 상실된 경우 법정대위권자가 면책되는 범위는 채권자가 담보를 취득할 당시가 아니라, 그 담보상실 당시의 교환가치 상당액이다."라고 하였습니다(대법원 2001. 10. 9. 선고 2001다36283 판결).

따라서 위 사안에서 甲은 위 담보물이 출고되어 담보가 상실될 당시의 교환가치 상당액의 범위에서 면책될 수 있을 것으로 보입니다.

◎ 채권자의 잘못으로 배당 받지 못한 금액에 대한 연대보증인의 면책 여부

【질의】➡ 甲은 乙에 대한 근저당권부 채권이 있는데 담보목적물이 경매되었으나, 그 경매절차에서 착오로 실제 채권액보다 적은 금액을 채권계산서에 기재하여 제출함으로써 그 차액부분을 배당 받지 못하였습니다. 이 경우 甲의 위 차액채권이 소멸되는지, 그리고 위 차액채권이 소멸되지 않는다면 乙의 연대보증인 丙에 대하여 위 차액채권을 청구할 수 있는지요?

【답변】➡ 청구할 수 있습니다.

민법 제485조(채권자의 담보상실, 감소행위와 법정대위자의 면책)에서는 "제481조의 규정에 의하여 대위 할 자가 있는 경우에 채권자의 고의나 과실로 담보가 상실되거나 감소된 때에는 대위할 자는 그 상실 또는 감소로 인하여 상환을 받을 수 없는 한도에서 그 책임을 면한다."라고 하였습니다.

그런데 위 사안과 관련된 판례를 보면, "경매절차에서 채권자가 실제 채권액보다 적은 금액을 채권계산서에 기재하여 경매법원에 제출하였다고 하여 채권자의 나머지 채권액이 소멸되는 것은 아니다."라고 하였으며, "담보권실행을 위한 경매에서 배당된 배당금이 담보권자가 가지는 수 개의 피담보채권 전부를 소멸시키기에 부족한 경우에는 민법 제476조에 의한 지정변제충당은 허용될 수 없고, 채권자와 채무자 사이에 변제충당에 관한 합의가 있었다고 하여 그 합의에 따른 변제충당도 허용될 수 없으며, 획일적으로 가장 공평·타당한 충당방법인 민법 제477조 및 제479조의 규정에 의한 법정변제충당의 방법에 따라 충당하여야 하는 것이고, 이러한 법정변제충당은 이자 혹은 지연손해금과 원본간에는 이자 혹은 지연손해금과 원본의 순으로 이루어지고, 원본 상호간에는 그 이행기의 도래여부와 도래시기, 그리고 이율의 고저와 같은 변제이

익의 다과에 따라 순차적으로 이루어지나, 다만 그 이행기나 변제이익의 다과에 있어 아무런 차등이 없을 경우에는 각 원본 채무액에 비례하여 안분 하게 되는 것이다."라고 하였고, "경매절차에서 채권자가 착오로 실제 채권액보다 적은 금액을 채권계산서에 기재하여 경매법원에 제출함으로써 배당 받을 수 있었던 채권액을 배당 받지 못한 경우, 채권자가 채권계산서를 제대로 작성하였다면 배당을 받을 수 있었는데 이를 잘못 작성하는 바람에 배당을 받지 못한 금액 중 연대보증인이 연대보증 한 채무에 충당되었어야 할 금액에 대하여는 채권자의 담보상실, 감소에 관한 민법 제485조를 유추하여 연대보증인으로 하여금 면책하게 함이 상당하다 할 것이므로, 이와 같은 경우 연대보증인이 채권자에게 부담할 채무액은, 채권자가 채권계산서를 제대로 작성하였더라면 배당을 받을 수 있었던 금액을 법정충당의 방법으로 채권자의 각 채권에 충당한 다음 연대보증인이 연대보증 한 채권 중 회수되지 못한 잔액이 있다면 그 금액이 된다고 할 것이다."라고 하였습니다(대법원 2000. 12. 8. 선고 2000다51339 판결).

따라서 위 사안의 경우 채권자 甲이 채권계산서를 제대로 작성하였다면 배당을 받을 수 있었는데 이를 잘못 작성하는 바람에 배당을 받지 못한 금액 중 연대보증인 丙이 연대보증 한 채무에 충당되었어야 할 금액에 대하여는 甲의 담보상실, 감소에 관한 민법 제485조가 유추적용 된다할 것이므로 甲이 丙에게 청구할 수 없을 것으로 보입니다.

◎ 공사대금채권에 기한 건물유치권자의 경락인에 대한 대항력

【질의】 ➡ 甲은 乙로부터 건물의 신축공사를 도급 받아 공사를 완성하여 사용검사를 필하고 乙명의로 소유권보존등기까지 마치도록 해주었으나, 乙이 공사대금의 잔금의 지급을 이행하지 않으므로 건물의 인도를 거부하고 있었습니다. 그런데 乙의 채권자가 위 건물을 그 대지와 함께 강제경매신청 하여 매각되었습니다. 이 경우 甲이 경매절차의 매수인에게 위 공사대금의 잔금을 청구할 수는 없는지요?

【답변】 ➡ 청구할 수 없습니다.

먼저 건축공사의 수급인이 공사대금채무의 불이행을 이유로 건물에 대하여 유치권을 행사할 수 있는지에 관하여 판례를 보면, "주택건물의 신축공사를 한 수급인이 그 건물을 점유하고 있고, 또 그 건물에 관하여 생긴 공사대금채권이 있다면, 수급인은 그 채권을 변제 받을 때까지 건물을 유치할 권리가 있다고 할 것이고, 이러한 유치권은 수급인이 점유를 상실하거나 피담보채무가 변제되는 등 특단의 사정이 없는 한 소멸되지 않는다."라고 하였습니다 (대법원 1995. 9. 15. 선고 95다16202, 95다16219 판결).

그런데 민사집행법 제91조 제5항에 의하면, "매수인은 유치권자(留置權者)에게 그 유치권(留置權)으로 담보하는 채권을 변제할 책임이 있다."라고 규정하고 있으므로 위 사안에서 甲이 경매절차의 매수인에게 위 건물에 대한 유치권으로 담보하는 채권 즉, 공사대금의 잔금을 청구할 수 있는지 문제됩니다.

이와 관련된 판례를 보면, "공장신축공사 공사잔대금채권에 기한 공장건물의 유치권자가 공장건물의 소유회사가 부도가 난 다음에 그 공장에 직원을 보내 그 정문 등에 유치권자가 공장을 유치·점유한다는 안내문을 게시하고 경비용역회사와 경비용역계약을 체결하여 용역경비원으로 하여금 주야 교대로 2인씩 그 공장에 대한 경비·수호를 하도록 하는 한편, 공장의 건물 등에 자물

쇠를 채우고 공장출입구 정면에 대형 컨테이너로 가로막아 차량은 물론 사람들의 공장출입을 통제하기 시작하고 그 공장이 경락된 다음에도 유치권자의 직원 10여 명을 보내 그 공장 주변을 경비·수호하게 하고 있었다면, 유치권자가 그 공장을 점유하고 있었다고 볼 여지가 충분하다."는 이유로, 유치권자의 점유를 인정하지 아니한 원심판결을 파기한 사례에서 "민사소송법 제728조(현행 민사집행법 제268조)에 의하여 담보권의 실행을 위한 경매절차에 준용되는 민사소송법 제608조 제3항(현행 민사집행법 제91조 제5항)은 경락인은 유치권자에게 그 유치권으로 담보하는 채권을 변제할 책임이 있다고 규정하고 있는바, 여기에서 '변제할 책임이 있다.'는 의미는 부동산상의 부담을 승계 한다는 취지로서 인적 채무까지 인수한다는 취지는 아니므로, 유치권자는 경락인에 대하여 그 피담보채권의 변제가 있을 때까지 유치목적물인 부동산의 인도를 거절할 수 있을 뿐이고 그 피담보채권의 변제를 청구할 수는 없다."라고 하였습니다(대법원 1996. 8. 23. 선고 95다8713 판결).

따라서 위 사안에서도 甲으로서는 위 공사대금의 잔금이 지급될 때까지 위 건물의 인도를 거절할 수는 있을 것이지만, 경매절차의 매수인을 상대로 위 공사대금의 잔금지급을 청구할 수는 없을 것으로 보입니다.

◎ 집행관이 제3자의 재산을 압류한 경우 채권자의 손해배상책임

【질의】 ➡ 甲은 乙에 대한 대여금채권에 기하여 약속어음공정증서를 받았으나, 乙은 지급기일이 지났음에도 위 채무를 변제하지 않고 있었습니다. 그러므로 甲은 乙의 공장 내에 있는 기계를 압류하였습니다. 그런데 乙은 내용증명우편으로 위 기계는 乙이 丙으로부터 임차하여 사용하고 있는 것이라고 통고해왔습니다. 甲으로서는 위 기계가 누구의 소유인지 확인하기 어려운데 甲이 위 압류를 취하하지 않고 방치할 경우 위 압류된 기계가 실질적으로 丙의 소유라면 甲이 丙에게 손해배상을 하여야 하는지요?

【답변】 ➡ 손해배상을 하여야 합니다.

집행관이 채무자 아닌 제3자의 재산을 압류함으로써 받은 제3자의 손해에 대하여 채권자가 불법행위책임을 지기 위한 요건에 관하여 판례를 보면, "집행관이 채무자 아닌 제3자의 재산을 압류함으로써 받은 제3자의 손해를 채권자가 불법행위자로서 배상책임을 지기 위하여서는 압류한 사실 이외에 채권자가 압류 당시 그 압류목적물이 제3자의 재산임을 알았거나 알지 못한 데 과실이 있어야 할 것이고, 위와 같은 고의·과실은 압류목적물이 채무자 아닌 제3자의 소유였다는 사실 자체에서 곧바로 추정된다고 할 수는 없다."라고 하였습니다.

또한 위 판례는 "채권자가 압류 당시에는 고의·과실이 없었다 하더라도 그 후 압류목적물이 제3자의 소유임을 알았거나 용이하게 알 수 있었음에도 불구하고 그 압류상태를 계속 유지한 때에는 압류목적물이 제3자의 소유임을 알았거나 용이하게 알 수 있었던 때로부터 불법집행으로 인한 손해배상책임을 면할 수 없다."라고 하였습니다(대법원 1999. 4. 9. 선고 98다59767 판결).

따라서 위 사안에서도 甲이 압류한 위 기계가 丙의 소유임을 알지 못하고 집달관에게 집행을 위임하였던 것으로 보이므로 丙

에게 손해배상을 해야된다고 할 수는 없을 것이나, 위 기계가 丙의 소유임을 알고서도 계속 압류상태를 유지할 경우에는 손해배상 책임이 부과될 것으로 보입니다.

참고로 위와 같은 경우 채권자의 고의·과실은 피해자가 이를 따로 주장·입증하여야 합니다(대법원 1988. 3. 8. 선고 87다카 1962 판결).

◎ 채권담보목적만으로 주택임대차형식을 빌린 경우 대항력 있는지

【질의】➡ 甲은 乙로부터 공사대금 3,000만원을 지급 받지 못하여 그 공사대금확보를 위한 방법으로 위 공사대금을 임차보증금으로 乙소유주택의 일부를 임차하는 계약을 체결하고 임차부분을 명도 받은 후 주민등록전입을 마쳤으나 계속 거주하지는 않았습니다. 이 경우 乙이 위 주택을 제3자에게 매도할 경우 甲에게 주택임대차보호법상 대항력이 인정될 수 있는지요?

【답변】➡ 인정될 수 없습니다.

주택임대차보호법 제3조 제1항에서 "임대차는 그 등기가 없는 경우에도 주택의 인도와 주민등록을 마친 때에는 그 다음날부터 제3자에 대하여 대항할 수 있다."라고 규정하고 있습니다.

그런데 위 사안과 관련된 판례를 보면, "임대차는 임차인으로 하여금 목적물을 사용·수익하게 하는 것이 계약의 기본 내용이므로, 채권자가 주택임대차보호법상의 대항력을 취득하는 방법으로 기존 채권을 우선변제 받을 목적으로 주택임대차계약의 형식을 빌려 기존 채권을 임대차보증금으로 하기로 하고 주택의 인도와 주민등록을 마침으로써 주택임대차로서의 대항력을 취득한 것처럼 외관을 만들었을 뿐 실제 주택을 주거용으로 사용·수익할 목적을 갖지 아니 한 계약은 주택임대차계약으로서는 통정허위표시에 해당되어 무효라고 할 것이므로 이에 주택임대차보호법이 정하고 있는 대항력을 부여할 수는 없다."라고 하였습니다(대법원 2002. 3. 12. 선고 2000다24184 판결).

그러나 기존 채권을 임대차보증금으로 전환하여 임대차계약을 체결하였다는 사정만으로 임차인이 대항력을 갖지 못하는지에 관하여 판례는 "주택임차인이 대항력을 갖는지 여부는 주택임대차보호법 제3조 제1항에서 정한 요건, 즉 임대차계약의 성립, 주택의 인도, 주민등록의 요건을 갖추었는지 여부에 의하여 결정되는 것이므로, 당해 임대차계약이 통정허위표시에 의한 계약이어서 무효라는 등의 특별한 사정이 있는 경우는 별론으로 하고 임대차계약 당사자가 기존채권을 임대차보증금으로 전환하여 임대차계약을 체결하였다는 사정만으로 임차인이 주택임대차보호법 제3조 제1항 소정의 대항력을 갖지 못한다고 볼 수는 없다."라고 하였습니다(대법원 2002. 1. 8. 선고 2001다47535 판결).

따라서 기존 채권을 임대차보증금으로 전환하여 임대차계약을 체결하고 주택임대차보호법 소정의 대항요건을 갖춘 경우 그 임차인이 주택임대차보호법상의 보호를 받을 수 있는지는 실제 임대차계약의 주된 목적이 주택을 사용 수익하려는 데에 있는지의 여부에 따라 결정될 것으로 보이는바, 甲은 주택의 사용·수익을 주된 목적으로 한 것이 아니고 단순히 채권담보의 목적으로 임대차계약을 체결한 것이므로, 주택임대차보호법상의 보호를 받을 수 없을 것으로 생각됩니다.

◎ 채권담보 수단으로 소액임차인이 된 경우 보호 가능한지

【질의】➡ 甲은 乙의 부동산에 근저당권을 설정한 근저당권부 채권자입니다. 그런데 乙의 일반채권자인 丙은 그의 乙에 대한 대여금채권에 기하여 위 주택을 가압류하였으나 甲의 위 근저당권이 있음으로 인하여 변제 받기 어렵게 되자 丙과 乙이 위 주택의 일부에 관하여 소액보증금한도의 금액을 임차보증금으로 하는 주택임대차계약을 체결하면서 보증금은 위 대여금채권 중 일부로 대체키로 하고 입주 및 주민등록전입을 한 후 거주하고 있습니다. 이 경우 乙과 丙의 위와 같은 주택임대차계약이 유효하여 丙이 소액임차인으로서 우선변제를 받게 된다면 甲의 근저당권부 채권은 배당액이 훨씬 적어질 것입니다. 이 경우 丙이 소액임차인으로서 소액보증금 최우선변제를 받을 수 있는지요?

【답변】➡ 받을 수 업습니다.

주택임대차계약의 주된 목적이 주택을 사용·수익하려는데 있는 것이 아니고 소액임차인으로 보호받아 기존채권을 회수하려는 데에 있는 경우, 주택임대차보호법상의 소액임차인으로 보호받을 수 있는지에 관하여 판례를 보면, "주택임대차보호법의 입법목적은 주거용 건물에 관하여 민법에 대한 특례를 규정함으로써 국민의 주거생활의 안정을 보장하려는 것이고(주택임대차보호법 제1조), 주택임대차보호법 제8조 제1항에서 임차인이 보증금 중 일정액을 다른 담보물권자보다 우선하여 변제 받을 수 있도록 한 것은, 소액임차인의 경우 그 임차보증금이 비록 소액이라고 하더라도 그에게는 큰 재산이므로 적어도 소액임차인의 경우에는 다른 담보권자의 지위를 해하게 되더라도 그 보증금의 회수를 보장하는 것이 타당하다는 사회보장적 고려에서 나온 것으로서 민법의 일반규정에 대한 예외규정인바, 그러한 입법목적과 제도의 취지 등을 고려할 때, 채권자가 채무자 소유의 주택에 관하여 채무자와 임대

차계약을 체결하고 전입신고를 마친 다음 그곳에 거주하였다고 하
더라도 실제 임대차계약의 주된 목적이 주택을 사용·수익하려는
것에 있는 것이 아니고, 실제적으로는 소액임차인으로 보호받아
선순위 담보권자에 우선하여 채권을 회수하려는 것에 주된 목적이
있었던 경우에는 그러한 임차인을 주택임대차보호법상 소액임차인
으로 보호할 수 없다."라고 하였습니다(대법원 2001. 5. 8. 선고
2001다14733 판결, 2001. 10. 9. 선고 2001다41339 판결).

따라서 위 사안에서 甲도 丙이 소액임차인으로서 최우선변제를
받게 된다면 배당이의를 제기하여 다투어볼 수 있을 것으로 보입
니다.

참고로 위와 같은 경우 임차인에게 대항력이 인정되는지에 관하
여 판례는 "임대차는 임차인으로 하여금 목적물을 사용·수익하게
하는 것이 계약의 기본 내용이므로, 채권자가 주택임대차보호법상
의 대항력을 취득하는 방법으로 기존 채권을 우선변제 받을 목적
으로 주택임대차계약의 형식을 빌려 기존 채권을 임대차보증금으
로 하기로 하고 주택의 인도와 주민등록을 마침으로써 주택임대차
로서의 대항력을 취득한 것처럼 외관을 만들었을 뿐 실제 주택을
주거용으로 사용·수익할 목적을 갖지 아니 한 계약은 주택임대
차계약으로서는 통정허위표시에 해당되어 무효라고 할 것이므로
이에 주택임대차보호법이 정하고 있는 대항력을 부여할 수는 없
다."라고 하였습니다(대법원 2002. 3. 12. 선고 2000다24184 등
판결).

◎ 임차보증금반환채권에도 질권을 설정할 수 있는지

【질의】➡ 저는 임차보증금이 3,000만원인 임대차계약서를 담보로 2,000만원을 빌려주었습니다. 이러한 경우 임대차계약서를 가지고 있으면 그 임차보증금에 관하여 질권이 설정된 것으로 본다고 하는데, 그것이 타당한지 그리고 그 권리행사는 어떻게 해야 하는지요?

【답변】➡ 임대인에게 직접 청구할 수 있습니다.

질권은 채권담보를 위하여 채권자가 채무자 또는 제3자 소유의 일정한 재산을 점유하고 채무의 변제가 있을 때까지 이를 유치(留置)함으로써 그 변제를 간접적으로 강제할 수 있는 권리입니다. 질권은 동산질권과 권리질권으로 구분되는데, 임차보증금은 채권으로서 권리질권의 대상이 될 수 있으나, 부동산의 사용·수익을 목적으로 하는 권리는 질권의 대상이 안됩니다(민법 제345조 단서).

그러므로 임차권은 질권의 대상이 아니나, 임차보증금반환채권은 장래에 지급될 차임과 임차물의 사용·수익시 발생하는 일체의 손해배상을 담보하기 위한 지명채권으로서 질권의 대상이 된다고 할 수 있겠습니다.

그리고 민법 제346조에 의하여 권리질권의 설정은 법률에 다른 규정이 없으면 그 권리의 양도에 관한 방법에 의하여야 합니다. 그런데 임차보증금반환채권은 지명채권이므로 지명채권의 양도방법에 의하여 채권자인 임차인이 임대인에게 임차보증금반환채권에 질권이 설정된 것을 통지하거나, 임대인이 임차인과 질권자 사이의 임차보증금반환채권의 질권설정계약을 승낙하여야 하고, 이러한 임차인의 통지나 임대인의 승낙은 확정일자 있는 증서에 의하여야만 제3자에 대하여 효력이 발생합니다.

뿐만 아니라 일반적인 채권양도와는 달리 임대차계약서가 있는

때에는 임대차계약서를 질권설정자인 임차인으로부터 받아 놓아야
만 질권의 효력이 발생합니다. 나아가 질권자는 그 권리행사에 있
어서 민사집행법에 정한 방법 외에 질권의 목적이 된 채권을 임대
인에게 직접 청구할 수 있습니다(대법원 1960. 9. 1. 선고 4292민
상937 판결).

◎ 부동산을 허위 양도한 경우 강제집행면탈죄 성립여부

【질의】 ➡ 저는 甲을 상대로 승소판결을 받아 甲의 부동산을 강제집행을 하려고 하였습니다. 그러자 甲은 乙과 짜고 자신의 부동산을 乙명의로 소유권등기를 이전하였는데, 이 경우 甲은 어떠한 처벌을 받게 되는지요?

【답변】 ➡ 3년 이하의 징역 또는 1,000만원 이하의 벌금

강제집행면탈죄는 강제집행을 면할 목적으로 재산을 은닉, 손괴, 허위양도 또는 허위의 채무를 부담하여 채권자를 해함으로써 성립되는 죄입니다(형법 제327조). 이 죄는 민사재판의 집행을 확보하고 그 실질적 적정을 기함으로써 채권자의 정당한 권리행사를 보호하는데 있습니다.

강제집행면탈죄가 성립하기 위해서는 주관적인 강제집행면탈의 의도가 있어야 할 뿐만 아니라, 객관적으로 강제집행을 면탈할 상태에 있어야 합니다(대법원 1974. 10. 8. 선고 74도1974 판결). 강제집행을 당할까봐 가재도구를 다른 장소로 숨겨놓는다든지, 양도할 의사가 없음에도 재산상 소유명의를 제3자에게 이전해놓는 행위가 이에 해당합니다.

그러나 채무자가 빚을 갚지 않고 자기재산을 매각처분 한다든가 여러 명의 채권자 중에서 한 사람에게만 채무를 변제하여 재산을 없애는 행위는 강제집행면탈죄가 되지 않습니다. 즉 진실한 의사에 의한 양도이면 강제집행을 면할 목적으로 이루어지고 채권자를 해치는 결과가 되었다고 하더라도 허위양도에 해당되지 않습니다.

판례도 "강제집행면탈죄에 있어서 허위양도라 함은 실제로 양도의 진의가 없음에도 불구하고 표면상 양도의 형식을 취하여 재산의 소유명의를 변경시키는 것이고, 은닉이라 함은 강제집행을 실시하는 자가 채무자의 재산을 발견하는 것을 불능 또는 곤란하게

만드는 것을 말하는바, 진의에 의하여 재산을 양도하였다면 설령 그것이 강제집행을 면탈할 목적으로 이루어진 것으로서 채권자의 불이익을 초래하는 결과가 되었다고 하더라도 강제집행면탈죄의 허위양도 또는 은닉에는 해당하지 아니한다고 보아야 할 것이다." 라고 하였습니다(대법원 1998. 9. 8. 선고 98도1949 판결, 2000. 9. 8. 선고 2000도1447 판결, 2001. 11. 27. 선고 2001도4759 판결).

따라서 이 사안의 경우 귀하가 甲의 부동산에 압류하려고 한 사실은 강제집행을 할 우려가 있는 객관적 사정이 있다고 할 수 있고, 甲과 乙이 서로 짜고 매매한 것처럼 소유권이전등기를 하였다면 허위양도에 해당되므로 甲의 행위는 강제집행면탈죄가 성립하여 3년 이하의 징역 또는 1,000만원 이하의 벌금으로 처벌받게 됩니다.

◎ 채권양도인이 양도통지 없이 채무자로부터 돈을 받은 경우

【질의】 ➡ 저는 甲으로부터 받을 돈이 있어 甲이 乙에 대하여 가지고 있는 보증금반환채권을 양수 받았습니다. 그런데 甲은 乙에게 양도통지도 하지 않은 채 乙로부터 보증금을 반환 받아 이를 개인용도로 사용하였습니다. 이 경우 甲은 어떤 죄로 처벌받게 되는지요?

【답변】 ➡ 횡령죄로 처벌받습니다.

채권양도는 채권을 하나의 재화로 다루어 이를 처분하는 계약으로서 채권 자체가 그 동일성을 잃지 아니한 채 양도인으로부터 양수인에게로 바로 이전하고, 이 경우 양수인으로서는 채권자의 지위를 확보하여 채무자로부터 유효하게 채권의 변제를 받는 것을 목적하고 있는 것인데, 민법은 채무자와 제3자에 대한 대항요건으로서 채무자에 대한 통지 또는 채무자의 양도에 대한 승낙을 요구하고 채무자에 대한 통지의 권능을 양도인에게만 부여하고 있으므로(민법 제450조), 양도인은 채무자에게 채권양도통지를 하거나 채무자로부터 채권양도의 승낙을 받음으로써 양수인으로 하여금 채무자에 대한 대항요건을 갖출 수 있도록 해줄 의무를 부담하게 됩니다.

귀하의 경우와 같이 양도인의 채권양도의 통지를 하기 전에 채무자로부터 채권을 추심 하여 금전을 수령한 경우, 민사적으로는 아직 대항요건을 갖추지 아니한 이상 乙이 甲에 대하여 한 변제는 유효하고, 그 결과 귀하에게 귀속되었던 채권은 소멸하게 되어 귀하는 乙로부터 채권을 추심 할 수는 없다고 하겠습니다.

이 경우 형사적으로는 이미 채권을 양도하여 그 채권에 관한 아무런 권한도 가지지 아니하는 甲이 귀하에게 귀속된 채권에 대한 변제로서 수령한 것이라고 보아야 할 것입니다.

즉, 甲은 채권양도의 당연한 귀결로서 그 금전을 자신의 것으로 수령할 수는 없는 것이고 오로지 귀하에게 전달해주기 위해서만 수령할 수 있을 뿐이어서 甲이 수령한 금전은 甲과 귀하의 사이에서 귀하의 소유에 속하고 甲은 이를 귀하를 위하여 보관하는 관계에 있다고 보아야 할 것입니다(대법원 1999. 4. 15. 선고 97도666 전원합의체 판결).

따라서 甲이 위 금전을 임의로 사용하였을 경우에는 타인의 물건을 보관하는 자가 그 재물을 횡령한 경우에 해당하여 횡령죄를 구성한다 할 것으로 보입니다(형법 제355조 제1항).

◎ 대표이사의 공금 횡령으로 파산한 주식회사 채권자의 손해배상 청구권

【질의】➡ 저는 甲이 대표이사인 乙주식회사의 고객인데, 甲은 乙주식회사의 공금을 횡령하여 그로 인해 乙주식회사가 파산지경에 이르게 됨으로 인하여 제가 乙회사에 대하여 가지고 있는 채권을 회수할 수 없게 되었습니다. 이러한 경우 제가 직접 甲을 상대로 손해배상청구를 할 수 있는지요?

【답변】➡ 할 수 없습니다.

합명회사 대표사원의 제3자에 대한 손해배상책임에 관하여 상법 제210조에 의하면 "회사를 대표하는 사원이 그 업무집행으로 인하여 타인에게 손해를 가한 때에는 회사는 그 사원과 연대하여 배상할 책임이 있다."라고 규정하고 있으며, 이 규정은 같은 법 제389조 제3항에 의하여 주식회사의 대표이사에게도 준용되고 있습니다. 또한, 같은 법 제401조 제1항에 의하면 "이사가 악의 또는 중대한 과실로 인하여 그 임무를 해태한 때에는 그 이사는 제3자에 대하여 연대하여 손해를 배상할 책임이 있다."라고 규정하고 있습니다.

그런데 관련 판례를 보면, "주식회사의 주주가 대표이사의 악의 또는 중대한 과실로 인한 임무해태행위로 직접 손해를 입은 경우에는 이사와 회사에 대하여 상법 제401조, 제389조 제3항, 제210조에 의하여 손해배상을 청구할 수 있으나, 대표이사가 회사재산을 횡령하여 회사재산이 감소함으로써 회사가 손해를 입고 결과적으로 주주의 경제적 이익이 침해되는 손해와 같은 간접적인 손해는 상법 제401조 제1항에서 말하는 손해의 개념에 포함되지 아니하므로, 이에 대하여는 위 법 조항에 의한 손해배상을 청구할 수 없고, 이와 같은 법리는 주주가 중소기업창업지원법상의 중소기업창업투자회사라고 하여도 다를 바 없다."라고 한 바 있습니다(대법원 1993. 1. 26. 선고 91다36093 판결).

따라서 위 사안과 같은 경우에도 乙회사가 甲을 상대로 甲의 불법행위로 인한 손해배상 또는 부당이득반환청구를 함은 별론으로 하고, 乙회사의 고객인 귀하가 甲을 상대로 乙회사가 파산지경에 이르게 됨으로써 입게 된 손해 즉, 간접손해를 청구할 수는 없을 것으로 보입니다.

참고로 이사의 제3자에 대한 책임과 관련하여 회사채무의 이행지체가 상법 제401조 소정의 이사의 임무해태행위에 해당하는지에 관한 판례를 보면, "이사가 제3자에 대하여 연대하여 손해배상책임을 지는 고의 또는 중대한 과실로 인한 임무해태행위라 함은 이사의 직무상 충실 및 선관의무위반의 행위로서 위법한 사정이 있어야 하고 통상의 거래행위로 인하여 부담하는 회사의 채무를 이행할 능력이 있었음에도 단순히 그 이행을 지체하고 있는 사실로 인하여 상대방에게 손해를 끼치는 사실만으로는 이를 임무를 해태한 위법한 경우라고 할 수는 없다."라고 한 바 있습니다(대법원 2003. 4. 11. 선고 2002다70044 판결, 대법원 1985. 11. 12. 선고 84다키2490 판결).

◎ 기존주식회사의 채무를 신주식회사에 청구할 수 있는지

【질의】 ➡ 저는 甲주식회사에 5,000만원을 대여한 사실이 있는데, 甲주식회사 사원이었던 乙은 甲주식회사의 부채가 많아지자 甲주식회사를 해산하고 丙주식회사를 새로 설립하여 丙주식회사의 사원이 되었습니다. 그러나 丙주식회사와 그 사원인 乙은 저에 대한 채무변제를 도외시하고 있는데, 이 경우 저의 채권을 받을 수 있는지요?

【답변】 ➡ 받을 수 있습니다.

우선 사원개인인 乙의 책임 여부를 살펴보면, 주식회사는 사단법인의 일종으로서 그 주주로 되어 있는 사원은 그 주식회사의 채무에 대하여 주식의 인수가액을 한도로 유한책임(有限責任)을 질 뿐 회사 채무에 대하여는 아무런 책임이 없습니다. 그러므로 주식회사를 상대로 한 채권일 경우에는 그 주식회사 사원의 개인재산에 대하여는 채무변제를 청구할 수 없다 하겠습니다.

다음으로 새로 설립된 丙주식회사의 책임 여부를 살펴보면, 구 회사가 해산되고 신 회사가 설립되는 과정에서 신 회사는 구 회사의 채권·채무를 승계 한다는 약정이 있는 경우나, 신·구 회사가 합병이라는 절차를 밟는 경우에는 신 회사에 대하여 구 회사에 대한 채권을 청구하는 데에 문제가 없겠지만 원칙적으로 구 회사가 존속하거나 또는 해산되면서 별도의 신 회사가 설립되는 경우에는 구 회사에 대한 채권을 가지고 신 회사에 대하여 이행청구나 강제집행 등을 할 수는 없는 것입니다.

그러나, 구 회사가 해산되면서 신 회사로의 재산 양도 등의 법률행위가 구 회사의 채권에 대한 강제집행의 면탈을 목적으로 법률행위를 한 경우에는 채권자취소권의 요건에 해당될 수가 있으므로 그 원상회복을 법원에 청구하여 원래의 구 회사를 되살려놓고 이에 대해 채무변제를 청구할 수도 있고, 또한 상법 제401조 제1

항에 규정하듯이 이사가 악의 또는 중대한 과실로 그 임무를 게을 리 한 경우에는 그 이사에 대해 손해배상 책임을 물을 수도 있을 것입니다.

다만, 판례는 "이사가 제3자에 대하여 연대하여 손해배상책임을 지는 고의 또는 중대한 과실로 인한 임무해태행위라 함은 이사의 직무상 충실 및 선관의무위반의 행위로서 위법한 사정이 있어야 하고 통상의 거래행위로 인하여 부담하는 회사의 채무를 이행할 능력이 있었음에도 단순히 그 이행을 지체하고 있는 사실로 인하여 상대방에게 손해를 끼치는 사실만으로는 이를 임무를 해태한 위법한 경우라고 할 수는 없다."라고 하였고(대법원 1985. 11. 12. 선고 84다카2490 판결), 또한 "부동산의 매수인인 주식회사의 대표이사가 매도인과 사이에 매매잔대금의 지급방법으로 매수부동산 을 금융기관에 담보로 제공하여 그 대출금으로 잔금을 지급하기로 약정하였으나, 대출이 이루어진 후 해당 대출금 중 일부만을 매매 잔대금으로 지급하고 나머지는 다른 용도로 사용한 후, 나머지 잔 금이 지급되지 않은 상태에서 피담보채무도 변제하지 아니하여 그 부동산이 경매절차에서 경락되어 결과적으로 매도인이 손해를 입 은 경우, 그 주식회사의 대표이사가 악의 또는 중대한 과실로 인 하여 그 임무를 해태한 경우에 해당한다고 볼 여지가 있다."라고 하였습니다(대법원 2002. 3. 29. 선고 2000다47316 판결)

따라서 귀하의 경우에는 이미 해산된 甲주식회사의 청산범위에 관한 내용과 乙이 甲주식회사의 이사로 되어 있는지를 파악하여 현실적으로 채권자 사해행위나 상법 제401조 제1항의 이사의 악 의 및 중과실 여부를 입증하여, 채권자취소권에 기한 원상회복청 구 및 이사의 악의 또는 중대한 과실로 인한 임무해태를 이유로 乙에 대한 손해배상청구권을 행사하는 방안을 강구하여야 할 것 입니다.

◎ 회사정리절차에서의 정리채권 신고방법

【질의】 ➡ 저희 회사는 甲회사와 아파트공사도급계약을 체결하였는데, 甲회사의 귀책사유로 인하여 위 공사도급계약이 적법하게 해제되었고, 위 공사도급계약에서 당사자 일방의 귀책사유로 계약이 이행되지 아니할 때는 도급금액으로 표시한 금액의 10% 상당액을 상대방에게 위약금으로 배상하기로 약정한 사실이 있습니다. 그런데 그 후 甲회사의 회사정리절차가 개시되었고 이에 대해 저희 회사는 그 정리채권을 신고하면서, 미지급 최소분양수입금, 공사중단으로 인한 지체상금, 증액공사비, 하자보수보증금 등을 정리채권으로 신고하였을 뿐 위 위약금은 정리채권으로 신고하지 아니하였고, 신고채권에 대한 변경신고도 없었으나, 그 정리채권신고서에는 위 공사도급계약서 등이 첨부되어 있었으며, 기타 계수적으로 산출이 불가능한 손해로 甲회사의 부도로 인한 아파트의 분양계약해지에 따른 손해도 기재하였습니다. 이 경우 위 위약금은 미신고 채권으로 甲회사가 면책될 수 있는지요?

【답변】 ➡ **면책될 수도 있습니다.**

정리채권의 신고에 관하여 회사정리법 제125조에 의하면 "①정리절차에 참가하고자 하는 정리채권자는 법원이 정한 신고기간 내에 성명, 주소, 각 채권의 내용 및 원인, 의결권의 액과 일반의 우선권 있는 채권 또는 제121조 제1항에 게기(偈記)한 채권(후순위채권)인 때에는 그 뜻을 법원에 신고하고 증거서류 또는 그 등본이나 초본을 제출하여야 한다. ②각 채권 중에서 일반의 우선권 있는 부분과 후순위채권에 관한 부분은 따로 신고하여야 한다. ③정리채권에 관하여 정리절차개시당시 소송이 계속하는 때에는 제1항에 정하는 사항 외에 법원, 당사자, 건명과 번호를 신고하여야 한다."라고 규정하고 있으며, 같은 법 제241조에서는 "정리계획인가의 결정이 있은 때에는 계획의 규정 또는 본법의 규정에 의하여 인정된 권리를 제외하고 회사는 모든 정리채권과 정리담보권에 관하여 그 책임을 면하며 주주의 권리와 회사의 재산상에 있던 모든 담보권은 소멸한다. 그러나 제121조 제1항 제5호에 게기(偈記)하는 청구권은 그러하지 아니하다."라고 규정하고 있습니다.

그러므로 위 사안에서는 귀하의 회사가 가지는 甲회사의 부도로 위 공사도급계약이 불이행됨으로 인하여 발생되는 위약금채권이 미신고 채권으로서 위 같은 법 제241조에 의하여 면책되는지 살펴보아야 합니다.

이 문제와 관련된 판례를 보면, "회사정리법 제125조에 의하여 정리채권을 신고하는 경우 채권의 내용 및 원인에 대하여는 다른 채권과 식별하여 그 채권을 특정할 수 있을 정도로 기재하면 되는 것이고, 이때 신고의 기재 내용뿐만 아니라 신고시에 제출하는 증거서류 등에 의하여 특정될 수 있으면 족하다."라고 하였습니다 (대법원 2001. 6. 29. 선고 2000다70217 판결).

위 판례에 비추어보건대, 위 사안에서 귀하의 회사가 정리채권으로 신고한 위 미지급 최소분양수입금, 공사중단으로 인한 지체상금, 증액공사비, 하자보수보증금 등의 손해배상채권은 甲회사의 귀책사유에 기한 채무불이행으로 인하여 위 공사도급계약이 해제됨으로써 발생한 손해배상채권을 항목별로 나누어 신고한 취지였을 뿐이고, 위 위약금의 약정은 손해배상액의 예정으로 보아야 할 것이므로, 미신고한 위약금 부분도 귀하의 회사가 신고한 위 손해배상채권의 범위 내에 속한다는 주장을 해볼 수 있을 것입니다.

◎ 회사정리계획으로 정리채권의 내용 변경시 보증인의 책임범위

【질의】 ➡ 甲회사는 乙에 대한 채무가 다액 있었는데, 甲회사가 회사
정리절차가 개시되었습니다. 그런데 甲회사의 정리절차에서 乙의
채권은 정리계획에 의하여 80퍼센트 감액되었습니다. 이 경우 甲
회사의 乙에 대한 채무에 대하여 연대보증을 한 저의 보증채무도
감액된 범위 내로 제한되는지요?

【답변】 ➡ 전체의 채무에 대하여 부담하여야 합니다.

정리계획의 효력범위에 관하여 회사정리법 제240조에 의하면 "
①정리계획은 회사, 모든 정리채권자, 정리담보권자와 주주, 정리
를 위하여 채무를 부담하거나 담보를 제공하는 자와 신회사(합병
또는 분할합병으로 설립되는 신회사를 제외)를 위하여 또 이들에
대하여 효력이 있다. ②계획은 정리채권자 또는 정리담보권자가
회사의 보증인 기타 회사와 함께 채무를 부담하는 자에 대하여 가
진 권리와 회사 이외의 자가 정리채권자 또는 정리담보권자를 위
하여 제공한 담보에 영향을 미치지 아니한다."라고 규정하고 있습
니다.

그리고 회사정리계획에 의하여 정리채권의 내용이 변경된 경우
보증인의 책임범위에 영향을 미치는지에 관하여 판례도 "회사정리
법 제240조 제2항에 의하면 정리채권자는 정리계획과 관계없이
보증인에 대하여 언제든지 본래의 채권을 청구할 수 있고, 정리계
획에 의하여 정리채권의 수액이나 변제기가 변경되더라도 보증인
의 책임범위에는 아무런 영향이 없다."라고 하였습니다(대법원
1998. 11. 10. 선고 98다42141 판결, 대법원 2001. 6. 12. 선고
99다1949 판결, 대법원 2003. 5. 30. 선고 2003다18685 판결).

따라서 위 사안에 있어서도 귀하의 乙에 대한 보증채무는 정리
계획에 의하여 영향을 받지 않고, 귀하는 감액되지 않은 전액의

채무를 부담하여야 할 것입니다.

참고로 채권자의 회사정리절차 참가로 인한 시효중단의 효력이 보증채무에도 미치는지에 관하여 위 판례는 "시효중단의 보증인에 대한 효력을 규정한 민법 제440조는 보증채무의 부종성에서 비롯된 당연한 규정이 아니라 채권자의 보호를 위하여 보증채무만이 따로 시효소멸하는 결과를 방지하기 위한 정책적 규정이므로, 회사정리법 제240조 제2항이 회사정리계획의 효력범위에 관하여 보증채무의 부종성을 배제하고 있다 하더라도 회사정리법 제5조가 규정한 정리절차 참가로 인한 시효중단의 효력에 관하여 민법 제440조의 적용이 배제되지 아니하고, 따라서 정리절차 참가로 인한 시효중단의 효력은 정리회사의 채무를 주채무로 하는 보증채무에도 미치고 그 효력은 정리절차 참가라는 권리행사가 지속되는 한 그대로 유지된다."라고 하였습니다(대법원 1998. 11. 10. 선고 98다42141 판결).

◎ 채권자가 적법한 수표금 지급제시를 하지 않은 경우 채무자의 손해

【질의】 ➡ 甲은 저에게 연근해어업용 면세유류를 외상으로 공급하는 내용의 계약을 체결하였으며, 그 후부터 甲은 저에게 유류를 공급하였습니다. 그런데 저는 위 유류대금의 지급을 위하여 乙로부터 선박매매대금의 일부조로 교부받은 乙발행의 당좌수표를 甲에게 교부하였고, 甲은 乙에게 위 수표를 취득한 사실을 알리고 지급제시기간 내에 정상적으로 결제할 수 있는지 문의하자, 乙은 위 수표의 지급제시기간 내에 정상적으로 결제할 자금이 부족하다고 답변하였고, 甲은 乙의 자력에 관한 아무런 조사도 하지 않은 채 乙의 무자력으로 위 수표가 지급제시기간 '내에 정상적으로 결제되지 않으리라고 속단하고는 乙로부터 별도의 어음을 받고 대신 위 수표를 그 적법한 지급제시기간에 지급제시하지 않았으며, 그러한 사실을 저에게 알리지도 않았습니다. 그러나 乙은 위 수표의 지급제시기간 무렵에는 선박 2척을 소유하여 수산업에 종사하고 있었으나 그 이후 자력이 점점 악화되어 부도를 맞아 그 이후로는 무자력 상태에 이르게 되었습니다. 그럼에도 불구하고 甲은 저에게 유류대금청구의 소송을 제기해왔습니다. 이 경우 제가 甲에게 손해배상을 청구할 수는 없는지요?

【답변】 ➡ 청구할 수 있습니다.

　　수표법 제39조에 의하면 "적법한 기간 내에 제시한 수표의 지급을 받지 못한 경우에 소지인이 다음의 어느 하나의 방법에 의하여 지급거절을 증명한 때에는 소지인은 배서인, 발행인 기타의 채무자에 대하여 소구권을 행사할 수 있다.

1. 공정증서(거절증서)
2. 수표에 제시의 날을 기재하고 일자를 부기한 지급인의 선언
3. 적법한 시기에 수표를 제시하였으나 지급이 없었던 뜻을 증명하

고 일자를 부기한 어음교환소의 선언"이라고 규정하고 있습니다.

그리고 수표소지인의 발행인에 대한 소구권행사의 요건에 관한 판례를 보면, "수표는 그 제시기간 내에 지급을 위한 제시를 하지 아니하면 동 수표에 관한 이득상환청구권 또는 원인관계상의 채권은 별론으로 하고 그 수표발행인에 대하여 수표금채권을 가진다고 볼 수 없다."라고 하였으며(대법원 1974. 7. 26. 선고 73다1922 판결), 또한 "수표의 발행인은 환어음의 인수인이나 약속어음의 발행인이 어음금을 절대적으로 지급할 의무를 부담하는 것과는 달리 수표금의 지급을 담보하는 책임을 지는 것으로서(수표법 제12조) 수표가 지급거절 된 경우 소구의무를 부담할 뿐인바(수표법 제39조), 수표의 소지인이 발행인에 대하여 소구권을 행사하기 위해서는 수표법 제1조 소정의 법정기재사항이 기재된 수표에 의하여 적법한 기간 내에 지급제시 할 것을 요하고, 위 법정기재사항의 일부라도 기재되지 아니한 수표에 의하여 한 지급제시는 수표법 제2조의 규정에 의하여 구제되지 않는 한 적법한 지급제시로서의 효력이 없는 것이므로 그와 같은 경우에는 소구권을 상실한다."라고 하였습니다(대법원 1994. 9. 30. 선고 94다8754 판결).
그렇다면 위 사안에서 甲이 乙발행의 수표를 제시기간 내에 지급제시하지 않음으로 인하여 甲은 물론 귀하도 乙에 대하여 수표금청구를 할 수는 없게 되었습니다.

또한, 판례를 보면, "부정수표단속법 제2조 제2항은 수표를 발행한 자가 그 수표발행 후에 거래정지 처분 등으로 인하여 제시기일에 지급되지 아니하게 한 때를 범죄구성요건으로 하고 있는 것이므로, 같은 조항의 범죄가 성립되기 위해서는 그 수표가 적법한 제시기간 내에 제시되어야만 할 것이다."라고 하였으므로(대법원 1982. 9. 14. 선고 82도1531 판결), 위 사안에서 乙은 부정수표단속법위반으로 처벌될 수도 없습니다.

그러므로 위 사안에서 귀하가 甲에게 수표의 적법한 지급제시를 하지 않은 행위에 대하여 손해배상을 청구할 수 있을 것인지 문제됩니다.

민법 제750조에 의하면 "고의 또는 과실로 인한 위법행위로 타인에게 손해를 가한 자는 그 손해를 배상할 책임이 있다."라고 규정하고 있는데, 지급을 위하여(기존 원인채무를 존속시키면서 그에 대한 지급방법으로서 교부하는 경우) 제3자 발행의 수표를 교부받은 채권자가 적법한 지급제시를 하지 아니한 경우 채무자가 그로 인한 손해배상을 청구할 수 있을 것인지에 관하여 판례를 보면, "지급을 위하여 제3자 발행의 수표를 교부받은 채권자가 수표의 발행일 이후 수표발행인의 자력이 악화될 것임을 알았거나 적어도 이를 알 수 있었으면서도 수표를 지급기일에 지급제시하지 않아 발행인에 대한 소구권을 상실하는 한편, 그와 같은 사정을 채무자에게 고지하지도 않아 그로 하여금 적절한 시기에 발행인에 대해 수표발행의 원인이 된 채권을 행사하거나 그 채권을 보전할 기회조차 가지지 못하게 하여 채권의 만족을 얻지 못하게 하는 경우에는 채무자에게 손해를 입혔다."라고 하였습니다(대법원 2001. 7. 13. 선고 2000다55324 판결).

따라서 위 사안에서 甲이 乙의 자력이 악화될 것임을 알았거나 적어도 이를 알 수 있었으면서도 수표를 지급기일에 지급제시하지 않아 귀하의 乙에 대한 소구권을 상실하도록 하였고, 한편, 그와 같은 사정을 귀하에게 고지하지도 않아 귀하로 하여금 적절한 시기에 乙에 대해 수표발행의 원인이 된 채권(선박매매대금채권)을 행사하거나 그 채권을 보전할 기회조차 가지지 못하게 하여 채권의 만족을 얻지 못하게 하였으므로 귀하에게 손해를 배상할 책임을 부담하여야 할 것으로 보입니다.

다만, 위와 같은 손해배상책임이 인정된다고 하여도 甲이 수표에 대하여 지급제시기간 내에 지급제시를 하지 아니한 점만으로 귀하가 위 유류공급계약에 따른 채무를 모두 면하는 것은 아니고, 甲의 과실비율에 따라 정해지는 손해배상액 만큼만 위 유류공급계약에 기한 채무액에서 상계 할 수도 있을 것입니다.

◎ 어음채권과 그 원인채권 모두 시효 소멸한 경우 이득상환청구권

【질의】 ➡ 기계를 제작·판매하는 저는 제조업을 하고 있는 甲에게 기계를 매도하면서 그 대금조로 지급기일이 2개월 후인 약속어음을 교부받았습니다. 그 후 만기일이 되어 어음을 제시하자 甲은 경영난을 이유로 그 지불을 미루더니 벌써 3년이 지났습니다. 어음이나 수표의 경우 단기 소멸시효가 적용된다는 말을 들었는데 이 경우 어떻게 되는지요?

【답변】 ➡ **이득상환청구권의 행사도 불가능합니다.**

귀하의 경우는 우선 몇 가지로 나누어 살펴볼 필요가 있습니다.

첫째, 물품매매에 있어서 약속어음을 교부받은 것이 물품대금의 지급확보를 위해서 한 것인지, 아니면 물품대금에 갈음하여 어음을 교부받은 것인지 구분할 필요가 있습니다. 전자는 물품대금채권과 어음채권은 동시에 병존하고 후자는 물품대금채권은 소멸하고 어음채권만 존재하게 됩니다. 그런데 이 경우 특별사정이 없는 한 지급확보를 위하여 교부한 것으로 보게 됩니다(대법원 1990. 5. 22. 선고 89다카13322 판결, 1997. 3. 25. 선고 96다51271 판결, 1997. 3. 28. 선고 97다126 판결).

둘째, 소멸시효를 살펴보면 약속어음의 발행인에 대하여는 어음법 제77조 제1항 제8호에 의하여 준용되는 같은 법 제70조 제1항에서 만기의 날로부터 3년 간 행사하지 않으면 소멸시효가 완성된다고 규정하고 있습니다.

그리고 원인채권의 소멸시효를 살펴보면 귀하의 甲에 대한 기계판매행위는 상행위에 해당되므로 상사채권으로 볼 수 있어 상법 제64조의 적용을 받아 5년의 소멸시효기간이 적용되나, 같은 법 제64조 단서규정에 의해 민법 제163조 제6호의 3년의 단기소멸시효기간이 적용된다 하겠습니다.

그렇다면 어음을 교부받은 것이 물품대금 지급확보를 위한 경우라면 원인채권과 어음채권은 병존하게 되지만, 양 채권 모두 3년의 단기소멸시효에 해당되어 모두 소멸한 상태이기에 그 물품대금의 회수는 불가능하게 되었습니다.

셋째, 어음법 제79조에서 규정한 이득상환청구권행사의 가능여부를 살펴보면 '이득상환청구권'이란 어음·수표의 소지인이 소구권보전절차의 흠결 또는 시효기간의 경과로 말미암아 어음·수표상의 권리를 상실한 경우 그 소지인이 증권상의 채무자가 지급채무를 면함으로써 받은 이득의 반환을 청구할 수 있는 어음·수표법상의 특수한 청구권입니다.

위 사안에서 甲에 대한 어음채권이 3년의 소멸시효기간의 경과로 소멸되었다면 채무자 甲은 원인채권에 대한 채무를 면하게 되어 이득이 있다고 볼 수 있지만, 지급확보를 위하여 어음이 교부된 경우로 보는 시각에서는 원인채권소멸이 시효로 인한 소멸이기 때문에 이 경우 이득이 있다고 하여 이득상환청구권을 인정한다면 법률이 단기소멸시효를 인정하는 취지와 모순되는 불합리한 결과가 된다고 하지 않을 수 없습니다.

판례도 "어음법에 의한 이득상환청구권이 발생하기 위해서는 모든 어음상 또는 민법상의 채무자에 대하여 각 권리가 소멸되어야 하는 것인바, 원인관계에 있는 채권지급을 확보하기 위해 발행된 약속어음이 전전양도되어 최후의 소지인이 어음상 권리를 상실한 경우라도 원인채무는 그대로 존속하는 것이므로 발행인이 바로 어음금액상당의 이득을 얻고 있다고 할 수 없다."라고 하였습니다 (대법원 1993. 3. 23. 선고 92다50942 판결, 2002. 6. 14. 선고 2002다11441 판결).

또한, "원인관계에 있는 채권지급을 확보하기 위하여 어음이 발행된 경우에는 어음채권이 시효로 인하여 소멸되었다 하더라도 이득상환청구권이 발생하지 않는 것이고, 이러한 이치는 어음채권이 시효소멸하기 전에 먼저 원인관계에 있는 채권이 시효 등 별개의 원인으로 소멸하였다 하더라도 마찬가지라고 할 것이다."라고 하였으며(대법원 1992. 3. 31. 선고 91다40443 판결, 1993. 10. 22. 선고 93다26991 판결), "원인관계상의 채무를 담보하기 위하여 어음이 발행되거나 배서된 경우에는 어음채권이 시효로 소멸되었다고 하여도 발행인 또는 배서인에 대하여 이득상환청구권은 발생하지 않는다고 할 것인바, 이러한 이치는 그 원인관계상의 채권 또한 시효 등의 원인으로 소멸되고 그 시기가 어음채무의 소멸시기 이전이든지 이후이든지 관계없이 마찬가지이다."라고 하였습니다(대법원 2000. 5. 26. 선고 2000다10376 판결).

따라서 위 사안에서도 특약이 없는 한 위 어음이 원인채무인 기계대금(물품대금)채권의 지급확보를 위하여 행해진 것이 될 것이므로, 귀하는 이득상환청구권의 행사도 불가능하다 하겠습니다.

다만, 예외적으로 별도의 특약으로 어음의 교부가 물품대금채권의 지급에 갈음하여 이루어진 것이라면 어음채권만 남게 되어 甲은 어음채권의 시효소멸로 원인관계인 물품대금지급을 면하게 되는 관계로 이득이 있다고 볼 수 있어 이때에는 이득상환청구권의 행사를 할 수 있게 됩니다. 이 경우 '받은 이익'이란 어음채무자가 어음상의 권리소멸에 의하여 어음상 채무를 면하는 것 자체를 말하는 것이 아니라, 어음수수의 원인관계 등 실질관계(기본관계)에 있어서 현실로 받은 재산상의 이익을 말하며(대법원 1993. 7. 13. 선고 93다10897 판결), 이러한 '받은 이익'의 있음과 그 한도에 관하여는 어음소지인인 이득상환청구권자가 이를 주장·입증하여야 할 것입니다(대법원 1994. 2. 25. 선고 93다50147 판결).

◎ 어음보증이 어음채무 외에 원인관계상의 채무까지 보증한 것인지

【질의】➡ 甲이 乙로부터 500만원을 차용하면서 甲명의의 약속어음을 발행·교부하여야 하는데, 甲은 자신의 신용만으로는 乙이 믿지 못한다고 하면서 친구인 저에게 보증하는 의미에서 그 약속어음에 어음보증을 해줄 것을 요청하여 마지못하여 응하였습니다. 그런데 甲이 위 어음금을 지급하지 않고 차일피일 미루다가 위 약속어음상의 지급기일로부터 3년이 경과되었음에도 불구하고 乙이 저에게 위 대여금의 지급을 청구하고 있습니다. 이 경우 저는 위 약속어음교부의 원인관계상의 채무인 대여금채무에 대하여도 보증책임을 부담하여야 하는지요?

【답변】➡ 부담하지 않아도 됩니다.

어음보증은 어음금의 지급을 담보하기 위하여, 보증인이 발행인과 동일한 내용의 어음채무를 부담할 것을 내용으로 하는 종속적 어음행위입니다.

어음보증은 피보증인이 누구임을 표시하고 어음, 그 등본 또는 보전(補箋)에 보증 또는 이와 동일한 취지의 문언을 기재하여 보증인이 기명날인 또는 서명하는 정식보증과 피보증인을 표시하지 않고 보증문언만 기재하여 보증인이 기명날인 또는 서명하는 경우와 보증문언조차도 기재하지 않고 보증인의 기명날인 또는 서명만으로 행하는 약식보증이 있으나, 대부분 어음표면에 기명날인 또는 서명하는 약식보증이 많습니다.

이러한 약식보증의 경우에는 발행인을 위하여 보증한 것으로 봅니다.

그런데 어음보증이 어음상의 채무 이외에 원인관계상의 채무까지 보증하는 것인지에 관한 판례를 보면, "다른 사람이 발행하는 약속어음에 명시적으로 어음보증을 하는 사람은 그 어음보증으로 인한 어음상의 채무만을 부담하는 것이 원칙이고, 특별히 채권자에 대하여 자기가 그 약속어음발행의 원인이 된 채무까지 보증하겠다는 뜻으로 어음보증을 한 경우에 한하여 그 원인채무에 대한 보증책임을 부담하게 되므로, 타인이 물품공급계약을 맺은 공급자에게 물품대금채무의 담보를 위하여 발행·교부하는 약속어음에 어음보증을 한 경우에도 달리 민사상의 원인채무까지 보증하는 의미로 어음보증을 하였다고 볼 특별한 사정이 없는 한, 단지 어음보증인으로서 어음상의 채무를 부담하는 것에 의하여 신용을 부여하려는 데에 지나지 아니하는 것이고, 어음보증 당시 그 어음이 물품대금채무의 담보를 위하여 발행·교부되는 것을 알고 있었다 하여도 이와 달리 볼 수가 없다."라고 하였습니다(대법원 1998. 6. 26. 선고 98다2051 판결, 2002. 4. 12. 선고 2001다55598 판결).

따라서 위 사안에 있어서도 귀하가 원인관계상의 채무인 대여금채무에 대하여서도 보증을 한 것으로 보기는 어려울 것으로 보입니다.

✪ 원인채무이행과 어음반환이 동시이행관계인 경우 이행지체책임

【질의】 ➡ 저는 甲에 대한 1,500만원의 물품대금채무에 대하여 발행인이 乙인 약속어음을 교부하였고, 그 지급기일은 물품대금채무의 변제기보다 1개월 후로 정하였습니다. 그런데 甲은 위 물품대금채무의 변제기에 위 금원의 지급을 청구하였다가 제가 위 물품대금채무의 변제기가 약속어음의 지급기일로 유예된 것이라고 주장하자 아무런 말이 없었습니다. 甲은 그 후 지급기일에 위 약속어음을 지급제시 하였다가 乙의 부도로 지급거절 되자 저에게 청구하였으나 저는 재정형편이 어려워 지급하지 못하였는데, 수개월이 경과된 후 저에게 물품대금청구를 하면서 물품대금채무의 최초 변제기부터의 지연손해금까지 청구하고 있습니다. 이 경우 甲이 위 약속어음을 반환하지 않았음에도 제가 甲의 주장대로 최초 변제기부터의 지연손해금을 지급할 의무가 있는지요?

【답변】 ➡ 지급할 의무가 있습니다.

　　기존채무의 이행을 위하여 어음을 교부한 경우의 법률관계에 관하여 판례를 보면, "채무자가 채권자에게 기존채무의 이행에 관하여 어음이나 수표를 교부할 때 당사자의 의사는 ①기존의 원인채무를 소멸시키고 새로운 어음·수표채무만을 존속시키고자 할 경우로서 '지급에 갈음하여' 또는 '변제에 갈음하여' 하는 경우, ② 어음·수표를 기존원인채무에 대한 지급수단 그 자체로서 주고받고자 하는 경우로서 '지급을 위하여' 또는 '지급의 방법으로' 하는 경우, ③기존원인채무의 지급을 담보하기 위하여 그에 덧붙여 어음·수표상의 권리를 부여하고자 할 경우로서 '지급확보를 위하여' 또는 '담보를 위하여' 하는 경우의 세 가지 형태가 있다고 할 것이고, 기존채무의 이행에 관하여 어음·수표를 교부하는 목적은 원칙적으로 당사자의 의사를 기준으로 하여 판단하여야 할 것이므로, 당사자 사이에 약정이 있는 경우에는 그에 따르면 되고, 특약이 없는 경우에는 '지급을 위하여' 또는 '지급확보를 위하여' 교부된 것으로 추정할 것이며, 따라서 특별한 사정이 없는 한 기존의 원인채무는 소멸하지 아니하고 어음·수표상의 채무와 병존한다고 보아야 한다."라고 하였습니다(대법원 1993. 11. 9. 선고 93다11203, 11210 판결).

또한 "기존채무의 이행을 위하여 어음을 교부한 경우 어음상의 주채무자(발행인)가 원인관계상의 채무자와 동일하지 아니한 때에는 제3자인 어음상의 주채무자(발행인)에 의한 지급이 예정되고 있으므로 이는 '지급을 위하여' 교부된 것으로 추정하여야 한다."라고 하였습니다(대법원 1996. 11. 8. 선고 95다25060 판결, 1998. 3. 13. 선고 97다52493 판결).

그리고 판례는 "기존의 원인채권과 어음·수표채권이 병존하는 경우에 채권자가 원인채권을 행사함에 있어서는 어음·수표의 반환이 필요하고, 이는 채무자의 채무이행과 동시이행의 관계에 있다고 할 것이고, 따라서 채무자는 어음·수표와 상환으로 지급하겠다고 하는 항변으로 채권자에게 대항할 수 있고, 이와 같은 항변이 있을 때에는 법원은 어음·수표와 상환으로 지급하라는 취지의 상환이행의 판결을 하여야 할 것이다."라고 하였습니다(대법원 1993. 11. 9. 선고 93다11203, 11210 판결).

따라서 위 사안에 있어서도 특별한 사정이 없는 한 귀하가 甲에 대하여 물품대금조로 교부한 乙이 발행인인 위 약속어음을 교부한 것은 물품대금채무의 '지급을 위하여' 교부한 것으로 보아야 할 것이며, 甲은 귀하에 대한 물품대금채권과 발행인 乙 및 배서인 귀하에 대한 어음금채권을 병존하여 가진다고 하여야 할 것이고, 다만 이 경우 귀하의 물품대금채무이행과 甲의 위 약속어음반환의무는 동시이행관계에 있다고 할 것입니다.

그런데 원인채무의 이행의무와 어음반환의무가 상호 동시이행관계에 있는 경우에 원인채무의 채무자는 어음을 반환 받을 때까지는 이행지체책임을 부담하지 않는지에 관하여 판례를 보면, "채무자가 어음·수표의 반환이 없음을 이유로 원인채무의 변제를 거절할 수 있는 것은 채무자로 하여금 무조건적인 원인채무의 이행으로 인한 이중지급의 위험을 면하게 하려는데 그 목적이 있는 것이지 기존의 원인채권에 터 잡은 이행청구권과 상대방의 어음·수표의 반환청구권이 민법 제536조에 정하는 쌍무계약상의 채권채무관계나 그와 유사한 대가관계가 있어서 그러한 것은 아니므로, 원인채무의 이행과 어음·수표의 반환이 동시이행관계에 있다 하더라도 이는 어음·수표의 반환과 상환으로 하지 아니하면 지급을 할 필요가 없으므로 이를 거절할 수 있다는 것을 의미하는 것에 지나지 아니한다고 할 것이고, 따라서 채무자가 어음·수표의 반환이 없음을 이유로 원인채무의 변제를 거절할 수 있는 권능을 가진다고 하여 채권자가 어음·수표의 반환을 제공하지 아니하면 채무자에게 적법한 이행의 최고를 할 수 없다고 할 수는 없고, 채무자는 원인채무의 이행기를 도과하면 원칙적으로 이행지체의 책임을 지고, 채권자로부터 어음·수표의 반환을 받지 아니하였다 하더라도 그 어음·수표를 반환하지 않음을 이유로 위와 같은 항변권을 행사하여 그 지급을 거절하고 있는 것이 아닌 한 이행지체의 책임을 면할 수 없다."라고 하였습니다(대법원 1999. 7. 9. 선고 98다47542 판결, 1993. 11. 9. 선고 93다11203, 11210 판결).

그러므로 위 사안에 있어서 귀하는 甲이 위 약속어음을 반환하지 않았다고 하더라도 동시이행의 항변을 하지 않았다면 지급기일 후 변제시까지는 이행지체로 인한 지연손해금을 부담하여야 할 것입니다.

위와 같이 귀하가 지체책임을 진다고 하더라도 다만 그 책임질 기간에 관한 판례를 보면, "채권자가 기존채무의 지급을 위하여 그 채무의 변제기보다 후의 일자가 만기로 된 어음의 교부를 받은 때에는 묵시적으로 기존채무의 지급을 유예하는 의사가 있었다고 보는 것이 상당하므로 기존채무의 변제기는 어음에 기재된 만기일로 변경된다고 볼 것이다."라고 하였으므로(대법원 1999. 8. 24. 선고 99다24508 판결), 물품대금채무의 최초 변제기로부터 위 약속어음의 지급기일까지는 지연손해금 지급책임이 없고 그 이후 부분에 한해 지연손해금 지급책임이 있는 것으로 보입니다.

◎ 매도인 사망으로 그 장남이 단독상속시 소유권이전등기청구의 상대방

【질의】➡ 저는 甲으로부터 부동산을 매수하면서 그 대금을 모두 지급하였으나 소유권이전등기를 마치기 전에 甲이 사망하였고, 그의 유족으로는 배우자와 자녀 3명이 있습니다. 그런데 등기부등본을 확인해보니 위 부동산이 협의분할에 의해 장남 단독명의로 이전등기가 되어 있었습니다. 이 경우 제 명의의 이전등기절차를 어떻게 밟아야 하는지요?

【답변】➡ 장남을 상대로 소유권이전등기청구소송을 제기하면 됩니다.

민법 제1005조에 의하면 "상속인은 상속 개시된 때로부터 피상속인의 재산에 관한 포괄적 권리·의무를 승계 한다. 그러나 피상속인의 일신에 전속한 것은 그러하지 아니하다."라고 규정하고 있는바, 사망한 사람의 채권·채무는 상속의 포기 등이 없는 한 상속인들에게 당연히 상속되는 것이므로, 甲의 귀하에 대한 소유권이전등기의무 역시 당연히 상속인들인 甲의 처와 아들 3명이 공동으로 부담하게 됩니다.

또한 민법 제1012조에 의하면 "피상속인은 유언으로 상속재산의 분할방법을 정하거나 이를 정할 것을 제3자에게 위탁할 수 있고, 상속개시의 날로부터 5년을 초과하지 아니하는 기간내의 그 분할을 금지할 수 있다."라고 규정하고 있고, 민법 제1013조 제1항에 의하면 "제1012조의 경우 외에는 공동상속인은 언제든지 그 협의에 의하여 상속재산을 분할할 수 있다."라고 규정하고 있는바, 상속재산의 공동상속인들은 상속지분을 타인에게 양도하여 협의분할을 할 수 있고, 그 결과 상속인 1인에게 그 지분 전부가 돌아갈 수도 있습니다.

한편, 민법 제1015조에 의하면 "상속재산의 분할은 상속 개시된 때에 소급하여 그 효력이 있다. 그러나 제3자의 권리를 해하지 못

한다."라고 규정하고 있는바, 협의분할이 이루어지면 다른 상속인
들은 처음부터 그 부동산을 상속하지 않은 것으로 됩니다.

즉, 협의분할에는 소급효(遡及效)가 있어 협의분할에 의한 단독
명의자가 처음부터 위 부동산을 상속한 것이 됩니다.

판례도 "상속재산에 관하여 공동상속인간에 협의분할이 이루어
짐으로써 공동상속인 중의 1인이 고유의 상속분을 초과하는 재산
을 취득하게 되었다 하더라도 상속재산의 분할은 상속개시시에 소
급하여 그 효력이 있으며, 따라서 이는 상속개시 당시에 피상속인
으로부터 직접 승계 받은 것으로 보아야 한다."라고 하였습니다
(대법원 1992. 10. 27. 선고 92다32463 판결, 1990. 11. 13. 선고
88다카24523, 24530 판결).

그리고 부동산소유권이전등기의무자는 특별한 사정이 없는 한
등기부상의 명의인이라 할 것입니다. 판례도 "부동산소유권이전등
기의무자는 특별한 사정이 없는 한 등기부상의 명의인이라고 할
것인바, 피상속인으로부터 매수한 부동산에 관하여 그 공동상속인
들의 협의분할에 의하여 그 중 1인만이 단독으로 그 상속등기까
지 마쳤다면 협의분할의 소급효(遡及效)에 의하여 나머지 공동상
속인들은 이 사건 부동산을 상속한 것이 아니라 할 것이고, 현재
등기부상의 등기명의자가 아니어서 등기의무자가 될 수도 없다 할
것이므로 그에 대한 지분소유권이전등기절차를 이행할 의무가 없
다."라고 하였습니다(대법원 1991. 8. 27. 선고 90다8237 판결,
1993. 7. 13. 선고 92다17501 판결).

따라서 위 부동산의 단독명의인인 장남만이 이 사건 부동산을
상속하였다 할 것이고 등기의무자가 되며 나머지 상속인들은 등기
의무자가 될 수 없는 것입니다.

결국 귀하는 현재의 등기명의자인 장남을 피고로 하여 망인과의
매매를 원인으로 하는 소유권이전등기청구소송을 할 수 있다고 하
겠습니다.

◎ 지급명령제도

【질의】 ➡ 저는 甲을 상대로 약속어음금 3,000만원 청구소송을 제기하려고 하는데, 사업관계로 법원에 출석할 시간이 없습니다. 간편하게 채무명의를 얻을 수 있는 방법이 있는지요?

【답변】 ➡ 지급명령제도를 이용하면 됩니다.

당사자간에 금전의 지급을 내용으로 하는 채권채무관계가 있는 경우에 당사자가 법원에 직접 출석하지 않고 집행권원을 확보할 수 있는 방법으로는 지급명령제도가 있으며 이를 독촉절차라고도 합니다. 독촉절차에서는 법원이 분쟁당사자를 심문함이 없이 지급명령을 신청한 채권자가 제출한 서류만을 심사하고 지급명령을 발령하는 약식의 분쟁해결절차로서 채무자가 이의신청을 하면 통상의 소송절차로 이행되지만, 만일 이의신청을 하지 아니하여 지급명령이 확정되면 채권자는 확정된 지급명령에 기하여 강제집행을 신청하여 신속하게 자신의 채권을 변제 받을 수 있으므로 신속한 분쟁해결이 가능합니다.

독촉절차는 한 마디로 말해서 채권자가 법정에 나오지 않고서도 신속하고 적은 소송비용으로 민사분쟁을 해결할 수 있다는데 그 절차적 장점이 있지만, 상대방이 지급명령에 대하여 이의신청을 하면 결국은 통상의 소송절차로 옮겨지는 잠정적 분쟁해결절차의 구조를 가지고 있습니다.

예컨대 귀하로부터 돈을 빌린 사람이 빌린 사실은 인정하면서도 여러 가지 핑계를 대면서 차일피일 빌린 돈을 갚지 않으려고 하는 경우에 독촉절차를 이용하면 신속하고 경제적인 분쟁해결을 기대할 수 있습니다. 그러나 상대방이 돈을 빌린 기억이 없다든지 이미 갚았다고 말하고 있어 지급명령신청을 하더라도 채무자가 이의신청을 하여 소송절차로 이행될 가능성이 높은 경우에는 독촉절차를 이용하기보다는 직접 소송을 제기하는 편이 더 바람직할 수 있습니다.

독촉절차의 대상이 될 수 있는 요건은 금전 기타 대체물이나 유가증권의 일정한 수량의 지급을 목적으로 하는 청구에만 한정되고, 건물명도·토지인도, 소유권이전등기청구 등에서는 이용할 수 없게 되어 있습니다. 또 현재 변제기가 도래하여 즉시 그 지급을 청구할 수 있는 것이어야 하고, 국내에서 공시송달에 의하지 아니하고 송달할 수 있는 경우에 한하여 행해지므로 송달이 확실할 것으로 예상되는 경우에 이용하여야 할 것입니다(민사소송법 제462조).

독촉절차는 채무자의 주소지(민사소송법 제3조), 사무소 또는 영업소에 계속하여 근무하는 자에 대하여는 그 사무소 또는 영업소(민사소송법 제7조), 재산권에 관한 청구의 경우 거소지 또는 의무이행지(민사소송법 제8조), 어음·수표의 경우에는 지급지(민사소송법 제9조), 사무소 또는 영업소가 있는 사람에 관하여 그 사무소 또는 영업소의 업무와 관련이 있는 청구의 경우에는 그 사무소 또는 영업소(민사소송법 제12조), 불법행위에 관하여는 그 불법행위지(민사소송법 제18조)의 지방법원, 지방법원 지원, 시·군 법원에 신청서를 제출하면 되고 지급명령신청서의 양식은 각 법원 민원실에도 비치되어 있습니다(민사소송법 제463조).

지급명령을 신청할 때에 법원에 납부하여야 하는 수수료는 청구금액에 비례하여 증액되고 이점은 소송절차와 동일하지만, 기본적으로 소제기시 첨부할 인지액의 1/10이고(민사소송등인지법 제7조 제2항), 예납할 송달료도 당사자 1인당 2회분으로서 소송절차 중 액수가 가장 적은 소액사건(당사자 1인당 8회분임)의 1/4입니다.

지급명령이 발령되면 먼저 채무자에게 지급명령정본을 송달합니다. 그런데 채권자가 지급명령신청서에 기재한 주소에 채무자가 실제로 거주하지 않는 등의 이유로 지급명령정본이 송달되지 아니하면 법원에서는 채권자에게 일정한 보정기한 내에 송달 가능한 채무자의 주소를 보정하라는 명령을 하게 되고, 채권자가 주소보정을 하면 보정된 주소로 재송달을 하고, 채권자는 법원으로부터 채무자의 주소를 보정하라는 명령을 받은 경우에는 소제기신청을 할 수 있으므로(민사소송법 제466조 제1항), 주소보정이 어려울 때에는 소제기신청을 하면 통상의 소송절차로 이행되어 처음부터 소를 제기한 경우와 같이 재판절차가 진행됩니다(민사소송법 제472조 제1항). 그러나 채권자가 만일 위와 같은 조치를 취하지 아니한 채 보정기한을 넘긴 경우에는 지급명령신청서가 각하 되므로 채권자는 이점을 주의할 필요가 있습니다.

한편, 채무자가 지급명령정본을 송달 받고도 이의신청을 하지 아니한 채 2주일이 경과한 때에는 지급명령이 확정되고, 지급명령이 확정되면 확정판결과 같은 효력이 있게 되므로 채무자가 채무를 성실하게 이행하지 아니하면 확정된 지급명령을 집행권원으로 하여 강제집행을 신청할 수 있습니다. 다만, 확정된 지급명령에는 확정판결과 같은 효력이 인정되지만(민사소송법 제474조), 민사집행법 제58조 제3항에 의하면 지급명령에 의하여 확정된 청구에 관한 이의의 주장에 대하여는 '판결에 의하여 확정된 청구에 관한 이의는 그 이유가 변론이 종결된 뒤(변론 없이 한 판결의 경우에는 판결이 선고된 뒤)에 생긴 것이어야 한다.'는 민사집행법 제44조 제2항의 규정을 적용하지 아니한다고 규정하고 있기 때문에 지급명령 확정 전에 생긴 사유를 원인으로 하여 청구이의의 소를 제기할 수 있습니다.

따라서 채무자는 지급명령정본을 송달 받으면 신속하게 그 내용을 충분히 검토한 후 불복 여부에 관한 의사를 결정하여 불복이 있으면 2주일이 경과하기 전에 지체 없이 이의신청을 하여야 합니다. 채무자의 이의신청은 이의신청서에 지급명령에 응할 수 없다는 취지만 명백히 하면 충분하고, 불복하는 이유를 특별히 기재할 필요가 없습니다. 그리고 이의신청을 하면 지급명령은 그 효력을 상실하고 통상의 소송절차로 옮겨져서, 그 이후에는 청구금액에 따라 2,000만원 이하의 경우에는 소액심판사건, 1억원 이하인 경우에는 단독심판사건, 1억원을 초과하는 경우에는 합의부사건으로서 소송절차가 진행되어 채무자는 일반 소송절차와 동일하게 피고의 지위에서 자신의 주장을 법원에 충분히 진술할 수 있는 기회를 보장받게 됩니다. 일단 소송절차로 이행된 이상 채무자는 법원이 쌍방 당사자 주장의 당부를 판단하여 판결을 통한 승패를 결정하게 됩니다.

그런데 채권자는 지급명령에 대한 이의신청이 있을 경우에는 소송절차로 옮겨지므로 부족인지액 및 송달료를 보정명령에 따라 추가로 납부하여야 하며, 인지보정명령에 응하지 않을 경우에는 지급명령신청이 각하 됨을 유의하여야 할 것입니다.

◎ 변제공탁과 집행공탁사유가 동시에 발생한 경우 공탁방법

【질의】 ➡ 甲은 乙에게 상가를 임대하면서 계약기간이 만료된 후 乙이 甲으로부터 받아갈 임차보증금반환채권은 제3자에게 양도하지 못하도록 약정하였는데, 乙은 丙에게 甲에 대한 위 임차보증금반환채권을 양도하고 그 채권양도를 甲에게 내용증명우편으로 통지하였습니다. 그런데 乙은 다시 위 채권양도를 철회한다는 통지를 보내왔으나 丙의 동의여부는 확인되지 않았으며, 또한 丁의 가압류와 戊의 압류 및 추심명령이 경합되어 있습니다. 이 경우 채권자가 누구인지 알 수 없는 것을 원인으로 한 변제공탁과 압류로 인한 집행공탁을 함께 할 수 있는지요?

【답변】 ➡ 할 수 있습니다.

　　채권자가 누구인지 알 수 없는 것을 원인으로 한 변제공탁에 관하여 민법 제487조 후단에 의하면 "변제자가 과실 없이 채권자를 알 수 없는 경우에도 변제의 목적물을 공탁하여 그 채무를 면할 수 있다."라고 규정하고 있습니다.

　　그리고 채권이 압류된 경우 제3채무자의 집행공탁에 관하여 구 민사소송법(2002. 1. 26. 법률 제6626호로 개정되기 전의 것) 제581조 제1항에 의하면 "금전채권에 관하여 배당요구의 송달을 받은 제3채무자는 채무액을 공탁할 권리가 있다."라고 하여 압류된 금전채권에 대하여 배당요구가 있어 채권자가 경합하게 된 경우에 제3채무자가 그 권리로서 채무액을 공탁할 수 있도록 규정하고 있었습니다.

　　이러한 구 민사소송법(2002. 1. 26. 법률 제6626호로 개정되기 전의 것) 아래서 채권자가 누구인지 알 수 없는 것을 원인으로 한 변제공탁과 압류경합을 이유로 하는 집행공탁을 아울러 할 수 있는지에 관하여 판례를 보면, "민법 제487조 후단의 '변제자가 과실 없이 채권자를 알 수 없는 경우'라 함은 객관적으로 채권자 또는 변제수령권자가 존재하고 있으나 채무자가 선량한 관리자의 주의를 다하여도 채권자가 누구인지 알 수 없는 경우를 말하므로, 양도금지 또는 제한의 특약이 있는 채권에 관하여 채권양도통지가 있었으나 그 후 양도통지의 철회 내지 무효의 주장이 있는 경우 제3채무자로서는 그 채권양도의 효력에 관하여 의문이 있어 민법 제487조 후단의 채권자 불확지(不確知)를 원인으로 한 변제공탁 사유가 생긴다고 할 것이고, 그 채권양도 후에 그 채권에 관하여 다수의 채권가압류 또는 압류결정이 순차 내려짐으로써 그 채권양도의 대항력이 발생하지 아니한다면 압류경합으로 인하여 구민사소송법(2002. 1. 26. 법률 제6626호로 개정되기 전의 것) 제581조 제1항 소정의 집행공탁의 사유가 생기는 경우에 채무자는 민법 제487조 후단 및 민사소송법 제581조 제1항을 근거로 채권자 불확지(不確知)를 원인으로 하는 변제공탁과 압류경합 등을 이유로 하는 집행공탁을 아울러 할 수 있고, 이러한 공탁은 변제공탁에 관련된 채권양수인에 대하여는 변제공탁으로서의 효력이 있고 집행공탁에 관련된 압류채권자 등에 대하여는 집행공탁으로서의 효력이 있다고 할 것인바, 이와 같은 경우에 채무자가 선행의 채권양도의 효력에 의문이 있고, 그 후 압류의 경합이 발생하였다는 것을 공탁원인사실로 하여 채무액을 공탁하면서 공탁서에 구민사소송법(2002. 1. 26. 법률 제6626호로 개정되기 전의 것) 제581조 제1항만을 근거법령으로 기재하였다 하더라도, 변제공탁으로서의 효력이 발생하지 않음이 확정되지 아니하는 이상 이로써 바로 구민사소송법(2002. 1. 26. 법률 제6626호로 개정되기 전의 것) 제581조 제1항에 의한 집행공탁으로서의 효력이 발생한다고 할 수 없으므로, 집행법원은 집행공탁으로서의 공탁사유신고를 각하 하거나 채무자로 하여금 민법 제487조 후단을 근거법령으로 추가하도록 공탁서를 정정하게 하고, 채권양도인과 양수인 사이에 채권양도의 효력에 관한 다툼이 확정된 후 공탁금을 출급하도록 하거나 배당절차를 실시할 수 있을 뿐, 바로 배당절차를 실시할 수는 없다."라고 하였습니다(대법원 2001. 2. 9. 선고 2000다10079 판결, 1996. 4. 26. 선고 96다2583 판결).

그런데 현행 민사집행법 제248조 제1항에 의하면 "제3채무자는 압류에 관련된 금전채권의 전액을 공탁할 수 있다."라고 하여 채권을 압류한 경우에 제3채무자는 채권자가 경합하지 아니하더라도 압류채권액 상당액 또는 전액을 공탁하여 채무를 면할 수 있도록 규정하고 있습니다.

따라서 채권자가 누구인지 알 수 없는 것을 원인으로 한 변제공탁사유와 압류로 인한 집행공탁사유가 동시에 발생된 경우에 변제공탁과 집행공탁을 함께 즉, 혼합공탁(混合供託)을 할 수 있을 것으로 보입니다.

◎ 장래채권에 대한 압류 및 전부명령 후 판결정본을 재도부여할 수 있는지

【질의】 ➡ 甲은 乙에 대한 보증채무금청구의 소송을 제기하여 승소하여 판결이 확정되었으며, 그 판결에 기한 집행문을 부여받아 乙의 丙회사에 대한 급료채권에 채권압류 및 전부명령을 받았습니다. 그런데 乙은 위와 같이 급료채권이 압류되자 丙회사에서 퇴직하려고 하는바, 이 경우 甲이 乙의 다른 재산에 강제집행을 위하여 집행문의 재도부여를 받을 수는 없는지요?

【답변】 ➡ 받을 수 없습니다.

전부명령의 효과에 관하여 민사집행법 제231조에 의하면 "전부명령이 확정된 경우에는 전부명령이 제3채무자에게 송달된 때에 채무자가 채무를 변제한 것으로 본다. 다만, 이전된 채권이 존재하지 아니한 때에는 그러하지 아니하다."라고 규정하고 있습니다.

그런데 피압류채권이 그 존부 및 범위가 불확실한 장래의 채권인 경우에도 전부명령이 확정되면 제3채무자에 대한 송달시에 소급하여 집행채권이 소멸하는지에 관하여 판례는 "전부명령이 확정되면 피압류채권은 제3채무자에게 송달된 때에 소급하여 집행채권의 범위 안에서 당연히 전부채권자에게 이전하고, 동시에 집행채권 소멸의 효력이 발생하는 것으로, 이 점은 피압류채권이 그 존부 및 범위를 불확실하게 하는 요소를 내포하고 있는 장래의 채권인 경우에도 마찬가지라고 할 것이다."라고 하였습니다(대법원 2000. 4. 21. 선고 99다70716 판결, 2001. 9. 25. 선고 99다15177 판결, 2002. 11. 8. 선고 2002다7527 판결).

또한 "집행력 있는 채무명의에 터 잡아 채권의 압류 및 전부명령이 적법하게 이루어진 이상 피압류채권은 집행채권의 범위 안에서 지급에 갈음하여 당연히 압류(전부)채권자에게 이전하고 채무

자는 채무를 변제한 것으로 간주되어, 그 후 그 압류 및 전부를
받은 채권자가 그 채권을 추심하는 과정과는 관계없이 그 강제집
행은 이미 종료되었다고 할 것이므로, 그 집행채권이 장래의 조건
부 채권이거나 소멸할 가능성이 있는 것이라 하여도 그 채권의 압
류 및 전부명령의 효력에는 아무런 영향이 없다."라고 하였습니다.

그리고 집행력 있는 판결정본에 터 잡아 장래 채권에 대한 압
류 및 전부명령이 적법하게 이루어진 경우, 집행력 있는 판결정본
을 재도부여할 수 있는지에 관하여 "채권자가 가집행선고부 판결
에 기한 집행문을 부여받아 채무자가 장래에 받게 될 봉급 등의
채권에 대하여 압류 및 전부명령을 받았다면 위 전부명령이 무효
가 되지 않는 한 가집행선고부 판결에 기한 강제집행은 이미 종료
되었다고 할 것이므로, 채무자의 봉급 등의 장래 채권이 발생하지
않는다거나 채권자가 변제 받아야 할 채권액의 일부만에 한정하여
압류 및 전부명령을 받았다는 등의 사정이 주장·입증되지 않는
한, 같은 내용의 집행력 있는 판결정본을 채권자에게 재도부여한
것은 위법하다."라고 하였습니다(대법원 1999. 4. 28.자 99그21
결정).

따라서 위 사안에 있어서도 甲으로서는 乙이 퇴직할 가능성이
있다는 사유로 집행력 있는 판결정본의 재도부여를 받기는 어려울
것으로 보입니다.

그러나 장래의 불확정채권에 대한 전부명령의 효력이 발생한 후
그 채권의 전부 또는 일부가 부존재하는 것으로 확정된 경우, 그
부존재 하는 부분에 대한 전부명령의 효력에 대하여 "전부명령이
확정되면 피압류채권은 제3채무자에게 송달된 때에 소급하여 집행
채권의 범위 안에서 당연히 전부채권자에게 이전하고 동시에 집행
채권 소멸의 효력이 발생하는 것으로, 이 점은 피압류채권이 그
존부 및 범위를 불확실하게 하는 요소를 내포하고 있는 장래의 채
권인 경우에도 마찬가지라고 할 것이나 장래의 채권에 대한 전부
명령이 확정된 후에 그 피압류채권의 전부 또는 일부가 존재하지

아니한 것으로 밝혀졌다면 민사소송법 제564조 (현행 민사집행법 제231조)단서에 의하여 그 부분에 대한 전부명령의 실체적 효력은 소급하여 실효된다."라고 함으로써 乙이 채무를 변제하지 못한 상태에서 퇴직하는 등의 경우에는 전부 또는 잔여부분에 대한 전부명령의 효력은 소급하여 실효가 된다고 하고 있으므로(대법원 2001. 9. 25. 선고 99다15177 판결, 2002. 7. 12. 선고 99다68652 판결), 이에 해당되면 판결정본의 재도부여가 가능하다할 것입니다.

◎ 담보권실행경매절차 개시 후 채무변제를 이유로 한 이의제기 방법

> **【질의】** ➡ 저는 甲으로부터 1,000만원을 빌리면서 제 소유 주택에 채권최고액 1,500만원의 근저당권을 설정하였습니다. 그 후 저는 여러 차례 나누어 원금과 이자를 모두 지급하였지만 근저당권설정등기를 말소하지 않았습니다. 그런데 2년이 지난 뒤 甲이 말소되지 않은 근저당권을 근거로 저의 주택에 담보권실행을 위한 경매를 신청하였습니다. 이 경우 어떻게 대항할 수 있는지요?

【답변】 ➡ 결정이나 채무에 관한 이의의 소를 제기하면 됩니다.

귀하의 경우 근저당권으로 담보된 채권을 모두 변제하였음에도 채권자 甲이 근저당권설정등기가 말소되지 않았음을 악용하여 담보권실행을 위한 경매신청을 제기한 것은 부당하다고 하겠습니다. 그러므로 귀하는 甲을 상대로 하여 채무변제를 이유로 경매개시결정에 대한 이의나 채무에 관한 이의의 소를 제기하여야 할 것입니다.

민사집행법 제265조에 의하면 경매개시결정에 대한 이의신청사유에 관하여 "경매절차의 개시결정에 대한 이의신청사유로 담보권이 없다는 것 또는 소멸되었다는 것을 주장할 수 있다."라고 규정하고 있으므로 담보권실행을 위한 경매개시결정에 대한 이의는 강제경매개시결정에 대한 이의와는 달리 실체상의 하자도 이의사유로 주장할 수 있습니다. 그리고 민사집행법 제268조에 의하면 담보권실행 경매절차에 있어서도 특별한 규정이 없는 한 강제집행절차를 준용하고 있으므로, 민사집행법 제44조(청구에 관한 이의의 소)에 준하는 채무에 관한 이의의 소를 제기할 수 있을 것입니다. 그런데 경매개시결정에 대한 이의나 채무에 관한 이의의 소는 집행정지의 효력이 없으므로 경매개시결정에 대한 이의나 청구이의의 소를 제기한다고 하여도 담보권실행을 위한 경매절차는 정지되

는 것이 아닙니다.

즉, 담보권실행을 위한 경매를 신청할 수 있는 권리의 존부를 다투는 자는 개시결정에 대한 이의신청을 하고 민사집행법 제86조 제2항에 의한 경매절차정지명령을 받거나, 청구이의의 소에 준하는 채무에 관한 이의의 소(통상 채무부존재확인이나 저당권부존재확인 또는 저당권설정등기말소청구의 소를 본안으로 함)를 제기하고 민사집행법 제46조에 의한 가처분으로서 경매정지명령을 받아 그 경매절차를 정지시켜야 할 것입니다. 그런데 이 경우 담보제공(공탁)을 하여야 할 경우도 있습니다.

그리고 위와 같은 절차에 의하지 아니하고 민사집행법 제300조에 의한 일반가처분절차에 의하여 담보권실행을 위한 경매절차를 정지시킬 수 있는지에 관하여 판례를 보면, "임의경매를 신청할 수 있는 권리의 존부를 다투는 경우에 그 경매절차를 정지하기 위해서는 민사소송법 제728조(현행 민사집행법 제268조)에 의하여 준용되는 민사소송법 제603조의3(현행 민사집행법 제86조)의 규정에 의하여 경매개시결정에 대한 이의신청을 하고 민사소송법 제484조(현행 민사집행법 제34조)에 의한 집행정지명령을 받거나, 민사소송법 제505조(현행 민사집행법 제44조)를 준용하여 채무에 관한 이의의 소를 제기하여 민사소송법 제507조(현행 민사집행법 제46조)에 의한 집행정지명령을 받아 정지시킬 수 있을 뿐이고, 민사소송법 제714조(현행 민사집행법 제300조)에 의한 일반적인 가처분절차에 의하여 임의경매절차를 정지시킬 수는 없다."라고 하였습니다(대법원 1993. 1. 20.자 92그35 결정, 1983. 2. 3.자 82마869 결정).

그러므로 민사집행법 제300조에 의한 일반적인 가처분절차에 의하여 담보권실행을 위한 경매절차를 정지시킬 수는 없을 것으로 보입니다.

◘ 채무자재산명시제도

> **【질의】** ➡ 저는 甲에 대한 대여금 1,000만원 청구소송에서 승소확정 판결을 받았는데, 상대방의 재산관계를 파악할 수 없어 강제집행을 하지 못하고 있습니다. 주위에서는 채무자의 재산을 파악하는 방법 이 있다고 하는데 어떠한 것이 있는지요?

【답변】 ➡ 채무자재산명시제도가 있습니다.

'채무자재산명시제도'란 채무자의 책임재산을 공개시켜 채권자 의 강제집행을 용이하게 하도록 한 제도인바, 이것은 채무자가 확 정판결 등 집행권원에 대한 금전채무를 이행하지 않고 또한 그 채 무자의 재산발견마저 용이하지 아니할 때 집행을 개시할 수 있는 채권자가 제1심 법원 또는 지급명령이나 조정을 한 법원에 채무 자로 하여금 자기의 재산관계를 명시해서 법원에 제출케 하는 명 령을 하도록 신청하는 것입니다.

이 신청을 받은 법원은 서면으로 신청의 이유를 심사한 후 이 유 있다고 인정되면 재산명시기일을 정해서 채무자로 하여금 법원 에 출석케 하고 선서 후 진실된 채무자의 재산목록을 제출케 하는 데(민사집행법 제64조 제1항, 제65조), 명시기일에 출석한 채무자 가 3월 이내에 변제할 수 있음을 소명한 때에는 법원은 그 기일 을 3월의 범위 내에서 연기할 수 있으며, 채무자가 새 기일에 채 무액의 3분의 2 이상을 변제하였음을 증명하는 서류를 제출한 때 에는 다시 1월의 범위 내에서 연기할 수 있습니다(민사집행법 제 63조 제4항).

그리고 채무자에 대하여 강제집행을 개시할 수 있는 채권자는 재산목록을 보거나 복사할 것을 신청할 수 있습니다(민사집행법 제67조).

채무자가 정당한 사유 없이 ①명시기일 불출석, ②재산목록 제출 거부, ③선서 거부 가운데 어느 하나에 해당하는 행위를 한 경우에는 법원은 결정으로 20일 이내의 감치(監置)에 처하게 되며, 채무자가 법인 또는 민사소송법 제52조의 사단이나 재단인 때에는 그 대표자 또는 관리인을 감치에 처하게 됩니다(민사집행법 제68조 제1항, 제2항).

그런데 감치재판절차는 법원의 감치재판개시결정에 따라 개시되고, 감치사유가 발생한 날부터 20일이 지난 때에는 감치재판개시결정을 할 수 없으며(민사집행규칙 제30조 제2항), 감치재판절차를 개시한 후 감치결정 전에 채무자가 재산목록을 제출하거나 그 밖에 감치에 처하는 것이 상당하지 아니하다고 인정되는 때에는 법원은 불처벌결정을 하여야 하고(민사집행규칙 제30조 제3항), 채무자가 감치의 집행 중에 재산명시명령을 이행하겠다고 신청한 때에는 법원은 바로 명시기일을 열어야 하며, 채무자가 그 명시기일에 출석하여 재산목록을 내고 선서하거나 신청채권자에 대한 채무를 변제하고 이를 증명하는 서면을 낸 때에는 법원은 바로 감치결정을 취소하고 그 채무자를 석방하도록 명하여야 합니다(민사집행규칙 제68조 제5항, 제6항).

또한, 채무자가 거짓의 재산목록을 낸 때에는 3년 이하의 징역 또는 500만원 이하의 벌금에 처하게 되고, 이 경우 채무자가 법인 또는 민사소송법 제52조의 사단이나 재단인 때에는 그 대표자 또는 관리인을 위에 따라 처벌하고 채무자는 위 벌금에 처하게 됩니다(민사집행법 제68조 제9항, 제10항).

한편, 재산조회에 관하여 민사집행법 제74조 제1항에 의하면 "재산명시절차가 끝난 경우에, 제68조 제1항 각 호의 사유 또는 같은 조 제9항의 사유가 있거나 채무자가 제출한 재산목록의 재산만으로는 집행채권의 만족을 얻기에 부족하면, 재산명시절차를 실시한 법원은 그 재산명시를 신청한 채권자의 신청에 따라 개인의 재산 및 신용에 관한 전산망을 관리하는 공공기관·금융기관·단체 등에 채무자 명의의 재산에 관하여 조회할 수 있다."라고 규정하고 있으며, 재산조회의 결과에 관하여 민사집행법 제75조 제1항에 의하면 "법원은 제74조 제1항 및 제3항의 규정에 따라 조회한 결과를 채무자의 재산목록에 준하여 관리하여야 한다."라고 규정하고 있고, 벌칙에 관하여 민사집행법 제76조에 의하면 "①누구든지 재산조회의 결과를 강제집행 외의 목적으로 사용하여서는 아니된다. ②제1항의 규정에 위반한 사람은 2년 이하의 징역 또는 500만원 이하의 벌금에 처한다."라고 규정하고 있습니다.

따라서 재산명시신청제도를 통해 제출된 재산목록의 열람·복사를 통해 집행가능한 재산을 파악할 수 있으며, 甲에게 변제이행을 간접적으로 강제함으로써 채권자의 채권실현을 위한 제도라 할 것입니다.

참고로 구 민사소송법(2002. 1. 26. 법률 제6626호로 개정되기 전의 것) 아래서는 공정증서에 기초하여서는 재산명시신청을 할 수 없었으나, 현행 민사집행법이 시행된 뒤에는 공정증서에 기초하여서도 재산명시신청이 가능합니다.

◘ 채권자가 재단법인의 기본재산처분허가신청절차이행청구를 할 수 있는지

【질의】 ➡ 甲은 乙재단법인에 대한 채권이 있어 승소확정판결을 받았으나, 채무자인 乙재단법인에 다른 재산이 없어 기본재산을 처분하지 않고는 채무의 변제가 불가능합니다. 이 경우 甲이 채권자로서 채무자인 乙재단법인을 상대로 주무관청에 대하여 기본재산에 대한 처분허가신청절차를 이행할 것을 청구할 수 있는지요?

【답변】 ➡ 청구할 수 없습니다.

재단법인의 기본재산의 처분행위와 관련된 판례를 보면, "재단법인의 기본재산처분행위는 정관변경사항이므로 주무관청의 허가를 요하는 것으로서, 이는 재단법인의 채권자가 그 기본재산에 대하여 강제집행을 실시하는 경우도 동일한 것이기는 하나 그와 같은 재단법인의 정관변경에 대한 주무관청의 허가는 경매개시요건은 아니고 경락인의 소유권취득에 관한 요건이므로 경매신청시에 그 허가서를 제출하지 아니하였다 하여 경매신청을 기각할 것은 아니다."라고 하였으며(대법원 1986. 1. 17.자 85마720 결정), "공원묘지의 유지관리를 목적사업으로 하는 재단법인이 그 묘역 일부에 대한 분양권을 공사비채무의 변제에 갈음하여 양도하는 내용의 대물변제계약은 재단법인의 기본재산의 처분으로서 정관을 변경하는 행위에 해당하여 주무관청의 허가가 없는 한 무효이다."라고 하였습니다(대법원 1994. 4. 12. 선고 93다52747 판결).

그런데 재단법인의 기본재산을 처분행위는 정관변경사항이므로 주무관청의 허가를 얻어야 하는데, 재단법인의 채권자가 재단법인을 상대로 기본재산에 대한 처분허가신청절차의 이행을 청구할 수 있는지에 관하여 판례를 보면, "재단법인은 일정한 목적을 위하여 바쳐진 재산이라는 실체에 대하여 법인격을 부여한 것이므로, 그 출연된 재산 즉 재단법인의 기본재산은 바로 법인의 실체인 동시에 법인의 목적을 수행하기 위한 가장 기본적인 수단으로서 이를 처분한다는 것은 재단법인의 실체가 없어지는 것을 의미하므로, 재단법인의 기본재산은 이를 함부로 처분할 수 없는 것이고, 재단법인이 정관의 변경을 초래하는 기본재산의 처분을 위하여 주무관청의 허가를 신청할 것인지 여부는 특별한 사정이 없는 한 재단법인의 의사에 맡겨져 있다고 할 것이므로, 채무자인 재단법인에 다른 재산이 없어 기본재산을 처분하지 않고는 채무의 변제가 불가능하다고 하더라도, 재단법인으로부터 기본재산을 양수한 자도 아니고 금전채권자들에 불과한 자에게는 강제이행청구권의 실질적인 실현을 위하여 필요하다는 사유만으로 기본재산의 처분을 희망하지도 않는 재단법인을 상대로 주무관청에 대하여 기본재산에 대한 처분허가신청절차를 이행할 것을 청구할 권한이 없다."라고 하였습니다(대법원 1998. 8. 21. 선고 98다19202 판결).

따라서 위 사안에서도 甲이 乙재단법인을 상대로 주무관청에 대하여 기본재산에 대한 처분허가신청절차를 이행할 것을 청구할 수 없을 것으로 보입니다

◎ 선박경매과정에서 발생한 정박료 채권이 선박우선특권에 해당하는지

【질의】 ➡ 甲회사는 甲회사소유의 선박이 乙회사의 선박의 과실로 발생된 선박충돌사고로 선박수리비 등 다액의 손해가 발생되어 乙회사의 선박을 압류하여 경매개시 되었고, 선박감수보존명령을 받아 집행관에 의하여 감수보존처분이 집행되었습니다. 그런데 위 압류 선박의 매각대금 및 이에 대한 배당기일까지의 이자 합계금이 원고가 청구한 감수보존비용에도 미치지 못하여 위 합계금은 甲회사의 감수보존비용과 관할해운항만청에서 청구한 정박료채권에 안분배당되어 확정되었습니다. 이 경우 甲이 정박료채권은 선박우선채권에 해당되고 집행비용에는 해당되지 않는다는 이유로 국가에 대하여 부당이득의 반환을 청구할 수 있는지요?

【답변】 ➡ 청구할 수 없습니다.

　　선박우선특권있는 채권에 관하여 상법 제861조에 의하면 "①다음의 채권을 가진 자는 선박, 그 속구, 그 채권이 생긴 항해의 운임 그 선박과 운임에 부수한 채권에 대하여 우선특권이 있다.

1. 채권자의 공동이익을 위한 소송비용, 선박과 속구의 경매에 관한 비용, 항해에 관하여 선박에 과한 제세금, 도선료와 예선료, 최후 입항 후의 선박과 그 속구의 보존비와 검사비
2. 선원 기타의 선박사용인의 고용계약으로 인한 채권
3. 선박의 구조에 대한 보수와 공동해손의 분담에 대한 채권
4. 선박의 충돌로 인한 손해 기타의 항해사고로 인한 항해시설, 항만시설 및 항로에 대한 손해와 선원이나 여객의 생명, 신체에 대한 손해의 배상채권②제1항의 우선특권을 가진 선박채권자는 이 법 기타의 법률의 규정에 따라 제1항의 재산에 대하여 다른 채권자보다 자기채권의 우선변제를 받을 권리가 있다. 이 경우에는 그 성질에 반하지 아니하는 한 민법의 저당권에

관한 규정을 준용한다."라고 규정하고 있으며, 압류선박의 정박에 관하여는 민사집행법 제176조 제1항에서 "법원은 집행절차를 행하는 동안 선박이 압류 당시의 장소에 계속 머무르도록 명하여야 한다."라고 규정하고 있습니다.

그리고 민사집행법 제53조 제1항에 의하면 "강제집행에 필요한 비용은 채무자가 부담하고 그 집행에 의하여 우선적으로 변상을 받는다."라고 규정하고 있으며, 이 규정은 민사집행법 제275조에 의하여 담보권실행을 위한 경매절차에도 준용됩니다.

그러므로, 위 사안에서 정박료채권이 집행비용에 해당된다면 선박우선특권에 해당되는 것보다 우선적으로 변상을 받게 되는 차이점이 있습니다.

그런데 선박경매과정에서 발생한 정박료채권이 선박우선특권에 해당하는지에 관하여 판례를 보면, "선박경매에 있어서 선박을 압류항에 정박시켜 두지 아니하면 경매절차를 속행할 수 없으므로, 선박에 대한 압류의 효력이 발생한 때부터 경락대금지급시까지의 기간 동안에 선박의 정박을 위하여 발생한 정박료는 선박경매를 수행하기 위한 것으로서 당해 집행사건의 집행비용에 해당한다고 보아야지 상법 제861조 제1항 제1호 소정의 선박우선특권에 해당한다고 볼 수는 없다."라고 하였습니다(대법원 1998. 2. 10. 선고 97다10468 판결).

따라서 위 사안에서도 국가의 정박료채권은 甲회사의 감수보존비용과 함께 집행비용으로서 안분배당되는 것이 타당할 것이므로, 甲회사가 국가에 대하여 부당이득반환청구를 할 수는 없을 것으로 보입니다.

◎ 체납처분대금배분시까지 배분요구 안한 임금채권자의 부당이득 반환청구권

[질의] ➡ 甲은 乙로부터 우선변제권 있는 임금을 지급 받지 못한 임금채권자입니다. 그런데 사용자인 乙의 부동산에 대하여 국세의 체납으로 인한 체납처분의 청산절차인 공매절차가 진행된다는 사실을 알지 못하여 압류재산의 매각대금배분시까지 배분요구를 하지 못하였습니다. 이 경우 우선변제권 있는 임금채권자인 甲에게 배분되어야 할 금액 상당의 금원을 배분받은 후순위 채권자를 상대로 부당이득반환청구를 할 수 있는지요?

[답변] ➡ 할 수 있습니다.

체납처분절차의 청산(배분)절차에 민사집행법상 배당요구에 관한 규정이 준용되는지에 관하여 판례를 보면, "민사소송법(현행 민사집행법)상 부동산에 대한 강제경매의 배당절차와 국세징수법상 체납처분에서의 청산(배분)절차의 차이는, 강제집행절차가 경합하는 일반채권에 대한 할당변제에 의한 사법적 해결을 그 본지로 함에 반하여 체납처분절차는 행정기관에 의한 조세채권의 신속한 만족을 위한 절차라는 점에서 비롯된 것이므로, 채권계산서 미제출에 의한 채권액 보충의 실기에 관한 규정인 민사소송법 제587조(현행 민사집행법 제254조) 제2항이나 배당요구 및 그 시기에 관한 규정인 민사소송법 제605조(현행 민사집행법 제88조, 제84조)는 체납처분에서의 청산(배분)절차에 관하여 이를 준용할 수 없고, 따라서 세무서장으로서는 국세징수법 제81조 제1항에 규정된 채권자에게 배분할 금액을 직권으로 확정하여 배분계산서를 작성하여야 한다."라고 하였습니다(대법원 1998. 12. 11. 선고 98두10578 판결).

그리고 근로기준법 제37조 소정의 임금채권이 체납처분의 청산절차에서 압류재산의 매각대금을 배분 받을 채권에 포함되는지에 관하여 판례를 보면, "국세징수법 제81조 제1항 제3호의 규정은 압류재산의 매각대금을 배분 받을 수 있는 우선권 있는 채권을 예시한 것에 불과할 뿐 이를 한정적으로 열거한 것은 아니라고 할 것이므로, 근로기준법 제37조 소정의 임금채권도 국세기본법 제35조 제1항 제5호가 규정한 바와 같이 그것이 일반채권에 우선하는 채권인 이상 체납처분의 청산절차에서 압류재산의 매각대금을 배분 받을 채권에 당연히 포함된다고 할 것이고, 이와 같이 임금채권이 압류재산 매각대금의 분배대상에 포함되는 이상 체납처분절차를 주관하는 기관은 그에 대하여 배분할 금액을 직권으로 확정하여 배분계산서를 작성하여야 한다."라고 하였습니다.

또한, 체납처분의 청산절차에서 압류재산 매각대금 배분시까지 배분요구를 하지 않은 우선변제권 있는 임금채권자가 그에게 배분되어야 할 금액 상당의 금원을 배분 받은 후순위 채권자를 상대로 부당이득반환청구를 할 수 있는지에 관하여 판례를 보면, "임금채권자가 체납처분의 청산절차에서 압류재산의 매각대금을 배분할 때까지 배분요구를 하지 아니하여 그에게 배분되어야 할 돈이 후순위 채권자에게 배분되었다면, 임금채권자는 후순위 권리자를 상대로 부당이득의 반환청구를 할 수 있다."라고 하였습니다(대법원 2003. 1. 24. 선고 2002다64254 판결).

따라서 위 사안의 경우 甲은 비록 체납처분의 청산절차에서 압류재산 매각대금 배분시까지 배분요구를 하지 않았다고 하여도 자신의 우선변제권을 주장하여 후순위 채권자를 상대로 그 금원의 반환을 구하는 부당이득반환청구를 할 수 있다고 할 것입니다.

◎ 임금채권과 국세체납채권에 의한 압류 경합시 제3채무자의 공탁 가능 여부

【질의】 ➡ 甲은 乙에 대한 건물임차보증금반환채무가 있습니다. 그런데 乙에 대하여 우선변제권 있는 임금채권자 丙이 위 임차보증금반환청구채권에 가압류를 하였으며, 또한 관할세무서장이 역시 국세징수법에 의하여 위 임차보증금반환청구채권에 압류를 하였습니다. 그리고 위 임차보증금반환청구채권액은 丙의 임금채권과 국세채권을 모두 충족시키기에 절대적으로 부족한 경우입니다. 이 경우 甲은 제3채무자로서 민사집행법 제248조에 의한 집행공탁을 하여 책임을 면할 수 있는지요?

【답변】 ➡ 면할 수 없습니다.

국세징수법 제41조에 의하면 "①세무서장은 채권을 압류할 때에는 그 뜻을 채무자에게 통지하여야 한다. ②세무서장은 제1항의 통지를 한 때에는 국세·가산금과 체납처분비를 한도로 하여 채권자에게 대위한다. ③세무서장은 제1항의 압류를 한 때에는 그 뜻을 체납자에게 통지하여야 한다."라고 규정하고 있으며, 국세징수법 제42조에 의하면 "채권압류의 효력은 채권압류통지서가 채무자에게 송달된 때에 발생한다."라고 규정하고 있습니다.

그런데 채권이 압류된 경우 제3채무자의 집행공탁에 관하여 민사집행법 제248조에 의하면 "①제3채무자는 압류에 관련된 금전채권의 전액을 공탁할 수 있다. ②금전채권에 관하여 배당요구서를 송달 받은 제3채무자는 배당에 참가한 채권자의 청구가 있으면 압류된 부분에 해당하는 금액을 공탁하여야 한다. ③금전채권 중 압류되지 아니한 부분을 초과하여 거듭 압류명령 또는 가압류명령이 내려진 경우에 그 명령을 송달 받은 제3채무자는 압류 또는 가압류채권자의 청구가 있으면 그 채권의 전액에 해당하는 금액을 공탁하여야 한다. ④제3채무자가 채무액을 공탁한 때에는 그 사유를 법원에 신고하여야 한다. 다만, 상당한 기간 이내에 신고가 없는 때에는 압류채권자, 가압류채권자, 배당에 참가한 채권자, 채무자, 그 밖의 이해관계인이 그 사유를 법원에 신고할 수 있다."라고 규정하고 있습니다.

그러므로 동일채권에 관하여 국세체납절차와 민사집행절차의 양 절차에서 각각 별도로 압류하여 서로 경합하는 경우, 제3채무자가 민사집행법 제248조에 따른 집행공탁을 하여 책임을 면할 수 있는지가 문제됩니다.

이에 관련된 판례를 보면, "현행법상 국세체납절차와 민사집행절차는 별개의 절차로서 양 절차 상호간의 관계를 조정하는 법률의 규정이 없으므로, 한 쪽의 절차가 다른 쪽의 절차에 간섭할 수 없는 반면, 쌍방 절차에서 각 채권자는 서로 다른 절차에 정한 방법으로 그 다른 절차에 참여할 수밖에 없고, 동일채권에 관하여 양 절차에서 각각 별도로 압류하여 서로 경합하는 경우에도 공탁 후의 배분(배당)절차를 어느 쪽이 행하는가에 관한 법률의 정함이 없어 제3채무자의 공탁을 인정할 여지가 없다."라고 하였습니다 (대법원 1999. 5. 14. 선고 99다3686 판결).

또한, "국세징수법 제41조에 의한 채권압류의 효력은 피압류채권의 채권자와 채무자에 대하여 그 채권에 관한 변제, 추심 등 일체의 처분행위를 금지하고, 체납자에 대신하여 추심할 수 있게 하는 것이므로, 제3채무자는 피압류채권에 관하여 체납자에게는 변제할 수 없고, 추심권자인 국(國)에게만 이행할 수 있을 뿐이며, 그 피압류채권에 대하여 근로기준법에 의한 우선변제권을 가지는 임금 등의 채권에 기한 가압류집행이 되어 있다 하더라도, 그 우선변제권은 채무자의 재산에 대한 강제집행의 경우 그에 의한 환가금에서 일반채권에 우선하여 변제 받을 수 있음에 그치는 것이고, 이미 다른 채권자에 의하여 이루어진 압류처분의 효력까지 배제하여 그보다 우선적으로 직접 지급을 구할 수 있는 권한을 부여한 것으로는 볼 수 없으므로, 제3채무자로서는 체납처분에 의한 채권압류 후에 행해진 피압류채권에 대한 가압류가 그러한 임금 등의 채권에 기한 것임을 내세워 체납처분에 의한 압류채권자의 추심청구를 거절할 수는 없다."라고 하였습니다(대법원 1999. 5. 14. 선고 99다3686 판결, 2002. 12. 24. 선고 2000다26036 판결, 1997. 4. 22. 선고 95다41611 판결, 1989. 1. 31. 선고 88다카42 판결, 1988. 4. 12. 선고 86다카2476 판결).

따라서 위 사안에서 甲은 민사집행법 제248조에 의한 집행공탁을 할 수 없을 것으로 보이고, 비록 丙의 채권가압류가 있었다고 하여도 체납처분에 의한 압류채권자의 추심청구를 거절할 수는 없을 것으로 보입니다.

◎ 전부명령과 추심명령은 어떠한 차이가 있는지

【질의】 ➡ 저는 건축업자 甲을 상대로 물품대금청구소송을 제기하여 승소판결을 받았으나 甲이 변제하지 않아 재산을 조사해보니 집행 가능한 부동산 등은 없고, 다만 甲이 乙의 건물을 지어주고 받지 못한 공사대금 잔액이 있음을 확인하였습니다. 이 경우 어떻게 하여야 하는지요?

【답변】 ➡ **전부명령 및 추심명령을 신청합니다.**

귀하의 경우 甲이 乙에 대하여 가지는 공사대금청구채권을 압류하여 변제 받을 수밖에 없는데, 그 방법은 귀하의 선택에 따라 관할법원에 채권압류 및 추심명령(推尋命令) 또는 전부명령(轉付命令)을 신청하여 그 결정을 받아 제3채무자인 乙로부터 변제 받을 수 있습니다.

채권에 대한 추심명령이란 채무자가 제3채무자에 대하여 가지는 채권을 대위절차를 요하지 않고 채권자가 직접 이를 청구하는 권리를 채권자에게 부여하는 집행법원의 명령을 말합니다. 따라서 이에 의하여 압류채권자는 형식상으로는 자기명의로 추심권을 갖는 것이지만, 실체상의 관계에 있어서는 그 추심권에 의하여 추심하려는 채권자체는 여전히 채무자의 권리에 속하는 것이므로 만약, 제3채무자의 무자력으로 추심불능이 된 경우 채무자의 다른 재산을 압류하여 변제 받을 수도 있게 되는 것입니다.

추심명령은 그 명령이 제3채무자에게 송달한 때에 효력이 생기며 채권자가 추심을 완료하였다는 뜻을 집행법원에 신고한 때에 완료하는 것입니다. 따라서 그때까지는 다른 채권자는 원칙적으로 그 채권에 대하여 압류나 배당요구를 할 수 있습니다.

채권에 대한 전부명령이란 채무자가 제3채무자에 대하여 가지는 채권을 지급에 갈음하여 압류채권자에게 이전하게 하는 재판으로 전부명령에 의한 채권의 이전은 채권양도와 유사하나 채권자가 제3채무자에게 통지하거나 또는 제3채무자의 승낙을 요하지 않고 전부명령이 확정된 경우에는 집행법원의 전부명령이 제3채무자에게 송달된 때 효력이 발생하는 것입니다. 전부명령이 제3채무자에게 송달되면 그 채권이 존재하는 한 채무자의 제3채무자에 대한 채권은 소멸하는 것으로 압류채권자는 이후 피전부채권에 대하여 일체의 처분을 할 수 있으며, 제3채무자가 그 이행을 하지 않는 때에는 직접 제3채무자를 상대로 소송을 제기하면 됩니다. 만일, 피전부채권이 존재하지 않는 경우 채권자는 채무자에 대하여 다시 변제청구를 할 수 있으나(다만, 이 경우 피전부채권의 부존재를 입증하는 방법으로 실무상 전부금청구소송에서 전부채권자가 패소한 패소판결을 제출하도록 하고 있으며, 이 경우 집행정본을 되돌려 받는 것은 아니고 집행정본이 전부명령에 사용되었다는 내용의 '사용증명'을 받아 이를 근거로 다시 집행정본을 받아 채무자의 다른 재산에 강제집행 하여야 함), 전부채권이 확정되면 비록 제3채무자가 재산이 없어 변제를 받을 수가 없는 경우에도 채무자에 대하여 다시 청구할 수 없게 됩니다.

그리고 전부명령이 제3채무자에게 송달된 후에는 다른 채권자의 배당요구가 허용되지 않습니다. 즉, 전부명령의 경우에는 전부채권자가 후순위 다른 채권자들에 비하여 독점적으로 피전부채권을 취득하게 되는 것입니다. 그러나 유의할 점은 전부명령이 제3채무자에게 송달될 때까지 그 채권에 대하여 다른 채권자가 압류·가압류 또는 배당요구를 한 때에는 그 전부명령은 효력이 없고 다만 압류의 효력만 있게 됩니다(민사집행법 제229조 제5항).

전부명령과 추심명령은 위와 같이 여러가지 면에서 차이점이 있고 그 효력이나 집행방법도 다르므로 어느 방법이 좋을 것인지 단정적으로 말하기는 어렵고, 제3채무자의 재산상태, 채무자와의 관계 등 구체적인 사안에 따라 어느 방법을 택할 것인지를 판단하여 결정해야 하는 것입니다.

그런데 위 사안에 있어서 귀하로서는 우선 甲이 乙에 대해 가지고 있는 공사대금잔액을 확인하여 압류하면서 乙의 변제능력이 충분한 경우는 법원에 전부명령을 신청하고 이를 乙에게 송달시키게 되면 귀하의 채권의 만족을 얻게 될 것입니다.

그러나 그 공사대금잔액채권에 대해 甲의 다른 채권자가 가압류나 압류 등을 했을 때에는 전부명령을 하여서는 아니 되고 추심명령을 받아야 효과적일 것이며, 추심명령이 있게 되면 귀하는 甲의 乙에 대한 채권을 대위절차 없이 직접 乙로부터 추심할 수 있는 권리가 생기게 되는 것입니다. 그리고 귀하가 전부명령이나 추심명령을 받았음에도 乙이 변제하지 않을 경우에는 전부금청구소송 또는 추심금청구소송을 제기할 수 있습니다.

참고로 압류명령과 전부명령 또는 추심명령은 실무상 동시에 신청할 수 있으며, 그 명령도 압류 및 전부명령 또는 압류 및 추심명령의 형식이 됩니다.

◎ 채권압류의 경합으로 무효인 전부명령이 압류경합의 해제로 되살아나는지

【질의】 ➡ 甲은 乙에 대한 대여금채권(1,000만원)에 기초하여 乙의 丙에 대한 물품대금채권(1,000만원)에 대한 채권압류 및 전부명령을 받았습니다. 그런데 丁은 甲의 채권압류 및 전부명령이 발하여지기 이전에 이미 乙에 대한 대여금채권(1,000만원)을 보전하기 위하여 乙의 丙에 대한 위 물품대금채권에 대하여 채권가압류를 하였습니다. 그 후 丁은 乙의 아버지 戊의 부동산을 담보로 제공받고 위 채권가압류신청을 취하하여 가압류집행이 해제되었습니다. 이 경우 甲의 전부명령의 효력이 되살아날 수 있는지요?

【답변】 ➡ 되살아나지 않습니다.

채권에 대한 전부명령(轉付命令)이란 채무자가 제3채무자에 대하여 가지는 채권을 지급에 갈음하여 압류채권자에게 이전하게 하는 재판으로 전부명령에 의한 채권의 이전은 채권양도와 유사하나 채권자가 제3채무자에게 통지하거나 또는 제3채무자의 승낙을 요하지 않고 전부명령이 확정된 경우에는 집행법원의 전부명령이 제3채무자에게 송달된 때 효력이 발생하는 것입니다.

그리고 전부명령이 제3채무자에게 송달된 후에는 다른 채권자의 배당요구가 허용되지 않습니다. 즉, 전부명령의 경우에는 전부채권자가 후순위 다른 채권자들에 비하여 독점적으로 피전부채권을 취득하게 되는 것입니다.

그러나 전부명령이 제3채무자에게 송달될 때까지 그 채권에 대하여 다른 채권자가 압류·가압류 또는 배당요구를 한 때에는 그 전부명령은 효력이 없고 다만 압류의 효력만 있게 됩니다(민사집행법 제229조 제5항).

그런데 위 사안에서 전부명령이 채권가압류와 채권압류가 경합된 상태에서 발령되어 무효인 경우, 그 후 채권가압류의 집행해제로 경합상태를 벗어나면 전부명령의 효력이 되살아나는지 문제됩니다.

이에 관하여 판례를 보면, "채권가압류와 채권압류의 집행이 경합된 상태에서 발령된 전부명령은 무효이고, 한 번 무효로 된 전부명령은 일단 경합된 가압류 및 압류가 그 후 채권가압류의 집행해제로 경합상태를 벗어났다고 하여 되살아나는 것은 아니다."라고 하였습니다(대법원 2001. 10. 12. 선고 2000다19373 판결).

따라서 위 사안에서 甲의 전부명령은 무효이고 그 효력이 부활되지 않을 것입니다.

◎ 채권가압류 후 압류 및 추심명령이 발부된 경우 가압류의 효력

【질의】 ➡ 저는 채무자 甲에 대한 금전채권이 있어 甲이 제3채무자 乙에 대하여 가지고 있는 채권에 대하여 채권가압류신청을 하였고 가압류결정이 乙에게 송달되었습니다. 그 후 甲에 대한 다른 채권자 丙이 법원으로부터 채권압류 및 추심명령을 받아 乙로부터 甲의 채권을 추심한 후 이를 지체 없이 공탁하는 절차를 거치지 아니하였습니다. 그런데 이미 가압류결정을 송달 받은 乙이 丙에게 채무를 변제한 것이 유효한 것인지, 아니면 제가 乙에 대해서 가압류결정의 송달을 근거로 하여 丙에 대한 변제의 효력을 부인하여 변제를 요구할 수 있는지요?

【답변】 ➡ 요구할 수 있습니다.

관련 판례를 보면 "채무자의 제3채무자에 대한 채권가압류와 채권압류가 경합하는 경우에 있어서 그 채권에 관하여 추심명령을 얻은 압류채권자는 경합하는 가압류채권자와 그 밖의 배당에 관여하는 자 전원을 위하여 제3채무자로부터 채무자의 채권을 추심하는 것이므로, 가압류채권자는 그 채권이 확정된 다음 채권가압류의 배당요구의 효력에 의하여 위 추심금으로부터 배당액의 교부를 받든지, 추심채권자에 대하여 자기의 배당액에 상당한 금액의 교부를 청구할 수 있는 것이고, 제3채무자가 추심명령을 얻은 채권자에게 적법하게 변제한 이상 그 변제로 인하여 채무가 소멸된 제3채무자에 대하여 위 가압류채권자는 다시 그 채권의 변제를 청구할 수 없게 되는 것이며, 따라서 가압류채권자가 있다고 하여 추심명령을 얻은 채권자의 채권추심권에 아무런 영향을 미칠 수 없다고 하여야 할 것이다."라고 하였습니다(대법원 1970. 3. 24. 선고 70다129 판결, 2003. 5. 30. 선고 2001다10748 판결).

이것은 비록 이미 채권가압류가 송달된 이후에 제3자가 채권압류 및 추심명령을 얻어 제3채무자에게 추심금을 청구하는 경우에 제3채무자로서는 추심청구에 응해서 추심금을 지급하면 그로써 유효한 변제가 되고 이를 가압류채권자에게 대항할 수 있다는 것입니다.

그런데 위 사안의 경우에는 추심채권자 丙이 "①채권자는 추심한 채권액을 법원에 신고하여야 한다. ②제1항의 신고전에 다른 압류·가압류 또는 배당요구가 있었을 때에는 채권자는 추심한 금액을 바로 공탁하고 그 사유를 신고하여야 한다."라고 규정한 민사집행법 제236조를 위반하여 배당절차를 거치지 않고서 추심금을 혼자서 차지하였는바, 이 경우 귀하로서는 丙에게 배당액에 상당한 금액의 교부를 청구할 수 있음은 별론으로 하고, 채권가압류집행 이후 본안소송에서 승소의 확정판결을 받아 이에 기한 추심명령이나 전부명령으로 제3채무자 乙에게 금전의 지급을 구할 수는 없습니다.

참고로 민사집행법 제248조 제1항에 의하면 "제3채무자는 압류에 관련된 금전채권의 전액을 공탁할 수 있다."라고 규정하고 있는데, 이 규정의 취지는 제3채무자로서는 어느 채권자가 얼마만큼 변제를 받게 될 것인지, 어느 채권자가 정당한 변제수령권자인지 판단하기 어렵고, 배당요구의 적법여부라든지, 각 채권자의 우선권의 유무 등을 판단하여 채무액을 채권자에게 배분토록 하게 하여서는 그 부담도 크고 때로는 이중변제의 위험마저도 있어 집행절차의 적정을 해할 우려가 있으므로 채무액을 공탁하여 면책이 되도록 한 규정인데, 이는 어디까지나 제3채무자의 권리를 규정한 것이지 제3자가 공탁을 강제할 수 있는 근거조항은 아닙니다.

그러나 민사집행법 제248조 제2항, 제3항에 의하면 "금전채권에 관하여 배당요구서를 송달 받은 제3채무자는 배당에 참가한 채권자의 청구가 있으면 압류된 부분에 해당하는 금액을 공탁하여야 한다. 금전채권 중 압류되지 아니한 부분을 초과하여 거듭 압류명령 또는 가압류명령이 내려진 경우에 그 명령을 송달 받은 제3채무자는 압류 또는 가압류채권자의 청구가 있으면 그 채권의 전액에 해당하는 금액을 공탁하여야 한다."라고 규정하고 있습니다.

　그리고 추심채권자가 제3채무자에 대한 추심금청구소송에서 직접 자기에게 채무액을 지급하라는 판결을 받은 후에도 추심을 하기 전이면 중복압류채권자나 배당요구채권자는 제3채무자에게 공탁을 청구할 수 있으며, 공탁할 의무가 있다는 것은 공탁의 방법에 의하지 아니하고는 면책을 받을 수 없다는 것이므로, 만일 제3채무자가 공탁청구에 반하여 1인의 채권자에게 변제한 경우에는 그 변제의 효력을 공탁을 청구한 채권자에게는 대항할 수 없어 공탁청구채권자는 배당액 상당의 손해배상을 제3채무자에게 청구할 수 있을 것입니다.

　따라서 귀하가 추심채권자인 丙이 제3채무자인 乙로부터 추심금을 받기 이전에 구술이나 내용증명우편 등의 서면으로 제3채무자인 乙에게 공탁을 청구한 적이 있다면 이를 근거로 하여 乙에게 배당액 상당의 손해배상을 청구해볼 수도 있을 것입니다.

◎ 경합된 추심명령권자 중 한 채권자에 대한 제3채무자의 변제의 효력

【질의】 ➡ 甲은 乙에 대하여 임차보증금반환채무가 있는데, 乙의 채권자 丙·丁은 위 임차보증금반환청구채권에 대하여 각각 임차보증금과 같은 금액인 채권압류 및 추심명령을 받았습니다. 이 경우 甲이 丙과 丁 중에서 1인에게 위 임차보증금을 지급하면 그 효력은 어떻게 되는지요?

【답변】 ➡ 채무를 면하게 됩니다.

추심명령이 경합된 경우 그 중의 한 채권자에 대한 제3채무자의 변제의 효력에 관하여 판례를 보면, "같은 채권에 관하여 추심명령이 여러 번 발부되더라도 그 사이에는 순위의 우열이 없고, 추심명령을 받아 채권을 추심하는 채권자는 자기채권의 만족을 위하여서 뿐만 아니라 압류가 경합되거나 배당요구가 있는 경우에는 집행법원의 수권에 따라 일종의 추심기관으로서 압류나 배당에 참가한 모든 채권자를 위하여 제3채무자로부터 추심을 하는 것이므로, 그 추심권능은 압류된 채권전액에 미치며, 제3채무자로서도 정당한 추심권자에게 변제하면 그 효력은 위 모든 채권자에게 미치므로 압류된 채권을 경합된 압류채권자 및 또 다른 추심권자의 집행채권액에 안분하여 변제하여야 하는 것도 아니다."라고 하였습니다(대법원 2001. 3. 27. 선고 2000다43819 판결).

따라서 위 사안의 경우 甲은 추심채권자 丙과 丁 누구에게든지 임차보증금전액을 지급하여도 제3채무자로서의 채무를 면하게 될 것으로 보입니다.

다만, 민사집행법 제248조 제1항에 의하면 "제3채무자는 압류에 관련된 금전채권의 전액을 공탁할 수 있다."라고 규정하여 제3채무자의 공탁할 수 있는 권리를 규정하고 있으며, 민사집행법 제248조 제2항, 제3항에 의하면 "금전채권에 관하여 배당요구서를

송달 받은 제3채무자는 배당에 참가한 채권자의 청구가 있으면
압류된 부분에 해당하는 금액을 공탁하여야 한다. 금전채권 중 압
류되지 아니한 부분을 초과하여 거듭 압류명령 또는 가압류명령이
내려진 경우에 그 명령을 송달 받은 제3채무자는 압류 또는 가압
류채권자의 청구가 있으면 그 채권의 전액에 해당하는 금액을 공
탁하여야 한다."라고 규정하여 제3채무자의 공탁의무를 규정하고
있으므로, 민사집행법 제248조 제2항, 제3항에 해당하는 경우에는
추심채권자에게 직접 지급하지 말고 법원에 공탁을 하여야 할 것
입니다.

◎ 임금채권에 대한 압류가 경합한 경우 채권의 배당순위

【질의】 ➡ 저는 친구 甲에게 200만원을 대여하면서 2개월 후 변제받기로 약정하였으나 5개월이 지나도 변제하지 않아 소액심판을 청구하고 甲의 급료에 대해 가압류도 하였습니다. 그 후 저의 신청에 의하여 甲이 근무하는 회사를 제3채무자로 하는 가압류에서 본압류로 전이하는 압류 및 전부명령이 송달되었습니다. 그러나 제가 가압류하고 가압류에서 본압류로 전이하는 압류 및 전부명령을 받기 전에 또 다른 채권자 乙이 甲에 대하여 가지고 있는 250만원의 채권에 의한 채권압류 및 추심명령이 송달되었습니다. 저는 甲의 급료에 대해서 먼저 가압류하였는데 우선변제를 받을 수 없는지요?

【답변】 ➡ 우선변제를 받을 수 없습니다.

채권보전수단인 가압류에 관하여는 현행 민사집행법상 우선적 효력 내지 순위보전적 효력이 인정되지 아니합니다. 그러므로 귀하가 가압류를 먼저 했다고 하더라도 가압류된 채권에 대해서 추심명령이 발하여 질 수 있고, 가압류채권자는 배당요구 할 권리를 가진다 할 것입니다(민사집행법 제247조 제1항, 제148조).

그리고 전부명령은 지급에 갈음하여 압류된 채권을 압류채권자에게 이전시켜 우선변제적 효과를 주는 것이지만 현행법상 동일한 금전채권에 관하여 압류명령과 가압류명령 등이 경합된 상태에서 전부명령이 발부되면 그 전부명령은 효력이 없으며, 다만 압류의 효력만 유효하다고 하겠습니다(민사집행법 제229조 제5항, 대법원 1976. 9. 28. 선고 76다1145, 1146 판결).

그러므로 각 채권에 중복압류가 있는 때는 배당요구의 효력이 있으므로 우열의 순위가 없다고 하겠습니다.

따라서 제3채무자는 채권액의 전체를 합산한 금액에서 각 채권자의 채권액에 비례하여 안분배당을 하거나, 채권자들에게 직접

지급하는 대신 그 채무액을 공탁할 수 있고, 공탁을 하였을 경우에는 집행법원에 신고를 하여야 합니다.

그렇다면 위 사안에서 귀하는 귀하의 가압류에서 본압류로 전이하는 압류 및 전부명령이 송달되기 전에 乙의 채권압류 및 추심명령이 송달되었으므로, 비록 귀하가 가압류를 먼저 하였다고 하여도 귀하의 채권을 우선적으로 변제 받을 수 없으며, 甲의 급료의 1/2 범위 내에서 귀하와 乙의 채권액전체를 합산한 금액에 대한 귀하의 채권액의 비율로 안분비례한 금액을 지급 받게 될 것으로 보입니다.

◎ 채권압류 후 새로이 발생한 채권에도 압류의 효력이 미치는지

【질의】 ➡ 저는 건축공사업자 甲에 대한 4억원의 채권을 원인으로 甲이 가지고 있는 乙에 대한 도급공사대금 3억원의 채권액에 대해 채권압류 및 전부명령을 받았습니다. 그 후 甲과 乙이 추가공사를 3천만원에 계약하였기에 저의 채권압류신청액 4억원을 원인으로 하여 발한 전부명령의 효력이 추가공사금액에까지 미쳐야 하는데도 乙은 당초 도급공사대금 3억원만 지급하겠다고 합니다. 이 경우 乙을 상대로 추가도급공사액에 대한 전부금청구소송이 가능한지요?

【답변】 ➡ 가능하지 않습니다.

채권에 대한 압류명령은 압류목적채권이 현실로 존재하는 경우에 그 한도에서 효력을 발생하는 것이므로, 그 효력이 발생된 후 새로이 발생한 채권에 대하여는 압류의 효력이 미치지 아니합니다(대법원 2001. 12. 24. 선고 2001다62640 판결).

또한, 전부명령은 압류된 금전채권을 집행채권(귀하가 甲에 대하여 가지고 있는 4억원의 채권)의 변제에 갈음하여 권면액(甲이 가지고 있는 乙에 대한 도급공사대금 3억원)으로 압류채권자에게 이전됨으로써 전부의 효력 및 집행채권변제의 효력이 발생하는 것이므로, 위 사안의 공사대금채권에 관하여 발부된 전부명령의 효력은 그 전부명령송달 후 체결된 추가공사계약으로 인한 공사대금채권에는 미치지 아니합니다.

따라서 귀하가 乙을 상대로 위 전부명령에 기하여 추가도급공사액에 대한 전부금청구의 소를 제기하여서는 안될 것으로 보입니다.

참고로 채권일부에 대하여 전부명령 하여 그 절차를 완료한 신청채권자가 나머지 채권을 집행하기 위하여 집행법원에 그 집행권원의 반환을 구하였을 경우 민사집행법 제42조 제2항, 민사집행법

제159조 제3항을 유추하여 전부된 금액을 집행권원에 기입하여 채권자에게 반환하고, 그 사본을 기록에 편철하게 될 것입니다(송민 80-11, 개정 2002. 6. 26. 송무예규 제866-4호).

그러므로 위 사안과 같은 경우에도 귀하가 집행채권 중 3억원에 관하여만 압류 및 전부명령을 받았다면 잔액 1억원에 대하여는 집행정본을 환부 받을 수 있었을 것이며, 그에 기하여 甲의 乙에 대한 추가공사대금채권에 대하여 추가로 압류 및 전부명령을 받은 후 乙에게 전부채권을 청구할 수는 있었을 것입니다.

◎ 집행채권자의 추심권능을 그의 채권자가 압류할 수 있는지

【질의】 ➡ 甲은 乙에 대하여 물품대금청구소송의 승소확정판결을 받았는데, 乙은 별달리 집행할 만한 재산이 파악되지 않고, 다만 乙이 丙의 丁에 대한 채권에 대하여 채권압류 및 추심명령을 받아 압류경합으로 丁이 공탁한 금원에 대한 배당절차가 진행 중에 있습니다. 이 경우 甲이 乙의 위 채권압류 및 추심명령에 기한 추심권능(推尋權能)을 압류하여 배당절차에서 직접 배당을 받을 수는 없는지요?

【답변】 ➡ 받을 수 없습니다.

금전채권에 대하여 압류 및 추심명령이 발하여진 경우, 그 집행채권자의 채권자가 추심명령이 발하여진 당해 채권에 대한 추심권능을 압류할 수 있는지에 관하여 판례를 보면, "금전채권에 대한 압류 및 추심명령이 있는 경우, 이는 강제집행절차에서 추심채권자에게 채무자의 제3채무자에 대한 채권을 추심할 권능만을 부여하는 것이므로, 이로 인하여 채무자가 제3채무자에 대하여 가지는 채권이 추심채권자에게 이전되거나 귀속되는 것은 아니므로, 추심채무자로서는 제3채무자에 대하여 피압류채권에 기하여 그 동시이행을 구하는 항변권을 상실하지 않는다"라고 하였습니다(대법원 2001. 3. 9. 선고 2000다73490 판결).

또한, "금전채권에 대하여 압류 및 추심명령이 있었다고 하더라도 이는 강제집행절차에서 압류채권자에게 채무자의 제3채무자에 대한 채권을 추심할 권능만을 부여하는 것으로서 강제집행절차상의 환가처분의 실현행위에 지나지 아니한 것이며, 이로 인하여 채무자가 제3채무자에 대하여 가지는 채권이 압류채권자에게 이전되거나 귀속되는 것이 아니므로, 이와 같은 추심권능은 그 자체로서 독립적으로 처분하여 환가할 수 있는 것이 아니어서 압류할 수 없는 성질의 것이고, 따라서 이러한 추심권능에 대한 가압류결정은 무효이며, 추심권능을 소송상 행사하여 승소확정판결을 받았다 하더라도 그 판결에 기하여 금원을 지급받는 것 역시 추심권능에 속하는 것이므로, 이러한 판결에 기하여 지급받을 채권에 대한 가압류결정도 무효라고 보아야 한다."라고 하였습니다(대법원 1997. 3. 14. 선고 96다54300 판결)

따라서 위 사안에서도 甲이 乙의 丙에 대한 채권압류 및 추심명령의 추심권능을 압류할 수는 없을 것입니다.

◎ 채권압류시 제3채무자로부터 피압류채권의 내용을 확인하는 방법

【질의】➡ 저는 甲에 대한 공사대금 1,000만원의 채권으로 소송을 제기하여 승소판결문을 가지고 있으나 변제를 독촉할 때마다 甲은 돈이 없으니 자기가 살고 있는 주택의 임차보증금을 반환 받으면 채무를 변제하겠다고 합니다. 그러나 지금까지 甲이 취한 태도를 볼 때 甲이 임차보증금을 반환 받아도 저에 대한 채무를 변제할지 의문입니다. 그래서 저는 甲의 임차보증금반환청구권을 압류하고자 하는데, 전세계약서명의가 甲으로 되어 있는지 임차보증금액은 얼마인지 등 자세한 전세계약관계 또는 현재 甲이 빚에 시달리고 있는 상태이기 때문에 이미 다른 채권자가 전부명령까지 받은 것은 아닌지 알 수가 없어 압류명령신청을 못하고 있습니다. 임대인도 이와 같은 내용을 확인해주지 않고 있는데 어떻게 해야 저의 채권을 받을 수 있는지요?

【답변】➡ **압류 및 추심명령을 하시면 됩니다.**

압류라 함은 채권자의 금전적 청구권의 내용을 실현하고 그 만족을 얻기 위하여 채무자의 재산을 확보하는 국가집행기관의 강제적 행위로서 임차보증금반환청구권과 같은 채권도 압류의 대상이 됩니다.

채권압류에 있어서 압류되는 채권(피압류채권)의 존재와 그것이 채무자에게 속하는지의 여부는 신청인인 채권자의 주장에 의해 인정되면 족하고 집행법원이 특히 조사할 필요는 없으며, 따라서 제3채무자와 채무자의 심문 없이 합니다(민사집행법 제226조).

왜냐하면 채권은 무형인 것이므로 압류를 미리 알려주면 재빨리 처분하여 압류를 소용없게 할 염려가 있기 때문입니다. 물론 압류명령이 송달될 당시에 압류되는 채권이 채무자에게 귀속하고 있지 않으면 압류효력이 발생할 수 없지만, 압류되는 채권의 존재는 압류채권자가 나중에 이것을 추심할 때 또는 제3자가 이의의 소를 제기할 때 비로소 실질적인 심사를 받게 됩니다.

채권자는 압류명령신청에 압류할 채권의 종류와 액수를 명시하여야 하나(민사집행법 제225조), 그 표시는 제3채무자로 하여금 채무자의 다른 채권과 구별할 수 있을 정도로 기재되어 그 동일성의 인식을 저해할 정도에 이르지 아니한 이상 그 압류명령은 유효하게 됩니다(대법원 1965. 10. 26. 선고 65다1699 판결).

하지만 채권압류를 한다하더라도 제3채무자가 피압류채권의 존재여부를 채권자에게 알려 줄 의무는 없으므로 이런 경우 채권자는 민사집행법 제237조의 규정에 의해 제3채무자에 대하여 피압류채권의 존재여부 등에 대한 진술을 할 것을 법원에 신청할 수 있으며 법원에서는 채권자의 이 신청에 기하여 제3채무자에게 진술을 명할 수 있고 제3채무자는 진술명령에 대하여 소정사항의 진술의무를 지게 되어 있습니다.

즉, 압류채권자는 제3채무자로 하여금 압류명령을 송달 받은 날부터 1주 이내에 서면으로 ①채권을 인정하는지의 여부 및 인정한다면 그 한도, ②채권에 대하여 지급할 의사가 있는지의 여부 및 의사가 있다면 그 한도, ③채권에 대하여 다른 사람으로부터 청구가 있는지의 여부 및 청구가 있다면 그 종류, ④다른 채권자에게 채권을 압류 당한 사실이 있는지의 여부 및 그 사실이 있다면 그 청구의 종류를 진술하게 할 것을 법원에 신청할 수 있으며, 이에 따라 법원은 진술을 명하는 서면을 제3채무자에게 송달하여야 하고, 이 최고에 의하여 진술의무를 지는 제3채무자가 진술의무를 게을리 한 때에는 법원은 제3채무자에게 위 진술사항을 심문할 수 있습니다.

주의할 것은 압류채권자의 위 신청의 시기는 압류명령의 신청과 동시이거나 적어도 압류명령의 발송 전이라야 하며 압류명령송달 후의 최고신청은 부적법하므로 각하됩니다.

압류채권자는 제3채무자의 진술에 의하여 압류 후에 취할 적절한 행동(현금화 방법으로서의 전부명령이나 추심명령과 이에 따르는 절차)을 판단하여 제3채무자에 대하여 무익한 소제기를 피할 수 있고, 또 배당요구나 제3자 이의의 소를 미리 알 수 있는 것입니다.

따라서 귀하의 경우 현재의 정황으로 볼 때 전세계약서명의가 甲으로 되어 있을 가능성이 많다면 압류 및 추심명령 또는 압류 및 전부명령을 신청해 볼 수 있을 것이며, 위에서 설명한 것처럼 압류명령의 신청과 동시에 제3채무자인 임대인으로 하여금 소정사항을 진술할 것을 신청하면 귀하가 甲의 전세금으로부터 채권만족을 얻는데 도움이 될 수 있을 것입니다.

참고로 위 최고신청권자는 압류채권자에 한하며 배당요구채권자는 포함되지 않지만, 가압류채권자도 다른 재산에 대한 보전의 필요를 판단하기 위하여 최고를 신청할 수 있다고 봄이 통설이고 실무인 것으로 보입니다(민사집행법 제291조).

◎ 압류금지채권이 채무자의 예금계좌에 입금된 경우 압류가 가능한지

【질의】➡ 저는 甲에게 4,500만원을 빌려주었으나 갚지 않아 소송을 제기하여 甲의 재산에 대하여 강제집행을 하려고 합니다. 현재 甲은 별다른 재산이 없고 재직하던 회사에서 받을 퇴직금이 유일한 재산이고 퇴직금의 2분의 1 범위 내에서만 압류할 수 있다면 제가 받을 돈에 턱없이 부족합니다. 甲이 재직하던 회사에 문의한 결과 퇴직금은 甲의 예금구좌에 입금된다고 하는데, 甲의 퇴직금이 예금구좌에 입금된 경우에는 퇴직금전부를 압류할 수 있는지요?

【답변】➡ 압류할 수 있습니다.

　　민사집행법 제246조 제1항 제4호는 채무자의 생계를 고려하여 퇴직금의 2분의 1 상당액은 압류하지 못한다고 규정하고 있으며, 같은 법 제246조 제2항에 의하면 "법원은 당사자가 신청하면 채권자와 채무자의 생활형편, 그 밖의 사정을 고려하여 압류명령의 전부 또는 일부를 취소하거나, 제1항의 압류금지채권에 대하여 압류명령을 할 수 있다."라고 규정하고 있습니다.

　　그런데 이러한 퇴직금이 퇴직자의 예금구좌에 입금된 경우에도 퇴직금의 성격이 유지되어 2분의 1 상당액은 압류가 금지되는지 등이 문제됩니다.

　　관련 판례를 보면 "압류금지채권의 목적물이 채무자의 예금계좌에 입금된 경우에는 그 채권은 채무자의 당해 금융기관에 대한 예금채권으로 변하여 종전의 채권과의 동일성을 상실하고, 압류명령은 채무자와 제3채무자의 심문 없이 하도록 되어 있어 압류명령 발령 당시 당해 예금으로 입금된 금원의 성격이 압류금지채권의 목적물인지 혹은 그에 해당하지 아니하는 금원인지, 두 가지 금원이 혼입되어 있다면 예금액 중 압류금지채권액이 얼마인지를 가려낼 수 없는 것인바, 신속한 채권집행을 실현하기 위해서는 압류단계에서는 피압류채권을 형식적·획일적으로 판단하여야 하므로 압류금지채권의 목적물이 채무자의 예금계좌에 입금된 경우, 채무자의 제3채무자 금융기관에 대한 예금채권에 대하여는 압류금지의 효력이 미치지 아니하고, 압류금지채권의 목적물이 채무자의 예금계좌에 입금되어 그 예금채권에 대하여 더 이상 압류금지의 효력이 미치지 아니하게 되었다 하더라도 원래의 압류금지의 취지는 참작되어야 할 것인바, 그 경우 채무자의 보호는 민사소송법 제579조의2(현행 민사집행법 제246조 제2항)를 적용하여 법원이 채무자의 신청에 의하여 채무자와 채권자의 생활상황 기타의 사정을 고려하여 압류명령의 전부 또는 일부를 취소하는 방법에 의하여야 한다."라고 하였습니다(대법원 1996. 12. 24.자 96마1302, 1303 결정, 1999. 10. 6.자 99마4857 결정).

따라서 귀하의 경우에도 퇴직금이 甲의 예금구좌에 입금된 경우에는 압류가 가능하지만, 甲이 민사집행법 제246조 제2항에 의하여 압류명령의 일부취소를 신청할 경우에는 압류되었던 부분에 대한 취소명령이 내려질 수도 있을 것입니다.

◎ 집행채권이 가압류된 경우 그에 대한 채권압류 및 전부명령의 효력

【질의】 ➡ 甲은 乙에 대한 금전청구소송의 승소판결에 기하여 乙의 丙에 대한 금전채권에 대하여 압류 및 전부명령을 신청하려고 하는데, 甲의 채권자 丁이 甲의 乙에 대한 위 채권에 대하여 채권가압류결정을 받아 그 결정문이 乙에게 송달된 상태입니다. 이러한 경우에 甲은 乙의 丙에 대한 채권에 대하여 채권압류 및 전부명령을 받을 수 없는지요?

【답변】 ➡ 받을 수 있습니다.

집행법원이 집행장애사유에 대하여 취해야 할 조치에 관한 판례를 보면, "집행법원은 강제집행의 개시나 속행에 있어서 집행장애사유에 대하여 직권으로 그 존부를 조사하여야 하고, 집행개시 전부터 그 사유가 있는 경우에는 집행의 신청을 각하 또는 기각하여야 하며, 만일 집행장애사유가 존재함에도 간과하고 강제집행을 개시한 다음 이를 발견한 때에는 이미 행한 집행절차를 직권으로 취소하여야 한다."라고 하였으며, 집행채권자의 채권자가 집행채권에 대하여 한 압류 또는 가압류, 처분금지가처분이 집행장애사유에 해당하는지에 관하여는 "집행채권자의 채권자가 채무명의에 표시된 집행채권을 압류 또는 가압류, 처분금지가처분을 한 경우에는 압류 등의 효력으로 집행채권자의 추심, 양도 등의 처분행위와 채무자의 변제가 금지되고 이에 위반되는 행위는 집행채권자의 채권자에게 대항할 수 없게 되므로, 집행기관은 압류 등이 해제되지 않는 한 집행할 수 없는 것이니 이는 집행장애사유에 해당한다고 할 것이다."라고 하였습니다.

또한, 채권압류명령과 전부명령을 동시에 신청한 경우, 그 적법 여부를 별개로 판단하여야 하는지 및 집행채권이 집행채권자의 채권자에 의하여 압류된 경우, 집행채권자가 그 채무자를 상대로 채권압류명령을 신청할 수 있는지에 관하여 판례를 보면, "채권압류명령과 전부명령을 동시에 신청하더라도 압류명령과 전부명령은 별개로서 그 적부는 각각 판단하여야 하는 것이고, 집행채권의 압류가 집행장애사유가 되는 것은 집행법원이 압류 등의 효력에 반하여 집행채권자의 채권자를 해하는 일체의 처분을 할 수 없기 때문이며, 집행채권이 압류된 경우에도 그 후 추심명령이나 전부명령이 행하여지지 않은 이상 집행채권의 채권자는 여전히 집행채권을 압류한 채권자를 해하지 않는 한도 내에서 그 채권을 행사할 수 있다고 할 것인데, 채권압류명령은 비록 강제집행절차에 나간 것이기는 하나 채권전부명령과는 달리 집행채권의 환가나 만족적 단계에 이르지 아니하는 보전적 처분으로서 집행채권을 압류한 채권자를 해하는 것이 아니기 때문에 집행채권에 대한 압류의 효력에 반하는 것은 아니라고 할 것이므로 집행채권에 대한 압류는 집행채권자가 그 채무자를 상대로 한 채권압류명령에는 집행장애사유가 될 수 없다."라고 하였습니다(대법원 2000. 10. 2.자 2000마5221 결정).

따라서 위 사안에서 채권압류 및 전부명령 이전에 가압류된 사실에 기하여 집행장애사유가 존재한다고 보아야 할 것이므로 전부명령을 신청한다면 재판부에서 가압류사실을 알게 될 경우에는 전부명령이 기각될 것이고, 그것을 간과하여 전부명령이 발해진다고 하여도 그 전부명령은 효력이 없는 것이 될 것이지만, 채권압류명령은 丁의 가압류의 효력에 반하는 것이 아니므로 甲이 신청하여 채권압류결정을 받을 수 있을 것으로 보이고 그것은 유효하게 될 것으로 보입니다.

✿ 금전채권에 대한 강제집행의 불허를 구하는 제3자 이의의 소가 허용되는지

【질의】 ➡ 甲·乙·丙 3인은 공동으로 건축공사를 수주하여 공사를 공동으로 시공하기 위하여 甲 35%, 乙 35%, 丙이 30%의 각 비율로 출자하여 공동수급체를 구성하여 시공하되, 위 공동수급체의 명칭과 주사무소는 甲의 명칭과 주사무소를 그대로 사용하고 甲이 그 대표자로서 공사대금의 청구, 수령 등 공동수급체의 재산을 관리하며, 손익분배는 위 도급계약을 이행한 후 위 출자비율에 따라 실시하고, 공동수급체에 대한 구성원의 권리, 의무를 제3자에게 양도할 수 없으며, 발주자에 대한 계약상의 의무이행에 관하여는 구성원이 연대책임을 부담하여 구성원 중 일부가 파산 또는 해산되는 경우에는 잔존구성원이 연대하여 계약을 이행하고, 구성원은 발주자와 구성원 전원의 동의가 없으면 공사계약의 이행을 완료하는 날까지 공동수급체에서 탈퇴할 수 없으며, 중도 탈퇴하는 구성원의 출자금은 위 공사의 이행을 완료한 후 공동수급체의 손실을 공제한 잔액을 출자비율에 따라 반환하도록 하였습니다. 그런데 丙 개인의 채권자 丁이 위 공사대금채권에 대하여 채권압류 및 추심명령을 받았습니다. 이 경우 甲이 丁의 채권압류 및 추심명령에 대하여 제3자 이의의 소를 제기할 수 있는지요?

【답변】 ➡ 제기할 수 있습니다.

공동수급체의 법률적 성질에 관하여 판례를 보면, "공동수급체는 기본적으로 민법상의 조합의 성질을 가지는 것이므로, 그 구성원의 일방이 공동수급체의 대표자로서 업무집행자의 지위에 있었다고 한다면 그 구성원들 사이에는 민법상의 조합에 있어서 조합의 업무집행자와 조합원의 관계에 있었다고 할 것이다."라고 하였습니다(대법원 2000. 12. 12. 선고 99다49620 판결).

그런데 민법 제271조 제1항에 의하면 "법률의 규정 또는 계약에 의하여 수인이 조합체로서 물건을 소유하는 때에는 합유(合有)로 한다. 합유자의 권리는 합유물 전부에 미친다."라고 규정하고 있으며, 민법 제272조에 의하면 "합유물을 처분 또는 변경함에는 합유자 전원의 동의가 있어야 한다. 그러나 보존행위는 각자가 할 수 있다."라고 규정하고 있습니다.

그리고 제3자 이의의 소에 관하여 민사집행법 제47조 제1항에 의하면 "제3자가 강제집행의 목적물에 대하여 소유권이 있다고 주장하거나 목적물의 양도나 인도를 막을 수 있는 권리가 있다고 주장하는 때에는 채권자를 상대로 그 강제집행에 대한 이의의 소를 제기할 수 있다. 다만, 채무자가 그 이의를 다투는 때에는 채무자를 공동피고로 할 수 있다."라고 규정하고 있습니다.

그러므로 금전채권에 대한 강제집행의 불허를 구하는 제3자 이의의 소가 허용되는지에 관하여 판례를 보면, "제3자이의의 소는 모든 재산권을 대상으로 하는 집행에 대하여 적용되는 것이므로, 금전채권에 대하여 압류 및 추심명령이 있은 경우에 집행채무자 아닌 제3자가 자신이 진정한 채권자로서 자신의 채권의 행사에 있어 압류 등으로 인하여 사실상 장애를 받았다면 그 채권이 자기에게 귀속한다고 주장하여 집행채권자에 대하여 제3자이의의 소를 제기할 수 있고, 조합의 채권은 조합원 전원에게 합유적으로 귀속하는 것이어서, 특별한 사정이 없는 한 조합원 중 1인이 임의로 조합의 채무자에 대하여 출자지분의 비율에 따른 급부를 청구할 수 없는 것이므로, 조합원 중 1인의 채권자가 그 조합원 개인을 집행채무자로 하여 조합의 채권에 대하여 강제집행하는 경우, 다른 조합원으로서는 보존행위로서 제3자이의의 소를 제기하여 그 강제집행의 불허를 구할 수 있다."라고 하였습니다(대법원 1997. 8. 26. 선고 97다4401 판결).

또한, "민법상 조합의 채권은 조합원 전원에게 합유적으로 귀속하는 것이어서 특별한 사정이 없는 한 조합원 중 1인에 대한 채권으로써 그 조합원 개인을 집행채무자로 하여 조합의 채권에 대하여 강제집행을 할 수 없고, 조합업무를 집행할 권한을 수여 받은 업무집행조합원은 조합재산에 관하여 조합원으로부터 임의적 소송신탁을 받아 자기 이름으로 소송을 수행할 수 있다."라고 하였습니다(대법원 2001. 2. 23. 선고 2000다68924 판결).

따라서 위 사안에 있어서도 甲이 공동수급체의 대표자로서 공사대금의 청구, 수령 등 공동수급체의 재산을 관리하도록 정하여진 점에서 조합의 업무집행조합원이라고 볼 수 있을 듯하므로, 甲이 乙을 상대로 제3자 이의의 소를 제기하여 다투어 볼 수 있을 것입니다.

◎ 가압류채무자의 구제방법

【질의】 ➡ 저는 친척 甲이 乙회사의 대리점을 개설하는데 연대보증을 서주었으나 최근 乙회사로부터 저의 주택을 가압류한다는 결정서를 받았습니다. 친척 甲은 현재 乙회사와 금전적인 분쟁을 하고 있으며 乙회사에 대해 앞으로 지급할 것이 없다고 합니다. 채권관계가 아직 확실히 밝혀지지도 않았는데도 주택의 처분 등을 사실상 제한하는 가압류를 상대방 마음대로 할 수 있는 것인지, 그리고 가압류는 언제 해제시킬 수 있는지요?

【답변】 ➡ 최소한의 심리를 거쳐 해제됩니다.

가압류란 금전채권 또는 금전으로 환산할 수 있는 채권을 가진 자가 확정판결을 받기 전에 훗날 강제집행을 용이하게 하기 위하여 미리 채무자의 재산을 동결시켜 놓는 절차입니다.

이러한 가압류의 성격상 가압류절차는 은밀하고 긴급하게 이루어져야 하기 때문에 법원은 채권자의 가압류신청에 대해 채무자의 소환 없이 채권자가 제출한 소명자료에 의한 최소한의 심리를 거쳐 가압류결정을 하게 됩니다.

그런데 위와 같은 가압류결정이 충분한 심리를 거쳐 이루어지지 않은 관계로 부당한 가압류로 인한 채무자의 피해가 발생할 수도 있기 때문에 이에 대한 구제방법으로 가압류결정에 대한 이의신청과 가압류결정의 취소를 구하는 취소절차를 두고 있습니다.

따라서 甲이 乙회사에 지급할 채무가 없다면 가압류에 대한 이의신청을 하여 다투거나 乙회사가 본안소송을 제기하기를 기다려 본안소송에서 다투면 될 것입니다.

만약, 乙회사가 본안소송제기를 지체하고 있다면 귀하는 법원에 본안의 제소명령을 신청할 수 있고, 법원은 변론 없이 상당한 기간 내에 소를 제기할 것을 乙회사에게 명(命)하게 되고 이때 乙회사가 그 기간 내에 제소를 하지 않으면 귀하는 본안 제소기간이 지났음을 이유로 가압류취소신청을 하여 가압류를 말소할 수 있습니다. 한편, 귀하가 위 주택을 당장 처분하시길 원한다면 가압류결정문에 기재된 해방공탁금을 공탁하고 가압류집행의 취소를 구하는 방법도 있습니다.

◘ 채권가압류경정결정이 확정된 경우 그 경정결정의 효력발생 시기

> **【질의】** ➡ 甲은 乙회사에 대한 물품대금채권 1,500만원에 기하여
> 乙회사의 丙회사에 대한 공사대금채권 1,500만원을 가압류하였습
> 니다. 그런데 그 후 乙회사의 丙회사에 대한 공사대금채권 1,500
> 만원에 대하여 丁의 1,500만원의 채권압류 및 전부명령이 丙에
> 게 송달되었고, 위 채권가압류결정 중 채무자의 표시 중 상호 아래
> 채무자의 주소와 대표이사의 성명은 정확하게 기재되었으나, 상호
> 를 잘못 표시하여 甲은 그 경정신청을 하여 채권가압류경정결정이
> 다시 송달되었습니다. 이 경우 甲이 신청한 채권가압류경정결정은
> 언제 그 효력이 발생되는지요?

【답변】 ➡ 변경된 결정문이 丙에게 다시 송달된때 발생합니다.

민사집행법 제227조 제2항, 제3항에 의하면 압류명령은 제3채
무자와 채무자에게 송달하여야 하고, 제3채무자에게 송달되면 압
류의 효력이 생긴다고 규정하고 있으며, 민사집행법 제291조 본문
에 의하면 가압류의 집행에 대하여는 강제집행에 관한 규정을 준
용한다고 규정하고 있습니다.

그런데 채권가압류결정의 경정결정이 확정된 경우, 그 경정된 내
용의 채권가압류결정의 원칙적 효력발생시기에 관하여 판례를 보
면, "채권가압류결정의 경정결정이 확정되는 경우 당초의 채권가압
류결정은 그 경정결정과 일체가 되어 처음부터 경정된 내용의 채권
가압류결정이 있었던 것과 같은 효력이 있으므로, 원칙적으로 당초
의 채권가압류결정정본이 제3채무자에게 송달된 때에 소급하여 경
정된 내용의 채권가압류결정의 효력이 발생한다."라고 하였습니다.

그러나 채권가압류결정의 경정결정이 제3채무자의 입장에서 볼
때 객관적으로 당초 결정의 동일성에 실질적 변경을 가하는 것이
라고 인정되는 경우, 그 경정된 내용의 채권가압류결정의 효력 발
생시기에 관하여 판례는 "채권가압류결정은 제3채무자를 심문하지

아니한 채 이루어지고, 제3채무자에게 송달함으로써 그 효력이 발생하는바, 직접의 당사자가 아닌 제3채무자는 피보전권리 존재와 내용을 모르고 있다가 채권가압류결정 정본의 송달을 받고 비로소 이를 알게 되는 것이 일반적이기 때문에 당초의 채권가압류결정에 위산, 오기 기타 이에 유사한 오류가 있는 것이 객관적으로는 명백하다 하더라도 제3채무자의 입장에서는 당초의 가압류결정 그 자체만으로 거기에 위산, 오기 기타 이에 유사한 오류가 있다는 것을 알 수 없는 경우가 있을 수 있는데, 그와 같은 경우에까지 일률적으로 채권가압류결정의 경정결정이 확정되면 당초의 채권가압류결정이 송달되었을 때에 소급하여 경정된 내용의 채권가압류결정이 있었던 것과 같은 효력이 있다고 하게 되면 순전히 타의에 의하여 다른 사람들 사이의 분쟁에 편입된 제3채무자 보호의 견지에서 타당하다고 할 수 없으므로, 제3채무자의 입장에서 볼 때에 객관적으로 경정결정이 당초의 채권가압류결정의 동일성에 실질적으로 변경을 가하는 것이라고 인정되는 경우에는 경정결정이 제3채무자에게 송달된 때에 비로소 경정된 내용의 채권가압류결정의 효력이 발생한다고 보아야 한다."라고 하면서 "당초의 채권가압류결정 중 채무자의 상호 '○○기계산업 주식회사'를 경정결정에 의하여 '△△산업기계 주식회사'로 경정한 경우, 당초의 채권가압류결정에 기재된 채무자의 상호 아래 채무자의 주소와 대표이사의 성명이 정확하게 기재되었다 하더라도 제3채무자의 거래상황 등에 비추어 '△△산업기계 주식회사'를 채무자로 하는 채권가압류결정의 효력은 경정결정이 제3채무자에게 송달된 때 발생한다." 라고 하였습니다(대법원 1999. 12. 10. 선고 99다42346 판결, 2001. 7. 10. 선고 2000다72589 판결).

따라서 위 사안에서 甲의 경정된 채권가압류결정의 효력은 경정된 결정문이 丙에게 다시 송달된 때에 발생한다고 보아야 할 것이고, 그 이전에 효력발생된 丁의 채권압류 및 전부명령이 있으므로 甲의 채권가압류는 부존재 한 채권을 가압류한 것이어서 무효가 될 것으로 보입니다.

◘ 수동채권과 동시이행관계인 자동채권이 압류 후 발생하여도 상계 가능한지

【질의】 ➡ 甲은 乙로부터 부동산을 매수하였는데, 乙의 채권자 丙이 위 부동산에 가압류를 하였으므로 甲은 매매대금잔금을 지급하지 않았습니다. 그 후 丙이 본안소송에서 승소확정판결을 받아 위 부동산에 대한 강제경매를 신청하였으므로 甲은 丙에게 강제경매의 집행채권액과 집행비용을 변제공탁 하였습니다. 그런데 乙의 甲에 대한 매매대금잔금 전액에 대하여 丁의 채권가압류가 있은 후 가압류로부터 본압류로 전이하는 채권압류 및 추심명령을 받았습니다. 이 경우 제3채무자인 甲이 丙에게 공탁함으로써 대위변제한 금액을 丁의 추심금채권과 상계 할 수 있는지요?

【답변】 ➡ 상계할 수 있습니다.

지급금지채권을 수동채권으로 하는 상계의 금지에 관하여 민법 제498조에 의하면 "지급을 금지하는 명령을 받은 제3채무자는 그 후에 취득한 채권에 의한 상계로 그 명령을 신청한 채권자에게 대항하지 못한다."라고 규정하고 있습니다.

그러나 관련 판례를 보면, "금전채권에 대한 가압류로부터 본압류로 전이하는 압류 및 추심명령이 있는 때에는 제3채무자는 채권이 가압류되기 전에 압류채무자에게 대항할 수 있는 사유로써 압류채권자에게 대항할 수 있으므로, 제3채무자의 압류채무자에 대한 자동채권이 수동채권인 피압류채권과 동시이행의 관계에 있는 경우에는, 그 가압류명령이 제3채무자에게 송달되어 가압류의 효력이 생긴 후에 자동채권이 발생하였다고 하더라도 제3채무자는 동시이행의 항변권을 주장할 수 있고, 따라서 그 상계로써 압류채권자에게 대항할 수 있다. 이 경우에 자동채권발생의 기초가 되는 원인은 수동채권이 가압류되기 전에 이미 성립하여 존재하고 있었으므로, 그 자동채권은 민법 제498조 소정의 '지급을 금지하는 명령을 받은 제3채무자가 그 후에 취득한 채권'에 해당하지 아니한다."라고 하면서, "부동산 매수인의 매매잔대금지급의무와 매도인의 가압류기입등기말소의무가 동시이행관계에 있었는데, 위 가압류에 기한 강제경매절차가 진행되자 매수인이 강제경매의 집행채권액과 집행비용을 변제공탁한 경우 매도인은 매수인에 대해 대위변제로 인한 구상채무를 부담하게 되고, 그 구상채무는 가압류기입등기말소의무의 변형으로서 매수인의 매매잔대금지급의무와 여전히 대가적인 의미가 있어 서로 동시이행관계에 있으므로, 매수인은 매도인의 매매잔대금채권에 대해 가압류로부터 본압류로 전이하는 압류 및 추심명령을 받은 채권자에게 가압류 이후에 발생한 위 구상금채권에 의한 상계로 대항할 수 있다."라고 하였습니다(대법원 2001. 3. 27. 선고 2000다43819 판결).

따라서 위 사안에 있어서도 甲으로서는 丙에게 공탁함으로써 대위변제한 금액을 丁의 추심금채권과 상계 할 수 있다고 할 것입니다.

참고로 압류경합의 경우에는, 추심명령을 받아 채권을 추심하는 채권자는 집행법원의 수권에 따라 일종의 추심기관으로서 압류나 배당에 참가한 모든 채권자를 위하여 제3채무자로부터 추심을 하는 것이므로 제3채무자로서도 정당한 추심권자에게 변제하면 그 효력은 압류경합 관계에 있는 모든 채권자에게 미치고, 또한 제3채무자가 집행공탁을 하거나 상계 기타의 사유로 압류채권을 소멸시키면 그 효력도 압류경합 관계에 있는 모든 채권자에게 미칩니다(대법원 2003. 5. 30. 선고 2001다10748 판결).

◎ 배당요구하지 않은 임금채권자의 부당이득반환청구권

【질의】 ➡ 저는 상시 고용근로자 수 60명이고 甲이 운영하는 개인회사에서 3년간 근무하고 그만두었으나 최종 3개월분의 임금 및 퇴직금을 받지 못하였습니다. 그런데 최근 甲소유의 유일한 재산인 부동산이 경매처분 되었으나 저는 배당요구시기를 놓쳤습니다. 이 경우 제가 임금 등 채권의 우선변제권을 주장하여 위 부동산의 매각대금에서 배당 받아간 채권자들에게 부당이득반환청구를 할 수 있는지요?

【답변】 ➡ 청구를 할 수 없습니다.

근로기준법 제37조 제2항에서 최종 3월분의 임금과 최종 3년간의 퇴직금 및 재해보상금은 질권 또는 저당권에 의하여 담보된 채권, 조세·공과금 및 다른 채권에 우선하여 변제되어야 한다고 규정하고 있으며, 민사집행법 제268조에서 부동산을 목적으로 하는 담보권의 실행을 위한 경매절차에는 민사집행법 제79조 내지 제162조의 규정을 준용한다고 규정하였고, 민사집행법 제88조 제1항에 의하면 "집행력 있는 정본을 가진 채권자, 경매개시결정이 등기된 뒤에 가압류를 한 채권자, 민법·상법 그 밖의 법률에 의하여 우선변제청구권이 있는 채권자는 배당요구를 할 수 있다."라고 규정하고 있습니다. 그리고 배당요구는 배당요구의 종기까지 하여야 합니다.

그러므로 귀하의 경우에도 위 부동산에 대한 경매절차의 배당요구의 종기까지 배당요구를 하여야 함에도 그 시기를 놓쳤으므로 전혀 배당 받지 못한 것이라 하겠습니다.

판례도 "민사소송법 제728조(현행 민사집행법 제268조)에 의하여 담보권의 실행을 위한 경매절차에 준용되는 민사소송법 제605조(현행 민사집행법 제88조) 제1항에서 규정하는 배당요구채권자는 경락기일(현행 민사집행법에 의하면 배당요구의 종기)까지 배당요구를 한 경우에 한하여 비로소 배당을 받을 수 있고, 적법한 배당요구를 하지 아니한 경우에는 실체법상 우선변제청구권이 있는 채권자라 하더라도 배당을 받을 수 없으므로, 이러한 배당요구 채권자가 적법한 배당요구를 하지 아니하여 그를 배당에서 제외하는 것으로 배당표가 작성·확정되고 그 확정된 배당표에 따라 배당이 실시되었다면, 그가 적법한 배당요구를 한 경우에 배당받을 수 있었던 금액 상당의 금원이 후순위 채권자에게 배당되었다 하여 이를 법률상 원인이 없는 것이라고 볼 수 없다."라고 하였습니다(대법원 1997. 2. 25. 선고 96다10263 판결, 1996. 12. 20. 선고 95다28304 판결).

따라서 귀하는 위 부동산의 매각대금에서 배당 받아간 채권자들에 대하여 부당이득반환을 청구할 수는 없을 것입니다. 다만, 귀하는 임금채권의 소멸시효기간인 3년 이내에 甲의 집행 가능한 다른 재산을 파악하여 가압류 등의 보전조치를 취한 후 임금채권에 관한 승소판결을 받아 그 재산을 경매하고 그 경매절차에서 다른 채권자보다 우선변제를 받아야 할 것입니다.

◎ 우선변제권 있는 임금채권을 사용자를 대위하여 변제한 자의 지위

【질의】 ➡ 저의 형님 甲이 경영하던 회사가 경영악화로 임금을 체불하자 그 회사의 근로자들이 甲을 근로기준법위반으로 관할 지방노동사무소에 진정하였고 저는 甲에 대한 진정을 취하하는 조건으로 제 소유 주택을 근로자들 임금채권의 담보로 제공하였습니다. 그러나 甲의 재정상태가 계속 악화되자 근로자들이 위 주택을 경매신청 하겠다고 하였고 저는 근로자들의 임금을 모두 변제하여 주었습니다. 그러나 저의 노력에도 불구하고 결국 甲의 부동산이 근저당권자에 의하여 경매신청 되고 말았는데, 이 경우 저는 근로자들의 우선변제권 있는 임금채권의 대위변제자로서 위 부동산경매절차에서 배당요구하여 우선변제를 받을 수 있는지요?

【답변】 ➡ 받을 수 있습니다.

이와 유사한 경우의 판례에 의하면, "타인의 채무를 변제하고 채권자를 대위하는 대위변제의 경우 채권자의 채권은 동일성을 유지한 채 법률상 당연히 변제자에게 이전하는 것이고(민법 제482조 제1항), 이러한 법리는 채권이 근로기준법상의 임금채권이라 하더라도 그대로 적용된다 할 것이므로, 근로기준법 제30조의2 제2항(현행 근로기준법 제37조 제2항)에 규정된 우선변제권이 있는 임금채권을 변제한 자는 채무자인 사용자에 대한 임금채권자로서 사용자의 총재산에 대한 강제집행절차나 담보권실행을 위한 경매절차가 개시된 경우에 배당요구의 종기까지 배당요구를 하여(민사집행법 제268조, 제88조) 그 배당절차에서 저당권의 피담보채권이나 일반채권보다 우선하여 변제받을 수 있는 것이며(대법원 1996. 2. 23. 선고 94다21160 판결), 근로기준법상 우선변제권이 있는 임금채권을 대위변제한 자에게 임금채권은 동일성을 유지한 채 법률상 당연히 이전하는 것이므로, 변제자가 사용자에 대한 담보권실행을 위한 경매절차 등에서 임금채권자로서 배당요구를 하여 저

당권부 채권이나 일반채권보다 우선변제 받더라도, 이 우선변제권
은 임금채권이 그 성질이 변하지 않고 이전된 것인 이상 일신전속
적인 권리로서 근로자만이 주장할 수 있는 권리라고 할 수 없고,
또 임금이 근로자에게 이미 지급된 이상 근로기준법 제36조 제1
항(현행 근로기준법 제42조 제1항) 소정의 직접불의 원칙에 위배
된다고도 할 수 없다."라고 하였습니다(대법원 1996. 4. 12. 선고
95다22894 판결).

따라서 귀하의 경우에도 甲의 부동산에 대한 경매절차에서 근
로자들의 우선변제권 있는 임금채권의 대위변제자로서 배당요구신
청하여 우선변제를 받을 수 있을 것입니다.

◎ 최우선변제권이 인정되는 채권의 지연손해금도 최우선변제 되는지

【질의】 ➡ 저는 2년 전에 甲회사에서 근무하다가 퇴직하였으나 체불임금 및 퇴직금 2,000여만원을 지급하지 못하였으므로 소송을 제기하여 승소판결을 받았으나 甲회사의 유일한 재산인 부동산에 다수의 근저당권이 설정되어 있으므로 경매신청을 하지 않고 있던 중 위 부동산이 근저당권자에 의하여 담보권실행을 위한 경매가 개시되어 배당요구를 하였습니다. 그런데 저의 임금 등 채권은 지연손해금도 상당한 액수가 되므로 임금채권의 지연손해금도 선순위 근저당권보다 우선하여 변제받을 수 있는지요?

【답변】 ➡ 우선하여 변제받을 수 없습니다.

근로기준법 제37조 제2항에 의하면, 근로관계로 인한 채권 중 최종 3월분의 임금, 최종 3년간의 퇴직금(다만, 1997년 12월 24일 이전에 채용된 근로자로서 그 이후에 퇴직하는 근로자는 1989년 3월 29일 이후부터 1997년 12월 24일 이전까지의 계속근로연수에 대한 퇴직금에 1997년 12월 24일 이후의 계속근로연수에 대하여 발생하는 최종 3년간의 퇴직금을 합산한 금액을 우선변제의 대상으로 하되 250일분의 평균임금을 초과할 수 없음), 재해보상금의 채권은 사용자의 총재산에 대하여 질권 또는 저당권에 의하여 담보된 채권, 조세·공과금 및 다른 채권에 우선하여 변제되어야 한다고 규정하고 있습니다.

그런데 이러한 임금 등의 채권의 지연손해금도 최우선변제의 대상에 포함되는지에 관하여 판례를 보면, "임금 등 채권의 최우선변제권은 근로자의 생활안정을 위한 사회정책적 고려에서 담보물권자 등의 희생 아래 인정되고 있는 점, 민법 제334조, 제360조 등에 의하면 공시방법이 있는 민법상의 담보물권의 경우에도 우선변제권이 있는 피담보채권에 포함되는 이자 등 부대채권 및 그 범

위에 관하여 별도로 규정하고 있음에 반하여, 근로기준법의 규정
에는 최우선변제권이 있는 채권으로 원본채권만을 열거하고 있는
점 등에 비추어 볼 때, 임금 등에 대한 지연손해금채권에 대하여
는 최우선변제권이 인정되지 않는다고 봄이 상당하다 할 것이다."
라고 하였습니다(대법원 2000. 1. 28.자 99마5143 결정).

　따라서 귀하의 경우에도 위와 같은 최우선변제대상이 되는 임금
등 채권의 원본만 선순위 근저당채권보다 최우선변제를 받을 수
있을 뿐이고, 그에 대한 지연손해금은 최우선변제받지 못할 것으
로 보입니다.

제3편. 채권채무 관련서식

제3편 채권채무관련서식

【서식 1】 지급명령신청서

지 급 명 령 신 청

채권자 ○ ○ ○
  주소　○○시　○○구　○○동　○○번지
채무자 ○ ○ ○
  주소　○○시　○○구　○○동　○○번지

물품대금지급청구 독촉사건
청구금액 : 금 50,000,000원정

청 구 취 지

1. 채무자는 채권자에게 금 50,000,000원 및 이에 대한 이 사건 지급명령정본
　송달일부터 완제일까지 연 2할 5푼의 비율에 의한 금원을 지급하라.
2. 독촉절차비용은 채무자의 부담으로 한다.
라는 지급명령을 구합니다.

신 청 이 유

1. 채권자는 20○○년 ○월 ○일 채무자에게 기계공구 등 금 50,000,000원 상
　당을 납품하였으나 채무자는 그에 대한 물품대금을 지급하지 않고 있습니
　다.
2. 채권자는 수차례 채무자에게 대금지급을 요구하였으나 이에 응하지 아니
　하여 청구취지기재와 같은 지급명령을 신청합니다.

　　　　　　　　20○○년 ○월 ○일

　　　　　　　　　　　　　위 채권자　○○○ (인)

○○지방법원 귀중

【서식 2】 지급명령에 대한 이의신청서

이 의 신 청

채 권 자 ○ ○ ○
채 무 자 ○ ○ ○

  위 당사자간 귀원 ○○차○○○호 약속어음금청구 독촉사건에 관한 지급명령정본을 채무자는 20○○. ○. ○. 송달받았으나 채무자는 이에 불복하므로 이의신청합니다.

20○○년 ○월 ○일

위 채무자   ○ ○ ○ (인)

○○지방법원 귀중

【서식 3】 조정신청서 표지

접 수 인

조 정 신 청 서

서울중앙지방법원 귀중

작 성 일   20 . . .
사 건 명
신 청 인

피신청인

신청금액	원	첩용인지	원	송 달 료	원

【서식 4】 대여금 반환 조정신청서

(대여금 반환신청)

신 청 취 지

1. 신청금액 : (원본)   금   원

      (가산금) 비율   푼

               기간   부터   까지

2. 피신청인들 상호간의 관계 : 연대( )/각자( )/평등분할( )

신 청 원 인

1. 채권의 내용

   (1) (대여자)   (2) (차용자)

   (3) (공동차용자 상호간의 관계 : 연대( )/분할( )

   (4) (대여일자) : _____, _____, _____,

   (5) (금 액) : _____원 _____원 _____원

   (6) 변제기일 : _____, _____, _____,

   (7) 가 산 금

        1. 기간 : 신청취지와 같음

        2. 비율 : ① 약정이율 _____푼

                 ② 이자약정 없음

                 민법상 연 5푼

                 신청인 ( ) / 피신청인( )이(영업의 종류)   업을 하

        는 상인이므로 상법상 연 6푼

2. 당사자의 지위
 (1) 신청인 ; 대여자 본인( ) / 대여자의 상속인( )
    신청인이 대여자의 상속인이면 : (대여자 사망일)
    (대여자와의 관계) 신청인은 대여자의
 (2) 피신청인 : 차용자 본인( ) / 차용자의 상속인( )
          연대보증인( ) / 보증인 ( )/ 연대채무자( )
    피신청인이 차용자의 상속인이면 : (차용자 k망일)
    (차용자와의 관계) 피신청인은 차용자의

위와 같이 주장하여 신청취지와 같은 조정을 구합니다.
(작성일자) _____년 _____월 _____일
신청인(서명) _____ (날인)

【서식 5】 매매대금 조정신청서

(매매대금신청)

신 청 취 지

1. 신청금액 : (기본대금) 금 _____원
　　　　　　　(지연손해금) 비율 _____푼
　　　　　　　　　　　　　기간 _____부터 _____까지

신 청 원 인

1. 매매의 내용
　　(거래기간)
　　(1) (매매일자) _____　(2) (매 도 인) _____
　　(3) (매 수 인) _____　(4) (목 적 물) _____
　　(5) (수　　량) _____　(6) (대　　금) _____
　　(7) (대금지급기일 및 지급방법) :

2. 지연손해금
　　(1) 기간 ; 신청취지와 같음
　　(2) 비율 : ① 민법상 연 5푼　　　　　　　　　　　　　　　( )
　　　　　　　② 신청인 ( ) / 피신청인( )이(영업의 종류)　　업 ( )
　　　　　　　　을 하는 상인이므로 상법상 연 6푼
　　　　　　　③ 특약상의 비율 :　푼　　　　　　　　　　　　( )
3. 신청인의 지위 : 매도인 본인( ) / 매도인의 상속인( )　　　　( )

4. 피신청인의 지위 : 매수인 본인(   ) / 연대보증인(   ) / 보증인(   ) /
　　　　　　　　　　매수인의 상속인(   )
5. 상속관계
　(1) 신청인이 매도인의 상속인일 때 : (매도인의 사망일)
　　　(매도인과의 관계) 신청인은 매도인의
　(2) 피신청인이 매수인의 상속인일 때 : 매수인 사망일)
　　　(매수인과의 관계) 피신청인은 매수인의

위와 같이 주장하여 신청취지와 같은 조정을 구합니다.
(작성일자) _____년 _____월 _____일
신청인(서명) _____ (날인)

(조2-2)

【서식 6】 소액사건 소장 표지

*** 이 소장표지는 이하 각 소장의 표지와 같다.

접 수 인

소 장

. . . 시
변론기일소환장 통
위 서류를 영수함
20 . . .
원고   인

배당순위번호	
사 건 번 호	
담 당	제 단독판사
첫 변론기일	
접 수 구 분	1서면,2구술,3우편,4당직,5대리

사 건 명
원고
　　주 소
1. 피 고
　　주 소
2. 피 고
　　주 소

소 가	원	첩용인지	원	송 달 료	원
(인지첨부란)				위 금액 송달료로써 납부함 　　　년　월　일 성명　　　　인	

서울중앙지방법원 귀중

【서식 7】 수표금 소장

청 구 취 지

1. 청구금액 : (원　금) 금 _____원
   　　　　　(기산금) 기간 _____부터 소장부본 송달까지
   　　　　　　　　　비율　연 _____푼
   　　　　　　　　　기간　소장부본송달 다음날부터 완제일까지
   　　　　　　　　　비율　연 2할 5푼

청 구 원 인

1. 원고는 아래 수표의소지인입니다.

	1	2	3
(1) 액면금액	원	원	원
(2) 발 행 인			
(3) 지 급 인			
(4) 지 급 지			
(5) 발 행 지			
(6) 발 행 일			
(7) 지급제시한날			

2. 피고의 지위 : 발행인(　) / 배서인(　)
3. 원고는 위 어음을 20 ．　．　．　에 _____로부터(물품대금, 대여
   금담보, 기타 _____)조로 취득하였습니다.
4. 원고가 위 수표를 그 지급제시기간 경과전에 위와 같이 위 지급인에게
   지급제시하였으나 그 지급이 거절되었습니다.
5. 위 수표에는 위 제시의 날을 기재하고 일자를 부기한 지급인의 지급거절
   선언이 기재되어 있습니다.

　　　　　　　　　　　　20 ．　．　．

　　　　　　　　　　원고　　　　　　　　　(인)

【서식 8】 약속어음금 소장

약속어음금 청구   제6호양식

청 구 취 지

1. 청구금액 : (원 금) 금 _____원
             (기산금) 기간 _____부터 소장부본 송달까지
                    비율 연 _____푼
                    기간 소장부본송달 다음날부터 완제일까지
                    비율 연 2할 5푼
2. 피고들 상호간의 관계 : 합동(   )

청 구 원 인

1. 원고는 배서가 연속된 아래 약속어음의 소지인 입니다.

	1	2	3
(1) 액면금액	원	원	원
(2) 발 행 인			
(3) 만기(지급기일)			
(4) 발 행 일			
(5) 수 취 인			
(6) 지급지 및 지급장소			
(7) 발 행 지			
(8) 지급제시한날			

2. 피고의 지위 : 발행인(   ) / 배서인(   )
3. 원고는 위 어음을 20 . . . 에 _____로부터(물품대금, 대여금담보, 기타 _____)조로 취득하였습니다.
4. 원고가 위 어음을 지급장소에서 지급제시하였으나 지급이 거절되었습니다.

20 . . .

원고   (인)

【서식 9】 노임 소장

```
노임 청구                                        제4호양식


                    청 구 취 지


1. 청구금액 : (원 금) 금 _____원

             (기산금) 기간 _____부터 소장부본 송달까지

             비율 연 _____푼

             기간 소장부본송달 다음날부터 완제일까지

             비율 연 2할 5푼


                    청 구 원 인



1. 노무제공의 내역
   (1) 노무의 종류 _____
   (2) 노무의 제공기간 _____부터 _____까지
   (3) 노 임 액 _____원
   (4) 기타약정 _____
   _____



2. 기타 보충할 내용


                    20  .  .  .


                   원고            (인)
```

【서식 10】 매매대금 소장

매매(물품)대금청구   제3호양식

청 구 취 지

1. 청구금액 : (원 금) 금 _____원

     (기산금) 기간 _____부터 소장부본 송달까지

     비율 연 _____푼

     기간 소장부본송달 다음날부터 완제일까지

     비율 연 2할 5푼

청 구 원 인

1. 매매(물품거래)내역

 (1) 거래기간(매매일자) _____부터 _____까지

 (2) 매 도 인 _____   (3) 매 수 인 _____

 (4) 목 적 물 _____   (5) 수 량 _____

 (6) 대 금 _____원

 (7) 대금지급기일 및 지급방법_____

   _____

   _____

2. 기타 보충할 내용

20 . . .

            원고   (인)

【서식 11】 대여금 소장

(대여금 청구)   제2호양식

청 구 취 지

1. 청구금액 : (원 금) 금 _____원
               (기산금) 기간 _____부터 소장부본 송달까지
               비율 연 _____푼
               기간 소장부본송달 다음날부터 완제일까지
               비율 연 2할 5푼
2. 피고들 상호간의 관계 : 연대( )

청 구 원 인

1. 대여내역
   (1) 대 여 자 _____   (2) 차 용 자 _____
   (3) 연대보증인 _____ , _____
   (4) 대 여 일 _____ , _____ , _____
   (5) 금   액 _____원, _____원, _____원
   (6) 변 제 기 _____ , _____ , _____
   (7) 약정이율 _____ , _____ , _____

2. 기타 보충할 내용

                         20 . . .

                    원고   (인)

【서식 12】 변론재개신청서

변 론 재 개 신 청

사건 ○○가소 ○○○호

원고 ○ ○ ○
피고 ○ ○ ○

 위 당사자간 귀원 ○○가소○○○호 대여금청구 사건에 관하여 20○○. ○. ○. 변론을 종결하고 동년. ○. ○. 09:40을 판결선고기일로 지정하였으나, 이 사건에 대하여 다음과 같이 새로운 사실이 발견되어 이를 제출하고자 하오니 변론의 재개를 명하여 줄 것을 신청합니다.

- 아   래 -

새로 발견된 사실
 1. 피고 작성의 각서 1부
 2. 증인 : 차용증 작성시 입회인 1인

20○○년 ○월 ○일

위 원고 ○ ○ ○ ⑩

○○지방법원 귀중

【서식 13】 변론기일지정신청서

변 론 기 일 지 정 신 청

사건 ○○가소 ○○○호

원고 ○ ○ ○
피고 ○ ○ ○

　위 당사자간 귀원 ○○가소○○○호 대여금청구사건에 관하여 20○○. ○. ○. 10:30 제2차 변론기일에 쌍방불출석으로 인하여 이건 소가 취하간주되었으나, 원고는 당일 부친의 상을 급작스럽게 맞이하여 미처 기일의 연기를 신청하지 못하고 부득이 불출석하게 된 것으로서 원고에게 책임없는 사유로 불출석하게 된 것이니 다시 기일을 지정해 줄 것을 신청합니다.

20○○년 ○월 ○일

위 원고 ○ ○ ○ ㉑

○○지방법원 귀중

【서식 14】 당사자표시정정신청서

보 정 서

사건 ○○가소 ○○○호

원고 ○ ○ ○
피고 ○ ○ ○

  위 당사자간 귀원 ○○가소○○○호 약속어음 청구사건에 관하여 아래와 같이 피고의 표시를 변경신청합니다.

아 래

 변경된 피고의 표시

  피고 : ○ ○ ○
      ○○시 ○○구 ○○동 ○○번지

20○○년 ○월 ○일

위 원고 ○ ○ ○ ㉙

○○지방법원 귀중

【서식 15】 당사자변경신청서

당사자변경신청

사건 ○○가소 ○○○호

원고 ○ ○ ○
피고 ○ ○ ○

위 당사자간 귀원 ○○가소○○○호 채무부존재확인 청구사건에 관하여 원고는 다음과 같이 피고 변경신청합니다.

아 래

1. 변경된 피고의 표시
    피고 : ○ ○ ○
            ○○시 ○○구 ○○동 ○○번지

2. 변경신청이유
    원고는 피고 ○○○로 이 사건 소장을 제출하였으나 당사자적격이 없는 자이어서 소송절차를 진행할 수 없는 바, 피고 ○○○로 변경하여 소송을 계속하고자 하오니 허가바랍니다.

20○○년 ○월 ○일

위 원고 ○ ○ ○ ○ ⑩

○○지방법원 귀중

【서식 16】 보조참가신청서

보 조 참 가 신 청

원고 ○ ○ ○
피고 ○ ○ ○
보조참가인 : ○ ○ ○
　　　　　　　○○시 ○○구 ○○동 ○○번지

참 가 취 지

　위 당사자간 귀원 ○○가소○○○호 대여금청구 사건에 관하여 피고를 보
조하기 위하여 위 소송에 참가하고자 하오니 허가결정하여 주시기 바랍니다.

참 가 원 인

　원고는 이 사건 대여금을 피고가 20○○. ○. ○. 대여하였으나 현재까지
변제치 않고 있다고 주장하여 연대보증인인 피고에게 이 건 대여금을 청구하
고 있으므로 보조참가인은 이 건 대여금에 대하여 주채무자로서 피고가 패소
할 경우 구상채무를 청구당할 처지이나, 실은 보조참가인이 원고에게 20○○.
○. ○ 이 건 대여금 전액을 변제완료한 사실이 있으므로, 참가인은 소송의
결과에 이해관계가 있어 피고를 보호하기 위하여 이 참가신청에 이른 것입니
다.

입 증 방 법

1. 변제증서　　　　　　1부

첨 부 서 류

1. 보조참가신청서 부본　　2부
1. 납부서

　　　　　　　　20○○년 ○월 ○일

　　　　　　　　　　　위 보조참가인 ○ ○ ○ ㊞

　　○○지방법원 귀중

【서식 17】 소송절차수계신청서

<h2 style="text-align:center">소 송 절 차 수 계 신 청</h2>

사건 ○○가소 ○○○호

원고 ○ ○ ○
피고(피신청인) ○ ○ ○
신청인 (1) ○ ○ ○
      ○○시 ○○구 ○○동 ○번지
  (2) ○ ○ ○
      ○○시 ○○구 ○○동 ○번지
  (3) ○ ○ ○
      ○○시 ○○구 ○○동 ○번지

위 당사자간 귀원 ○○가소○○○호 대여금청구 사건에 관하여 위 피고가 20○○. ○. ○.에 사망하였으므로 소송절차는 당연 중단되었으나, 신청인 (1), (2), (3)이 피신청인의 재산을 공동상속하였으므로 위 사람에 대하여 소송절차를 수계하도록 신청합니다.

<h3 style="text-align:center">첨 부 서 류</h3>

1. 호적등본   1부
1. 재적등본   1부
1. 주민등록말소자등본   1부

20○○년 ○월 ○일

위 신청인 (1) ○ ○ ○ ⑩
(2) ○ ○ ○ ⑩
(3) ○ ○ ○ ⑩

○○지방법원 귀중

【서식 18】 소송고지서

소 송 고 지 서

고지인(피고) ○ ○ ○
피고지인   ○ ○ ○
　　　　　 ○○시 ○○구 ○○동 ○○번지

　위 고지인은 피고지인에 대하여 원고와 피고 간에 지방법원 ○○가소○○
○호 대여금청구사건에 관하여 위 소송을 고지합니다.

고 지 이 유

　위 원고는 피고(고지인)에게 20○○. ○. ○. 대여금 5,000,000원을 구하고
있으나 이 건 대여금은 피고 이외의 피고지인이 연대하여 차용한 금원이므로
피고지인에게도 지급할 의무가 있다할 것인 바, 피고가 패소하는 경우에는 피
고지인에게 부담부분의 구상금을 청구하기 위하여 민사소송법 제77조 제1항
에 의하여 소송을 고지하는 것입니다.

소송의 정도

　위 소송에서 고지인(피고)는 20○○. ○. ○. 소장 부분과 20○○. ○. ○.
09:40 변론기일소환장을 수령하고 20○○. ○. ○.자 답변서를 제출하였음.

첨 부 서 류

1. 소장부본 사본　　　　　1부

　　　　　　　　20○○년 ○월 ○일

　　　　　　　　　　　　위 고지인(피고) ○ ○ ○ ㉑

　　○○지방법원 귀중

【서식 19】 주소보정서

<p align="center">보 정 서</p>
사건번호　　　가　(차)　(　　　단독) 원고(채권자) : 피고(채권자) : 귀원의 보정명령에 따라 아래와 같이 보정합니다.
1. 주소보정 　성명 　보정할 주소
2. 재송달신청 　상대방이 그 주소지에 있으면서 고의로 수령을 거부하고 있으므로 같은 　주소에 다시 송달하여 주시기 바랍니다.
3. 주간 특별송달신청(집행관에 의한 송달) 　상대방이 송달한 장소에 살고 있으면서 일부러 송달물을 받지 않거나, 집 　행관에 의하여 송달물을 신속히 송달하지 아니하면 소기의 목적을 달성할 　수 없음.
4. 야간 및 휴일 특별송달신청(집행관에 의한 송달) 　상대방이 야간 또는 휴일에만 송달물을 받을 수 있음
5. 공시송달신청(위 1 내지 4의 방법에 의한 보정이 불가능) 　상대방의 주소, 거소, 기타 송달할 장소를 알 수 없음. 　첨부서류 :
<p align="center">20　 .　 .　 .</p>위(1항, 2항, 3항, 4항, 5항) 원고(　　　　　) (인) 　　　　　　　　　　법원　　　　　　　귀중

【서식 20】 소송대리허가신청서

소 송 대 리 허 가 신 청 및 소 송 위 임 장

사건번호   가   (차)   (단독)
원고(채권자) :
피고(채권자) :
　귀원의 보정명령에 따라 아래와 같이 보정합니다.

---

1. 소송대리허가신청   ┌─────┐   ┌───┬───┬───┐
　　　　　　　　　　　　│ 인지 │   │ 재│ 허 │ 부 │
　　　　　　　　　　　　│ 500원│   │ 판├───┼───┤
　　　　　　　　　　　　│ 첨부 │   │ 장│   │   │
　　　　　　　　　　　　└─────┘   └───┴───┴───┘

　　소송대리할 사람의 성명
　　주 소
　　소송대리허가를 신청하는 이유(간단하게)
　　첨부서류

---

2. 소송위임할 사항
　　가. 일체의 소송행위, 반소의 제기 및 응소
　　나. 재판상 및 재판외의 화해
　　다. 소의 취하
　　라. 청구의 포기의 인낙
　　마. 복대리인의 선임
　　바. 목적물의 수령
　　사. 공탁물의 납부, 공탁물 및 이자의 반환청구와 수령
　　아. 담보권행사, 최고신청, 담보취소신청, 동 신청에 대한 동의 담보취소결정
　　　　정본의 수령, 동 취소결정에 대한 항고권의 포기
　　자. 기타(특정사항 기재요)

---

　　　　　　　　　　　　　　20 ．　．　．
위 신청인 및 위임인 성명 : 원고(　　　　) (인)
　　　　　　　　　　　　　법원　　　　　　귀중

【서식 21】 소변경신청서

청 구 취 지 및 청 구 원 인 변 경 신 청

사건 ○○가소○○○호

원고 ○ ○ ○
피고 ○ ○ ○

　위 당사자간 귀원 ○○가소○○○호 약속어음 청구사건에 관하여 '약속어음 청구'를 '이득상환금청구'로 소 변경하고 다음과 같이 청구취지 및 청구원인 변경을 신청합니다.

청 구 취 지

1. 피고는 원고에게 금 1,000,000원을 지급하되 이건 소장부본 송달 익일부터 완제일까지 연 2할 5푼의 비율에 의한 금원을 가산지급하라.
2. 소송비용은 피고의 부담으로 한다.
3. 위 제1항은 가집행할 수 있다.
라는 판결을 구함.

청 구 원 인

　2항, 3항에 대하여
　2. 피고는 원고에게 외상물품대금조로 소외 발행 약속어음을 배서하여 양도한자로서, 비록 원고가 지급거절증서작성과 소구통지를 해태하여 약속어음금에 대한 소구권을 상실하였다고 하여도 피고가 위 약속어음을 원고에게 양도함으로써 외상물품대금조의 채무를 면하는 이득을 취한 것입니다.
　3. 따라서, 피고는 원고에게 이득상환금 1,000,000원을 지급하여야 마땅할 것이나 원고의 수차례의 독촉에도 불구하고 이를 이행치 않고 있으므로 그 지급을 구하기 위하여 본소 청구에 이른 것입니다.

입 증 방 법

추후 변론시 수시 제출하겠음.

20○○년 ○월 ○일

위 원고 ○ ○ ○ ㉑

○○지방법원 귀중

【서식 22】 예비적 소변경신청서

소 변 경 신 청

사건 ○○가소○○○호

원고 ○ ○ ○
피고 ○ ○ ○

　위 당사자간 귀원 ○○가단 동산인도청구사건에 관하여 원고는 아래와 같이 소장을 예비적으로 변경신청합니다.

- 아 래 -

1. 변경된 청구취지
　청구취지 제1항 후단에 "별지목록 기재 동산을 인도하라" 다음에 "만약, 별지목록 기재 동산의 인도가 불가능한 경우 금 ○○○원을 지급하되, 소장 송달 익일부터 완제일까지 연 2할 5푼의 비율에 의한 금원을 가산지급하라."를 추가합니다.

2. 변경된 청구원인
　청구원인 제4항 뒤에 다음을 추가합니다.
　"그러나 이 사건 동산이 피고가 관리하는 중에 멸실되어 원고에게 인도하지 못하는 경우에는 피고에게 보관상의 주의의무를 다하지 않은 과실이 있는 것이므로, 별지목록 기재 동산의 인도에 갈음하여 손해배상전보금으로 동 동산의 감정가격 ○○○원을 지급하여야 할 의무가 있다고 할 것입니다."

3. 입증방법
　추후 변론시 수시 제출하겠음.

20○○년 ○월 ○일

위 원고 ○ ○ ○ ㉑

○○지방법원 귀중

【서식 23】 소취하서

소 취 하 신 청

사건 ○○가소○○○호 대여금

원고 ○ ○ ○
피고 ○ ○ ○

　위 당사자간 귀원 ○○가소 ○○○호 대여금 청구사건은 당사자간의 원만
한 합의가 있었으므로 이를 취하합니다.

　　　　　　　　20○○년 ○월 ○일

　　　　　　　　　　위 원고 ○ ○ ○ ㉑

○○지방법원 귀중

【서식 24】 준비서면

준 비 서 면

사건 ○○가소○○○호

원고 ○ ○ ○
피고 ○ ○ ○

　위 당사자간 귀원 ○○가소○○○호 대여금 청구사건에 관하여 원고는 다음과 같이 변론을 준비합니다.

- 아　래 -

1. 피고의 주장에 대하여
　피고는 20○○. ○. ○.자 답변서의 취지로 이 사건 대여금은 피고의 처에 대한 것이므로 이유없다고 주장하고 있습니다.

2. 피고의 책임
　그러나, 피고의 처 소외 ○○○는 20○○. ○. ○. 원고에게 이 사건 대여금 ○○○원을 변제기 ○. ○. 이자 월 3푼으로 대여하면서 기사에 필요한 금원이며, 가정형편이 좋아지는 대로 전액을 갚겠다고 하였을 뿐 아니라, 피고 본인이 작성한 위임장과 인감증명서를 원고에게 교부하였는 바, 원고는 대리인인 소외인에 의해 피고와 소비대차약정을 하고 동 소외인 동 금원을 교부한 것이므로, 피고는 원고에게 이 사건 청구금액을 변제할 책임이 있는 것입니다.

3. 예비적 주장
　피고는 소외인 ○○○가 피고의 동의도 없이 피고 명의로 이 사건 청구금액을 원고로부터 대여한 것이라서, 무권대리행위이므로 피고에게는 책임이 없다고 주장하나, 피고는 원고가 대여금을 상환받지 못하여 수차례 그 변제를 독촉하자 원고에게 지금은 가정형편이 어려우니 조금만 기다려 주면 다 갚겠다고 하며 원고에게 이를 각서하여 준 사실이 있습니다. 따라서 비록 소외인에게 대리권이 없었다고 하더라도 피고가 이를 사후에 추인한 것이므로, 피고는 원고에게 이 사건 청구금액을 변제할 책임이 있다 할 것입니다.

입 증 방 법

1. 위임장   1통
1. 인감증명서   1통
1. 각 서   1통

20○○년 ○월 ○일

위 원고 ○ ○ ○ ㊞

○○지방법원 귀중

【서식 25】 답변서

답 변 서

사건 ○○가소○○○호 대여금

원고 ○ ○ ○
피고 ○ ○ ○

　위 당사자간 귀원 ○○가소 ○○○호 대여금 청구사건에 관하여 피고는 아래와 같이 답변합니다.

- 아 래 -

　청구취지에 대한 답변
1. 원고의 청구를 기각한다.
2. 소송비용은 원고의 부담으로 한다.
라는 판결을 구함.

　청구원인에 대한 답변
원고는 피고에게 대여금 ○○○원을 청구하고 있으나, 피고는 원고에게 돈을 빌린 사실이 전혀 없으므로 이를 변제할 채무가 없습니다. 원고의 청구금액은 피고의 처가 피고 몰래 원고에게 빌려 사용한 것으로서, 피고는 원고 이외에도 다른 채권자로부터 많은 청구를 받은 바 있습니다. 피고의 처는 가사를 돌보지 않고 가출한 상태로 빌린 돈도 모두 가사와는 관계없는 곳에 사용한 것이며, 피고는 이를 이유로 하여 피고의 처를 상대로 귀원 가사부에 이혼소송을 제기한 상태입니다. 따라서, 원고의 이 사건 청구는 이유없는 것이므로 마땅히 기각되어야 할 것입니다.

입 증 방 법

1. 진술서　　　　　　　　　　　　　　　　　　　1통
2. 이혼청구소장　　　　　　　　　　　　　　　　1통
3. 기타추후 변론시 수시 제출하겠음

20○○년 ○월 ○일

위 원고 ○ ○ ○ ○ ㉑

○○지방법원 귀중

【서식 26】 사실조회촉탁신청서

사 실 조 회 촉 탁 신 청

원고 ○ ○ ○
피고 ○ ○ ○

위 당사자간 귀원 ○○가소 ○○○호 손해배상금 청구사건에 관하여 원고는 다음과 같이 사실조사를 촉탁 신청합니다.

- 다 음 -

1. 촉탁목적
  이 건 피고가 원고의 이름을 모용하여 은행통장을 개설하고 은행으로부터 금 1,000,000원을 대출하여 원고에게 동 액 상당의 손해를 입힌 사실의 입증

2. 촉탁처
  주식회사 ○○은행 ○○지점 대부계

3. 촉탁사항
  가. 20○○. ○. ○. ~ 20○○. ○. ○. 까지 피고 ○○○가 귀 은행에서 대부한 금원 및 상환내역
  나. 대부신청서 및 본인입증서류

20○○년 ○월 ○일

위 원고 ○ ○ ○ ㊞

○○지방법원 귀중

【서식 27】 서증신청서

증 거 신 청

사건 ○○가소○○○호
원고 ○ ○ ○
피고 ○ ○ ○

　위 당사자간 귀원 ○○가소 ○○○호 대여금 청구사건에 관하여 원고는 아래와 같이 문서를 제출합니다.

- 아 래 -

1. 제출할 서류
　가. 각서 1부
　나. 인가등명서 사본 1부

2. 입증 취지
　피고가 원고에게 이 사건 청구금을 대여하고 그 상환을 지체하던 중 원고의 독촉에 응하여 대여사실 및 변제방법을 기재하여 원고에게 제출한 각서 및 그 진정을 담보하는 인감증명서로써 피고의 이 사건 청구금의 대여사실 및 연체사실 입증.

20○○년 ○월 ○일

위 원고 ○ ○ ○ ㉑

○○지방법원 귀중

【서식 28】 문서제출명령신청서

문 서 제 출 명 령 신 청

원고 ○ ○ ○
피고 ○ ○ ○

 위 당사자간 귀원 ○○가소 ○○○호 약속어음금 청구사건에 관하여 원고
는 그 주장사실을 입증하기 위하여 문서의 소지자인 소외 ○○○에 대하여
문서제출명령을 하여 줄 것을 청구합니다.

1. 문서의 표시
 위 약속어음과 함께 발행된 보충권수여증서 1부
2. 입증 취지
 가. 소지인 : ○ ○ ○
 나. 주 소 : ○○시 ○○구 ○○동 ○○번지
3. 문서의 작성취지
 이건 약속어음을 백지식으로 발행하면서 보충권의 범위와 한계를 정하여
함께 교부됨.
4. 입증의 취지 및 제출의무
 보충권수여증서로서 보충권이 부여되어 발행된 것으로써 어음요건을 갖춘
어음임을 입증코자 하며, 이 문서는 원고와 피고 간의 권리발생에 관한 문서
이므로 공정한 재판을 위하여 소지인에게 제출할 의무가 있다 할 것입니다.

20○○년 ○월 ○일

위 원고 ○ ○ ○ ㊞

○○지방법원 귀중

【서식 29】 감정신청서

감 정 신 청

원고 ○ ○ ○
피고 ○ ○ ○

　위 당사자간 귀원 ○○가소 ○○○호 대여금 청구사건에 관하여 원고는 그 주장사실을 입증하고자 다음과 같이 필적감정의 촉탁을 신청합니다.

- 다 음 -

1. 감정 목적물
　피고가 작성하고 서명날인한 차용증서의 필적
2. 감정할 사항 및 감정의 목적
　차용증서에 서명된 피고의 필적 및 그 기재의 필적이 피고의 필적과 동일한 것인지를 증명하기 위함.
3. 감정기관
　귀원에서 지정하는 필적감정 전문가

첨 부 서 류

1. 차용증서원본　　　　　　　　　　1부

2000년 ○월 ○일

위 원고 ○ ○ ○ ㊞

○○지방법원 귀중

【서식 30】 항소장(원고제기)

항 소 장

항 소 인(원고)   ○ ○ ○
             ○○시 ○○구 ○○동 ○○번지
피항소인(피고)   ○ ○ ○
             ○○시 ○○구 ○○동 ○○번지

  위 당사자간 귀원 ○○가소 ○○○호 대여금 청구사건에 관하여 원고는 동
법원이 20○○. ○. ○. 선고한 판결에 대하여 전부 불복하므로 이에 항소를
제기합니다.

원판결의 표시

1. 원고의 청구를 기각한다.
2. 소송비용은 원고의 부담으로 한다.
   (원고는 위 판결정본을 20○○. ○. ○. 수령하였음)

항 소 취 지

1. 원 판결을 취소한다.
2. 피고는 원고에게 금 ○○○원을 지급하되 이중 금 ○○○원 대해서는 20○
○. ○. ○.부터 완제일까지 연 2할 5푼에 의한 금원을 가산 지급하라.
3. 소송비용은 1, 2심 모두 피고의 부담으로 한다.
4. 제2항에 한하여 가집행할 수 있다.
라는 판결을 구함.

항 소 이 유

추후 제출하겠음.

첨 부 서 류

1. 항소장 부본   1통
2. 납부서   1통

20○○년 ○월 ○일

위 원고 ○ ○ ○ ㊞

○○지방법원 귀중

【서식 31】 항소장(피고제기)

항 소 장

항 소 인(원고) ○ ○ ○
         ○○시 ○○구 ○○동 ○○번지
피항소인(피고) ○ ○ ○
         ○○시 ○○구 ○○동 ○○번지

위 당사자간 ○○지방법원 ○○가소○○○호 대여금 청구사건에 관하여 피고는 동 법원이 20○○. ○. ○. 선고한 판결에 대하여 전부 불복하므로 이에 항소를 제기합니다.

원판결의 표시

1. 피고는 원고에게 금○○○원을 지급하되, 이중 금 ○○○원에 대하여는 20○○. ○. ○.부터 완제에 이르기 까지 연 2할 5푼의 비율에 의한 금원을 가산지급하라.
2. 소송비용은 피고의 부담으로 한다.
3. 위 제1항에 한하여 가집행 할 수 있다.
   (피고는 위 판결정본을 20○○. ○. ○. 수령하였음)

항 소 취 지

1. 원 판결을 취소한다.
2. 원고의 청구를 기각한다.
3. 소송비용은 1, 2심 모두 원고의 부담으로 한다.
라는 판결을 구함.

항 소 이 유

추후 제출하겠음.

첨 부 서 류

1. 항소장 부본   1통
2. 납부서   1통

20○○년 ○월 ○일

위 항소인(피고) ○ ○ ○ ⑪

○○지방법원 귀중

【서식 32】 항소이유서

항 소 이 유 서

사건 ○○나○○○호 대여금

항 소 인(피고)   ○ ○ ○
피항소인(원고)   ○ ○ ○

위 당사자간 귀원 ○○나○○○호 대여금 청구사건에 관하여 피고는 다음
과 같이 항소이유를 제출합니다.

- 다 음 -

1. 원 판결이유

원 판결은 원고와 피고의 무권대리인의 소외인 ○○○(피고의 전처)와의
소비대차계약을 피고가 추후 적법히 추인하였다 하여 피고는 이 사건 대여금
을 변제할 의무가 있다고 하여 원고의 청구를 인용하였습니다.

2. 사후 추인 경우

피고가 원고에게 갑 제○호증 각서를 작성하여 준 것은 사실이나 이는 피
고의 자의에 의한 것이 아니라, 원고가 사람들을 데리고 피고를 협박하므로,
피고가 이를 견디지 못하고 의사없이 작성한 것이며, 피고는 원심에서 이를
다툼으로써 취소의 의사를 표시하였으므로, 이 각서를 증거로 하여 피고의 무
권대리행위 사후 추인을 인정할 수 없는 것입니다. 그런데도 원 판결은 이를
인정한 것이므로 위법하다고 할 것입니다.

3. 대여금 사용

소외 ○○○는 이 사건 대여금을 원고로부터 받아 이를 피고의 가정을 위
해서는 사용한 사실이 전혀 없이 유흥비 등으로 탕진한 것이며, 소외인이 원
고로부터 금원의 대여받을 당시에는 피고와의 결혼생활이 사실상 파탄된 상
태였는데도 피고가 그 대여금을 사후 추인한다는 것은 경험칙에 닿지 않는
것으로 부정되어야 마땅할 것입니다.

4. 인감증명서의 발급경위

원고가 갑 제○호증으로 제출한 인감증명서는 피고 본인의 것임이 분명하지만 이는 피고 본인이 발급받은 것이 아니라, 위 소외인이 피고 몰래 피고의 신분증을 지참하고 대리신청하여 발급받은 것이므로, 인감증명서가 피고의 대리권 수여의사를 추단하는 증거가 될 수는 없는 것입니다.

20○○년 ○월 ○일

위 피고 ○ ○ ○ ㉑

○○지방법원 귀중

【서식 33】 상고장

상 고 장

원고(피상고인)　○ ○ ○
　　　　　　　○○시 ○○구 ○○동 ○○번지 ○○아파트 ○○동 ○○호
피고(상 고 인)　주식회사 ○○
　　　　　　　대표이사 ○ ○ ○
　　　　　　　○○시 ○○구 ○○동 ○○번지

　위 당사자간 ○○지방법원 ○○나○○○호 대여금 청구사건에 관하여 동원의 20○○. ○. ○. 선고한 판결정본은 20○○. ○. ○. 송달받았으나 이에 전부 불복이므로 상고를 제기합니다.

원판결의 표시

1. 피고는 원고에게 금50,000,000원을 지급하되 20○○. ○. ○.부터 완제일까지 연 2할 5푼의 비율에 의한 금원을 가산지급하라.
2. 소송비용은 피고의 부담으로 한다.
3. 위 제1항은 가집행할 수 있다.
　(20○○. ○. ○. 판결정본 수령)

신 청 취 지

　원심판결을 파기하여 사건을 ○○법원으로 환송한다.
라는 판결을 구함.

상 고 이 유

추후 제출하겠음.

첨 부 서 류

1. 상고장 부본
2. 납부서

20○○년 ○월 ○일

위 피고(상고인) ○ ○ ○ ⑪

대법원 귀중

【서식 34】 소송비용확정결정신청서

소송비용확정결정신청

신 청 인   ○ ○ ○
　　　　　　○○시 ○○구 ○○동 ○○번지
피신청인   ○ ○ ○
　　　　　　○○시 ○○구 ○○동 ○○번지

신 청 취 지

　피신청인의 신청인에 대한 소송비용은 ○○○원으로 확정한다.
라는 결정을 구함.

신 청 이 유

1. 위 당사자간 귀원○○가소○○○호 대여금 청구사건에 관하여 1, 2심 모두 피신청인이 패소하였고 동 판결은 이미 확정되었으므로 패소자인 피신청인이 부담하여야 할 소송비용액을 확정받고자 이 신청에 이른 것입니다.
2. 소송비용계산
　제1심
　　(1) 금○○원 소장첨부 인지대
　　(2) 금○○원 송달료
　　(3) 금○○원 소장작성 대서료
　　(4) 금○○원 준비서면작성 대서료
　　　합계 금 ○○원
　제2심
　　(1) 금○○원 준비서면작성 대서료
　　(2) 금○○원 증인여비
　　　합계 금○○원
　총합계 금○○원

첨 부 서 류

1. 신청서 부본

20○○년 ○월 ○일

위 신청인 ○ ○ ○ ㉑

○○지방법원 귀중

【서식 35】 유체동산가압류신청서

유체동산가압류신청

채 권 자　　○ ○ ○
　　　　　　○○시 ○○구 ○○동 ○○번지
채 무 자　　○ ○ ○
　　　　　　○○시 ○○구 ○○동 ○○번지

청구채권의 표시 및 피보전권리
　채권자가 20○○. ○. ○. 채무자에게 변제기일 20○○. ○. ○.로 약정하고
대여한 원리금 합계 금○○○원

신 청 취 지

　채권자의 채무자에 대한 위 청구채권의 집행을 보전하기 위하여 위 채권액
에 이르기까지의 채무자 소유의 유체동산을 가압류한다.
라는 재판을 구함.

신 청 원 인

1. 채권자는 20○○. ○. ○. 채무자에게 금 ○○○원을 변제기일 20○○. ○.
　○ 이자 연 ○할, 이자지급일은 매월 말일 채권자의 은행 예금통장으로 지
　급하고, 만약 1회라도 이자지급을 지체할 경우 채무자는 기한의 이익을 상
　실하며 원리금 전액에 대하여 연 2할 5푼의 비율에 의한 지연손해금을 지
　급하기로 약정하였습니다.
2. 그런데 채무자는 20○○. ○. ○.까지의 이자만을 지급한 채, 20○○. ○. ○.
　부터 지금까지 원금은 물론 이자도 일체 지급치 않아 그때부터 기한의 이
　익을 상실하였으며, 20○○. ○. ○. 현재
　원금 ○○○원
　이자 ○○원
　지연손해금 ○○원
　의 합계금 ○○○은 연체하고 있습니다.

3. 그동안 채권자는 채무자에게 수차례 위 원리금을 상환할 것을 독촉하였으나 채무자는 이에 불응하며 차일피일 상환을 미루고만 있는바, 채권자는 본안소송을 제기하여 강제집행을 하려 하나, 채권자가 조사한 바에 의하면 채무자에게 별다른 재산이 없어 유체동산마저도 팔아 소비할 처지에 있는지라 채권자가 후일 본안소송에서 승소판결을 얻는다 하더라도 그 실효를 거두지 못할 염려가 있으므로 그 집행보전을 위하여 이 가압류 신청에 이른 것입니다.

4. 담보제공에 관하여는 민사소송법 제475조 제3항, 제112조에 의하여 대한보증보험주식회사 법조지점과 체결한 지급보증위탁계약 체결문서의 제출로 갈음하고자 하오니 허가하여 주시기 바랍니다.

소명방법 및 첨부서류

1. 금전소비대차계약서사본   1부
1. 독촉장 사본   1부
1. 내용증명우편   1부
1. 납부서   1부
1. 지급보증위탁계약서   1부

20○○년 ○월 ○일

위 채권자 ○ ○ ○ ㉑

○○지방법원 ○○지원 귀중

【서식 36】 부동산가압류신청서

부동산가압류신청

채 권 자   ○ ○ ○
　　　　　　○○시 ○○구 ○○동 ○○번지 ○○빌라 ○동 ○호
채 무 자   ○ ○ ○
　　　　　　○○시 ○○구 ○○동 ○○번지 ○○아파트 ○동 ○호

청구채권의 표시
금○○○○원정
채권자가 채무자에 대하여 가지는 대여금 채권
가압류할 부동산의 표시
별지목록기재와 같음

신 청 취 지

채권자의 채무자에 대하여 가지는 위 채권의 집행을 보전하기 위하여 채무자 소유의 별지목록 기재 부동산을 가압류한다.
라는 재판을 구합니다.

신 청 이 유

1. 채권자는 채무자에 대하여 20○○. ○. ○. 금 ○○○원을 변제기일 20○○. ○. ○ 이자 월 ○푼 ○리로 하여 대여해 주었는바, 채무자는 변제기일이 지났는데도 원금 중에 ○○○원만 변제하고 변제기일이 ○년 지난 지금까지 아직 원리금을 변제하지 않고 있습니다.

2. 따라서 채권자는 채무자를 상대로 하여 대여금청구소송을 준비중에 있는데 채무자는 자신이 하던 사업이 부도가 나서 자신 소유의 아파트도 이미 다른 채권자들로부터 가압류되어 있어 채권자는 할 수 없이 채무자 소유인 위 부동산에 대하여 가압류하여 후일 채무자를 상대로 하는 승소판결의 집행을 보전하기 위하여 이 가압류 신청을 합니다.

　　이 건 명령신청에 대한 담보의 제공은 민사소송법 제112조 및 동 제475조 제3항에 의거 채권자가 보증보험회사와 지급보증위탁계약을 체결한 문서를 제공할 것을 신청하오니 허가하여 주시기 바랍니다.

소명방법 및 첨부서류

1. 차용증   1부
1. 등기부등본   1부
1. 납부서 및 영수증   1부

20○○년 ○월 ○일

위 채권자 ○ ○ ○ ㉑

○○지방법원 ○○지원 귀중

별지목록

　부동산의 표시
1동의 건물의 표시
　○○시 ○○구 ○○동 ○○번지
　○○아파트
　철근콘크리트조 슬라브지붕 5층아파트
　○동
　1층 300㎡
　2층 300㎡
　3층 300㎡
　4층 300㎡
　5층 300㎡
　지층 150㎡
전유부분 건물의 표시
　건물번호 ○-301
　구조 철근콘크리트조
　면적
대지권의 표시
　○○시 ○○구 ○○동 ○○번지
　대 1,500㎡
　대지권의 종류 소유권
　대지권의 비율 1,500분의 68
　등기원인과 그 연월일 20○○. ○. ○. 대지권

- 이 상 -

【서식 37】 자동차가압류신청 별지(자동차표시)

별지목록

　자동차의 표시

1. 자동차등록번호 서울 ○○다○○○호

1. 등록연월일 20○○. ○. ○.

1. 종별 ○○형 4륜차

1. 형식 20○○년식

1. 차대번호 X-XXXXX번

1. 원동기형식 ○○○○○

1. 사용본거의 위치 ○○시 ○○구 ○○동 ○○번지

- 이 상 -

【서식 38】 채권가압류신청서

채 권 가 압 류 신 청

채 권 자   주식회사 ○○
                      대표이사 ○ ○ ○
                      ○○시 ○○구 ○○동 ○○번지
채 무 자   ○ ○ ○
제3채무자   주식회사 ○○
                      대표이사 ○ ○ ○
                      ○○시 ○○구 ○○동 ○○번지

 청구채권의 표시 및 피보전권리
 금○○○○원
 20○○. ○. ○. 채무자가 채권자로부터 대여한 금○○○원 및 20○○. ○. ○.부터 20○○. ○. ○.까지의 연2할5푼의 비율에 의한 지연손해금
 가압류할 채권의 표시
 별지목록기재와 같음

신 청 취 지

 채무자의 제3채무자에 대한 위 채권을 가압류한다.
 제3채무자는 채무자에게 위 채무의 지급을 하여서는 아니된다.
 채무자는 위 채권의 처분과 영수를 하여서는 아니된다.
 채무자는 금 ○○○원을 공탁하고 가압류집행의 취소를 구할 수 있다.
라는 재판을 구함.

신 청 원 인

(생략)

소명방법 및 첨부서류

1. 대출신청서   1부
1. 대출원장   1부
1. 법인등기부초본   1부
1. 납부서   1부

20○○년 ○월 ○일

위 채권자 ○ ○ ○ ㉑

○○지방법원 귀중

별지목록

  가압류할 채권의 표시

  채무자가 제3채무자로부터 매월 지급받는 급여(상여금, 수당 포함) 및 매년 지급받는 기말수당 중 제세공과금을 공제한 잔액의 1/2씩 위 청구금액에 이를 때까지의 금액 및 청구금액에 달하지 아니한 사이에 퇴직한 때에는 퇴직금 중 제세공과금을 공제한 1/2씩 위 청구금액에 이를 때까지의 금액

- 이 상 -

【서식 39】   가압류결정에 대한 이의신청서

가압류결정에 대한 이의신청

신 청 인(채무자) ○ ○ ○
　　　　　　　　　○○시 ○○구 ○○동 ○○번지
피신청인(채권자) ○ ○ ○
　　　　　　　　　○○시 ○○구 ○○동 ○○번지

신 청 취 지

1. 피신청인의 신청인에 대한 ○○지방법원 ○○지원 ○○카단 ○○○호 채권
   가압류신청사건에 관하여 20○○. ○. ○. 결정의 가압류 결정을 취소한다.
2. 채권자의 위 가압류신청을 기각한다.
라는 재판을 구함.

신 청 원 인

　피신청인이 신청인에게 20○○. ○. ○. 대여한 금 ○○○원은 신청인이 20
○○. ○. ○. 원리금 전액을 지방법원 공탁번호 ○년 금 제○○호로 변제공
탁하였는 바, 신청인의 피신청인에 대한 채무는 이건 가압류 결정 전에 소
멸하였다고 할 것이어서 이건 채권가압류신청은 그 이유가 없으므로 취소
를 구하고자 본 신청에 이른 것입니다.

소명방법 및 첨부서류

1. 공탁서　　　　　　　　　　　1부
1. 납부서　　　　　　　　　　　1부

20○○년 ○월 ○일

위 신청인(채무자) ○ ○ ○ ㉑

○○지방법원 ○○지원 귀중

【서식 40】 가압류집행취소신청서

채권가압류집행취소신청

신 청 인(채무자) ○ ○ ○
　　　　　　　　○○시 ○○구 ○○동 ○○번지
피신청인(채권자) ○ ○ ○
　　　　　　　　○○시 ○○구 ○○동 ○○번지

　위 당사간 귀원 ○○카단○○○호 채권가압류 신청사건에 관하여 신청인은
다음과 같이 신청합니다.

신 청 취 지

　위 사건에 대한 귀원 20○○. ○. ○.자 ○○카단○○○호 채권가압류결정에
　의하여 별지목록 기재 채권에 한 가압류집행은 이를 취소한다.
라는 재판을 구함.

신 청 이 유

1. 위 가압류결정에는

소명방법 및 첨부서류

1. 공탁서　　　　　　　　　　　　1부
1. 납부서　　　　　　　　　　　　1부

　　　　　　　20○○년 ○월 ○일

　　　　　　　　　　　위 신청인(채무자) ○ ○ ○ ㊞

○○지방법원 ○○지원 귀중

【서식 41】 제3자이의의 소장

소 장

원고 ○ ○ ○
  ○○시 ○○구 ○○동 ○○번지
피고 ○ ○ ○
  ○○시 ○○구 ○○동 ○○번지
제3자 이의의 소

청 구 취 지

1. 피고의 소외 ○○○에 대한 ○○지방법원 ○○단 ○○○호 유체동산가압류
 신청사건에 관하여 동법원 20○○. ○. ○. 결정의 가압류 결정을 취소한다.
2. 소송비용은 피고의 부담으로 한다.
라는 판결을 구함.

청 구 원 인

1. 피고는 소외 이 20○○. ○. ○. 대여금 ○○○원을 변제치 않는다 하여 이
 사건 유체동산(유체동산가압류집행조서 참조)을 ○○지방법원 ○○카단○
 ○○호 유체동산가압류를 20○○. ○. ○. 결정을 받아, 동년 ○월 ○일 동
 법원 집행관으로 하여금 가압류하였습니다.
2. 그러나 이 사건 유체동산은 이미 20○○. ○. ○. 소외가 원고에 대한 채무
 의 대물변제조로 양도하였으므로 원고의 소유입니다.
3. 따라서, 피고의 원고 소유에 대한 이건 가압류는 불법하므로 당연히 취소
 되어야 할 것이므로 본 건 청구에 이른 것입니다.

입증방법 및 첨부서류

1. 소장부본   1부
1. 양도계약공정증서   1부
1. 납부서, 영수증   1부
1. 집행조서   1부

20○○년 ○월 ○일

위 원고 ○ ○ ○ ㊞

○○지방법원 귀중

【서식 42】 부동산처분금지가처분신청서

부동산처분금지가처분신청

채 권 자 1. ○ ○ ○
　　　　　 ○○시 ○○구 ○○동 ○○번지
　　　　1. ○ ○ ○
　　　　　 ○○시 ○○구 ○○동 ○○번지
채 무 자 1. ○ ○ ○
　　　　2. ○ ○ ○
　　　　3. ○ ○ ○
　　　　　 ○○시 ○○구 ○○동 ○○번지
　　　　 등기부상 주소 : ○○시 ○○구 ○○동 ○○번지
　　　　 채무자들 중 3. ○○○은 미성년자이므로
　　　　 친권자 모 ○○○

　목적물의 표시
　○○시 ○○구 ○○동 ○○번지
　임야 ○○㎡
　목적물의 가격 : 금 ○○○○원

신 청 취 지

　채무자들은 그들 소유명의의 ○○시 ○○동 ○○번지 임야 ○○㎡에 대하
여 양도, 전세권, 저당권, 임차권을 설정하거나 기타 일체의 처분행위를 하여
서는 아니된다.
라는 재판을 구합니다.

신 청 이 유

1. 매매계약 체결
　채권자들은 채무자들과 20○○. 7. 21 동 채무자들 소유의 ○○시 ○○동
○○번지 임야 10,215㎡(이하 본 건 부동산이라 함)에 대하여 매매계약을 체
결하였는 바, 그 매매대금은 금 ○○○○원으로 약정하여 계약금 ○○○원은
계약당일, 중도금 ○○○원은 동년 8.22. 잔금 ○○○원은 동년 9.21. 각 지급
하기로 하였습니다.
2. 이행완료
　따라서 채권자들은 계약당일 금 ○○○원을 계약금으로 동년 8.22. 금 ○○
○원을 중도금으로 각 지급하고 당사자간 약정에 따라 8.30. 토지거래계약신
고를 하여 동년 9.10. 동 신고필증까지 교부받았습니다.

3. 이행지체

그후 채권자들은 동년 9.21. 채무자 등에게 잔금이행을 하고자 매도용인감 증명서 등을 교부하여 줄 것을 요구하자, 채무자 등은 계약체결 후 위 부동산 의 가격이 급등했다며 매매대금외의 상당금원을 추가로 요구하면서 잔금수령 을 거절하고, 소유권이전등기서류 등의 교부도 불응하고 있습니다.

4. 결 론

따라서 채권자들은 20○○. 12. 19. 위 잔대금 ○○○원을 변제공탁하고, 본 안소송을 준비중에 있으나, 채무자 등은 위 부동산을 타에 처분하려고 계획하 고 있어 그 집행보전을 위해 본 건 신청에 이른 것입니다.

소 명 방 법

등기부등본	1부
부동산매매계약서	1부
각 영수증	1부
토지 등 거래계약신고필증	1부
공탁서	1부

첨 부 서 류

1. 위 각 소명방법	각1부
1. 송달료 납부서 및 위임장	각1부

20○○년 ○월 ○일

위 채권자 ○ ○ ○ ㊞
○ ○ ○ ㊞

○○지방법원 ○○지원 귀중

【서식 43】 집행문부여·송달증명·확정증명신청서

<div align="center"># 신 청 서</div>
사건번호　　　(　단독　.　.　.선고, 기타) 원고(채권자) : 피고(채권자) :
1. 집행문부여신청 　　위 당사자간 사건의(판결, 결정, 명령, 화해조서, 인낙조서, 조정조서) 　　정본에 집행문을 부여하여 주시기 바랍니다.
2. 송달증명원 　　위 사건의(판결, 결정, 명령, 화해조서, 인낙조서)정본이 20　.　.　.자로 　　상대방에게 송달되었음을 증명하여 주시기 바랍니다.
3. 확정증명원 　　위 사건의 (판결, 결정, 명령)이 20　.　.　.자로 확정되었음을 증명하여 　　주시기 바랍니다.
위 (1항, 2항, 3항) 신청인 원고(채권자) 　　　　　　　　　　　　　　　　　　(인) 　　　　　　　　　지방법원 귀중
위 (송달, 확정) 사실을 증명합니다. 　　　　　20○○년 ○월 ○일 　　　　　지방법원 법무사무관(주사)

【서식 44】 판결정본 재부여신청서

판결정본 재부여신청

사건번호 ○○가단○○○호

원고　○○○
피고　○○○

　위 당사자간 ○○가단○○○호 대여금 청구사건에 대하여 판결정본 1통을 교부받았으나 20○○. ○. ○. 지하철을 타고가다가 분실하였기에 판결정본 1통을 재부여하여 주시기 바랍니다.

첨 부 서 류

분실신고접수증　　　　　　　　1부
영수증　　　　　　　　　　　　1부
위임장　　　　　　　　　　　　1부

20○○년 ○월 ○일

위 원고　○○○ ㊞

○○지방법원 귀중

【서식 45】 판결정본 수통부여신청서

수 통 부 여 신 청

원고   ○ ○ ○

피고   ○ ○ ○

　위 당사자간 귀원 ○○가소○○○호 대여금 청구사건에 대하여 20○○. ○. ○.에 선고된 집행력 있는 정본 1통을 이미 하부받고 있사오나 피고에 대하여 ○○지방법원에서 결정한 채권압류 및 추심명령에 의하여 이를 동시에 집행할 필요가 있으므로 다시 집행력있는 정본 1통을 부여하여 주시기 바랍니다.

첨 부 서 류

1. 채권압류 및 추시명령결정문 사본　　　　　1부
1. 위임장　　　　　　　　　　　　　　　　　1부

20○○년 ○월 ○일

위 원고 ○ ○ ○ ㉑

○○지방법원 귀중

【서식 46】 재산관계명시신청서

재 산 관 계 명 시 신 청

채권자 ○ ○ ○
　　　　○○시 ○○구 ○○동 ○○번지
채무자 ○ ○ ○
　　　　○○시 ○○구 ○○동 ○○번지

신 청 취 지

　채무자는 재산관계를 명시한 재산목록을 제출하라.
라는 명령을 구함.

신 청 이 유

1. 채권자는 채무자에 대하여 ○○지방법원 ○○가단○○○호 대여금 청구사건의 승소확정판결에 의한 금 ○○○원 및 그 중 금 ○○○원에 대한 20○○. ○. ○.부터 완제일까지 연 2할 5푼의 비율에 의한 이자금에 대하여 채무명의를 가지고 있습니다.
2. 그럼에도 불구하고 채무자는 위 채무를 이행하지 아니하고 있습니다.
3. 따라서, 채권자는 강제집행을 실행하기 위하여 채무자의 재산을 백방으로 탐색하였으나, 이를 발견하기가 극히 어려워서 강제집행을 할 수 없는 실정이므로 이 신청에 이른 것입니다.

첨 부 서 류

1. 집행력 있는 판결정본 사본　　　　　1통
1. 동 송달, 확정증명원 사본　　　　　각1통
1. 영수증　　　　　　　　　　　　　　1통

　　　　　　　20○○년 ○월 ○일

　　　　　　　　　　위 채권자 ○ ○ ○ ⑩

○○지방법원 귀중

【서식 47】 유체동산강제집행신청서

지 방 법 원		
강 제 집 행 신 청 서 법원 집행관사무소 집행관 귀하		
채권자	성 명	
	주 소	
	대리인	
채무자	성 명	
	주 소	
집행목적물 소재지		
채 무 명 의		
집행의 목적물 및 집 행 방 법		
청 구 금 액		원(내역은 이면과 같음)

위 채무명의에 기한 집행을 하여 주시기 바랍니다.

20○○년 ○월 ○일

채권자 ○ ○ ○ ㉑
대리인 ○ ○ ○ ㉑

첨 부 서 류

1. 집행력 있는 채무명의 정본　　　　　1통
1. 송달증명서　　　　　　　　　　　　1통
1. 위임장　　　　　　　　　　　　　　1통
1. 목적물 소재지 약도　　　　　　　　1통

(표면)

청 구 금 액 계 산 서	
내　　　용	금　　　액
합　　　계	원

(이면)

【서식 48】 공정증서에 의한 채권압류 및 전부명령신청서

채권압류 및 전부명령신청

채권자   ○ ○ ○
        ○○시 ○○구 ○○동 ○○번지
채무자   ○ ○ ○
        ○○시 ○○구 ○○동 ○○번지
제3채무자 주식회사 ○○
        대표이사 ○ ○ ○
        ○○시 ○○구 ○○동 ○○번지

청구채권의 표시

1. 금 ○○○원
   ○○법무법인 작성 20○○년 제○○○호 약속어음공정증서의 집행력있는 정본에 표시된 금원
2. 압류할 채권의 종류 및 수액 금○○○원
   단, 채무자가 제3채무자에 대하여 가지고 있는 20○○. ○. ○. 매매계약에 대한 20○○. ○. ○. 해제로 인해 반환하여야 할 금원

신 청 취 지

1. 채무자의 제3채무자에 대한 2항 압류할 채권 기재 채권을 압류한다.
2. 제3채무자는 채무자에 대하여 위의 지급을 하여서는 아니된다.
3. 채무자는 위 채권의 처분과 영수를 하여서는 아니된다.
4. 위 압류된 채권은 지급에 갈음하여 채권자에게 전부한다.
라는 재판을 구함.

신 청 원 인

채권자는 채무자에 대한 약속어음금 채권이 있어서 수차례 지급을 독촉하였음에도 불구하고 이를 지급치 아니하여 이를 지급받고자, 채무자가 집행을 허가한 위 약속어음공정증서에 의해 채무자가 제3채무자에 대하여 가지는 채권으로 청구금액에 대한 변제에 충당하고자 본 신청에 이른 것입니다.

첨 부 서 류

1. 집행력 있는 공증증서 정본   1부

20○○년 ○월 ○일

위 채권자 ○ ○ ○ ㊞

○○지방법원 귀중

【서식 49】 가압류에서 본압류로 전이하는 채권압류 및 추심명령신청서

채권압류 및 추심명령신청

채권자 ○ ○ ○
 ○○시 ○○구 ○○동 ○○번지
채무자 ○ ○ ○
 ○○시 ○○구 ○○동 ○○번지
제3채무자 주식회사 ○○
 대표이사 ○ ○ ○
 ○○시 ○○구 ○○동 ○○번지

청구채권의 표시

1. 금 ○○○원
 지방법원 ○○가소○○○호 대여금 청구사건에 관하여 20○○. ○. ○. 선고
 된 판결에 의한 금액
2. 금○○○원
 20○○. ○. ○.부터 20○○. ○. ○. 까지 연 2할 5푼의 비율에 의해 산정한
 지연손해금
3. 합계 금 ○○○원
4. 압류할 채권의 종류 및 수여
 별지목록 기재와 같음

신 청 취 지

1. 채권자와 채무자간 귀원 ○○카단○○○호 채권가압류 결정에 의하여 가압
 류된 별지목록 기재의 채권은 본압류로 이전한다.
2. 제3채무자는 채무자에 대하여 위의 지급을 하여서는 아니된다.
3. 채무자는 위의 채권의 처분과 영수를 하여서는 아니된다.
4. 위의 압류된 채권은 채권자가 추심할 수 있다.
라는 재판을 구함.

신 청 원 인

(생략)

첨 부 서 류

1. 집행력 있는 판결정본   1통
2. 송달증명   1통

20○○년 ○월 ○일

위 채권자 ○ ○ ○ ㊞

○○지방법원 귀중

【서식 50】 부동산강제경매신청서

부 동 산 강 제 경 매 신 청

채권자   ○ ○ ○
             ○○시 ○○구 ○○동 ○○번지
채무자   ○ ○ ○
             ○○시 ○○구 ○○동 ○○번지
제3채무자   주식회사 ○○
             대표이사 ○ ○ ○
             ○○시 ○○구 ○○동 ○○번지

청구채권의 표시

　금 ○○○원
　채권자가 채무자에 대하여 가지는 ○○지방법원 ○○가단○○○호 대여금 청구사건의 집행력 있는 판결정본에 의한 금 ○○○원 및 20○○. ○. ○.부터 완제일까지 연 2할 5푼의 비율에 의한 금원.

부동산의 표시

별지목록 기재와 같음

신 청 취 지

　위 청구금액의 변제에 충당하기 위하여 별지목록 기재 부동산에 대한 강제 경매절차를 개시하고 채권자를 위하여 이를 압류한다.
라는 재판을 구함.

청 구 원 인

　위 청구금액은 ○○지방법원 ○○가단○○○호 대여금 청구사건의 집행력 있는 확정판결 정본에 의하여 채무자가 채권자에게 당연히 변제하여야 할 것임에도 불구하고 이를 변제하지 아니하므로 청구금액의 변제를 구하기 위하여 본 신청에 이르렀습니다.

첨 부 서 류

1. 집행력 있는 판결정본   1통
1. 부동산등기부등본   1통
1. 목록   30통
1. 위임장   1통

20○○년 ○월 ○일

위 채권자 ○ ○ ○ ㉑

○○지방법원 귀중

【서식 51】 임대차조사신청서

임 대 차 조 사 신 청

사 건 : ○○타경○○○호
채권자 : ○ ○ ○
채무자 : ○ ○ ○

위 당사자간 귀원 ○○타경○○○호 부동산강제(임의)경매신청 사건에 관하여 다음의 사항을 조사하여 주시기 바랍니다.

- 다 음 -

1. 임대차의 유무
1. 임대차의 목적이 된 경우 임대기한, 차임, 차임의 지급방법, 보증금액
1. 건물에 대한 공과금, 구조, 넓이
1. 주거용 건물인 경우 임차목적물의 소재지에 임차인의 주민등록 전입신고가 있는지 여부

부동산의 표시
○○시 ○○구 ○○동 ○○번지 대 200㎡

위 지상
시멘트벽돌 기와지붕 2층주택 100㎡

20○○년 ○월 ○일

위 채권자 ○ ○ ○ ⑩

○○지방법원 귀중

【서식 52】 경매부동산 매수신청서

매 수 신 청

사　건 : ○○타경○○○호

채권자 : ○ ○ ○
채무자 : ○ ○ ○

위 당사자간 귀원 ○○타경○○○호 부동산강제(임의)경매 사건에 관하여 채권자는 이 건 부동산에 대하여 채권자에 우선하는 채권과 경매비용을 변제하고 잉여가액을 금 ○○○원으로 정하고 이 가격에 응하는 경매인이 없을 때에는 채권자가 이 가액으로 매수할 것을 담보하기 위하여 보증으로서 금 ○○○원을 납입하고 민사소송법 제616조에 의거하여 신청합니다.

첨 부 서 류

1. 우선하는 채권목록　　　　　　1부
1. 최고서 사본　　　　　　　　　1부

20○○년 ○월 ○일

위 채권자 ○ ○ ○ ㊞

○○지방법원 귀중

【서식 53】 부동산경매개시결정 취소신청서

부동산강제(임의)경매개시결정 취소신청

신청인 　　　　　○ ○ ○
　　　　　　　　　○○시 ○○구 ○○동 ○○번지
피신청인(채권자) ○ ○ ○
　　　　　　　　　○○시 ○○구 ○○동 ○○번지
피신청인(채무자) ○ ○ ○
　　　　　　　　　○○시 ○○구 ○○동 ○○번지

신청인은 아래와 같이 신청합니다.

신 청 취 지

1. ○○지방법원 20○○. ○. ○. 별지목록 기재 부동산에 관한 ○○타경○○
○호 부동산강제(임의)경매개시결정은 이를 취소한다.
2. 위 경매신청을 기각한다.
라는 재판을 구함.

신 청 원 인

1. 신청인은 이 건 부동산의 양수인입니다.
2. ○○지방법원 별지목록 기재 부동산에 대하여 20○○. ○. ○. ○○타경○
○○호 부동산강제(임의)경매개시결정이 있었고 그에 의하여 20○○. ○.
○. 이건 부동산에 압류 및 경매개시결정의 기입등기가 경료된 바 있으나,
신청인은 이건 피신청인인 채권자가 20○○. ○. ○. ○○지방법원 ○○카
단○○○호 부동산가압류를 신청하여 등기가 경료되기 이전인 20○○. ○.
○. 피신청인인 채무자와 매매계약을 체결하고 동일 계약금을 지급한 후
소유권이전등기청구권을 보전하기 위하여 이튿날인 20○○. ○. ○. 소유권
이전청구권가등기를 하였으며 이에 근거하여 20○○. ○. ○. 중도금 및 잔
금을 완납하고 당일 소유권이전청구권 본 등기를 경료하였습니다.

3. 따라서 피신청인인 채권자의 위 부동산가압류 신청에 의한 가압류의 등기는 소유자를 달리하는 자에 대한 등기이며 이에 터잡은 이 사건 부동산 압류 및 강제경매개시결정 등기가 경료됨으로써 위법한 것이 되어 있으므로, 신청인은 이의 취소를 구하고자 본 건 신청에 이른 것입니다.

소 명 방 법

1. 토지, 건물 등기부등본   1부

20○○년 ○월 ○일

위 신청인 ○ ○ ○ ㉑

○○지방법원 귀중

【서식 54】 경락허가결정에 대한 즉시항고장

경락허가결정에 대한 즉시항고장

항고인(소유자)   ○ ○ ○
　　　　　　　　○○시 ○○구 ○○동 ○○번지

위 항고인은 ○○지방법원 ○○타경○○○호 부동산강제경매사건에 관한 20○○. ○. ○. 경락허가결정에 대하여 불복하므로 이에 항고합니다.

항 고 취 지

원 결정을 취소하고 다시 상당한 재판을 구함.

항 고 이 유

이 건 경매목적물의 낙찰기일은 20○○. ○. ○. 인데, 항고인은 이 건 경매신청인인 채권자 ○○○에게 20○○. ○. ○. 경매취소신청을 조건으로 채무액 금 ○○○원 전액을 변제완료하였습니다. 그런데 채권자는 20○○. ○. ○. 까지 이 건 경매의 취소신청을 신청하지 않아 입찰 및 낙찰절차가 진행된 것으로써 채무없는 자에 대한 강제집행으로 위법하므로 허가결정은 취소되어야 마땅할 것입니다.

소 명 자 료

1. 변제증서 및 영수증　　　　　　　1부

20○○년 ○월 ○일

위 항고인(소유자) ○ ○ ○ ㉺

○○지방법원 귀중

【서식 55】 채권계산서

채 권 계 산 서

사 건 ○○타경○○○호 부동산강제경매
채권자 ○ ○ ○ 외 ○명
채무자 ○ ○ ○
소유자 ○ ○ ○

　채권자는 다음과 같이 채권계산서를 제출합니다.

- 다 음 -

1. 판결액 : 금 ○○○원　　　원금 ○○○원
　　　　　　　　　　　　　　　이자 ○○○원

2. 20○○. ○. ○. 현재 금 ○○○원 판결액 ○○○원
　　　　　　　　　　　　　　　이　자 ○○○원(위 금원 중 원금 ○○
○원에 대한 20○○. ○. ○.부터 20○○. ○. ○.까지의 총 ○○일동안 연
○할 ○푼의 비율에 의한 금원)
3. 비용 금○○○원

합계 금 ○○○원

20○○년 ○월 ○일

위 채권자 ○○주식회사
대표이사 ○ ○ ○ ㊞

○○지방법원 경매 ○○계 귀중

【서식 56】 권리신고서

권 리 신 고 서

사 건   ○○타경○○○호

채권자 ○ ○ ○
채무자 ○ ○ ○
신고인 ○ ○ ○
　　　　○○시 ○○구 ○○동 ○○번지

　위 당사자간 귀원 ○○타경○○○호 부동산강제(임의)경매사건에 관하여 신고인은 이 건 부동산에 대하여 주택임대차보호법 제8조 소정의 권리가 있음을 소명서류를 첨부하여 신고합니다.

소 명 서 류

1. 주민등록등본　　　　　　　1부
1. 임대차계약서　　　　　　　1부

20○○년 ○월 ○일

　　　　　　　　　위 신고인　　○ ○ ○ ㊞

○○지방법원 경매 ○○계 귀중

【서식 57】 배당요구신청서

배 당 요 구 신 청 서

사 건   ○○타경○○○호

압류채권자   ○ ○ ○
채무자   ○ ○ ○
배당요구채권자   ○ ○ ○
            ○○시 ○○구 ○○동 ○○번지 ○○아파트 ○동 ○호

　위 당사자간 귀원 ○○타경○○호 부동산강제경매사건에 관하여 배당요구 채권자는 다음과 같이 배당요구를 합니다.

- 다 음 -
배당요구채권의 표시

금 ○○○원
원금 ○○○원
(20○○. ○. ○. ○○지방법원 선고 ○○가단 ○○○호 대여금 청구사건 판결액)
이자 ○○원
(원금에 대하여 20○○. ○. ○.부터 20○○. ○. ○. 까지 총 ○일간 연 ○할 ○푼의 비율에 의한 금원)

배당요구원인

1. 배당요구권자는 채무자에 대하여 대여금채권을 가지고 있는 바, 20○○. ○. ○. ○○지방법원 선고 ○○가단○○○호 판결이 20○○. ○. ○. 확정되었습니다.
2. 그런데 이 건 채권자 ○○○에 의해 채무자의 소유 부동산의 강제경매절차가 개시된 바, 배당요구권자는 채무자로부터 위 판결액을 변제받지 못하였으므로 경락대금으로부터 변제를 받고자 이 신청에 이른 것입니다.

소 명 서 류

1. 집행력 있는 판결정본   1부

20○○년 ○월 ○일

위 배당요구채권자 ○ ○ ○ ㉘

○○지방법원 경매 ○○계 귀중

【서식 58】 배당표

<table>
<tr><td colspan="8" align="center">○○ 법 원
배 당 표</td></tr>
<tr><td colspan="8">○○타경○○○호 부동산강제(임의)경매</td></tr>
<tr><td colspan="2">① 배당할 금액</td><td colspan="6" align="center">금　　　　　　　　　　　원</td></tr>
<tr><td rowspan="5">명

세</td><td>매각대금</td><td colspan="6">금　　　　　　　　　　　원</td></tr>
<tr><td>이　자</td><td colspan="6">금　　　　　　　　　　　원</td></tr>
<tr><td>전경락인의
경매보증금</td><td colspan="6">금　　　　　　　　　　　원</td></tr>
<tr><td>항고보증금</td><td colspan="6">금　　　　　　　　　　　원</td></tr>
<tr><td>② 집행비용</td><td colspan="6">금　　　　　　　　　　　원</td></tr>
<tr><td colspan="2">① - ② 배당할 금액</td><td colspan="6">금　　　　　　　　　　　원</td></tr>
<tr><td colspan="2">매각부동산</td><td colspan="6">서울 ○○구 ○○동 ○○번지 대 150㎡, 건물 건평 100㎡</td></tr>
<tr><td rowspan="4">채
권
금
액</td><td>언금 (원)</td><td></td><td></td><td></td><td></td><td></td><td></td></tr>
<tr><td>이자 (원)</td><td></td><td></td><td></td><td></td><td></td><td></td></tr>
<tr><td>비용 (원)</td><td></td><td></td><td></td><td></td><td></td><td></td></tr>
<tr><td>계 (원)</td><td></td><td></td><td></td><td></td><td></td><td></td></tr>
<tr><td colspan="2">배당순위</td><td></td><td></td><td></td><td></td><td></td><td></td></tr>
<tr><td colspan="2">이　유</td><td></td><td></td><td></td><td></td><td></td><td></td></tr>
<tr><td colspan="2">배당비율%</td><td></td><td></td><td></td><td></td><td></td><td></td></tr>
<tr><td colspan="2">배당액(원)</td><td></td><td></td><td></td><td></td><td></td><td></td></tr>
<tr><td colspan="2">잔 여 액</td><td></td><td></td><td></td><td></td><td></td><td></td></tr>
<tr><td colspan="2">비용비례액(원)</td><td></td><td></td><td></td><td></td><td></td><td></td></tr>
<tr><td colspan="2">채 권 자</td><td></td><td></td><td></td><td></td><td></td><td></td></tr>
<tr><td colspan="8" align="center">20○○. ○. ○.

판사 ○ ○ ○ ㉐</td></tr>
</table>

◆박 근 영◆

◆ 1983 : 전남대 법대 졸업
◆ 1995 : 제37회 사법시험 합격
◆ 1998 : 사법연수원 27기 수료
◆ 현 변호사 박근영사무소 운영(서울)

채권채무의 질의답변&서식   정가 16,000원

2005년 6월 10일 인쇄
2005년 6월 15일 발행
  감 수 : 박 근 영
  발행인 : 김 현 호
  발행처 : 법률미디어

1 5 2 - 0 5 0
서울 구로구 구로동 636-62 (구로유통B/D B동 308호)
TEL : 2636-2911~3, FAX : 2636-3012
등록 : 1979년 8월 27일 제5-22호
Home : www.bubmun.co.kr

• ISBN 89-5755-049-6 13360